PLONGÉE
PASSION

Patrick Mioulane
Jean-Michel Oyhenart

W0418148

Avec la participation amicale de :
Jean-Pierre Montagnon (Instructeur national de plongée)
Richard Pothier (Instructeur national de plongée)
Docteur Jean-Michel Poussard (Médecin fédéral de plongée)
Docteur Jérôme Seyer (Médecin fédéral de plongée)
André Védrines (Directeur général de la FFESSM)

HACHETTE

PRÉFACE

PLONGEUR d'abord par passion, puis ensuite par raison, j'ai eu l'occasion, en tant que directeur du Centre UCPA de Niolon, de former et breveter des milliers de plongeurs mais aussi de suivre attentivement l'évolution du matériel et des équipements. L'ensemble des données techniques et pédagogiques concernant la plongée a évolué au fil du temps. Les pionniers d'hier à l'âme d'aventurier ont, sans le savoir, risqué leur vie en cherchant les moyens les plus performants pour pénétrer sous la mer. Leur talent et leur opiniâtreté ont fait merveille. Aujourd'hui, la plongée va au-delà du sport. C'est un loisir et plus encore une activité scientifique et culturelle ainsi qu'un merveilleux moyen d'évasion.

Les activités subaquatiques sont pratiquées partout dans le monde par des millions de personnes, et chaque jour de nouveaux adeptes viennent renforcer la grande famille des "pieds palmés". Autrefois réservée à une élite, l'exploration des fonds marins est aujourd'hui accessible au plus grand nombre. Jeunes et moins jeunes trouvent à travers cette activité un merveilleux moyen d'échapper aux contraintes du quotidien.

Berceau de la plongée, la France fait partie des nations de pointe dans ce domaine. Grâce aux efforts déployés par la FFESSM et quelques autres, la plongée sous-marine est une des activités de loisir parmi les plus prisées dans notre pays. Les 140 000 licenciés de notre fédération en sont une preuve vivante et dynamique.

Plonger n'est plus une aventure, c'est devenu une technique, tout comme naviguer, piloter un avion ou utiliser un ordinateur. L'évolution du matériel ainsi que le nombre croissant d'adeptes des activités subaquatiques ont conduit à l'établissement de règles et de méthodes que tout plongeur doit connaître et respecter. C'est ce qui vous est proposé par Patrick Mioulane et Jean-Michel Oyhenart dans "Plongée Passion".

Ce livre, "Plongée Passion", que vous tenez entre vos mains va dans le sens de la vulgarisation de la technique qu'il est indispensable d'acquérir, sous la conduite d'un moniteur bien entendu, pour évoluer sous les mers en toute sécurité. Il offre de plus l'avantage de faire rêver par les innombrables images qu'il renferme et de vous emmener aux quatre coins du monde pour vous dévoiler les plus beaux trésors de la vie sous-marine. Cette véritable encyclopédie aura sa place dans la bibliothèque de tout plongeur, du débutant au moniteur chevronné...

Francis Imbert Président de la FFESSM

SOMMAIRE

AVANT-PROPOS

Devenir Homme-Poisson

Pendant longtemps, les rares initiés du monde sous-marin ont entretenu une aura de mystère et d'aventure autour de leur activité. Il est toujours plaisant de passer pour un surhomme, être exceptionnel initié à des pratiques réservées à une élite. Grâce à la volonté d'une minorité de passionnés, les exploits des pionniers de la plongée sont devenus médiatiques, et l'homme de la rue a découvert les beautés incroyables du monde sous-marin. En cherchant toujours à améliorer les techniques très rudimentaires des premières explorations, les plongeurs d'hier ont d'abord démystifié les incursions de l'homme sous la mer, et ensuite ouvert ce passe-temps au plus grand nombre.

Aujourd'hui, la plongée sous-marine et l'ensemble des activités subaquatiques touchent un public toujours plus vaste et comptent d'innombrables passionnés. Dans le monde moderne où tout semble avoir été fait, découvert, vécu, exploré, analysé, une incursion sous la mer conserve un parfum d'aventure avec un petit côté magique.

Les films et les livres du commandant Cousteau, les plongées records de la Comex, les exploits de Jacques Mayol, l'indéniable succès du *Grand Bleu* de Luc Besson, les découvertes de l'Ifremer, etc. ont suscité chez les jeunes des vocations à découvrir le monde des sirènes.

Mais avant d'être une pratique sportive, la plongée reste une technique conditionnée par l'application de nombreuses disciplines scientifiques : physique, anatomie, physiologie, biologie interviennent de manière précise dans la connaissance de la plongée.

Le néophyte qui découvre les premiers rudiments de la plongée est généralement désorienté par son aspect rébarbatif et purement théorique. Le côté souvent scolaire et rebutant de l'enseignement du monde sous-marin nous a conduit à réaliser ce livre. En associant l'expérience de milliers d'heures consacrées à la formation de plongeurs de tous niveaux, plus de vingt années de pratique à la découverte des plus beaux fonds sous-marins de la planète et une grande connaissance des curieux habitants des océans, nous avons voulu vous faire partager notre passion et vous donner les moyens de mieux participer à la grande aventure de la plongée.

Ce livre se veut simple, pratique, accessible à tous, afin que la plongée soit plus que jamais une activité de loisirs. Il vous fera découvrir qu'exaltation rime avec sécurité, exploration avec respect de l'environnement et apprentissage avec plaisir. En deux mots : plongée passion.

LES PIONNIERS DU GRAND BLEU

DEPUIS l'Antiquité, le monde subaquatique a toujours exercé une fascination extrême sur l'être humain. Les pionniers de l'exploration sous-marine n'étaient pas toujours guidés par un pur esprit scientifique. Pénétrer le fond des océans a toujours eu un but de suprématie, tant sur les plans technologiques et économiques, que guerriers. Aujourd'hui, l'homme est encore loin d'avoir colonisé les fonds marins et de nombreuses découvertes fabuleuses sont encore possibles. Cet univers en apparence si proche est, sur le plan technique, aussi difficile à conquérir que les galaxies du cosmos. Une aventure palpitante à l'orée du XXIe siècle...

Si l'on remonte à l'aube de l'Histoire, la réalité des voyages sous la mer se confond souvent avec la légende. Hérodote raconte l'exploit du fameux Syllias de Scione qui, aidé de sa fille Cyana, aurait accompli un parcours de plus de 1 000 m sous l'eau ! Les deux plongeurs se seraient immergés par une nuit de tempête afin de couper les amarres de la flotte ennemie dirigée par Xerxès Ier, roi des Perses. Grâce à cet acte de bravoure, tous les bateaux auraient été détruits ou se seraient échoués, les Grecs remportant ainsi la bataille de Salamine. On peut raisonnablement penser qu'en ces temps, où le seul fait de savoir nager constituait déjà un exploit, une personne à l'aise en apnée pouvait aisément passer pour un surhomme. Le lyrisme naturel des écrivains aidant et les siècles ajoutant au mythe, la légende s'est popularisée.

45 SIÈCLES AVANT J.-C.

Les pêcheurs en apnée sont les précurseurs de la grande aventure sous-marine. La représentation la plus ancienne retrouvée à ce jour date de 4 500 ans avant notre ère. Il s'agit d'incrustations de nacre sur les murs de Bismaya qui illustrent une scène de pêche subaquatique.

La première et la plus ancienne image connue d'un plongeur "équipé" est un bas-relief en bois datant du Xe siècle avant J.-C. Il se trouve au British Museum de Londres et représente un nageur assyrien muni d'une outre en cuir. Il pourrait s'agir d'un sac respiratoire, mais certains historiens l'interprètent comme un simple flotteur.

L'Antiquité est riche d'évocations sous-marines, mais il semble évident que les Anciens connaissaient bien mal les fonds et surtout leurs habitants. Il suffit pour s'en convaincre d'admirer les nombreuses représentations de dauphins, baleines, poissons, poulpes et autres "monstres marins", très enjolivés par les artistes de l'époque.

Les grands noms de la science et de la littérature antiques ont apporté leur contribution à l'évocation des premières techniques de pénétration sous la mer. Dans ses *Problèmes,* Aristote (384 à 322 avant J.-C.) parle de récipients contenant de l'air, emportés par des plongeurs. Il les compare à la "trompe d'un éléphant". S'agirait-il du premier ancêtre des tubas ? Dans le même esprit, Pline l'Ancien (23 à 79 après J.-C.) mentionne un tube respiratoire dont une extrémité est tenue en bouche alors que l'autre émerge en surface.

Il semble que des "plongeurs militaires" aient été utilisés lors du siège de Syracuse par les Athéniens, et pendant la bataille de Tyr par Alexandre le Grand. Ce dernier aurait même été immergé dans un tonneau de verre, contemplant des monstres marins "si grands que l'un d'eux défila devant lui pendant quatre jours et quatre nuits !" L'imagination des anciens était sans limite...

UN PLONGEUR, UNE CLOCHE

Les premières incursions sous-marines ne faisant pas appel à l'apnée se sont inspirées du tonneau d'Alexandre le Grand et des écrits d'Aristote qui, en 360 avant J.-C., décrit une cloche pour abriter un plongeur.

Mais pendant presque quinze siècles les fonds marins conservent tous leurs mystères, et l'homme ne progresse plus dans ses explorations. Magellan, vers 1520, effectue quelques tentatives de sondage des

1 - *De nombreux appareils fantaisistes ont été créés au fil des siècles, comme ce bizarre casque du chevalier de Beauve, réalisé en 1715. C'était une véritable armure sous-marine inutilisable car terriblement inconfortable. (D. R.)*

2 - *Inspirée du tonneau d'Alexandre le Grand, la "lanterne aquatique" de Benoît de Maillet a été reproduite dans un ouvrage du XVIIIe siècle. Rien qu'à la représentation des poissons, on comprend que tout était à découvrir au fond des mers à cette époque. (D. R.)*

"Il y a trop de malveillance dans le cœur des hommes pour leur confier le secret de la navigation sous-marine, ils n'hésiteraient pas à porter l'assassinat dans les abîmes de la mer."

(Léonard de Vinci, 1452-1519)

fonds marins. Mais aucun homme ne cherche à s'aventurer dans les profondeurs. Après les grands voyages autour du monde et la découverte des continents, la conquête des océans donne lieu à de farouches batailles. Une nouvelle activité apparaît : le pillage des épaves. Dès 1531, l'Italien Guliemo Lorena construit une sorte de cloche pour rechercher des épaves dans un lac.

Les cloches à plongeur se développent aux XVIIe et XVIIIe siècles. En 1690, Edmund Halley, astronome devenu célèbre pour la comète qui porte son nom, fait construire une cloche couverte de plomb pour résister à la pression. Elle a une forme de tronc de cône de 2 m de diamètre à la base. Elle mesure 1,20 m de hauteur. L'air est fourni par des tonneaux reliés à des tuyaux. Halley plonge ainsi avec quatre autres aventuriers pendant une heure entre 16 et 18 m de profondeur.

Quelques années plus tard, John Lethbridge conçoit une sorte de tonneau pour plongeur. En 1715, il fait construire un cylindre de bois cerclé de fer de 2 m de long, avec un lest largable. Il parvient avec cet engin rudimentaire à rester près de 30 minutes par 16 m de profondeur. Il a pour seule réserve d'air le volume de son cylindre. En 1725, il récupère 350 lingots et des milliers de pièces dans l'épave du *Slot Her Hooge,* navire de la Compagnie hollandaise des Indes échoué sur les côtes du Portugal.

La cloche à plongeur est améliorée en 1775 par l'Écossais Spalding qui crée un système de stabilisation grâce à des poids reliés à des poulies. Retrouvé asphyxié dans sa cloche en 1783, il sera la première victime officielle de la conquête sous-marine.

L'ÉPOPÉE DES PIEDS LOURDS

La découverte du monde sous-marin et surtout son exploitation vont faire un grand bond en avant avec les scaphandriers. Augustus Siebe invente en 1819 un casque avec une veste s'arrêtant à la ceinture. Ce dernier est alimenté depuis la surface par une pompe. En association avec Gorman, le même Siebe développe en 1837 le principe moderne du scaphandre "pieds lourds". Composé d'une combinaison étanche, d'un plastron métallique avec une large collerette qui permet la fixation du casque sphérique, le scaphandre est complété par des chaussures à semelles de plomb, d'où son nom populaire de "pieds lourds". Le plongeur est alimenté en air depuis la surface par un tuyau souple. Avec un tel attirail, certains ont atteint les 100 m.

Jusqu'à la Seconde Guerre mondiale, cet équipement va devenir d'un usage courant. Il permettra la récolte des éponges et du corail et tous les travaux industriels sous-marins.

Grâce à cet équipement et un appareil de son invention, Louis Boutan réalise les premières photos sous-marines en 1893.

Pour éviter les trop fréquents accidents de décompression, des scaphandres rigides et articulés ont été fabriqués. Mais ils ont connu un succès limité en raison des difficultés que l'utilisateur avait à se mouvoir avec une carapace qui pouvait peser jusqu'à une demi-tonne !

3

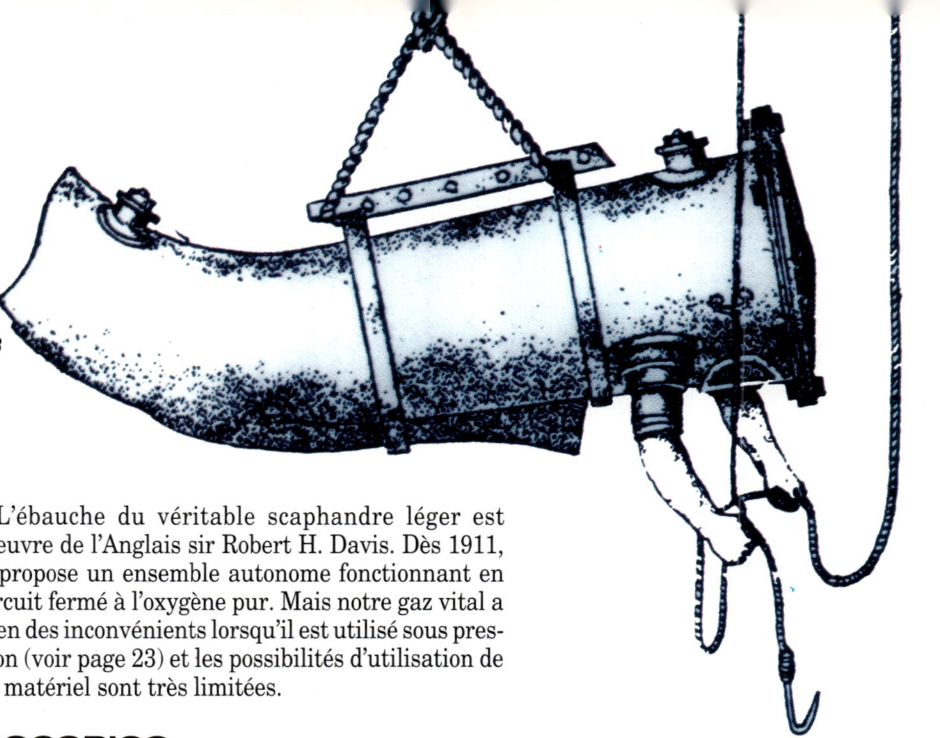

L'ébauche du véritable scaphandre léger est l'œuvre de l'Anglais sir Robert H. Davis. Dès 1911, il propose un ensemble autonome fonctionnant en circuit fermé à l'oxygène pur. Mais notre gaz vital a bien des inconvénients lorsqu'il est utilisé sous pression (voir page 23) et les possibilités d'utilisation de ce matériel sont très limitées.

COCORICO, ON PLONGE !

On peut considérer avec juste raison que la plongée est une invention bien française. Pas seulement avec l'idée géniale du commandant Cousteau et d' Émile Gagnan que nous verrons plus loin, mais par leurs nombreux précurseurs. Les plus anciens se nomment Rouquayrol et Denayrouze. Ils imaginèrent, dès 1865, l'aérophore, un régulateur portable permettant de plonger avec un réservoir d'air transportable. Malheureusement, ce dernier renfermait de l'air comprimé à seulement 30 bar, ce qui limitait très sensiblement les possibilités de son utilisateur. C'est cet appareil qui a inspiré Jules Verne dans son fameux *Vingt Mille Lieues sous les mers* où l'on voit des plongeurs en scaphandre moissonner les trésors de la mer.

4

Le 6 août 1926, le commandant Yves Le Prieur, officier de marine, essaie dans la piscine des Tourelles à Paris un scaphandre de son invention. Il est composé d'une bouteille de gaz et d'un régulateur. L'arrivée d'air se fait en continu. Elle est réglée manuellement par un système de vis pointeau. Ce n'est guère pratique, mais ça marche ! La Marine nationale adopte illico le système. Le même Yves Le Prieur est aussi le père d'un vêtement de plongée à réserve d'eau chaude, de petits compresseurs, de caissons étanches pour la photo, de la première cage anti-requins et de différents modèles de fusils pour la pêche sous-marine. On peut lui attribuer le titre plus que mérité de "père de la plongée", d'autant qu'il a créé le premier club de passionnés du monde subaquatique, appelé de façon amusante le "club des sous l'eau".

À cette époque, le plongeur se déplace difficilement, se contentant de marcher sur le fond. Inspiré par les premières réalisations théoriques de Léonard de Vinci, le commandant de Corlieu invente les premières palmes en 1933.

Tous les éléments nécessaires à la découverte des

3 - Le tonneau à plongeur de Lethbridge a donné lieu à de nombreuses controverses. Il semble toutefois que son inventeur a pu travailler de longues minutes, disposant pour seule réserve d'oxygène, l'air contenu dans le cylindre de bois cerclé de fer. (D. R.)

4 - Trouvée sur un sarcophage, à Salerne, cette fresque de la Grèce antique est une des premières représentations connues de la pénétration de l'homme dans la mer. (D. R.)

1, 2 - Créé en 1864, l'appareil de Rouquayrol et Denayrouze est le premier à avoir été pourvu d'un régulateur d'air automatique. Il a connu un grand succès à l'époque car il était possible de régler le débit d'air selon les besoins. Une pompe de surface alimentait le plongeur. **(D. R.)**

3 - Le scaphandre de Klingert a été essayé en public le 23 juin 1797, par un plongeur qui scia un tronc au fond de la rivière Oder. **(D. R.)**

1

4 - Le scaphandre à casque de Cabirol date de 1856. C'est une amélioration de l'invention de Siebe. Il est plus léger grâce à l'utilisation du caoutchouc vulcanisé pour le vêtement. **(D. R.)**

2

fonds marins en toute liberté sont des inventions françaises ; il ne restait plus qu'à parachever le travail de ces précurseurs pour mettre la plongée à la portée de tous...

COMME UN OISEAU DANS L'AIR

La plongée moderne est née en décembre 1942 quand l'ingénieur à l'Air Liquide, Émile Gagnan, et le commandant Cousteau inventèrent le vrai scaphandre autonome. Composé d'une ou plusieurs bouteilles d'air comprimé et d'un détendeur, ce scaphandre est aujourd'hui appelé "bloc" par la plupart des plongeurs.

Tout le secret de l'évolution sous-marine en totale liberté vient du détendeur. Ce petit appareil permet d'alimenter le plongeur, à sa demande, en air à la pression ambiante. Autre avantage, l'air expiré ne sort plus par les parois du masque, mais par le détendeur lui-même.

Il existait déjà des détendeurs pour des bouteilles de gaz, notamment ceux qui équipaient les véhicules gazogènes durant la Seconde Guerre mondiale. Ce sont ces appareils qui ont été modifiés pour l'usage subaquatique. Les premières plongées en scaphandre autonome ont été réalisées sur la côte varoise au cours de l'été 1943 par les "mousquemers" : Jacques-Yves Cousteau, Frédéric Dumas et Philippe Taillez.

Depuis, de nombreuses générations de détendeurs ont vu le jour, améliorant régulièrement le confort respiratoire en plongée. Avec les modèles compensés, le plongeur découvre tranquillement les merveilles de l'apesanteur, planant entre deux eaux avec la même aisance qu'un oiseau dans l'air.

La plongée s'est popularisée. C'est une activité de loisirs qui passionne aujourd'hui plusieurs millions de personnes dans le monde. Les techniques ont évolué, les connaissances aussi.

Parallèlement à la plongée sportive se développe une activité professionnelle dont les règles sont beaucoup plus complexes. Les effets narcotiques de l'azote ont longtemps posé des problèmes pour la conquête des grandes profondeurs. Aujourd'hui, l'air du plongeur professionnel est remplacé par des mélanges gazeux savants à base d'hélium et d'oxygène (Héliox). Ils permettent à des hommes de travailler sur des chantiers par 300 m de profondeur et même plus. Des études complexes sur les mélanges gazeux ont permis d'atteindre, en 1988, la profondeur fabuleuse de 534 m. Lors de l'expérience Hydra VIII organisée par la Comex, des plongeurs sont sortis à plusieurs reprises hors d'une tourelle de plongée entre 520 et 534 m de profondeur. Il aura fallu 18 jours de décompression minutieusement contrôlée pour qu'ils retrouvent l'air libre !

Des expériences permettant d'atteindre les 700 m sont en cours, mais, en pratique, l'avenir de l'exploration et du travail à grandes profondeurs est aux sous-marins automatiques non habités.

EN ROUTE VERS LES ABYSSES

L'exploration des fonds marins par le plongeur autonome n'a pas été la seule direction prise par les pionniers de la recherche sous-marine. Dès 1860, des sondeurs à câble découvrent des fonds de plus de 5 000 m. Les savants de l'époque estiment que la vie est impossible au-delà de 300 brasses (550 m). Mais très vite, de nombreux bateaux d'exploration prouvent le contraire. De 1900 à 1909, le prince Albert de Monaco réalise la plus importante campagne océanographique jamais entreprise. Il récolte de nombreux échantillons par plus de 5 000 m de profondeur.

Le premier bathyscaphe opérationnel est la bathysphère de William Beebe et Otis Barton, construite en 1929. De 1930 à 1934, les deux explorateurs des abysses effectuent 34 plongées. Suspendus au bout d'un câble, ils atteignent 908 m le 14 août 1934.

Mais très vite, les chercheurs s'orientent vers la réalisation d'appareils autonomes permettant une exploration plus systématique. C'est le physicien suisse Auguste Piccard qui va repousser jusqu'à l'extrême les limites de l'exploration du fond des mers. Ce grand aérostier, qui a atteint en 1931 l'altitude phénoménale de 17 000 m en ballon, se passionne pour l'exploration sous-marine. Il dresse les plans de son premier bathyscaphe en 1937, mais la Seconde Guerre mondiale l'interrompt dans son élan. Le 2 novembre 1948, le *FNRS II* atteint, sans passager, la profondeur de 1 380 m, mais l'engin s'avère dangereux car il est peu marin. En 1950, le commandant Cousteau relance le projet et un consortium franco-belge construit le *FNRS III*. En 1953, ce bathyscaphe plonge à 2 100 m de profondeur au large de Toulon. En février 1954, il dépasse 4 000 m au large de Dakar avec un équipage à bord.

Le professeur Piccard s'est désengagé du projet FNRS III dès ses débuts. Avec l'aide de son fils, Jacques, il construit un autre bathyscaphe, le *Trieste*. En janvier 1960, en compagnie de l'Américain Don Walsh, Jacques Piccard atteint 10 916 m dans la fosse des Mariannes. Depuis, ce record n'a pas été battu, aucun submersible actuel n'étant capable de telles performances ! Seul le bathyscaphe français *Archimède* s'en est approché le 25 juillet 1952, avec 9 545 m atteints dans la fosse des Kouriles, au nord du Japon.

Aujourd'hui, les expériences d'exploration sous-marine à grandes profondeurs utilisent des submersibles plus manœuvrants. Beaucoup sont inspirés des fameuses soucoupes plongeantes du commandant Cousteau qui, au début des années 60, atteignaient 350 m. En 1971, après cinq années d'études et de tests, la soucoupe *Cyana* est mise à l'eau sous les couleurs du CNEXO (Centre national pour l'exploitation des océans), qui deviendra par la suite l'Ifremer.

En 1972, chercheurs français et américains s'unissent pour l'opération FAMOUS. Au large des Açores, par 3 000 m de profondeur, la soucoupe *Cyana* découvre des gisements métallifères et la preuve du bien-fondé de la théorie de la dérive des continents. C'est en 1980 que le sous-marin américain *Alvin*

3

repère des sources hydrothermales à moins de 1 km des lieux explorés par *Cyana*. Il y découvre une faune étrange, totalement inconnue, qui se développe dans l'obscurité totale à proximité de geysers crachant de l'eau à 350 °C ! Une révolution dans le monde des biologistes.

Toujours soucieuses de rester précurseurs dans l'exploitation des profondeurs, les autorités françaises lancent, en 1982, la construction d'un grand frère de *Cyana* : le *Nautile*. Les premiers essais débutent en novembre 1984. En février 1985, il atteint 6 740 m. C'est lui qui, le premier, filme les champs de nodules polymétalliques par 5 000 m de fond en plein océan Pacifique.

Depuis 1988, les Français et les Américains ne sont plus seuls à s'aventurer dans les abysses. Les Soviétiques et les Japonais possèdent eux aussi des sous-marins capables de travailler par 6 000 m de profondeur.

L'HOMME PARRICIDE

Avide et cupide, l'homme d'aujourd'hui tue sa mer. Les pêches irraisonnées entraînent inexorablement la raréfaction des espèces. Les techniques de plus en plus performantes moissonnent aveuglément toute forme de vie marine. Les immenses filets dérivants créent des barrières invisibles, infranchissables sur des kilomètres. Ils piègent d'innombrables mammifères marins dont les cadavres gonflés de gaz sont laissés à la dérive.

Fort heureusement, des associations de bonne volonté, des scientifiques, des instances internationales et même des États entiers tirent de plus en plus fort la sonnette d'alarme. La mer est un trésor naturel que l'on a longtemps cru inépuisable. Les incroyables sources de pollution de notre industrie et l'exploitation anarchique des océans mettent aujourd'hui son équilibre en péril. Les baleines ont failli être exterminées par pure inconscience. Aujourd'hui, tortues, dauphins, requins, phoques, pour ne citer que les espèces les plus spectaculaires, sont également menacés.

Vous qui allez vous plonger dans ce livre pour mieux pénétrer le ventre de la mer, plongeur expérimenté ou en devenir, vous avez le droit et le devoir de vous transformer en avocat du monde marin. Les plus fabuleux trésors que recèlent les océans ne dorment pas au cœur des épaves. Ils sont fait de chair et de sang, vivent, se reproduisent et meurent au même titre que les formes vivantes terrestres. Ces créatures de l'onde conservent encore cachés bien des mystères et des prodiges. Il serait dommage que l'impatience et la volonté d'hégémonie des hommes privent les générations futures de ces merveilleuses découvertes...

LES GRANDES DATES DE L'HISTOIRE SOUS-MARINE

322 avant J.-C., Alexandre le Grand, première cloche à plongeur en bois cerclée de cuivre.
1452-1519, Léonard de Vinci : dessins de palmes (aux pieds et aux mains) et du tuba à flotteur.
1647-1714, Denis Papin : cloche à soufflets.
1690, Edmund Halley (1656-1714) : cloche à plongeur alimentée par des tonneaux d'air frais.
1715, Lethbridge : tonneau à plonger.
1715, Chevalier de Beauve : invention de l'ancêtre du casque de scaphandrier.
1725, Lethbridge : avec son tonneau à plonger, il récupère le trésor du *Slot Her Hooge* au large du Portugal.
1772, Fréminet : avec son appareil, il atteint 16 m de profondeur sous le pont Marie à Paris.
1775, Abbé de la Chapelle : scaphandre ou gilet de sauvetage.
1788, Smeaton, une cloche anglaise avec pompe à air en surface.
1797, Karl Henrich Klingert : appareil à plonger.
1819, Augustus Siebe : casque et veste de scaphandrier.
1837, Siebe-Gorman : premier scaphandre "pieds lourds".
1839-1860 , Cabirol : développement de l'industrie des "pieds lourds" à Narbonne.
1860-1865, Benoît Rouquayrol et Auguste Denayrouze : prémices du scaphandre autonome avec l'aérophore, appareil à dos.
1893, Louis Boutan : premières photos sous-marines en "pieds lourds".
1898, Louis Boutan : construction d'une caméra étanche à grande profondeur.
1906, John Scott Haldane : première table de plongée.
1911, sir Robert H. Davis : premier scaphandre léger et autonome à circuit fermé, fonctionnant à l'oxygène pur.
1926, Fernez-Le Prieur : scaphandre autonome dorsal.
1933, Yves Le Prieur : scaphandre autonome ventral.
1933, Invention des palmes par le Commandant de Corlieu .
1942, Cousteau-Gagnan : mise au point du premier scaphandre autonome à débit d'air sur commande.
1943, Georges Comheines : exploration à - 53 m en scaphandre autonome.
1943, Frédéric Dumas : plongée à - 63 m en scaphandre autonome.
1956, Jacques-Yves Cousteau et Louis Malle : le film *Le Monde du silence* obtient la Palme d'or au festival de Cannes.
1959, Robert Foster : record absolu d'apnée statique avec 13 mn 42 s 5/10, obtenu après 30 mn d'inhalation d'oxygène.
1962, Hans Keller : première plongée en saturation à 300 m.
1962, J.-Y. Cousteau, expérience Précontinent I. Deux hommes restent à 10 m pendant 192 h.
1963, J.-Y. Cousteau, expérience Précontinent II. Six hommes vivent à 10 et 26 m de profondeur pendant 6 jours.
1963, J.-Y. Cousteau, expérience Précontinent III. Six hommes vivent à 100 m pendant 504 h.
1968, Comex, opération Janus 1. 22 plongées à 150 m pour quatre hommes et 14 h de travail dans l'eau.
1970, Comex, expérience Physalie IV. Deux hommes atteignent 516 m en caisson.
1972, Comex, expérience Physalie VI. Deux hommes atteignent 610 m en caisson.
1975, Comex : des plongeurs récupèrent une tête de puits de pétrole par 326 m de profondeur.
1976, Jacques Mayol : premier homme à dépasser 100 m en apnée. Il atteint 101 m, la plongée totale dure 3 mn 30 s, remontée comprise.
1977, J. Verpeaux : plongeur de la Comex, il atteint - 501 m et y reste 10 mn.
1981, Alain Berger : record d'immersion totale en eau douce avec 110 h 8 mn.
1983, Comex et Marine nationale, opération Entex. Des plongeurs descendent à 610 m en caisson et travaillent en hydrosphère.
1983, Jaques Mayol : 105 m de profondeur en apnée (poids variable).
1985, Comex, expérience Hydra 5. Des hommes atteignent 450 m de profondeur avec un mélange gazeux complexe.
1988, Comex, expérience Hydra 8.530 m de profondeur sont atteints, avec 185 h de travail au fond.
1989, Angela Bandini : première femme à dépasser 100 m en apnée. Elle atteint 107 m !
1991, Umberto Pelizzari : plongée à 67 m de profondeur en apnée (poids constant).
1992, Pipin : l'homme le plus profond en apnée avec 120 m, en poids variable, à Cuba.
1992, Comex, opération Hydra X. Des plongeurs atteignent 701 m de profondeur théorique en caisson.
1993, Umberto Pelizzari : atteint 123 m de profondeur en apnée (poids variable) en 2'29" (descente 71", remontée 78").

4

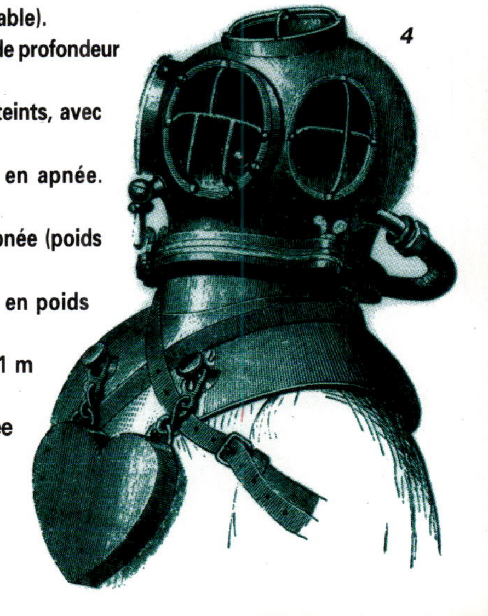

– 1 –

Un apprentissage nécessaire

En pénétrant dans le monde sous-marin, le plongeur explore trois dimensions. Il serait imprudent de s'abandonner aux seules satisfactions des sens, car le milieu marin ne livre pas ses secrets facilement. La contrepartie du plongeur débutant doit être l'apprentissage de ce monde nouveau. Sous l'eau, l'organisme humain se trouve confronté à des phénomènes auxquels il n'est pas préparé. L'univers aquatique est régi par des lois physiques et des applications physiologiques spécifiques. Elles doivent être connues et parfaitement maîtrisées pour que l'exploration du "Monde du silence" ne tourne pas à la mauvaise aventure.

LA CALORIE

Cette ancienne unité de mesure de quantité de chaleur est aujourd'hui remplacée officiellement par le joule (J). Une calorie est égale à 4,185 joules. Une calorie permet d'élever de 1 °C 1 g d'eau d'une température de 14,5 °C à 15,5 °C et à la pression atmosphérique normale. Le terme de calorie est encore utilisé en diététique pour définir la valeur énergétique des aliments. Une calorie diététique est en réalité une kilocalorie (kcal), soit 1 000 calories.

APPRENDS-MOI LA MER

Notre bonne vieille Terre devrait s'appeler la planète Mer car les océans couvrent 7/10 de sa surface totale. L'eau s'étend sur 350 millions de km². Le Pacifique à lui seul représente plus de 350 fois le territoire de la France.

L'océan est source de vie. Toutes les formes évoluées d'animaux sont nées primitivement dans les eaux. Aujourd'hui encore, bon nombre d'espèces vivant sous la mer restent inconnues. Pas seulement des animalcules minuscules, mais aussi des formes aux dimensions impressionnantes. L'homme n'a visité qu'une infime parcelle du monde sous-marin. L'exploration des fonds océaniques pose des problèmes tout aussi complexes que l'astronautique. En s'enfonçant toujours plus loin dans les profondeurs marines, les chercheurs ont découvert de véritables merveilles. Que dire par exemple de cette faune extraordinaire que les océanographes de l'Ifremer ont découvert avec le sous-marin le *Nautile,* par 2 000 m de fond, au cours de la mission Hydronaut en 1987 ? Vivant près de sources chaudes chargées de soufre et de méthane, des vers géants, des crabes incolores et même des poissons jamais vus auparavant occupaient ce monde hostile. Mais cet univers des abysses est encore et sera peut-être même toujours inaccessible au commun des mortels. Les zones moins profondes procurent aussi des surprises de taille. Le mythe des fossiles vivants est devenu réalité quand, en 1938 au large des Comores, le capitaine Gossen a découvert dans les filets de son chalut le premier cœlacanthe. On croyait l'animal disparu depuis 400 millions d'années ! Plus incroyable encore, l'énorme "Megamouth", un requin de plus de 8 m de long, à la bouche monstrueuse, mais heureusement inoffensif, n'a été découvert que dans le courant des années 70. Nageant pratiquement en surface, il aurait pu côtoyer n'importe quel plongeur...

Le milieu marin avec ses mystères exerce une fascination toute légitime sur l'être humain. Qui n'a jamais rêvé de serpent de mer, de pieuvre géante ou de quelque monstre issu des profondeurs ? Nous vivons tous un peu grâce à la mer. L'homme puise dans l'océan l'essentiel de ses ressources, à la fois énergétiques et alimentaires. Il trouve aussi dans le "grand bleu" l'occasion de se surpasser. Apprendre la mer est l'occasion de sensibiliser les enfants aux beautés de la nature. La plongée leur offrira une parfaite leçon de choses pour les aider à respecter les merveilles de la vie.

La combinaison isothermique garantit au plongeur une bonne impression de confort, y compris dans des eaux tempérées comme celles de la Méditerranée.

Une sensation de fraîcheur

C'est à 33 °C seulement que le corps humain ressent une impression de bien-être lors d'un contact avec l'eau. Cette température correspond à peu près à celle d'une douche tiède. À partir de 36 °C, on éprouve une sensation de chaleur. Une température de 33 °C est quasiment introuvable dans le milieu naturel. Les eaux chaudes tropicales atteignent parfois 30 °C en surface, mais leur température moyenne est comprise entre 26 et 28 °C. C'est d'ailleurs le niveau habituel qu'offrent les piscines publiques normalement chauffées.

Il suffit de rester immobile dans l'eau pour ressentir rapidement une impression de refroidissement. Dans cette situation, le corps humain se rafraîchit 25 fois plus vite que dans l'air. Un déplacement ou un simple mouvement suffisent pour que le refroidissement s'accélère. Ces échanges thermiques sont dus aux phénomènes de conduction, de rayonnement et de convection.

La conduction : c'est l'échange de chaleur par contact avec le milieu ambiant. En physique, toute situation tend à atteindre un équilibre stable. La peau étant plus chaude que l'eau, elle lui cède de la chaleur pour tendre vers une égalité thermique, d'où la sensation de refroidissement.

Le rayonnement : c'est le transport d'énergie sans support matériel. Le soleil réchauffe la mer par rayonnement. L'énergie solaire est dissipée dès la surface sous forme de chaleur. Ainsi, la température de l'eau baisse progressivement par couches successives (thermoclines), jusqu'à se stabiliser vers les profondeurs de 40 à 50 m. Le rayonnement est dû à l'émission de chaleur par la surface du corps. Il entraîne une déperdition calorifique.

La convection : c'est le mouvement que prend un fluide sous l'influence d'une variation de température. Ce phénomène permanent est entretenu par les échanges thermiques et accru par les mouvements du corps et les courants marins. Ces échanges sont d'autant plus accélérés que le renouvellement du fluide au contact du corps est important. Dans un cas extrême, le corps immergé se refroidit 150 fois plus vite que dans l'air.

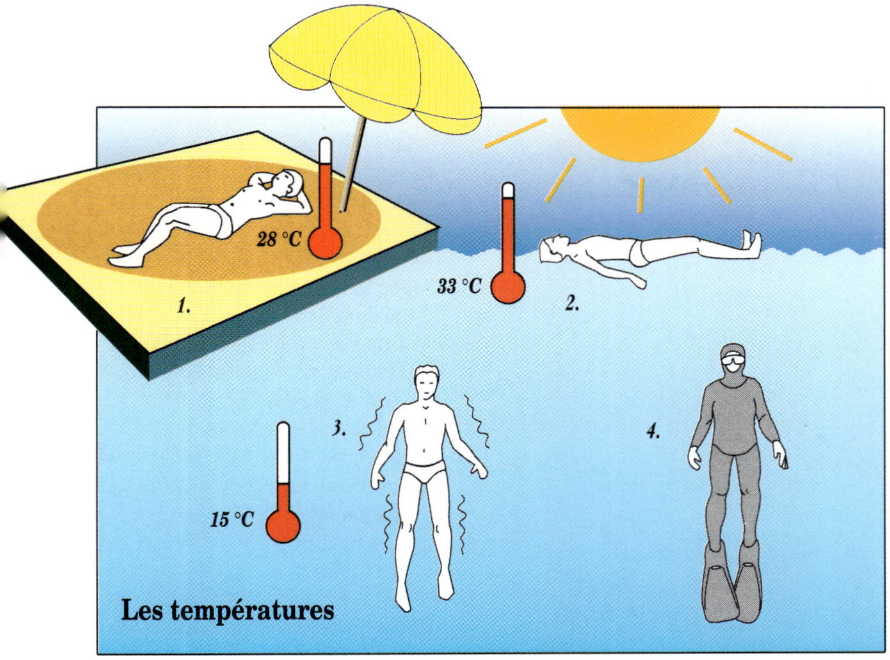

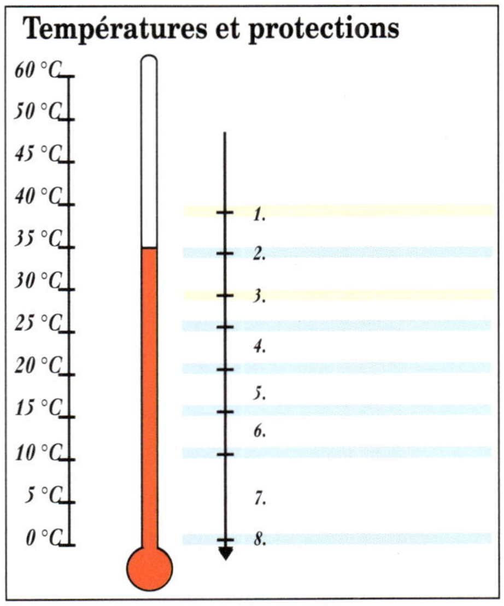

La pratique en plongée : si, en théorie, il est souhaitable pour une bonne sensation de confort dans l'eau de porter un vêtement isothermique dès que la température est inférieure ou égale à 21 °C, il est beaucoup plus agréable de s'équiper d'une combinaison dès que l'eau atteint 24-25 °C.
Notre conseil : *absorbez des aliments énergétiques rapidement assimilables par exemple : biscuits, chocolat, miel, fruits secs, etc. Ne vous exposez pas longuement au soleil juste avant de plonger pour éviter les échanges thermiques violents lors de l'entrée dans l'eau (choc thermodifférentiel, hydrocution).*

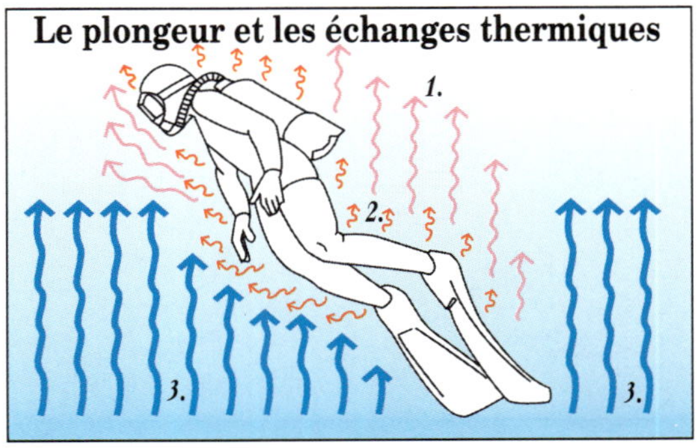

LES TEMPÉRATURES :
1. *Température de confort thermique dans l'air.*
2. *Température de confort thermique dans l'eau.*
3. *Refroidissement du corps.*
4. *Refroidissement du corps retardé car le plongeur est protégé par le vêtement.*

TEMPÉRATURES ET PROTECTIONS :
1. *37 °C Température du corps.*
2. *33 °C Température de confort dans l'eau.*
3. *28 °C Bien-être thermique dans l'eau.*
4. *Vêtement de faible épaisseur de 2 à 3 mm. Bermuda, monoshort.*
5. *Vêtement complet en néoprène de 5 mm avec cagoule et chausson.*
6. *Ensemble complet avec port d'un sous-vêtement.*
7. *Port du vêtement sec étanche.*
8. *Hors-limite de la plongée.*

LE PLONGEUR ET LES ÉCHANGES THERMIQUES :
1. *L'eau réchauffée par la chaleur du corps étant plus légère, elle monte vers la surface.*
2. *Chaleur émise par le corps.*
3. *Eau froide environnante.*

Vêtue d'un seul maillot de bain, cette plongeuse en apnée évolue dans une eau tropicale à 28-30 °C.

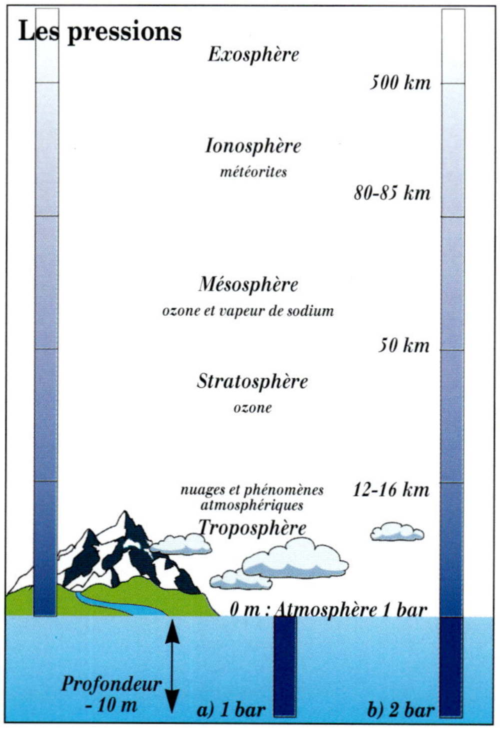

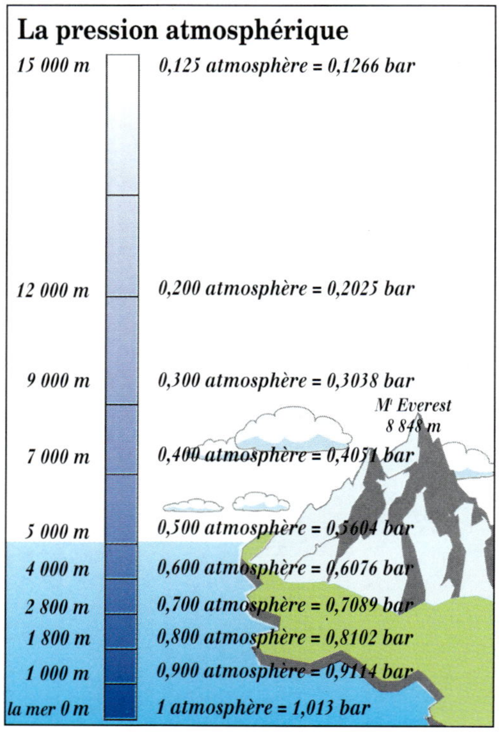

LES PRESSIONS
a) 1 bar : mesure effectuée par rapport au niveau de la mer, c'est la "pression relative".
b) 2 bar : mesure effectuée par rapport au vide, c'est la "pression absolue".

LE MONDE SOUS PRESSION

Le terme "pression" est un des plus employés par les plongeurs. On parle de pression de gonflage dans les bouteilles, pression lue sur le manomètre, pression résiduelle après la plongée, pression de l'eau, pressions partielles des gaz, etc.

Nous sommes en permanence confrontés à des phénomènes de pression. Une personne qui marche sur une plage laisse ses pas imprimés dans le sable après son passage. C'est la pression exercée par son poids sur une surface déformable qui provoque cette empreinte. Le comportement d'un corps soumis à une pression dépend avant tout de son état.

La matière qui constitue l'Univers se présente sous trois états. La résistance qu'elle offre à la déformation varie selon qu'il s'agit d'un solide, d'un liquide ou d'un gaz.

L'état solide : il est spécifique des éléments ayant une forme et un volume propre.

L'état liquide : se caractérise par un volume défini avec une forme variable selon son contenant.

L'état gazeux : ne possède ni forme ni volume propre. Un gaz a tendance à occuper tout l'espace qui lui est laissé libre.

On distingue deux groupes particuliers : les solides qui sont peu déformables et les fluides (liquides et gaz) facilement déformables.

Un même corps peut prendre successivement les trois états de la matière. C'est le cas de l'eau : sous forme solide, c'est de la glace, liquide, de l'eau, gazeuse, de la vapeur. Un objet qui subit une déformation ou un mouvement est soumis à une force. Cette dernière, appliquée à une masse de matière, produit une accélération.

Masse et poids : une différence subtile

On appelle masse la quantité de matière d'un objet que l'on peut évaluer par comparaison des poids au moyen d'une balance. Elle s'exprime en kilogramme (kg). La masse d'un objet ne varie pas avec le lieu.

On assimile souvent la masse et le poids parce que le langage courant confond les deux termes. Dans le vide interstellaire, une masse n'a pas de poids. Deux corps s'attirent en fonction de leurs masses et de la distance qui les sépare. La masse terrestre exerce sur tous les éléments qui l'entourent une force attractive appelée pesanteur. Le poids est la force d'attraction exercée par la Terre sur un objet. Il s'exprime en newton (N) et dépend du lieu où l'on se trouve. En théorie, le poids d'un objet de masse constante peut varier selon sa position sur la Terre. En se rapprochant des pôles, le poids s'élève. C'est au niveau de l'Équateur qu'il est le plus faible. Cela s'explique par le fait que l'attraction terrestre est plus forte au niveau des pôles qu'à l'Équateur. Le poids change aussi en fonction de l'altitude, diminuant au fur et à mesure que l'on s'élève. En pratique, toutes ces variations étant assez faibles, on n'en tient pas compte au quotidien.

La force : une idée de mouvement

On appelle force toute cause capable de modifier l'état de repos ou le mouvement d'un corps, voire de lui faire subir des déformations. Une force est caractérisée par sa direction (par exemple verticale ou horizontale), son sens (par exemple de bas en haut), son point d'application (par exemple le centre de gravité de l'objet) et son intensité (par exemple 3 newtons). L'unité de force est le newton (N).

- Le newton est la force exercée sur un corps ayant une masse de 1 kg, recevant une accélération de 1 m/s par seconde. 1 N est égal à 1 kg x 1 m/s par seconde.

- Le kilogramme-force (kgf) est la force exercée sur une masse de 1 kg, recevant l'accélération de la pesanteur terrestre (9,81 m/s^2). D'où la relation : 1 kilogramme-force est égal à 9,81 N.

Une force, agissant sur une surface, engendre le phénomène de pression. Si la surface est constante et que la force augmente, la pression croît. Si la surface augmente et que la force est constante, la pression diminue. La pression sur une surface donnée est proportionnelle à la force.

Pour illustrer ce phénomène, il suffit de marcher dans la neige poudreuse. Avec des chaussures, vous vous enfoncez profondément car la force exercée sur le sol par la masse de votre corps s'applique sur la faible surface du pied. Chaussez des raquettes, la force se répartit sur toute leur surface ; l'empreinte de vos pas reste superficielle.

La pression : rendez-vous au bar

Lorsqu'une force s'exerce sur une surface, elle crée une pression. Pour calculer la pression, il suffit de diviser l'intensité de la force par la valeur de la surface. L'unité de pression est le pascal (Pa). Le pascal est la pression produite par une force de 1 newton s'exerçant sur une surface de 1 m^2. Cette unité de mesure est très petite. En plongée, on préfère utiliser un multiple du pascal : le bar (b dans les illustrations).

- 1 bar est égal à 100 000 pascals (10^5, on dit : "dix puissance cinq").

- On emploie aussi une unité plus ancienne et assez voisine : le kgf/cm^2. 1 kgf/cm^2 est égal à 0,981 b.

- En météorologie, on mesure la pression atmosphérique avec un autre multiple du pascal : l'hectopascal qui est égal à 1 millibar (1 hPa = 1 mb).

La pression atmosphérique : le poids de l'air

Le globe terrestre est entouré par une couche d'air : l'atmosphère. Cet air est pesant. Dans des conditions normales, 1 litre d'air pèse 1,293 g. Son poids exerce sur la surface de la Terre une pression appelée pression atmosphérique (Patm).

C'est le physicien italien Evangelista Torricelli (1608-1647) qui, en 1643, a mis en évidence la valeur de la pression atmosphérique par l'expérience qui porte aujourd'hui son nom (voir dessin).

Au niveau de la mer, la pression atmosphérique est de 1 013 hPa (1,013 b). Les légères modifications liées aux conditions météorologiques sont négligeables pour la pratique de la plongée sportive. La pression atmosphérique baisse avec l'altitude. La variation peut être considérée comme linéaire jusqu'à 5 000 m, avec une diminution de 0,1 b par élévation de 1 000 m. À des altitudes supérieures, la pression atmosphérique change de manière moins régulière (voir dessin).

La pression hydrostatique : le poids de l'eau

La pression hydrostatique est la pression provoquée par un liquide. On l'appelle également pression relative. Elle est proportionnelle à la masse volumique du liquide. La pression hydrostatique est identique pour tous les points situés sur un même plan horizontal, c'est-à-dire à une profondeur donnée (application du principe de Pascal).

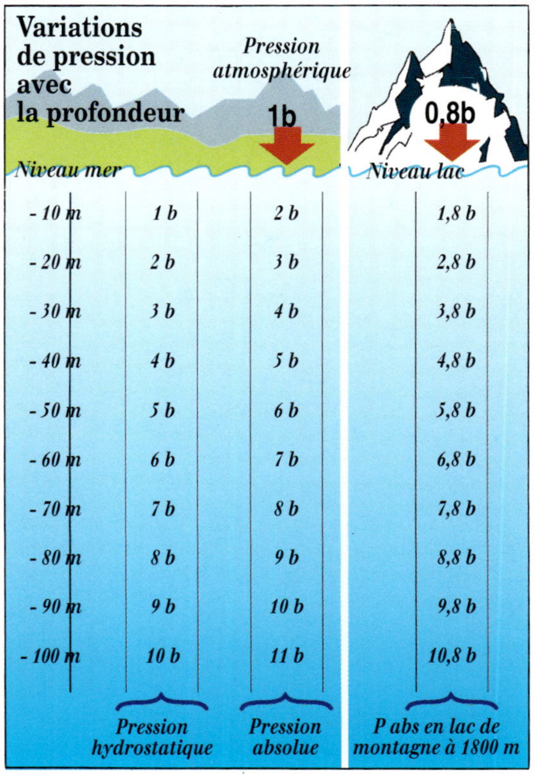

La valeur de la pression hydrostatique est égale à la force exercée par le poids du liquide situé au-dessus de l'unité de surface considérée. Dans l'eau douce, avec la profondeur, la pression hydrostatique augmente de 1 bar (ou 1 kgf/cm^2) tous les 10 m. Dans l'eau de mer, de masse volumique 1,026 Kg/l, la variation de la pression sera de 1,026 bar tous les 10 m (voir dessin). En pratique, pour simplifier les calculs de plongée, on considère que la pression relative est la même en eau de mer qu'en eau douce.

La pression absolue : une notion essentielle

La pression subie par le plongeur, ou pression absolue (Pabs), est la somme de la pression hydrostatique (Pr) et de la pression atmosphérique (Patm).

En règle générale, pour les calculs effectués dans le domaine de la plongée, on ne prend en compte que la pression absolue.

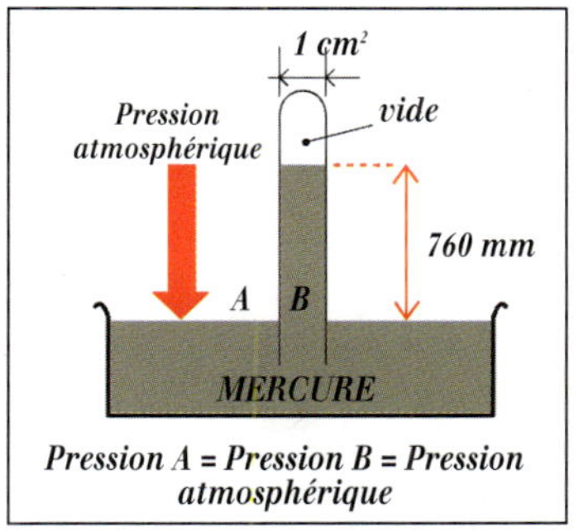

EXPÉRIENCE DE TORRICELLI :
CALCUL DE LA PRESSION ATMOSPHÉRIQUE

1. Volume de la colonne de mercure :
V=76 cm x 1 cm^2=76 cm^3 = 0,076 dm^3
2. Masse de la colonne de mercure (Masse volumique du mercure = 13,59 kg/l) :
13,59 x 0,076 = 1,03284 kg
3. Poids de la colonne de mercure :
1,03284 x 9,81 = 10,13 newtons
4. Pression exercée par cette colonne :
P = 10,13/10^{-4} = 10,13 x 10^4 pascals
5. Comme 1 pascal vaut 1/10^5 bar :
10,13 x 10^4/10^5 = 10,13/10 = 1,013 bar soit 1 013 mb.

La pression exercée par le poids élevé de cette tortue caret laisse des empreintes profondes sur le sable d'une plage de Madagascar.

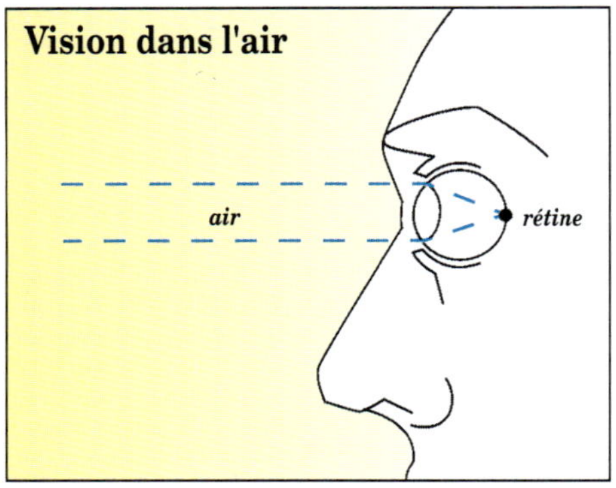

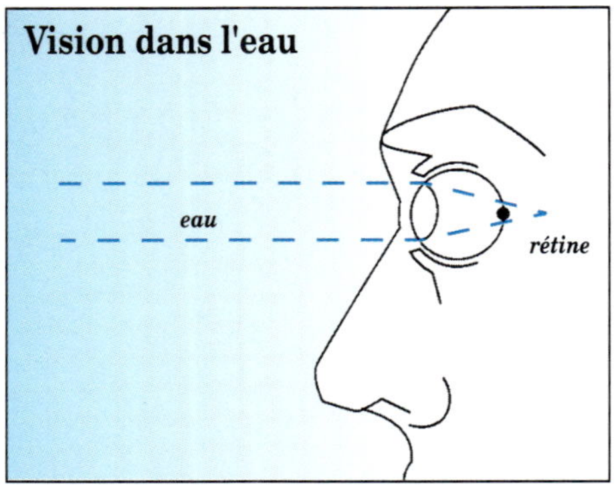

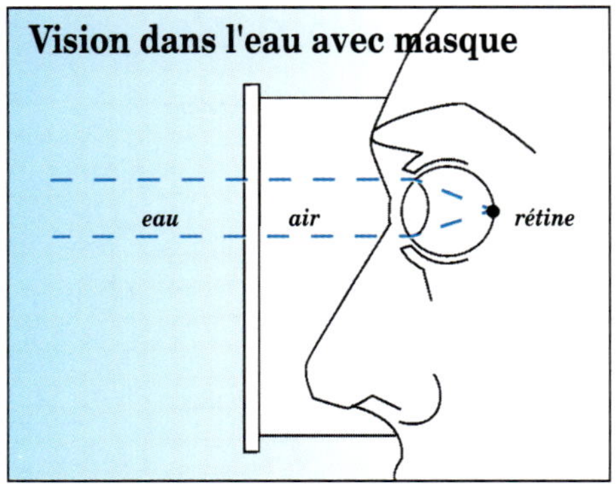

1. Vision dans l'air :
L'image se forme sur la rétine de l'œil donc l'image est nette. L'indice de réfraction du corps vitré de l'œil par rapport à l'air est tel que l'image est nette sur la rétine.

2. Vision dans l'eau :
L'image se forme en arrière de la rétine car l'indice de réfraction de l'eau par rapport à l'œil ne permet pas une image nette. L'œil est fortement hypermétrope.

3. Vision dans l'eau avec masque :
Le verre du masque est une lame mince considérée comme un dioptre plan.
Dioptre plan : système optique constitué par deux milieux transparents homogènes, d'indices de réfraction différents et séparés par une surface plane.

4. Objet vu à travers le masque :
Le système optique constitué des deux dioptres plans, eau/verre et verre/eau, est assimilable à un dioptre eau/air car :
- le verre a un indice de réfraction proche de celui de l'eau ;
- la vitre du masque est constituée d'une lame mince.
Formule permettant de calculer la distance de perception de l'objet : D' = D/n
D' = distance à laquelle on voit le poisson
D = distance réelle du poisson
n = indice de réfraction de l'eau = 1,33 = 4/3

Voir sous l'eau

L'œil humain est conçu pour recevoir les images du milieu aérien. Dès que nous pénétrons sous l'eau, la vision devient floue. C'est la conséquence de phénomènes optiques.

Dans le vide absolu, la lumière se propage en ligne droite à la vitesse de 300 000 km/s. On l'appelle célérité (C). Dans un milieu plus dense, cette valeur diminue. On la désigne sous le terme de vitesse (V).

Lorsqu'un rayon lumineux passe d'un milieu à un autre, il subit une déviation d'autant plus importante que la différence des indices de réfraction est grande. Chaque élément possède un indice de réfraction (n), propre et constant. Il est calculé en divisant la célérité par la vitesse (n = C / V). Pour l'air, n = 1,0003. Pour l'eau, n = 1,33. Pour le verre, n=1,52. L'indice de réfraction de l'air étant très proche de 1, on considère n (air) = 1.

La lumière blanche perçue par l'œil est en réalité un mélange de plusieurs couleurs : rouge, orange, jaune, vert, bleu et violet (voir dessin). Lorsqu'elle pénètre dans l'eau, la lumière est soumise à plusieurs phénomènes : la diffusion, l'absorption, la réfraction et la réflexion.

La diffusion : gare au brouillard !

Si vous allumez une lampe dans de l'eau contenant beaucoup de particules en suspension, il se crée un effet de brouillard, dû au renvoi, par les particules, de la lumière dans toutes les directions. Les rayons sont diffusés. La diffusion est maximale pour le violet et le bleu. C'est pourquoi il y a toujours une dominante bleue dans l'eau.

L'absorption : l'eau dévoreuse de lumière

Les belles couleurs des poissons et des coraux que vous observez en surface s'estompent peu à peu au fur et à mesure que vous descendez vers le fond. C'est parce que les composantes du spectre solaire sont absorbées par l'eau. La lumière ainsi absorbée est transformée en chaleur.

Le rouge disparaît le premier vers 8-10 m, puis vient le tour du jaune aux environs de 30 m. Le vert est remplacé progressivement par le bleu à 45-50 m. L'obscurité totale est atteinte vers 400 m.

La réfraction : le bon rapport

Un rayon lumineux qui frappe la surface de l'eau est à la fois réfléchi et réfracté. Les rayons du soleil parviennent à la surface avec un angle d'incidence (i), calculé par rapport à la verticale (voir dessin). Au passage de la surface, les rayons sont déviés. Ils se rapprochent de la verticale et pénètrent dans l'eau selon un angle plus faible : l'angle de réfraction (r). En orientant une lampe en direction de la surface, il se produit le même phénomène. Dans ce cas, si l'angle d'incidence est supérieur à 48° 45', il y a totale réflexion du rayon lumineux sous la surface sans la moindre réfraction.

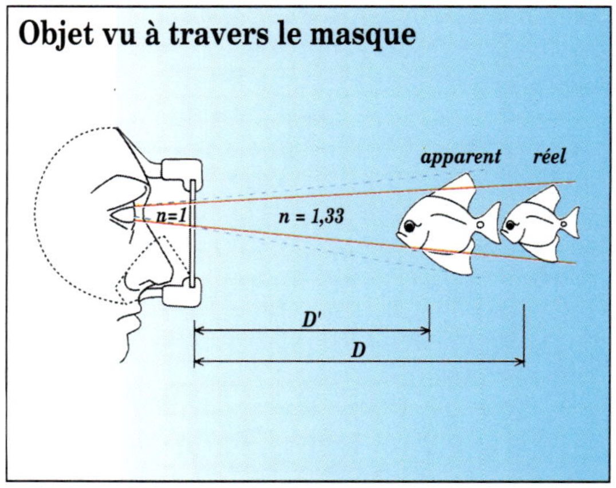

L'angle de réflexion d'un rayon lumineux est toujours égal à son angle d'incidence (voir dessin).

La vision : une question de coup d'œil

Dans l'air, l'image perçue par l'œil se forme sur la rétine. C'est pourquoi elle est nette.

Dans l'eau, l'indice de réfraction supérieur entraîne une formation de l'image en arrière de la rétine (hypermétropie). L'œil voit flou.

Le masque de plongée permet d'intercaler de l'air entre l'eau et l'œil dont les indices de réfraction diffèrent. La vision redevient normale. L'image est nette.

Les rayons lumineux traversent successivement l'eau, la vitre du masque et l'air avant de parvenir à l'œil du plongeur. Ils subissent des modifications qui provoquent quelques aberrations. Les objets paraissent agrandis dans le rapport de 4/3 (l'indice de réfraction de l'eau, 1,33, équivaut à 4/3) et rapprochés dans le rapport de 3/4. Le champ visuel dans l'eau, aussi bien vertical qu'horizontal, est toujours limité à un angle de 97° (deux fois l'angle de réfraction, soit 48° 45' x 2). Dans l'air, il atteint 130° à la verticale et 180° à l'horizontale.

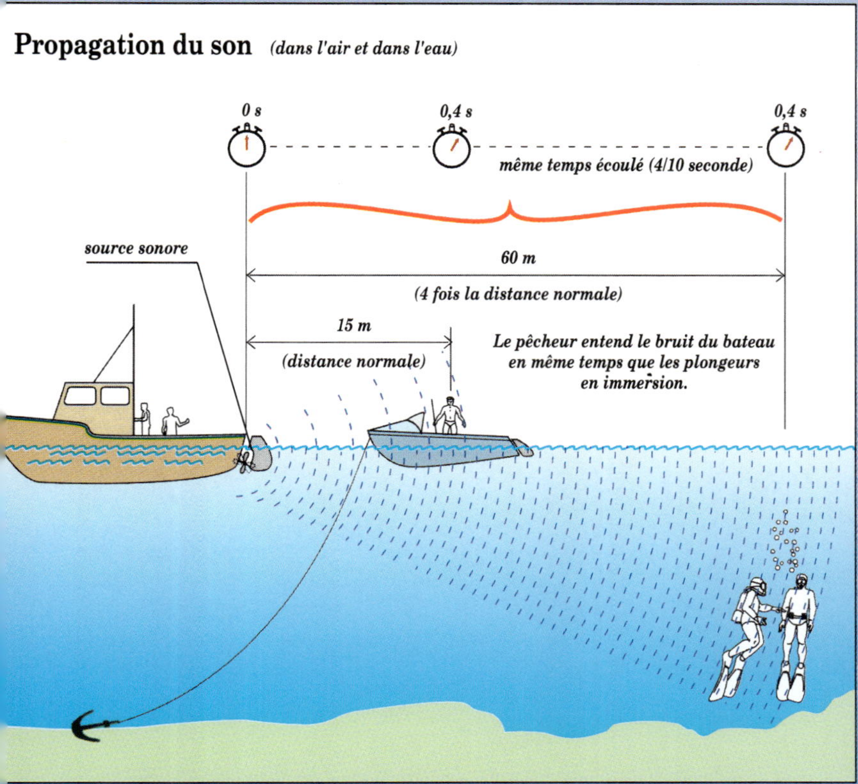

Le bruissement de ondes

Le son est une vibration. On distingue les différents sons à la fréquence, l'intensité et le timbre.

- La fréquence : est un nombre de vibrations par seconde exprimée en hertz (Hz). L'oreille humaine est sensible à des fréquences comprises entre 20 et 20 000 Hz. Plus la fréquence est élevée et plus le son est aigu. La voix humaine émet dans un spectre de fréquence allant de 125 à 6 000 Hz.
- L'intensité : mesure la force ou la faiblesse du son. Sa perception est variable en fonction des individus.
- Le timbre : lié à la complexité du son (superposition et combinaison de plusieurs fréquences), il permet de distinguer le son des différentes sources (voix, instruments, moteurs, bulles, etc.).

La propagation du son se fait d'autant plus vite que le milieu est dense.

- Dans le vide : pas de son.
- Dans l'air : 330 m/s (à 0 °C). Pour 1 °C d'élévation de température, la vitesse augmente de 0,6 m/s.
- Dans l'eau : 1435 m/s (à 8 °C), soit près de 4,3 fois la vitesse du son dans l'air.

Nous recevons les sons par les deux oreilles. Le décalage de réception est de 1/2 000e de seconde environ. Le cerveau est capable d'intégrer cette différence. En raison de la rapidité de transmission du son dans l'eau, le décalage de perception est compris entre 1/8 000e et 1/10 000e de seconde. Dans ce cas, le cerveau ne peut plus faire la différence. C'est pourquoi, en plongée, nous entendons les sons sans bien localiser leur provenance.

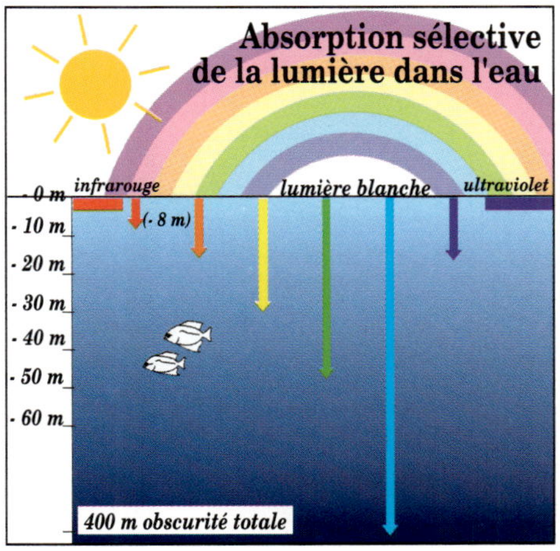

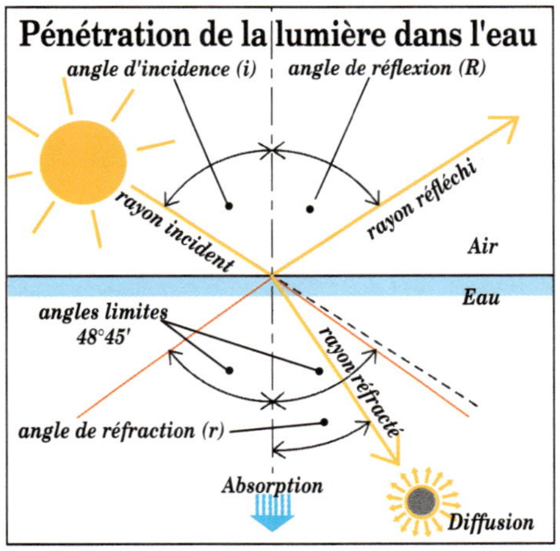

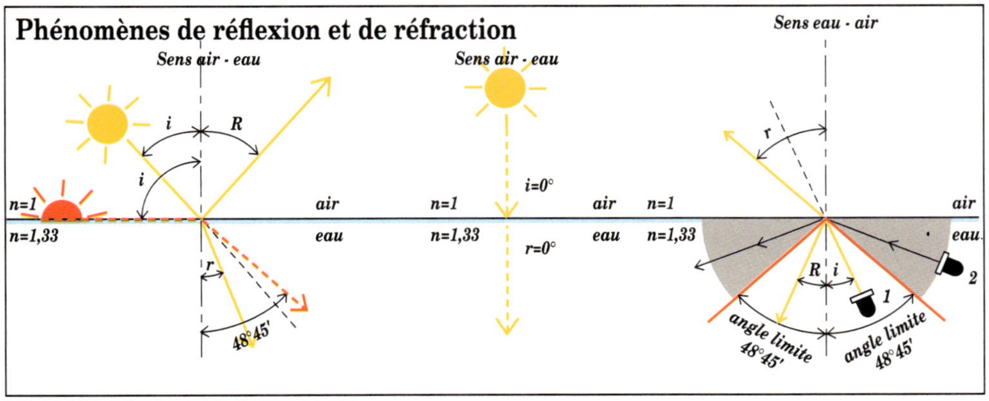

5. Phénomènes de réflexion et de réfraction :

- Sens air-eau :

Le rayon incident arrive sur la surface de l'eau avec un angle d'incidence (i). Une partie de la lumière pénètre dans l'eau en changeant de direction, c'est le phénomène de réfraction (r). L'autre partie est renvoyée par la surface, c'est la réflexion (R).

Le rayon incident est à 90°. Le rayon réfracté atteint sa valeur limite (48° 45').

- Sens air-eau :

Le rayon lumineux arrive perpendiculairement à la surface, celui-ci n'est pas dévié.

- Sens eau-air :

1. Lorsqu'un rayon lumineux se propage de l'eau vers l'air, il suit le trajet inverse de celui de l'air-eau. Une petite partie du rayon est réfléchie, la majeure partie du rayon est réfractée.

2. Si l'angle d'incidence est supérieur à l'angle limite (48°45'), le rayon n'est plus réfracté, il est totalement réfléchi.

EURÊKA, EURÊKA !

Savant de l'Antiquité, né à Syracuse, Archimède (Arkhimêdês) fut chargé par le roi Hiéron II, en 250 avant J.-C., de prouver que sa couronne était faite d'alliage et non d'or pur. Le souverain avait en effet des doutes sur l'honnêteté de son orfèvre. C'est en pénétrant dans son bain et en constatant que le niveau montait, qu'Archimède vit le moyen de résoudre son problème. Il parcourut toute la ville en criant "Eurêka, eurêka !" (j'ai trouvé, j'ai trouvé !). On doit aussi à Archimède le calcul de π, ainsi que de nombreuses inventions comme la vis sans fin, les poulies mobiles, les roues dentées, le levier, etc. En physique, il a fondé la statique des solides et établi les lois fondamentales de l'hydrostatique. Il fut tué par un soldat romain, lors de la prise de Syracuse.

Le gilet de stabilisation compense à volonté la poussée d'Archimède. Parfaitement maîtrisé, il permet d'obtenir une flottabilité nulle à n'importe quelle profondeur.

LE PRINCIPE D'ARCHIMÈDE : EURÊKA

La pénétration dans le milieu sous-marin entraîne le plongeur dans un monde nouveau où s'appliquent des lois physiques particulières. Sans vouloir vous transformer en "Einstein palmé", il est indispensable de s'initier aux règles principales qui régissent le monde subaquatique.

C'est en flottant dans sa baignoire qu'Archimède (287 à 212 av. J.-C.) a démontré qu'un corps n'a pas le même poids dans l'air et dans un liquide. Vous avez sûrement remarqué qu'un objet plongé dans l'eau paraissait diminuer de poids. C'est le cas de la bouteille d'air comprimé, très lourde sur votre dos quand vous vous équipez et si légère dès que vous êtes immergé. Dans l'eau, la bouteille a pris un poids apparent, inférieur à son poids réel sur terre. La différence entre les deux poids est due à la poussée d'Archimède.

La définition

Cette règle célèbre dit exactement : "Tout corps plongé dans un fluide reçoit de la part de ce fluide une poussée verticale, dirigée de bas en haut, égale au poids du volume du fluide déplacé et qui s'applique au centre de gravité du corps."

Ce principe s'applique aussi aux gaz (ballons, montgolfières, etc.). Pour les plongeurs, le fluide sera l'eau.

La poussée d'Archimède est facile à calculer. Par exemple, un plongeur d'un volume de 80 litres va recevoir une poussée d'Archimède de 80 kg (parce que 1 litre d'eau pèse 1 kg environ). Cette poussée d'Archimède diminue son poids réel dans l'eau de 80 kg. S'il pèse tout équipé 83 kg, le poids apparent du plongeur sera de 83 kg – 80 kg = 3 kg.

Par conséquent, on peut dire que le poids apparent d'un corps est égal à son poids réel, moins la poussée d'Archimède. Les deux forces : poids réel et poussée d'Archimède s'exercent en sens opposé. En pratique,

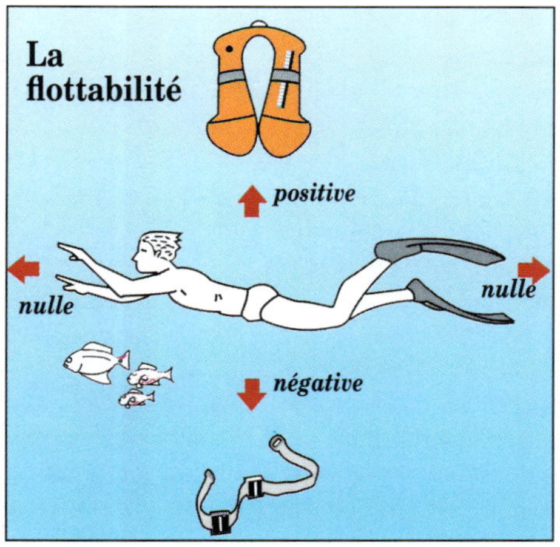

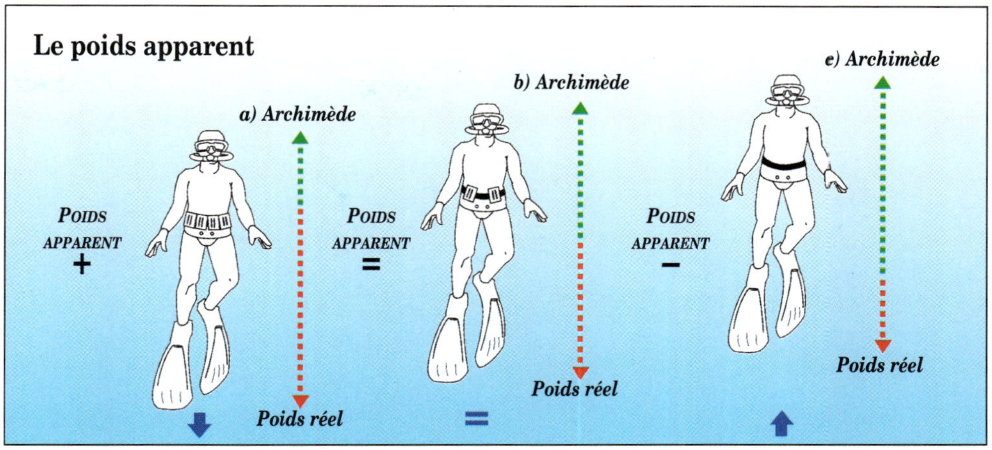

le plongeur ne supporte que son poids apparent, d'où l'agréable sensation de légèreté en immersion.

Notion de flottabilité

La position d'un corps dans un liquide est intimement liée à la poussée d'Archimède. La flottabilité est positive quand le corps remonte, négative quand il coule et nulle quand il reste entre deux eaux ou qu'il flotte. Il existe une relation inverse entre flottabilité et poids apparent (voir dessins).

Archimède et la plongée

En surface, la plupart des nageurs présentent une flottabilité légèrement positive, voire nulle. Il suffit d'expirer à fond pour commencer à couler. En vidant l'air des poumons, le volume de la cage thoracique diminue et, par conséquent, celui du corps tout entier. La poussée d'Archimède diminue, le poids apparent augmente, la flottabilité devient négative, le nageur coule.

Le plongeur vêtu d'une combinaison en néoprène flotte. Cela est dû à la texture du matériau. Le néoprène est un composé de caoutchouc et de minuscules bulles d'air. Pour pénétrer sous la surface, le plongeur ainsi équipé doit compenser la forte poussée d'Archimède. C'est pourquoi il porte une ceinture de plombs. Sous un faible volume, ces derniers pèsent un poids important. Cela leur permet d'augmenter le poids réel du corps en modifiant peu le volume initial.

Il y a lieu d'ajouter que les microbulles de la combinaison vont être progressivement écrasées par la pression de l'eau lors de la descente. Résultat : le volume diminue, la poussée d'Archimède aussi. À partir d'une certaine profondeur, le plongeur a la sensation d'être entraîné vers le fond. Ce phénomène justifie l'utilisation généralisée des gilets de stabilisation (stabilizing jackets). Ils servent principalement à assurer une flottabilité nulle au plongeur à n'importe quelle profondeur. La sensation de confort est alors incomparable.

Toutefois, lorsqu'un plongeur gonfle son gilet, il augmente son volume sans changer son poids réel. La poussée d'Archimède s'accroît, ce qui pousse le plongeur vers la surface. On utilise cette possibilité pour remonter du fond et sans effort un objet lourd. En pratique, on attache un parachute de relevage à l'objet. Il suffit d'insuffler de l'air à l'intérieur du parachute à l'aide du détendeur pour que l'ensemble remonte.

1. Le poids apparent

a : Le plongeur a un poids réel supérieur à la poussée d'Archimède. Il coule. Son poids apparent est positif. Sa flottabilité est négative.

b : Le plongeur a un poids réel égal à la poussée d'Archimède. Il flotte entre deux eaux, son poids apparent est nul, sa flottabilité est nulle.

c : Le plongeur a un poids réel inférieur à la poussée d'Archimède. Il remonte. Son poids apparent est négatif, sa flottabilité est positive.

La combinaison de néoprène augmente la flottabilité du plongeur. En surface, elle joue le rôle d'une bouée.

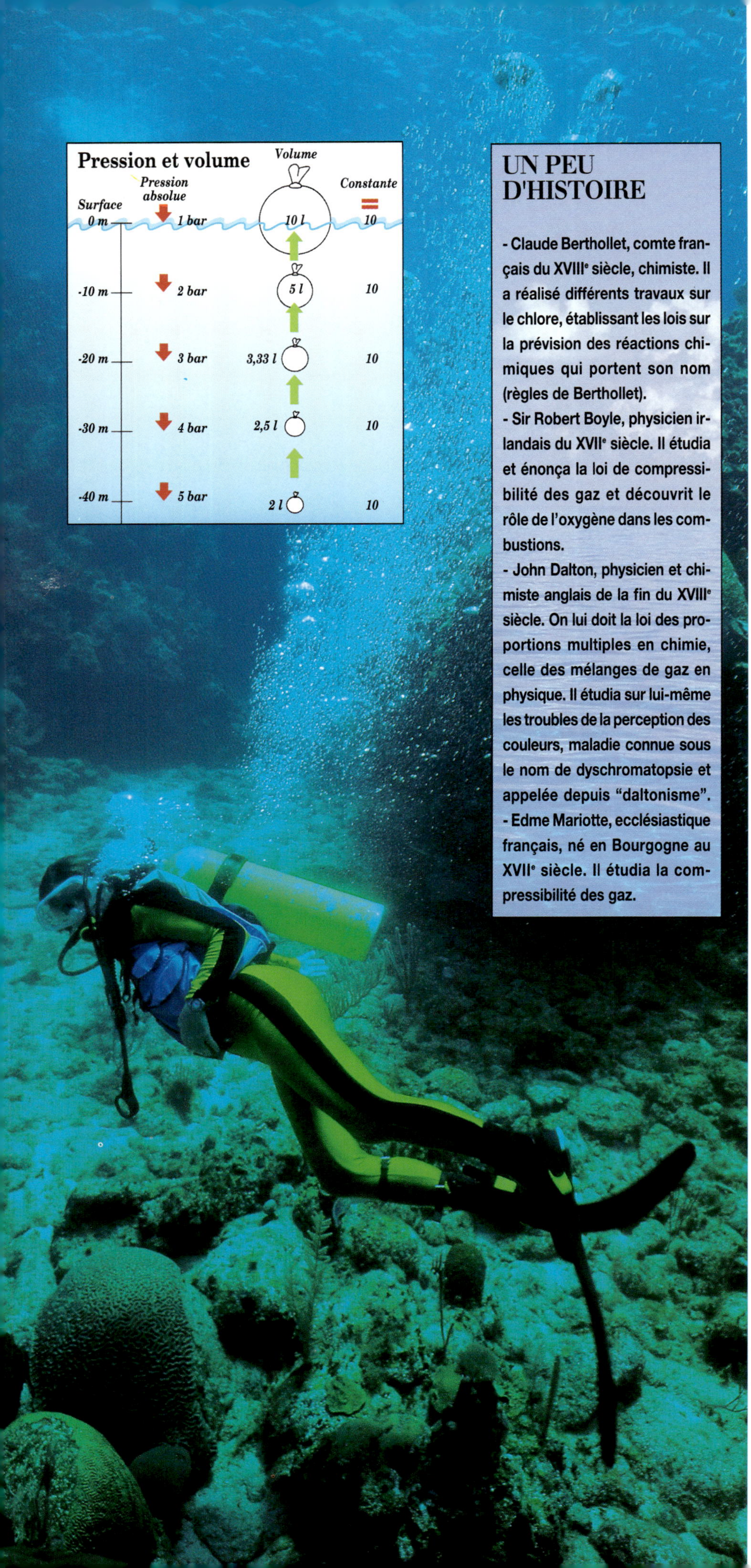

UN PEU D'HISTOIRE

- Claude Berthollet, comte français du XVIIIe siècle, chimiste. Il a réalisé différents travaux sur le chlore, établissant les lois sur la prévision des réactions chimiques qui portent son nom (règles de Berthollet).
- Sir Robert Boyle, physicien irlandais du XVIIe siècle. Il étudia et énonça la loi de compressibilité des gaz et découvrit le rôle de l'oxygène dans les combustions.
- John Dalton, physicien et chimiste anglais de la fin du XVIIIe siècle. On lui doit la loi des proportions multiples en chimie, celle des mélanges de gaz en physique. Il étudia sur lui-même les troubles de la perception des couleurs, maladie connue sous le nom de dyschromatopsie et appelée depuis "daltonisme".
- Edme Mariotte, ecclésiastique français, né en Bourgogne au XVIIe siècle. Il étudia la compressibilité des gaz.

BOYLE-MARIOTTE : VOYAGE EN BALLON

L'Irlandais Robert Boyle (1627-1691) et l'abbé français Edme Mariotte (1620-1684) ont mis en évidence la compressibilité des gaz.

Lorsque le plongeur expire de l'air par son détendeur, le gaz s'évacue sous forme de bulles. Ces dernières montent vite vers la surface en grossissant progressivement. L'augmentation du volume des bulles est due à la diminution de la pression ambiante.

La loi de Boyle-Mariotte

L'énoncé de cette loi physique est le suivant : "À température constante, le volume d'un gaz est inversement proportionnel à la pression qu'il subit." Il en découle la règle suivante : "Pour une même quantité de gaz, le produit du volume par la pression est toujours égal à lui-même." Cela veut dire que Pression x Volume = Constante (P x V = Cte).

En pratique, lorsqu'un gaz subit une pression, son volume diminue et inversement. Par exemple, un ballon de plastique gonflable est descendu à 40 m de profondeur. On insuffle de l'air comprimé dans ce ballon jusqu'à ce qu'il occupe un volume de 2 litres. La pression absolue à cette profondeur est de 5 bar. En remontant, elle diminue. Suivant la loi de Boyle-Mariotte, le volume du ballon augmente. En surface, la pression absolue est 5 fois moindre qu'au départ. Le volume du ballon (s'il n'a pas explosé) va avoir augmenté dans les mêmes proportions. Il occupe alors : 2 litres x 5 = 10 litres. C'est ce que l'on appelle la détente d'un gaz. Il est intéressant de constater que dans la formule : P x V = Cte, la constante est en fait le nombre de litres d'air détendus à la pression atmosphérique.

Si l'on réalise l'expérience dans le sens inverse, on constate que le volume du ballon diminue avec la profondeur, en raison de l'augmentation de la pression absolue. C'est ce que l'on appelle la compressibilité d'un gaz (voir dessin ci-contre).

La notion de température constante est importante car sa variation modifie le phénomène. C'est le cas lors du gonflage des bouteilles de plongée. La compression de l'air s'accompagne d'une production de chaleur qui provoque une augmentation de la pression dans le récipient. Une bouteille qui vient d'être débranchée du compresseur affiche sur le manomètre une pression supérieure à celle dont disposera réellement le plongeur pendant son immersion.

Boyle-Mariotte et la plongée

On trouve de nombreuses applications de la compressibilité des gaz dans le domaine de la plongée.

Le gonflage des bouteilles : on devrait dire la mise en pression de l'air dans les bouteilles. C'est l'air qui est comprimé, le récipient ne change pas de volume. D'ordinaire, une bouteille offre une capacité d'environ 12 litres. Lorsqu'elle est gonflée à 200 bar, cela signifie qu'il y a 200 fois 12 l d'air dans la bouteille, soit 2 400 l (ou 2,4 m^3).

L'autonomie du plongeur : quelle que soit la profondeur à laquelle vous vous trouvez, vos poumons occupent le même volume qu'en surface. Celui-ci est en moyenne de 6 litres.

Comme le détendeur délivre de l'air à la pression ambiante, la quantité d'air inspirée augmente avec la profondeur. Par exemple à 40 m (pression absolue 5 bar), en application de la loi de Boyle-Mariotte, il faut 5 fois plus d'air pour remplir le même volume. Il n'y aura plus 6 litres d'air dans les poumons, mais 6 l x 5 = 30 l qui, comprimés, occupent le volume initial.

On considère qu'un plongeur respire en surface environ 20 litres d'air par minute (20 l/mn). À 40 m, il consomme 20 l x 5 = 100 l/mn. Il est facile de calculer ainsi l'autonomie en plongée.

- Au départ, la bouteille renferme 2 400 l (12 l x 200 b). Si l'on reste en surface, on dispose d'une autonomie de 120 mn (2 400 l : 20 l/mn).
- À 20 m, la pression régnante est de 3 b. La consommation est de : 20 l/mn x 3 = 60 l/mn, l'autonomie de 40 mn (2 400 l : 60 l/mn).
- À 40 m, la pression absolue est de 5 b. La consommation augmente encore : 20 l/mn x 5 = 100 l/mn. L'autonomie n'est plus que de 24 mn (2 400 l : 100 l/mn).

Ceci met en évidence que l'autonomie d'un plongeur se réduit dans des proportions importantes avec la profondeur.

La détente de l'air inspiré

Lorsque vous remontez, l'air comprimé qui se trouve dans vos poumons se dilate du fait de la diminution de la pression ambiante. Si, par mégarde, vous prenez une inspiration profonde à 40 m et retenez votre souffle jusqu'à la surface, il va se produire le phénomène suivant : les 6 litres d'air de vos poumons, soumis à une pression de 5 bar, vont se détendre jusqu'à occuper en surface : 6 l x 5 bar = 30 l. Si vous n'expirez pas pendant la remontée, vos poumons vont se distendre. C'est la surpression pulmonaire.

DALTON, ÇA GAZE !

John Dalton (1766-1844) a formulé en 1801 la loi d'addition des pressions partielles dans les mélanges gazeux.

Le plongeur sous-marin ne respire pas de l'oxygène pur, mais de l'air comprimé. L'air n'est pas un corps simple, mais un mélange de différents gaz : azote, oxygène, gaz carbonique, etc. (voir encadré). Dalton a expliqué et quantifié certains phénomènes observés au quotidien. Un gaz nocif dans l'air respiré peut, selon les cas, être inoffensif, provoquer des malaises ou même être fatal. Tout dépend de la quantité qui s'y trouve. Le fait qu'il soit mélangé à un autre gaz n'empêche pas ses effets. Par conséquent, tout gaz exerce sa propre action comme s'il était seul.

Autre observation intéressante : lorsqu'un peu de gaz de ville s'échappe d'un réchaud, l'odeur tend à envahir toute la maison. Mais plus le gaz se répand et moins son odeur est sensible car il se dilue dans une quantité d'air de plus en plus grande.

En pratique, un gaz envahit tout l'espace qui lui est offert. Mais plus le volume est important et plus la concentration du gaz diminue.

L'expérience de Berthollet

En mettant en communication, pendant 2 jours, à température constante, deux ballons contenant des gaz différents à la même pression, ce physicien français (1748-1822) a constaté que la pression n'avait pas changé et que chaque récipient contenait la même quantité des deux gaz mélangés. Il a énoncé la règle suivante : “ À température et volume constants, le mélange de deux gaz pris à la même pression se fait sans variation de pression.”

Les règles de Dalton

La pression exercée par un gaz sur les parois d'un récipient qui le contient est due aux chocs des molécules sur cette paroi. Dans le cas d'un mélange gazeux, le phénomène est identique, chaque constituant se comportant comme s'il était seul en participant partiellement à la pression totale.

En se basant sur ce constat, Dalton a exprimé les règles suivantes :

- “La pression exercée par un mélange gazeux est égale à la somme des pressions partielles de chacun des gaz constituant le mélange.”
- “La pression partielle d'un gaz constituant d'un mélange est la pression que ce gaz exercerait s'il occupait seul le volume occupé par le mélange.”
- “La pression partielle d'un gaz constituant d'un mélange est égale au produit de la pression totale du mélange par la concentration (pourcentage) du gaz dans le mélange.”

Il en découle la formule : Pression partielle (Pp) = Pression totale x % du gaz dans le mélange.

Dalton et la plongée

Beaucoup de gaz sont toxiques pour l'organisme. Cela dépend de la nature du gaz et de sa pression partielle.

- Entre 4 et 5,6 b de pression partielle, l'azote a des effets narcotiques appelés ivresse des profondeurs.
- Pour l'oxygène, une pression partielle inférieure à 0,17 b est insuffisante pour l'organisme (anoxie). Cela provoque une syncope. À l'inverse, pour une pression partielle supérieure à 1,6 b, on souffre d'hyperoxie. Ceci entraîne des convulsions qui apparaissent plus ou moins vite en fonction de la pression du gaz (voir page 175).
- Le gaz carbonique est toxique à partir d'une pression partielle de 0,03 b.

Pour éviter ces problèmes de toxicité, les plongeurs professionnels utilisent des mélanges enrichis en oxygène ou des compositions remplaçant, par exemple, l'azote par l'hélium.

Composition de l'air

Azote	*(N_2)*	*78,084 %*
Oxygène	*(O_2)*	*20,946 %*
Argon	*(Ar)*	*0,934 %*
Gaz carbonique	*(CO_2)*	*0,033 %*
Gaz rares :		
Néon	*(Ne)*	
Hélium	*(He)*	
Krypton	*(Kr)*	
Hydrogène	*(H_2)*	*0,003 %*
Xénon	*(Xe)*	
Radon	*(Rn)*	
Oxyde de carbone	*(CO)*	

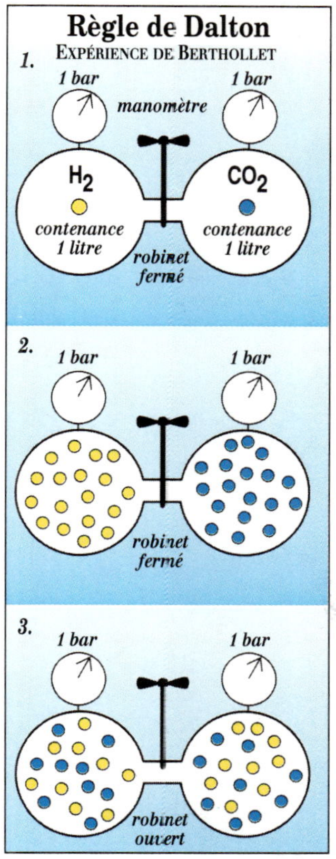

1. H_2 = hydrogène
CO_2 = gaz carbonique
2. Le robinet est fermé. Pas de mélange, chaque gaz est seul dans son volume. La pression totale lue aux manomètres est de 1 bar.
La pression partielle d'un constituant d'un mélange gazeux est la pression qu'exercerait ce gaz s'il occupait seul le volume occupé par le mélange.
3. Le robinet est ouvert.
Il y a mélange de gaz.
La pression totale lue aux manomètres n'a pas changée. Elle est toujours de 1 bar.
La pression partielle d'un gaz constituant d'un mélange est égale au produit de la pression totale du mélange par le pourcentage du gaz dans ce mélange :
PpH_2 = 1 b x 50 % = 0,5 b
$PpCO_2$ = 1 b x 50 % = 0,5 b
La pression totale est la somme des pressions partielles :
Pression totale = PpH_2 + $PpCO_2$
= 0,5 b + 0,5 b
= 1 bar.

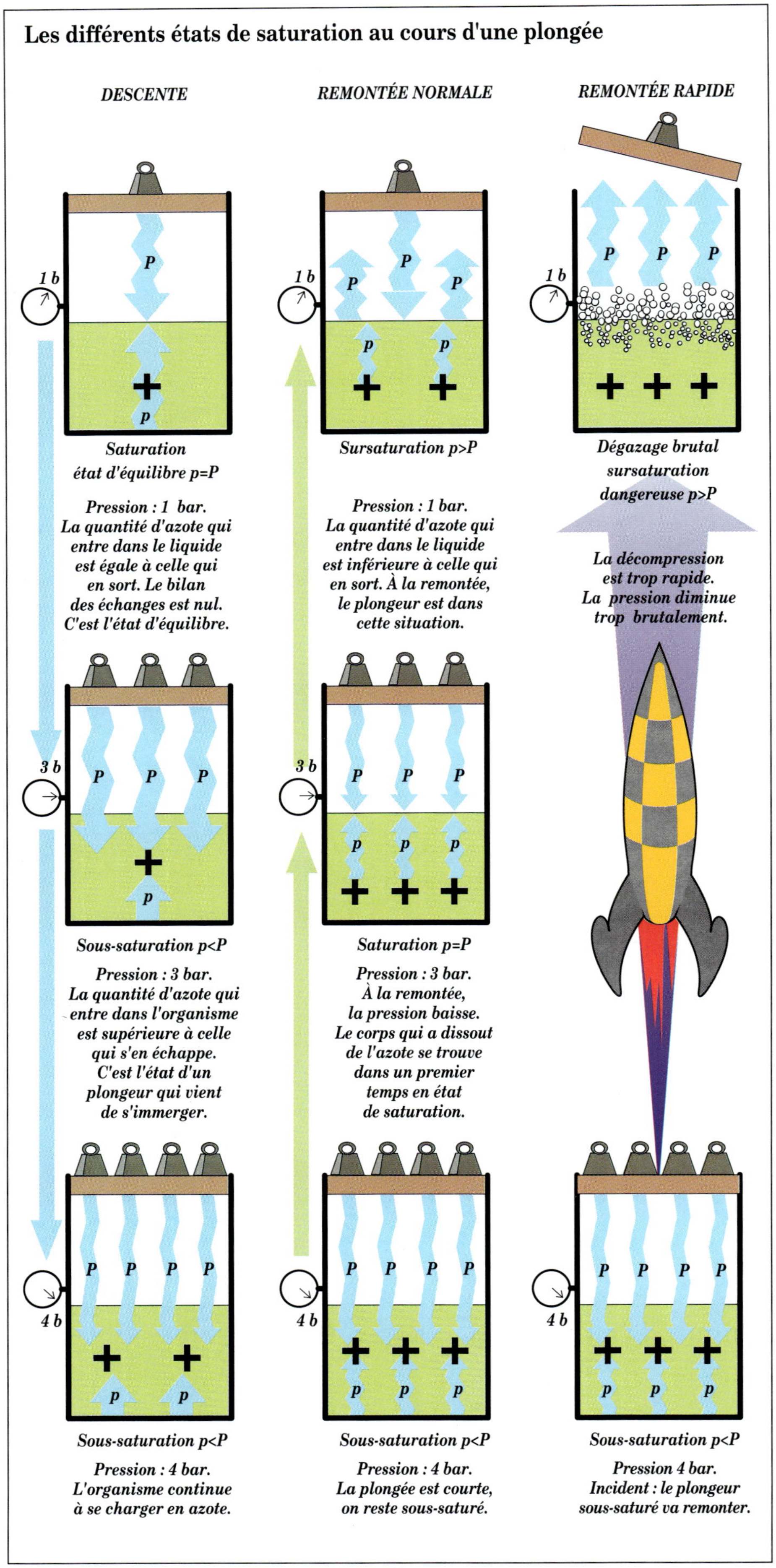

p = Tension du gaz dissous   P = Pression du gaz libre (azote)

La loi de Henry

Le physicien et chimiste anglais William Henry (1765-1836) a défini, en 1803, la loi sur la dissolution des gaz dans les liquides.

W. Henry a démontré que la quantité de gaz dissous dans un liquide augmentait avec la pression. L'organisme d'un plongeur, qui respire de l'air sous pression, dissout certains gaz de ce mélange. Ce phénomène croît avec la profondeur, du fait de l'accroissement de la pression. C'est un problème important dont les conséquences sont les accidents de décompression si redoutés.

Certains corps présentent la propriété d'en absorber d'autres. C'est le phénomène de la dissolution. Les corps solubles ne le sont pas tous dans les mêmes proportions. On dit qu'ils ont un coefficient de solubilité différent. Le plongeur est concerné par la dissolution des gaz dans les liquides.

Lorsque vous débouchez une bouteille de boisson gazeuse, il se produit un dégagement de bulles au

moment de l'ouverture. Cela signifie que le liquide contenait un gaz ayant une pression supérieure à celle du milieu ambiant. Après plusieurs expériences scientifiques, Henry a énoncé cette loi qui porte son nom : "À température donnée et à saturation, la quantité de gaz dissous dans un liquide est proportionnelle à la pression exercée par ce gaz sur le liquide."

En pratique, cette dissolution intéresse toutes les parties du corps. La quantité de gaz absorbée par le liquide et la vitesse de dissolution dépendent de plusieurs facteurs : pression, durée d'exposition, surface de contact, température, nature du liquide ou du gaz et l'agitation.

La pression : plus elle augmente, plus la quantité de gaz dissous est importante.

La durée d'exposition : la dissolution du gaz dans le liquide n'est pas instantanée. Plus le gaz reste en contact avec un liquide, plus il se dissout.

La surface de contact : plus la superficie de contact entre le gaz et le liquide est grande, plus la vitesse de dissolution est importante.

La température : plus la température s'élève, plus la quantité de gaz dissous diminue et inversement.

La nature du liquide : le corps humain est constitué par plusieurs liquides pour lesquels la vitesse de dissolution et la solubilité des gaz sont différentes.

La nature du gaz : plus le coefficient de solubilité du gaz est élevé, plus la quantité de gaz dissous est importante à pression constante.

L'agitation : le renouvellement du liquide au contact du gaz accélère la vitesse de dissolution.

La saturation dans tous ses états

Pour éviter la confusion des termes avec la pression exercée sur le liquide, on utilise le terme de tension pour le gaz dissous. La tension sert à évaluer la quantité de gaz en solution.

Après une plongée, en fonction du temps passé et de la profondeur atteinte, les paliers peuvent être nécessaires : l'organisme doit éliminer l'excès de gaz dissous afin d'éviter au plongeur les risques d'un accident de décompression.

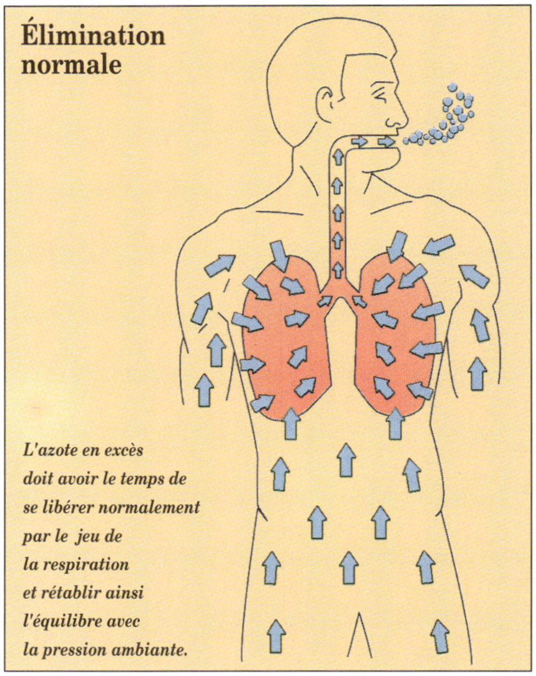

En immersion, le plongeur se sature de gaz qu'il doit éliminer par une lente remontée et le respect des paliers de décompression.

UN PEU D'HISTOIRE

William Henry (1775-1836), né à Manchester, est connu pour la loi que nous avons détaillée dans ces pages, mais également pour ses recherches sur l'action de la vapeur d'eau sur le carbone et sur les propriétés catalytiques du platine. Il ne faut pas le confondre avec Joseph Henry (1797-1878), physicien américain, auteur d'importants travaux sur l'électromagnétisme.

Jacques Charles, né à Beaugency, a joué un rôle important dans la connaissance des aérostats, étant le premier à substituer l'hydrogène à l'air chaud, en 1783. Il construisit lui-même un ballon, atteignant une altitude de 3 000 m. C'était le physicien préféré de Louis XVI qui lui permit d'installer son laboratoire dans une aile du Louvre.

En fonction de la quantité de gaz que contient un liquide, il existe trois états différents :

La saturation : la quantité de gaz absorbée tend vers un maximum qui dépend de la pression exercée par le gaz sur le liquide. Lorsqu'il est atteint, on dit que la solution est en équilibre. C'est la saturation.

Dans un liquide saturé, la tension du gaz dissous (p) est égale à la pression du gaz libre (P).

Il suffit que la pression du gaz libre change pour que le liquide entre dans une phase d'absorption ou de restitution, retrouvant chaque fois un état d'équilibre. À chaque pression correspond donc un état de saturation.

La sous-saturation : un liquide est dit sous-saturé lorsque la tension du gaz dissous (p) est inférieure à la pression du gaz libre (P) . On peut écrire : $p < P$. Un liquide sous-saturé tend toujours vers un état d'équilibre (saturation) en absorbant du gaz.

La sursaturation : un liquide est dit sursaturé quand la la tension du gaz dissous (p) est supérieure à la pression du gaz libre (P). On peut écrire : $p > P$. Un liquide sursaturé tend vers l'équilibre en restituant du gaz (voir dessins page 24).

Les trois états que nous venons de détailler se rencontrent successivement au cours d'une plongée.

La pression du temps

La dissolution d'un gaz dans un liquide ne suit pas une progression constante. Rapide au début, elle va ralentir d'autant plus que l'on se rapproche de l'état d'équilibre. Pour la désaturation, le processus s'inverse dans les mêmes proportions.

Le corps humain est constitué de différents tissus (sanguin, musculaire, glandulaire, etc.) aux fonctions particulières. Mais les cellules qui les composent ont un point commun : elles baignent dans un liquide. Les tissus vont donc se comporter comme des liquides face à l'air comprimé que nous respirons en plongée. Ils sont capables de dissoudre des gaz à des vitesses différentes. Afin de caractériser les temps d'absorption des gaz par les parties du corps humain, on a défini une valeur conventionnelle appelée "période". Une période est le temps nécessaire pour qu'une association gaz-liquide atteigne la demi-saturation. La période, exprimée en minutes, caractérise des parties du corps ayant un comportement identique et que l'on appelle compartiments. Les analogies sont possibles entre compartiments et tissus. Par exemple, le sang a une période de 7 minutes, certains muscles de 60 minutes, etc. En pratique, on considère que la saturation est atteinte au bout de 7 périodes.

Sursaturation critique : lorsque la pression du gaz libre diminue brutalement, les molécules de gaz dissoutes dans le liquide migrent rapidement vers la surface (champagne par exemple). Il peut arriver que le dégazage soit si brutal qu'il y ait formation importante de bulles au sein du liquide. Le seuil de dégazage se produit toujours à une valeur fixe pour un même tissu : c'est le "coefficient de sursaturation critique" (Sc). On peut l'exprimer par cette formule : "Le coefficient de sursaturation critique du tissu considéré est égal à la tension du gaz dissous dans le tissu, divisée par la pression absolue ($Sc = p/P$ abs)."

Henry et la plongée

La loi de Henry trouve son application dans le calcul des tables de plongée en faisant intervenir les notions de périodes et de tissus. Le coefficient de sursaturation critique permet de définir la profondeur des paliers.

Le phénomène de dégazage avec formation anarchique de bulles, expliqué plus haut, se traduit en plongée par un accident de décompression.

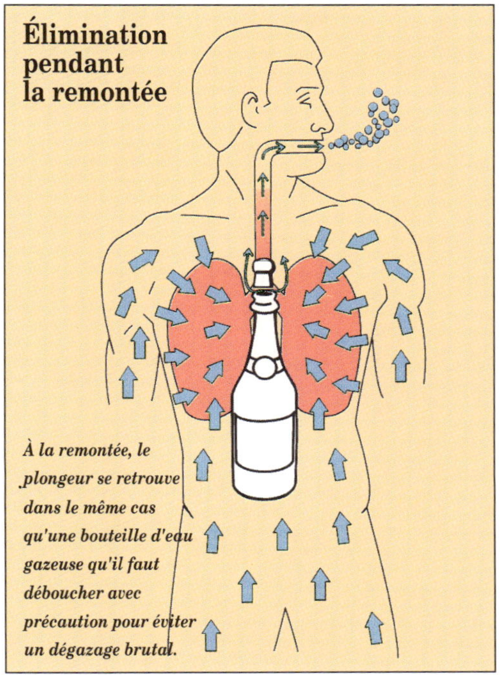

Élimination pendant la remontée

À la remontée, le plongeur se retrouve dans le même cas qu'une bouteille d'eau gazeuse qu'il faut déboucher avec précaution pour éviter un dégazage brutal.

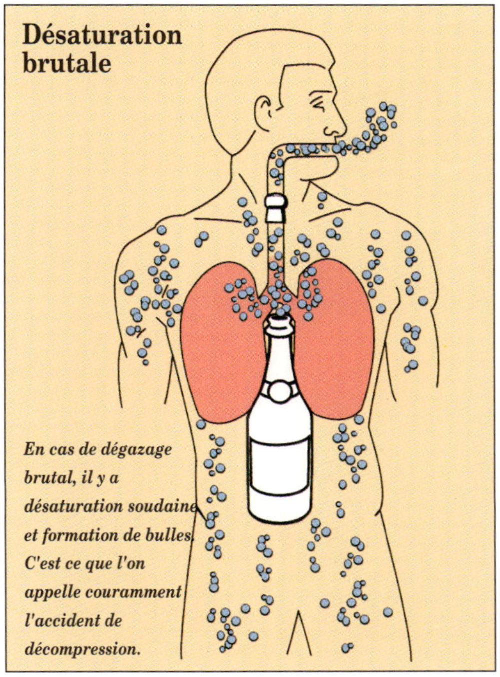

Désaturation brutale

En cas de dégazage brutal, il y a désaturation soudaine et formation de bulles. C'est ce que l'on appelle couramment l'accident de décompression.

La loi de Charles

Jacques Charles, physicien français (1746-1823), a défini, en 1798, l'influence de la température sur la compressibilité des gaz. La loi de Charles dit : "À volume constant, l'augmentation de pression d'un gaz est proportionnelle à l'élévation de sa température."

En pratique, cette loi physique concerne essentiellement la variation de pression au cours du chargement des bouteilles de plongée. Pour calculer cette valeur, il faut tenir compte de la notion de zéro absolu.

- Le zéro centigrade (0 °C) : c'est la température correspondant à la glace fondante dans l'échelle de température Celsius.
- Le zéro absolu : c'est la plus basse température qu'il soit possible d'atteindre, soit - 273,15 °C. Le zéro absolu est une valeur exprimée en kelvin (K). 0 K = - 273,15 °C.
- La formule de calcul est la suivante : si T1 et T2 sont exprimées en degrés Kelvin, $P1/T1 = P2/T2$ d'où $P2 = P1 \times T2 / T1$. Par exemple : une bouteille d'un volume de 12 litres, remplie à une pression de 200 b, a une température de 30 °C. Sa pression quand la température de la bouteille sera redescendue à 15 °C sera de : $P2 = 200 \times (273 + 15) / (273 + 30) = 190{,}099$ bar.

$T1 = 273 + 30 = 303$ °K.

$T2 = 273 + 15 = 288$ °K.

Ceci explique la diminution de pression dans une bouteille de plongée, constatée entre la vérification juste après le gonflage et le moment d'utilisation.

Le contrôle de la respiration est très important pendant la plongée.

HYPERVENTILATION : ATTENTION

Les pratiquants de l'apnée connaissent bien la technique et les risques de l'hyperventilation. Il s'agit d'augmenter l'amplitude et la cadence respiratoire, ce qui entraîne une baisse importante de la pression partielle de CO_2 dans le sang. En pratiquant l'hyperventilation, le plongeur risque de se retrouver en manque d'oxygène (hypoxie). Cela peut déboucher sur une syncope brutale. Le plongeur ne ressent pas le besoin impératif de respirer car le taux de CO_2 n'est pas revenu à un niveau suffisant pour jouer son rôle de "sonnette d'alarme".

Notre conseil : limitez l'hyperventilation à 3 ou 4 cycles respiratoires afin d'éviter les risques et ne renouvelez pas trop souvent cette technique si vous pratiquez assidûment la plongée libre.

L'HOMME DANS LE VENTRE DE LA MER

Tous les êtres vivants sur notre bonne vieille Terre ont une origine marine. La vie est née dans les océans. Ce sont le hasard et la nécessité de l'évolution qui nous valent aujourd'hui d'être des Terriens. Nous gardons toutefois quelques réminiscences de nos lointains ancêtres marins, malheureusement elles disparaissent avec la naissance. Le fœtus humain se développe dans un milieu aquatique, mais le contact de l'air atmosphérique déclenche, dès les premières secondes, le réflexe respiratoire que nous conservons toute notre vie. Le rêve utopique des "mériens" ne se réalisera pas avant des millénaires, le temps qu'une nouvelle génération d'"Homo aquaticus" voie le jour. Actuellement, l'être humain doit se contenter d'adapter son corps et ses sens à une découverte bien partielle du monde marin. Le développement des techniques lui permet d'entreprendre l'exploration contrôlée des océans. Mais il doit se protéger contre le milieu aquatique qui lui est aujourd'hui hostile. Pour le plongeur, une bonne connaissance des limites biologiques et physiologiques de son corps est indispensable. Elle va lui permettre de mieux comprendre les effets du milieu marin sur son organisme et de se prémunir contre les inévitables risques d'accidents.

La respiration : le poumon de la vie

C'est en inspirant que l'être humain absorbe l'oxygène de l'air, gaz indispensable à la vie. Cet oxygène va être transporté vers les tissus par l'intermédiaire du sang. En expirant, l'homme rejette vers l'extérieur de l'air vicié contenant du gaz carbonique, déchet de la production d'énergie.

Pour gagner les poumons, l'air traverse un ensemble de cavités et de conduits qui constitue les voies respiratoires. L'air pénètre dans les fosses nasales qui agissent comme un filtre (réchauffement, humidification, purification). Le pharynx sert de carrefour avec les voies digestives et dirige l'air vers le larynx. Ce dernier est un tube relié à la trachée. Conduit formé d'anneaux, la trachée se divise en deux bronches souches, droite et gauche. Chacune d'elles se subdivise en bronche, ramifiée en bronchioles, pour aboutir à l'alvéole, unité fonctionnelle de la respiration.

Les poumons : des sacs à air

Les deux poumons (droit et gauche) sont séparés par un espace appelé médiastin. Ce dernier contient la trachée, l'œsophage, le cœur et des gros vaisseaux. Chaque poumon est divisé en lobes : 3 pour le droit, 2 pour le gauche. Une fine membrane appelée plèvre viscérale enveloppe les poumons. Cet ensemble est contenu dans une structure semi-rigide, la cage thoracique, élément moteur de la mécanique respiratoire.

La cage thoracique : 12 paires de côtes

La cage thoracique est constituée en arrière par la colonne dorsale sur laquelle s'articulent 12 paires de côtes. Ces dernières forment les parois qui entourent le thorax. Elles se réunissent vers l'avant sur le sternum. La cage thoracique est fermée dans sa partie inférieure par le diaphragme, structure fibromusculaire séparant le thorax de l'abdomen. C'est le muscle principal de l'inspiration.

La cage thoracique est tapissée sur sa face interne par une paroi que l'on appelle la plèvre pariétale. Accolée à la plèvre viscérale pulmonaire, elle assure la transmission des mouvements d'inspiration et d'expiration.

Les alvéoles : 800 millions

Éléments fonctionnels de base du tissu pulmonaire, les alvéoles sont très nombreux. On en compte 25 par mm^3, soit environ 800 millions. Leur surface totale développée pourrait atteindre 150 à 200 m^2. Un alvéole est un minuscule sac dont la paroi interne est couverte d'une pellicule lubrifiante appelée surfactant. La faible épaisseur de l'ensemble (environ 1 micron) est très favorable aux échanges gazeux pour assurer l'hématose. Il s'agit de la transformation du sang veineux en sang artériel par élimination du gaz carbonique (CO_2) et fixation de l'oxygène (O_2).

Fonctionnement : inspirez, soufflez...

La respiration est l'alternance incessante de deux mouvements opposés : l'inspiration et l'expiration. Leur amplitude varie en fonction d'une respiration normale ou forcée.

L'inspiration : phase active, elle fait pénétrer l'air frais dans les poumons. Au cours de cette phase, la cage thoracique augmente de volume, principalement par la contraction du diaphragme commandé par les nerfs phréniques.

L'expiration : phase passive, elle est due à un relâchement des muscles inspirateurs. L'air vicié est rejeté vers l'extérieur, la cage thoracique retrouve son volume initial. Dans le cas d'une expiration forcée, le phénomène devient actif. Il est nécessaire d'agir volontairement pour contracter les muscles abdominaux.

En plongée, la pratique de l'expiration forcée est très courante. Elle est nécessaire pour vaincre la résistance mécanique du détendeur ou du tuba. Pour vider ce dernier, il est même indispensable de réaliser un effort expiratoire, bref mais intense.

La régulation : le bulbe rachidien est “l'émetteur-récepteur” du réflexe respiratoire. Ce centre nerveux transmet ses ordres en fonction de l'augmentation ou de la diminution de la pression partielle de CO_2, du pH sanguin, des odeurs (fumée par exemple), de l'action cérébrale (émotion, frayeur, excitation, etc.). La transmission des ordres du bulbe rachidien au diaphragme se fait par les nerfs phréniques.

Le rythme respiratoire : en respiration courante, la durée d'un cycle complet est d'environ 4 secondes. L'expiration est toujours plus longue que l'inspiration. La cadence des cycles respiratoires varie en fonction de l'âge, du sexe et de l'activité de la personne. Il peut varier aussi à la suite d'une agression physiologique (froid par exemple). Chez le nouveau-né : 40 inspirations à la minute. Chez la femme : 14 à 18 inspirations par minute. Chez l'homme au repos : 12 à 16 inspirations par minute.

La capacité respiratoire : la spirométrie mesure les volumes pulmonaires. Elle permet de définir la valeur des différents volumes d'air contenus dans les poumons. On distingue :

Le volume courant (VC) : quantité d'air inspirée dans le cadre d'une respiration normale (environ 0,3 litre chez la femme et 0,5 litre chez l'homme en période de repos).

Le volume de réserve inspiratoire (VRI) : c'est l'air emmagasiné lors d'une inspiration forcée (en moyenne 2,5 litres).

Le volume de réserve expiratoire (VRE) : c'est la quantité d'air qui s'échappe lors d'une expiration forcée (environ 1,5 litre).

Le volume résiduel (VR) : c'est la quantité d'air restant dans les poumons après une expiration forcée (environ 1,5 litre).

La capacité pulmonaire totale (CPT) est égale à VRI + VC + VRE + VR, soit en moyenne 6 litres.

La capacité vitale (CV) est égale à VRI + VC + VRE, soit 4,5 litres en moyenne. La pratique du sport améliore la capacité respiratoire.

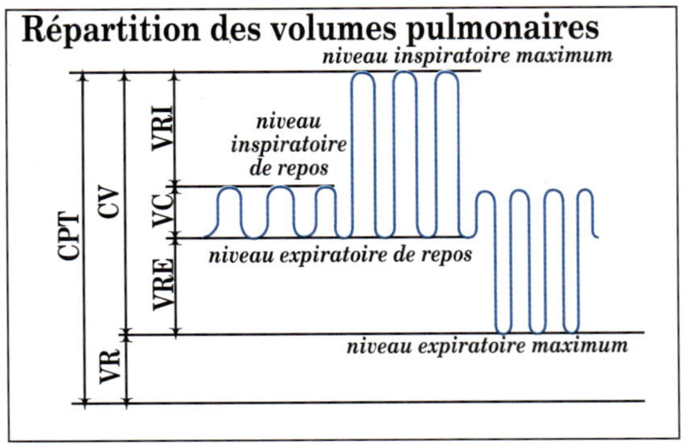

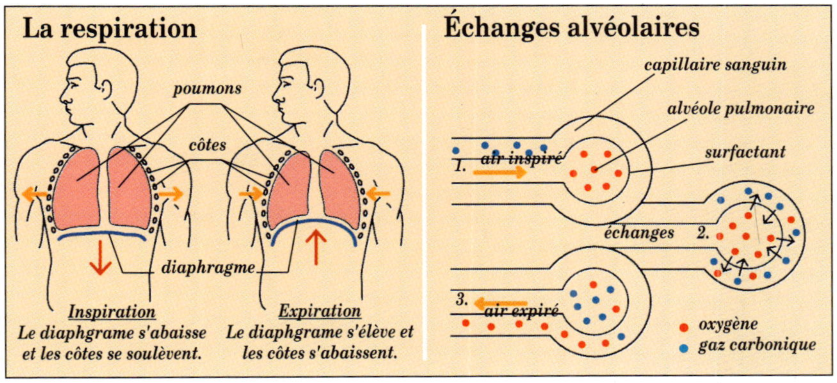

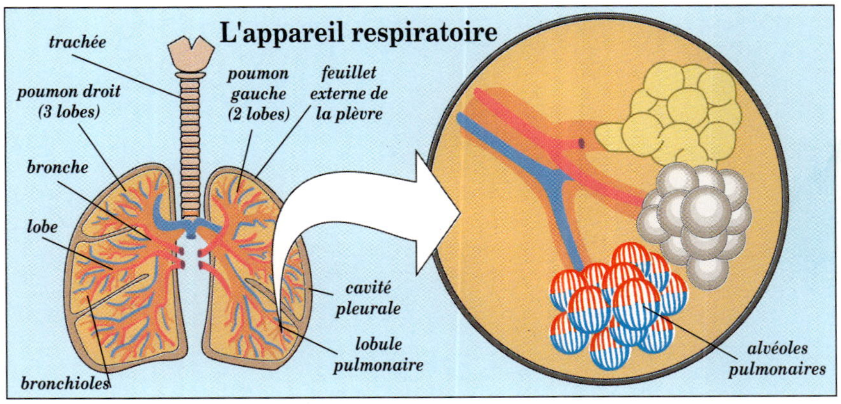

LA RESPIRATION EN PLONGÉE

En raison de l'utilisation d'un matériel respiratoire particulier, le plongeur doit faire des efforts supplémentaires pour respirer. Il faut se forcer à inspirer par la bouche, ce qui pose généralement quelques problèmes au débutant. La réserve d'air offerte par la bouteille étant limitée, il convient de bien contrôler sa respiration. La respiration lente et profonde est la meilleure méthode pour bien respirer en immersion. Lors de vos premières plongées, pensez à maintenir un temps d'apnée entre deux inspirations, quitte à vous forcer à compter jusqu'à 3 ou 4 avant d'expirer. Ce conseil s'impose dans une eau froide. C'est un excellent moyen pour profiter plus longtemps d'une promenade sous-marine. Cette gymnastique respiratoire deviendra un automatisme avec l'expérience. Bien maîtriser sa respiration est un excellent moyen d'autocontrôle. Il suffit souvent de souffler à fond ou d'inspirer profondément pour calmer ou dissiper un instant d'inquiétude.

La respiration avec un tuba est particulière du fait de l'espace mort créé par la forme coudée du tuba. Il faut inspirer avec la bouche et surtout expirer par le nez pour ne pas augmenter le rythme respiratoire. Cela vous évitera les désagréments d'un essoufflement précoce.

ÉCHANGES ALVÉOLAIRES

1. *Le sang qui arrive des poumons est chargé de CO_2. L'air inspiré est riche en O_2.*

2. *Une partie de O_2 passe de l'alvéole dans le sang par les parois cellulaires. Une partie du CO_2 suit le chemin inverse.*

3. *L'air expiré est riche en CO_2, le sang qui revient des poumons vers le cœur est chargé en O_2.*

GARE À LA DÉSHYDRATATION

Une des conséquences cardio-vasculaires de l'immersion est la déshydratation. Au début de la plongée, la modification des pressions sur le corps entraîne un accroissement du volume sanguin. C'est la volémie, dont l'augmentation actionne de façon réflexe un système de régulation. Celui-ci aboutit à l'effet inverse : l'hypovolémie, une diminution du volume sanguin qui va au-delà de l'état initial. Il s'ensuit une déshydratation, phénomène accentué par la sudation dans la combinaison. Conséquence : le plongeur devrait boire abondamment après son retour en surface.

Le cœur

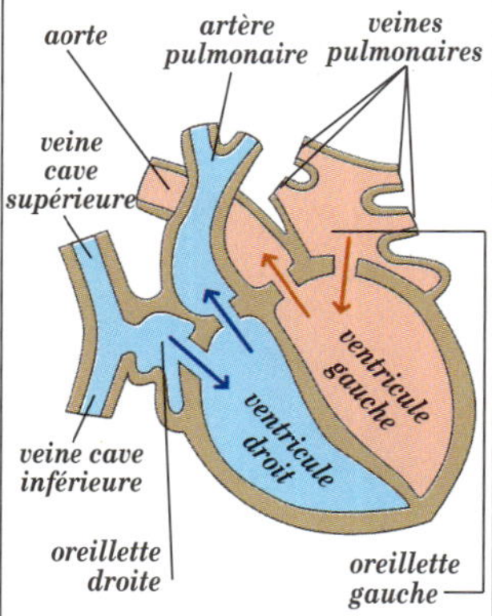

La circulation sanguine

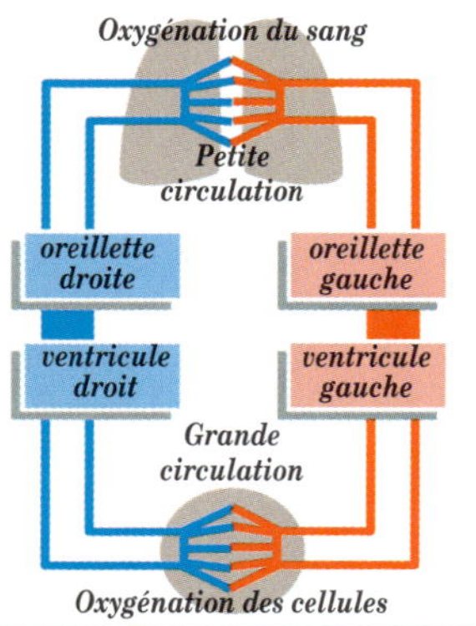

LA CIRCULATION : UN COUP DE CŒUR

Liquide nourricier de l'organisme, le sang est véhiculé dans tout le corps par un double réseau circulatoire. Véritable pompe naturelle, le cœur assure les mouvements de la sève sanguine. Le courant sanguin parcourt les tissus à l'intérieur d'un système de vaisseaux. Les organes puisent l'oxygène et les éléments nutritifs dont ils ont besoin. C'est aussi le sang qui recueille les déchets de notre métabolisme. L'ensemble de l'appareil circulatoire (cœur et vaisseaux) est également appelé système cardio-vasculaire. Ce circuit est complètement fermé, les échanges s'effectuant uniquement au niveau des parois capillaires des tissus.

Le sang : liquide vital

Liquide visqueux de couleur rouge, le sang a un pH de 7,4. Cette valeur est très importante car c'est un facteur de régulation de l'activité cardio-pulmonaire. La densité du sang est de 1,050. La masse sanguine représente environ 8 % du poids du corps. Cela équivaut à un peu plus de 6 litres chez une personne de 80 kg. Le sang est constitué de cellules mobiles appelées globules (globules rouges ou hématies, globules blancs ou leucocytes et les plaquettes). Les globules baignent dans le plasma, un liquide contenant de très nombreuses matières organiques.

Le cœur : moteur de la vie

Véritable pompe musculaire, le cœur est un organe très puissant. Chez un adulte, il bat plus de 100 000 fois par jour. Il est divisé en deux cavités indépendantes, séparées par une cloison étanche : le cœur droit et le cœur gauche. Chez un adulte, le cœur pèse environ 270 g. On peut déceler les battements de sa pointe au niveau du 5e espace intercostal gauche. Le cœur possède un système nerveux autonome qui lui assure un rythme propre.

Chaque cœur est divisé en deux parties communicantes : oreillette et ventricule. Chacune est séparée de l'autre par une valvule. Il s'agit d'un véritable "clapet", empêchant le retour du sang du ventricule vers l'oreillette. Le sang circule donc dans un sens bien précis.

La grande circulation : a pour but de véhiculer depuis le cœur (ventricule gauche) le sang oxygéné jusqu'aux tissus par l'intermédiaire des artères, puis de rapporter les déchets jusqu'à l'oreillette droite grâce aux veines.

La petite circulation : a pour rôle l'hématose. Le ventricule droit envoie le sang chargé de CO_2, jusqu'aux poumons par l'artère pulmonaire. Au niveau des capillaires pulmonaires se produisent les échanges. Le sang s'enrichit en O_2 et s'appauvrit en CO_2. Il retourne alors au cœur dans l'oreillette gauche par les veines pulmonaires.

Pour ne pas vous tromper : rappelez-vous que les artères partent toujours des ventricules. Elles emportent le sang vers les tissus. Les veines arrivent aux oreillettes, ramenant le sang vers le cœur.

Le pouls est le témoin de l'activité du cœur. C'est l'onde de choc déclenchée par la systole, se propageant le long des parois artérielles, que perçoit le doigt lors de la mesure du pouls. Vous pouvez prendre le pouls au niveau du poignet (pouls radial) ou du cou (pouls carotidien). C'est la manière la plus simple de vérifier le rythme cardiaque. Le rythme moyen du pouls est d'environ 60 pulsations par minute au repos.

La circulation et la plongée

Bien que la plongée ne soit pas un sport nécessitant des efforts violents, il est conseillé, après 40 ans, de passer un électrocardiogramme d'effort au moins une fois par an. Par exemple, lors de l'établissement du certificat médical indispensable à la pratique de la plongée.

Il est recommandé aux plongeurs restés inactifs depuis plusieurs mois d'effectuer un examen de l'appareil circulatoire avant qu'ils ne reprennent leur activité. Les personnes en petite forme physique ne doivent pas effectuer de plongées fatigantes (courant, grande profondeur, longue distance par exemple). Un entraînement régulier et continu est nécessaire pour conserver un cœur en bonne santé et une condition physique adéquate.

Être en forme est important pour la plongée. C'est aussi un avantage pour la vie de tous les jours, on se sent mieux, plus dynamique, moins soucieux.

N'oubliez pas que les tables de plongées sont établies à partir des données physiologiques d'un sujet en bonne condition. Vivez normalement en évitant les excès (tabac, alcool, suralimentation, etc.).

Prenez bien soin de vous et vous pourrez continuer à pratiquer la plongée sans problème d'âge.

Les sinus

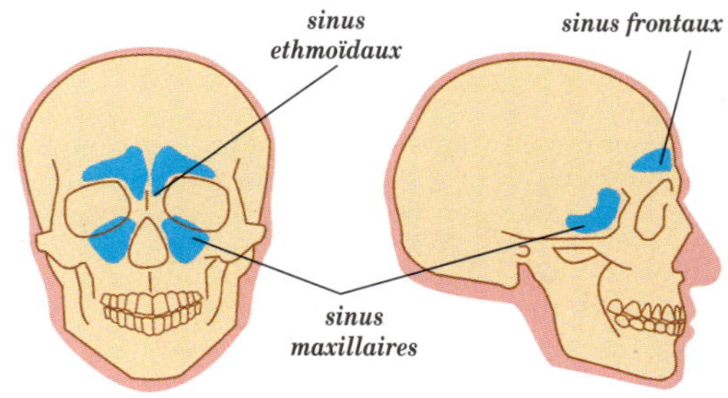

Cavités aériennes du crâne et de la face, les sinus sont au nombre de quatre. Ce sont les seules fosses de l'organisme humain à être creusées au sein de volumes osseux constants et incompressibles.

Pendant la plongée, les sinus s'équilibrent d'eux-mêmes avec la pression ambiante. Ils ne nécessitent aucune manœuvre de compensation. Dans le cas où le plongeur est fortement enrhumé, il peut ressentir une douleur d'intensité progressive qui rendra la plongée difficile. Il est fortement recommandé d'avoir la sagesse de ne pas forcer (voir les barotraumatismes pages 164 à 167).

L'oreille : hissez le pavillon

L'oreille est un organe à double fonction. Elle assure la transmission auditive (ouïe) et l'équilibre. L'oreille humaine est constituée de trois parties distinctes.

L'oreille externe : se compose d'une partie cartilagineuse plissée, le pavillon, et du conduit auditif. Ce dernier est un canal d'environ 3 cm de long. Le rôle du conduit auditif est de capter les sons et de les diriger vers le tympan.

L'oreille moyenne : est séparée de l'oreille externe par le tympan. Ce dernier est une fine membrane d'environ 1 cm de diamètre. Le rôle de l'oreille moyenne est de transmettre et d'amplifier les sons vers l'oreille interne.

La trompe d'Eustache relie l'oreille moyenne aux voies aériennes supérieures. C'est l'élément fondamental de la compensation des variations de pression au cours de la plongée. Au repos, la trompe d'Eustache est fermée. Elle s'ouvre seulement lors de mouvements particuliers tels que la déglutition et le bâillement.

L'oreille interne : on l'appelle aussi labyrinthe. Elle renferme la cochlée (organe d'audition), le vestibule et les canaux semi-circulaires qui régissent l'équilibre.

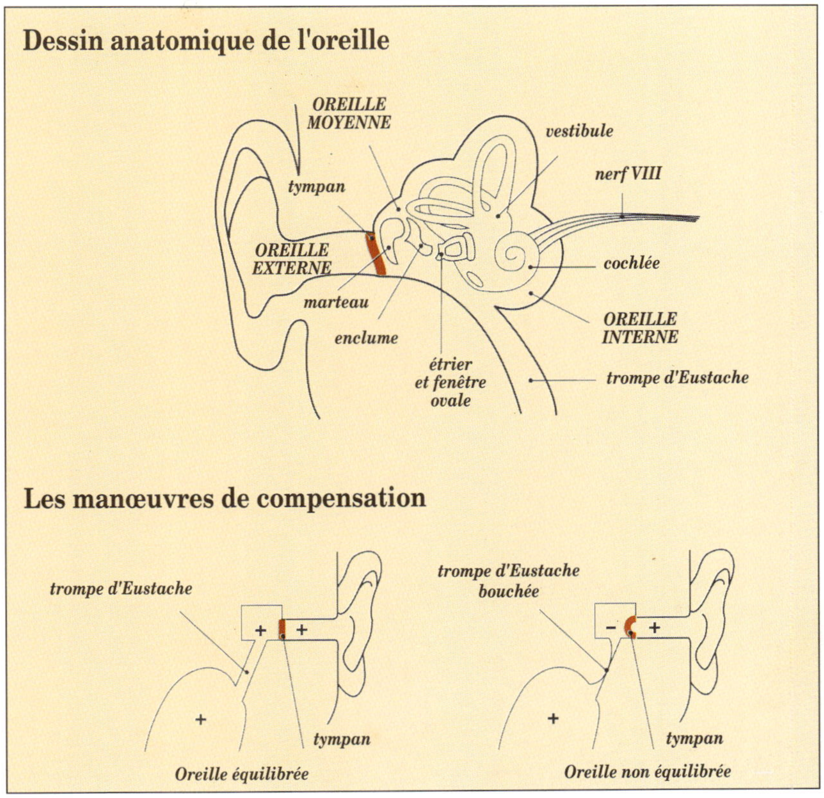

L'oreille et la plongée

En pénétrant sous l'eau, le plongeur subit une augmentation de pression. Cette dernière s'exerce sur la paroi fragile du tympan. Il est indispensable que l'oreille moyenne se trouve en équilibre avec la pression ambiante, sinon il y a risque de lésion ou de déchirure du tympan. On peut pour cela effectuer plusieurs manœuvres dont celle dite de Valsalva.

La manœuvre de Valsalva : c'est le moyen pratique d'équilibrage utilisé par la plupart des plongeurs. Elle consiste à expirer fortement bouche fermée et nez pincé. L'air contenu dans les voies aériennes supérieures se trouve normalement à pression ambiante. Par cette manœuvre, il est propulsé à travers la trompe d'Eustache vers l'oreille moyenne, rétablissant ainsi l'équilibre des pressions. Cette manœuvre doit être effectuée lorsque la profondeur augmente et avant que vous ne ressentiez une gêne légère dans l'oreille (signe de souffrance du tympan).

Notre conseil : *faites systématiquement une manœuvre de Valsalva dès le début de la descente, vous aurez beaucoup moins de difficulté à atteindre le fond. Répétez régulièrement la manœuvre. Ne l'effectuez jamais à la remontée car, la pression extérieure diminuant, l'équilibre se fait de lui-même. Il existe aussi d'autres techniques de compensation : celles de Frenzel et de Toynbee ainsi que la BTV (béance tubaire volontaire du Dr Georges Delonca).*

Antonio Maria Valsalva (1666-1723), scientifique italien, a publié en 1704 un ouvrage sur l'anatomie de l'ouïe. Il a découvert la manœuvre qui porte son nom. Celle-ci a pour seul but de compenser une pression extérieure exercée sur le tympan.

-2-

En habit de grenouille

L'homme est un animal bien mal pourvu par la nature pour résister aux éléments. Ne disposant pour toute protection corporelle que d'une peau fine, élastique et assez fragile, il est sensible à toute agression extérieure. C'est ce qui rend obligatoire le port d'un vêtement. L'évolution de notre mode de vie a transformé la manière de se vêtir en un véritable phénomène sociologique. Le vêtement est une des façons les plus importantes pour l'être humain d'exprimer sa personnalité, de se différencier socialement et d'affirmer son appartenance à certaines castes, religions ou catégories professionnelles. Il en découle les phénomènes de mode vestimentaire, bien moins futiles qu'il n'y paraît à première vue. Le plongeur est soumis aux mêmes obligations, amplifiées par la nécessité de s'adapter au milieu aquatique qui lui est hostile. Avant de pénétrer sous la mer, il va s'habiller pour protéger sa peau des chocs et du froid, mais aussi porter le scaphandre, élément vital qui permet de respirer l'air à la pression ambiante. Le matériel de plongée a fait des progrès considérables ces dernières années devenant à la fois plus performant et plus ergonomique. Un bon plongeur se doit d'avoir son propre équipement pour un meilleur confort en plongée qui lui permettra de profiter de tous les plaisirs de l'exploration sous-marine.

1 - Masque Seta (Marès), léger, jupe souple en silicone s'adaptant à toutes les formes de visages.
2 - Masque Eureka 2 (Scubapro), de petit volume pour tous les types de visages, possibilité d'adapter des verres correcteurs.
3 - Masque Wenoka (Sea-Style), jupe en silicone transparent, vitre unique, idéal pour les modèles photos.
4 - Masque Look (Technisub), très léger à deux verres symétriques offrant un large champ de vision, possibilité de monter des verres optiques.
5 - Masque Tempra (Marès), vitre unique, faible volume, jupe en silicone.
6 - Masque Voyager (Beuchat), binoculaire, jupe silicone ou graphite, faible volume intérieur, montage de verres optiques possible.
7 - Masque Scenic (Scubapro), monoverre, double jupe en silicone, très confortable.
8 - Masque Eureka 2 Thrama (Scubapro), ses verres en Carbonate diminuent l'action des rayons ultra-violets en assurant une vision nette et plus contrastée. De plus, il y a élimination totale de la formation de buée.
9 - Masque Hawaii (US Divers), léger, de faible volume, présentant la particularité d'exister en 1,2 ou 4 verres, jupe en silicone.
10 - Masque Hot Frames (Scubapro), double jupe en silicone transparent assurant un excellent confort, large sangle matelassée. Le cerclage est peint à la main par un artiste ce qui en fait une pièce unique. Masque haut de gamme avec un très grand champ de vision.
11 - Masque Vedo (Marès), à très grande vitre unique, idéal pour la photographie.
12 - Masque Optimo (Beuchat), monoverre à grand champ de vision, faible volume intérieur. Jupe en silicone ou néoprène.

Les masques : attention les yeux

Bien voir est un des plus grands plaisirs que l'on puisse avoir sous l'eau. L'œil humain n'étant pas adapté à la vision subaquatique (voir pages 18-19), le port d'un masque est indispensable.

Bien choisir son masque

La première qualité d'un masque est son étanchéité. Il doit épouser parfaitement les formes de votre visage et donner une impression de confort.

Vous devez pouvoir effectuer facilement les manœuvres de compensation. Vérifiez-le en vous pinçant le nez.

Le masque réduit obligatoirement le champ visuel, notamment sur les côtés. Pour une meilleure vision, il faut que la vitre se trouve le plus près possible des yeux, sans pour autant appuyer sur le visage ou le nez.

Le masque doit être adapté à l'activité. Les modèles à volume interne faible sont réservés en priorité à la pratique de l'apnée et de la pêche sous-marine. Cela permet de compenser plus facilement le phénomène de placage.

Si vous portez des lunettes de vue, il est possible d'adapter des verres correcteurs à la place de la vitre standard du masque. Un opticien spécialiste effectuera la transformation. C'est un confort visuel très important.

Notre conseil : *pour vérifier qu'un masque convient bien à votre morphologie, mettez-le en place sans la sangle. Inspirez par le nez. La jupe du masque doit bien adhérer. Si le masque ne tient pas, c'est qu'il ne vous va pas.*

Les matériaux : vive le silicone

À l'origine en caoutchouc, la jupe des masques est de plus en plus fabriquée en silicone ou en PVC, plus souple et plus stable sur le plan chimique (pas de risque d'allergie ni de traces noires sur le visage).

Les inserts colorés sont de plus en plus courants. Il s'agit d'éléments en plastique que l'on pose sur le cerclage. Un moyen de donner un aspect plus esthétique au masque.

Préférez les masques ayant une sangle à double branche qui tient mieux sur la tête. Les systèmes autobloquants pour le réglage des sangles sont préférables aux anciennes boucles. Nouvellement arrivées sur le marché, les grosses sangles en néoprène matelassé assurent un confort inégalé.

1

2

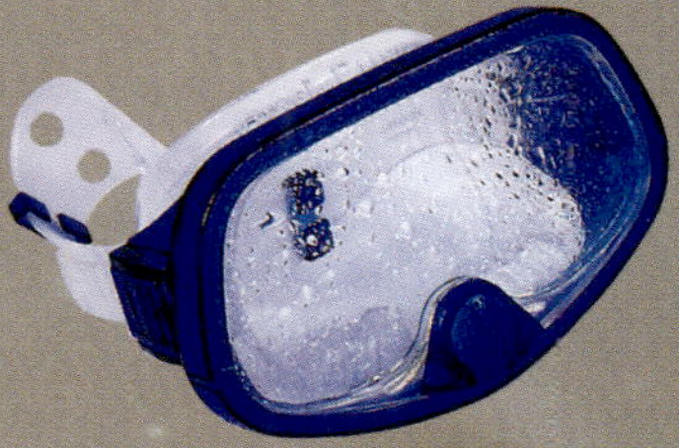
3

4

5

6

7

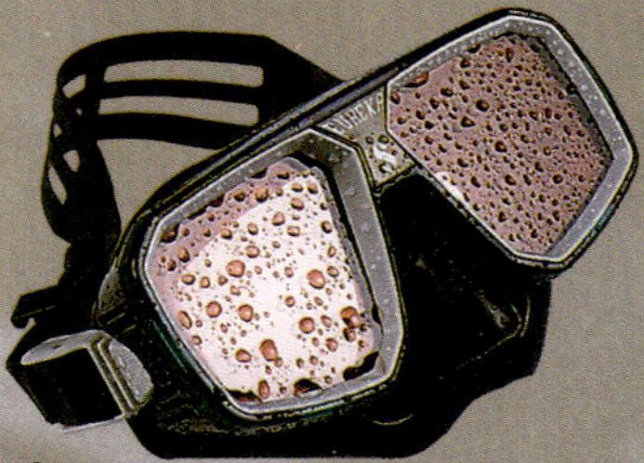
8

9

Notre conseil : *n'hésitez pas à mettre un certain prix dans l'achat d'un masque, qui est très important dans l'équipement. Les amateurs de photo sous-marine apprécieront surtout les modèles à une seule vitre qui mettent mieux le visage du modèle en valeur.*

Ne choisissez pas un masque trop petit, car il peut provoquer des maux de tête pendant la plongée ou après la sortie de l'eau.

Quelques conseils pratiques

La différence de température entre l'eau et l'air contenu dans votre masque entraîne la formation de buée. Pour éviter ce désagrément, épandez un peu de salive ou mieux de produit anti-buée du commerce sur la face interne de la vitre, puis rincez abondamment. Pour une bonne efficacité, la vitre doit être sèche avant cette opération.

N'oubliez pas de vérifier que les cheveux ou le bord de la cagoule ne pénètrent pas sous la jupe, ils nuisent à la bonne étanchéité.

Ne serrez pas trop fortement la sangle pour une bonne sensation de confort.

Après la plongée, nettoyez votre masque à l'eau douce, laissez-le sécher et rangez-le dans une boîte en plastique.

10

11

LA TOUTE PREMIÈRE FOIS

Avant la première utilisation d'un masque neuf, il faut obligatoirement retirer la pellicule de produit (silicone) dont les fabricants enduisent la vitre. Si vous ne le faites pas, de la buée se formera continuellement dans le masque. Frottez les deux faces de la vitre avec du liquide vaisselle ou avec du dentifrice. N'utilisez pas de produit à base d'alcool. Il risquerait de détériorer la jupe du masque.

12

Un peu d'histoire

Les palmes sont une invention française et ont été mises au point en 1933 par le capitaine de corvette Louis de Corlieu. Les recherches ont débuté en 1927. Le brevet a été déposé le 6 avril 1933. Le 12 juin de la même année, des essais officiels ont été effectués dans la rade de Saint-Jean-de-Luz devant des observateurs de la Marine Nationale. Louis de Corlieu nagea pendant 6 heures dans une eau à 12 °C, parcourant 8 km. En dépit de cette démonstration réussie, la Marine Nationale refusa d'adopter les “propulseurs de natation et de sauvetage” (appellation de l'époque). En 1939, un homme d'affaires américain, Owen P. Churchill, achète à Tahiti une paire de palmes. De retour aux États-Unis, il signe un accord avec de Corlieu et lance les “swinfins” qui seront adoptées dès 1940 par l'US Navy...

1 - Palmes réglables Accelerator en kevlar (Sea Quest).
2 - Palmes réglables Gorilla (Scubapro).
3 - Palmes réglables Stratos (Technisub).
4 - Palmes réglables Veloce (Scubapro).
5 - Palmes réglables Plana Avanti (Marès).
6 - Palmes chaussantes, voilures longues Dessault (Sporasub).
7 - Palmes chaussantes, voilures longues Gold Fin (Beuchat).
8 - Palmes réglables Contact Graphite (Beuchat).
9 - Palmes chaussantes, voilures longues Avanti L Twaron (Marès).

Ayez les pieds bien palmés

À défaut de moyens mécanisés, les palmes constituent le seul moyen efficace de propulsion. Elles sont indispensables à toute activité subaquatique. Il existe plusieurs types de palmes adaptés à chaque utilisation.

Bien choisir ses palmes

Selon que vous pratiquez la plongée libre ou en scaphandre, il faudra vous orienter vers des modèles de palmes différents.

• Le pêcheur sous-marin doit pouvoir se déplacer en surface sans perte de temps. Pour descendre et remonter rapidement, il a besoin de palmes toniques, rapides. Les modèles à voilures longues ou extralongues et nerveuses sont les plus appropriés. Ils attirent certains plongeurs séduits par leurs performances.

• Le plongeur demande plus de puissance et de force propulsive. Il choisira une palme de longueur moyenne, assez large, avec une voilure ni trop souple ni trop rigide. L'opposition entre palmes courtes et longues tend à s'atténuer au profit de modèles “tous usages” à la voilure moyenne.

Si l'on plonge pieds nus ou avec des chaussettes en néoprène, il faut choisir des palmes chaussantes.

Avec des bottillons épais, les palmes à sangles réglables s'imposent.

Notre conseil : *ne surestimez pas vos capacités physiques. Les palmes sont au plongeur ce que le braquet est au cycliste. Des palmes trop longues sont vite épuisantes pour les petits gabarits et ceux qui ne sont pas entraînés. À moins d'affectionner les gros bottillons à semelle, préférez chaque fois qu'il est possible les palmes chaussantes dont la tenue aux pieds et les possibilités propulsives sont meilleures.*

Les matériaux : la voile et le chausson

La palme se compose de deux éléments : la voilure, élément de propulsion, et le chausson qui assure le maintien du pied.

• La voilure : le caoutchouc a pratiquement disparu pour laisser la place à des plastiques (EVA, tékralène, polyéthylène, thermoplastique, résine élastomère, etc.) Il existe aussi des modèles à base de fibre de verre, surtout utilisés en compétition de nage avec palmes. Selon les matériaux utilisés, les fabricants définissent des formes de voilures aussi hydrodynamiques que possible. Les nervures, les renforts latéraux, les stabilisateurs, les tuyères d'écoulement, etc. sont autant d'éléments qui améliorent les qualités propulsives.

• Le chausson : généralement en caoutchouc, il doit maintenir le pied sans le serrer. Les doigts de pieds ne doivent pas flotter dans un espace trop

1

2

3

4

5

6

7

8

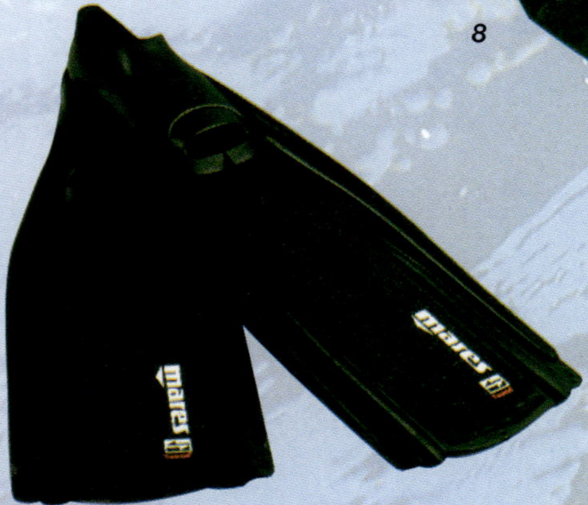

9

grand sous peine d'une perte de force et d'efficacité. Sur les modèles réglables, préférez les sangles autobloquantes.

Notre conseil : *vérifiez que la liaison entre le chausson et la voilure soit de très bonne qualité quand les deux parties sont de matériaux différents.*

Quelques conseils pratiques

Essayez obligatoirement les palmes avant de les acheter. Ne tenez pas compte de votre pointure habituelle. Portez des chaussons similaires à ceux que vous utilisez d'habitude et faites les essais avec.

Avant de plonger, mouillez vos palmes, vous les chausserez plus facilement.

Ne choisissez pas des palmes trop souples, elles sont inefficaces, ni trop raides, afin d'éviter les risques de crampes.

Les palmes longues sont à déconseiller sur un petit bateau et pour les plongeurs qui voyagent beaucoup.

1
2
3
4
5
6
7
8

Un tuba pour la vie

Destiné à permettre de respirer en surface lorsque la tête est immergée, le tuba ne sert pas qu'aux apnéistes. C'est un accessoire vital pour le plongeur en scaphandre.

Bien choisir son tuba

En apparence un tuba paraît banal ; il faut toutefois le choisir avec quelques précautions pour disposer d'un modèle très efficace.

Un tuba ne doit jamais mesurer moins de 10 mm de diamètre intérieur, pour éviter le risque d'essoufflement provoqué par le faible volume d'air inspiré. Son diamètre maximal ne doit pas dépasser 25 mm afin d'éviter les gros efforts lors de la vidange. L'idéal est 20 à 22 mm de diamètre et 35 cm de long. Si la longueur excède 40 cm, l'effort inspiratoire est très élevé.

Les modèles à embout orientable offrent un maximum de confort car ils s'adaptent à toutes les morphologies buccales.

Notre conseil : *évitez absolument les tubas qui présentent des systèmes de blocage du conduit (balle de Ping-Pong, clapet de tête, etc.). Ils peuvent se bloquer en position fermée, interdisant par là même toute entrée d'air.*

Les matériaux : soupapes en tête

Simple tube muni d'un embout buccal, le tuba a subi ces dernières années d'importantes évolutions. Sa forme a tendance à épouser la courbure du visage. Cela réduit l'encombrement et offre une moindre résistance à l'avancement.

Généralement le tube est en caoutchouc ou en plastique coloré. L'embout revêt une importance non négligeable. Il doit surtout être confortable. Les modèles classiques en caoutchouc tendent à disparaître pour être remplacés par des embouts orthodontiques en silicone, qui assurent un confort inégalé, mais demandent une petite période d'adaptation.

Certains tubas sont équipés d'une ou plusieurs soupapes. Placées à la base de l'embout ou du conduit, elles facilitent l'évacuation de l'eau.

Notre conseil : *optez pour un tuba à soupapes ou à double conduit, c'est vraiment plus confortable à l'usage ! Préférez les modèles disposant d'un système d'accroche rapide avec le masque. C'est beaucoup plus agréable que d'avoir à passer le tuba sous la sangle (d'autant que les tubas modernes sont assez volumineux).*

Quelques conseils pratiques

Le tuba se place toujours sur le côté gauche du visage (à l'opposé de l'arrivée du détendeur).

Le tuba est l'accessoire qui se perd le plus souvent. Vérifiez son bon accrochage avant la plongée. Les sangles du couteau, les passants des gilets de stabilisation sont les plus efficaces. Éventuellement, vous pouvez le glisser dans la patte d'entre-jambe de la veste si votre combinaison se compose de deux pièces.

Outre-Atlantique, les plongeurs conservent toujours le tuba attaché sur la sangle de leur masque. La rapidité d'action est ainsi plus grande au moment du passage embout-tuba. De plus, en cas de détresse respiratoire en surface, il est possible d'utiliser la technique du "bouche-tuba". La personne qui porte secours, insuffle l'air par le haut du tuba, ce qui assure une bonne efficacité dans la ventilation. Ce processus s'effectue en surface pendant tout le trajet vers le point d'appui.

Le tuba de compétition

Les nageurs avec palmes utilisent pour les compétitions des tubas faciaux. L'hydrodynamisme dans le déplacement y est meilleur. Il est aussi possible d'effectuer des départs, en plongeant tête la première. Ces tubas sont généralement plus longs que la normale puisque la position du nageur est plus enfoncée dans l'eau pour assurer un meilleur écoulement de l'eau de part et d'autre du corps. Ce tuba est maintenu en place par un serre-tête.

1 - Tuba TRX Snorkel (Beuchat), équipé d'une purge basse pour évacuation rapide de l'eau.
2 - Tuba Impulse (US Divers), grâce à ses deux soupapes (haute et basse), il permet une évacuation de l'eau sans effort. Embout orthodontique pivotant.
3 - Tuba Shotgun (Scubapro), à embout orthodontique, facile à purger grâce à sa soupape d'évacuation.
4 - Tuba Breeze (Scubapro), sa ligne hydrodynamique permet d'épouser les formes du visage. Embout en silicone orientable.
5 - Tuba Shotgun 2 (Scubapro), grâce à ses deux chambres, il permet une évacuation de la totalité de l'eau contenue dans le tuba en une seule expiration, sans effort.
6 - Tuba TS Snorkel (Beuchat), simple et de gros diamètre, embout confortable en élastomère.
7 - Tuba Air (Technisub), léger et compact, il assure un grand confort respiratoire. Un clip rapide permet de le fixer sur la sangle du masque.
8 - Tuba Turboflux (Spirotechnique), à section carrée et profilée pour épouser les contours de la tête. Embout en silicone orientable.

Plombs enduits de vinyle aux couleurs et formes variées et de différents poids (500 g à 2 kg).

LE PLONGEUR PREND DU POIDS

Pour compenser sa flottabilité naturelle, accrue par la présence de l'équipement, le plongeur porte une ceinture de lestage munie d'un nombre variable de plombs.

Bien choisir une ceinture de lestage

Toutes les ceintures sont basées sur le même principe : une sangle et une boucle.

La sangle doit s'adapter à la taille du plongeur et être suffisamment rugueuse pour rester en place sur le vêtement.

La boucle doit pouvoir s'ouvrir d'un seul geste afin de permettre un largage rapide de la ceinture en cas d'urgence. Il en existe deux modèles :

- La boucle classique (appelée aussi boucle Spiro du nom de ses concepteurs) fabriquée en deux parties : l'une fixe et rivetée portant un ergot d'accrochage de la sous-cutale, l'autre mobile et facilement décrochable. Le seul défaut est qu'il faut retirer l'élément mobile pour mettre en place les plombs. Il existe des plombs amovibles qui évitent cet inconvénient. C'est le seul type de ceinture qui permette de s'équiper avec un sanglage classique.
- La boucle "américaine" fonctionne par pincement de la partie rabattante sur la sangle. Elle ne permet pas l'accroche d'une sous-cutale. Son avantage est une mise en place facile des plombs et un positionnement aisé autour de la taille.

Les matériaux : plein les poches

La sangle peut être fabriquée en caoutchouc, en coton ou en fibres synthétiques.

Le caoutchouc est élastique. Il s'adapte bien à la taille du plongeur. Toutefois, il vieillit mal et se fragilise.

Le coton est très résistant à l'usage, mais il devient raide en séchant.

Les fibres synthétiques sont très solides, mais les plombs glissent trop facilement.

Les boucles classiques sont fabriquées en laiton chromé ou en acier inox. Les boucles américaines peuvent être en métal ou en plastique.

Une nouvelle génération de ceintures est munie de poches dans lesquelles on glisse de la grenaille ou les plombs classiques. L'énorme avantage est de pouvoir modifier très aisément sa pesée.

Quelques conseils pratiques

Il n'est pas possible de donner des indications précises sur le nombre de plombs nécessaires. Tout dépend de l'individu, de son équipement et du type de plongée qu'il va effectuer.

En eau douce, la flottabilité étant plus faible du fait de l'absence de sel, il faut se lester beaucoup moins (environ 2 kg).

La maîtrise de la technique du poumon ballast (voir page 92) permet de bien s'équilibrer en utilisant à bon escient le volume pulmonaire.

Le bon lestage est une flottabilité nulle à - 3 m en fin de plongée. Cela garantit la parfaite exécution d'un palier de sécurité.

En règle générale, les plongeurs équipés d'un gilet de stabilisation doivent se lester d'environ 2 kg supplémentaires par rapport à une plongée sans cet équipement.

Les plombs : des formes et des couleurs

Le plus souvent fabriqués en alliage de plomb, les poids de lestage pèsent en général 0,5, 1 et 2 kg. Les modèles classiques présentent deux fentes verticales dans leur partie centrale. Elles permettent de glisser la ceinture dedans.

On trouve aujourd'hui des plombs colorés ou de formes diverses (motifs de jeux de cartes notamment). Ils seront appréciés des photographes pour leurs modèles. Aux Etats-Unis, tous les plombs sont revêtus d'une couche protectrice (rilsan, vinyle, etc.) qui évite l'oxydation et le rejet de sels de plombs toxiques dans le milieu sous-marin.

1 - *Ceinture type "marseillaise" en néoprène avec boucle largable en laiton chromé (Beuchat).*
2 - *Ceinture en néoprène avec boucle en laiton à largage rapide permettant l'accrochage d'une sous-cutale (Spirotechnique).*
3 - *Ceinture en Nylon avec boucle plastique à largage rapide, type "américaine" (Scubapro).*
4 - *Ceinture et boucle en Nylon permettant un largage très rapide en tirant sur la poignée (Sea Quest).*
5 - *Une lame ajourée de forme originale et un manche qui épouse les doigts (Cressi Sub).*
6 - *Manche ergonomique, lame solide et effilée (Marès).*
7 - *Ceinture à poche en Nylon avec boucle à largage rapide. Les plombs sont glissés dans les poches, la fermeture s'effectuant par Velcro (Scubapro).*
8 - *Le manche revêtu de matière synthétique est agréable en mains (Tusa).*
9 - *Cette dague effilée est munie de dents très fines (Scubapro).*
10 - *Le couteau Mistral se bloque instantanément dans son fourreau (Spirotechnique).*
11 - *Lame pointue, cran coupe câble, manche marteau (Sea style).*

Poignards : l'arme au poing

Accessoire complémentaire de la panoplie du plongeur, le poignard n'est pas un gadget viril destiné à pourfendre les "dents de la mer". Il a une vocation utilitaire. C'est un outil qui rend de précieux services.

Bien choisir un poignard

La mode n'est plus aux grands couteaux Bowie, style "Crocodile Dundee". On recherche plutôt les modèles de type dague, pointus et solides qui se font facilement oublier.

Des progrès sensibles ont été faits sur le plan de la fixation du poignard dans son étui. Aujourd'hui, il suffit de presser sur un bouton pour désolidariser l'outil.

Le plus important est la qualité et le traitement de l'acier. Pour une bonne efficacité, il faut avoir un tranchant d'un côté et des dents de scie de l'autre. La lame doit être suffisamment épaisse pour permettre de l'utiliser comme levier. Attention à la forme de la poignée, il faut pouvoir la maintenir parfaitement, même avec des gants.

Attachez le poignard sur le mollet, du côté de votre main principale. Il existe aussi des emplacements réservés au poignard sur les gilets de stabilisation et sur les consoles d'instruments.

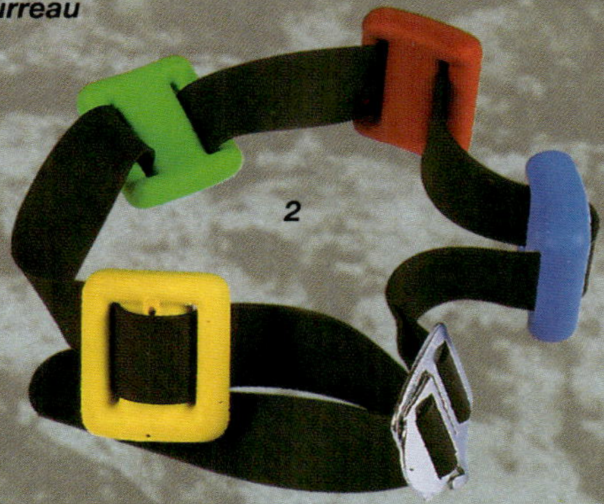

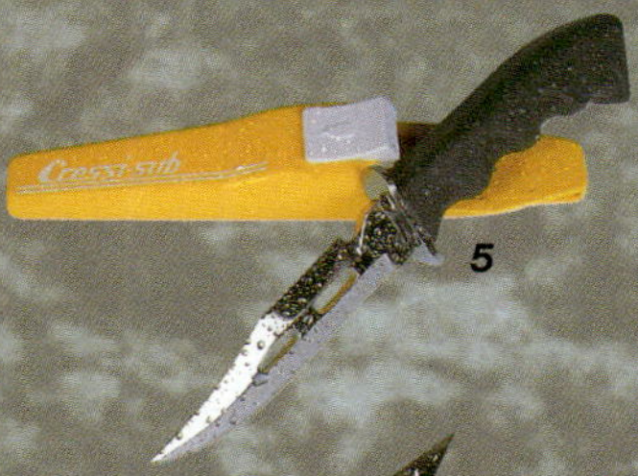

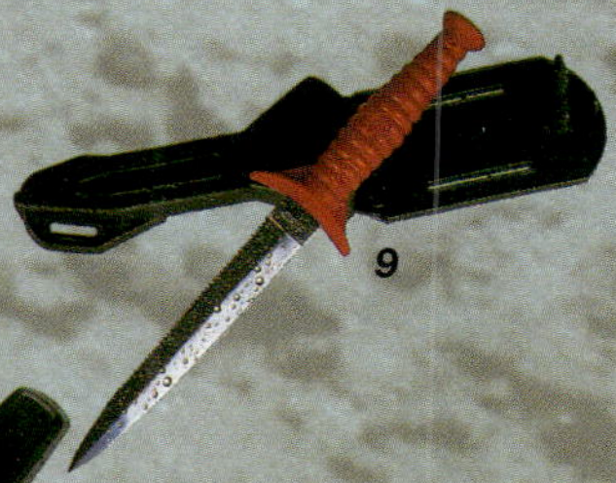

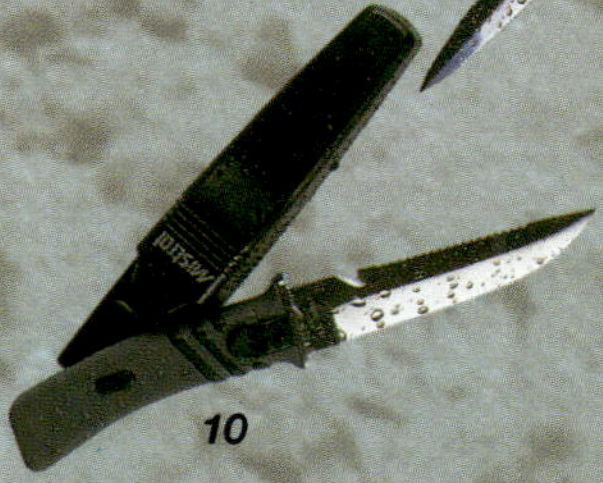

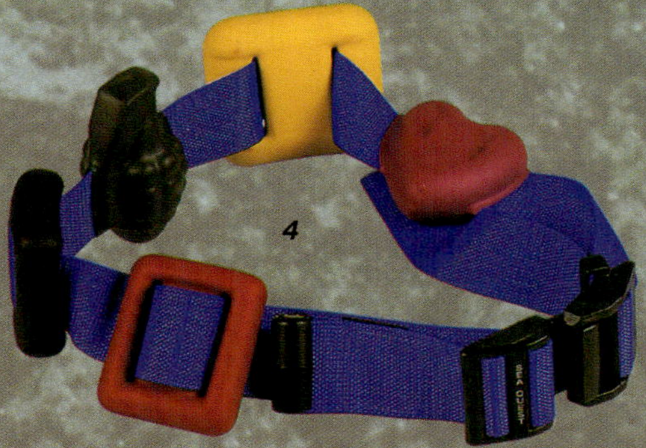

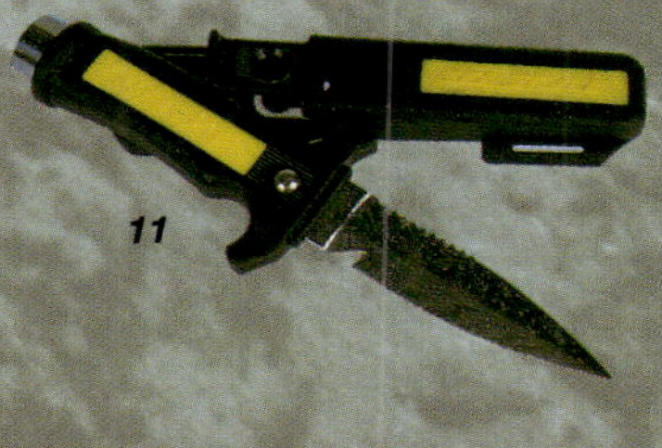

Haute couture subaquatique

Élément de protection et de confort thermique, la combinaison donne une sensation de bien-être. Elle agit comme une seconde peau.

Plus on descend en profondeur et plus il fait froid. Le vêtement isothermique est utilisé pour retarder la déperdition de chaleur et donc faire oublier la sensation de fraîcheur. Ces vêtements sont dits “humides” car une pellicule d'eau se forme entre la peau et la face interne de la combinaison. Réchauffée au contact du corps, cette eau va assurer l'isothermie.

Bien choisir une combinaison

Les nombreux modèles de combinaisons s'adaptent à des catégories bien spécifiques de plongées.

Pour les eaux tropicales, préférez les vêtements en textile Lycra ou les combinaisons monopièces en néoprène de 3 à 4 mm, avec fermeture à glissière.

Pour les eaux méditerranéennes, en été, choisissez un vêtement deux pièces en néoprène de 5 mm - veste à cagoule attenante avec fermeture à glissière et pantalon montant - ou monopièce 5 mm.

Pour les eaux méditerranéennes au printemps et la côte Ouest en été, choisissez un vêtement complet en néoprène de 6 à 7 mm avec cagoule attenante, sans fermeture ou avec demi-glissière, avec manchon d'étanchéité aux poignets, aux chevilles et autour du visage. Ou portez le vêtement utilisé en été avec un petit gilet de 2 mm comme sous-vêtement.

Plongées en hiver : vêtement dit “eaux froides”, bien ajusté, si possible sur mesure, sans fermeture. Veste et pantalon gilet confectionnés dans du néoprène peu compressible de 6 à 7 mm d'épaisseur.

Le pêcheur sous-marin préférera un vêtement extra-souple doublé Nylon extérieur, pas trop épais pour une plus grande liberté de mouvement, et sans fermeture Éclair.

Quelques conseils pratiques

Un néoprène très épais ne garantit pas forcément une parfaite isolation. Un vêtement bien ajusté de 5 mm d'épaisseur peut se révéler plus efficace qu'une combinaison plus épaisse, mais plus lâche. Une règle d'or : un vêtement de plongée doit coller à la peau et ne pas former de plis, sans pour autant serrer la poitrine afin de ne pas gêner les mouvements respiratoires.

Certaines morphologies n'entrent pas dans les normes des vêtements fabriqués en série. Une fabrication sur mesure s'impose. Il faut compter un prix de 20 à 25% plus élevé que celui d'un modèle en série, mais le confort est incomparable.

Complétez la combinaison avec des bottillons : fins pour les palmes chaussantes, épais et à semelle pour les palmes à sangles. Portez-les obligatoirement sous le pantalon afin d'éviter les entrées d'eau à chaque coup de palme.

Un entretien nécessaire

Il est impératif de rincer abondamment à l'eau douce la combinaison après chaque plongée. Laissez-la sécher à l'ombre. En aucun cas il ne faut l'exposer au soleil ou la stocker mouillée dans votre sac.

En dehors de la période de plongée, votre vêtement doit être rangé bien au sec, suspendu à un cintre.

Toutes les fermetures à glissière doivent être recouvertes d'un voile de silicone ou de paraffine afin d'éviter qu'elles se grippent.

Notre conseil : *si votre vêtement présente une déchirure, même minime, n'attendez pas pour le faire réparer par un spécialiste. Si vous négligez cette précaution, la partie abîmée va obligatoirement s'agrandir.*

LE NÉOPRÈNE : DES MILLIONS DE BULLES

Le néoprène est une matière synthétique. Il se présente sous forme de granulés que l'on chauffe et que l'on pétrit pour obtenir une pâte. On y ajoute de la poudre d'azote. Le mélange est ensuite moulé et chauffé à très haute température. Cela provoque la transformation de l'azote en particules gazeuses. Ces microbulles pénètrent dans la matière qui gonfle jusqu'à prendre la forme du moule. Plus il y a de bulles et plus le vêtement est souple, mais elles s'écraseront avec la pression, réduisant les qualités isothermiques du vêtement. L'épaisseur du néoprène varie entre 3 et 8 mm. Pour consolider la combinaison, le néoprène est souvent doublé deux faces avec du Nylon ou du Lycra. Les fabricants de néoprène sont principalement japonais, américains, coréens et taïwanais. Il en existe seulement trois en Europe. Salvas en Italie, St Albans en Grande-Bretagne et Socatex en France.

1 - Vêtement monopièce de 3 mm sans cagoule, à fermeture intégrale, idéal pour les eaux chaudes (3B).
2 - Vêtements Sizzler, monopièce sans cagoule, léger et confortable. Il est composé d'une feuille thermoplastique imperméable à l'eau, inserée entre deux feuilles de Lycra, recommandé pour la plongée en eaux chaudes (Spirotechnique).
3 - Vêtement monopièce Curaçao 5 mm, cagoule attenante et fermeture intégrale, idéal pour la plongée en milieu tempéré (Scubapro).
4 - Vêtement deux pièces en 7 mm, pantalon montant, veste à cagoule attenante avec fermeture intégrale. Manchons d'étanchéité aux poignets et aux chevilles pour plonger en eaux froides (3B).
5 - Vêtement deux pièces en 5 mm, pantalon montant et veste sans cagoule à fermeture intégrale (Océanic).
6 - Vêtement monopièce Antigua 5 mm à cagoule attenante et fermeture intégrale. Modèle spécialement étudié pour les femmes, à utiliser pour les plongées en milieu tempéré (Scubapro).
7 - Combinaison Baltik Lady deux pièces en 6,5 mm, avec pantalon montant Long John manchonné aux chevilles, veste avec demi-fermeture manchonnée aux poignets et joint d'étanchéité au visage, pour plonger en eaux froides (Beuchat).
8 - Monoshort 5 mm, avec gilet de stabilisation incorporé. Gonflage assuré par direct system ou à la bouche, un modèle très confortable (Top Star).

1 - Chaussons en 3 mm (Spirotechnique).
2 - Bottillons à semelle antidérapante en 4 mm (Beuchat).
3 - Chaussons à semelle et dessus du pied vulcanisés (Atan).
4 - Bottillons à semelle antidérapante surmoulée en 5 mm (Scubapro).
5 - Vêtement sec en toile enduite vulcanisée, cagoule et bottillons attenants, protections des épaules et genoux (Nokia).
6 - Vêtement sec en toile enduite vulcanisée, cagoule et bottillons attenants, protections aux épaules et genoux (Avon SP 1100).
7 - Moufles trois doigts en néoprène de 6,5 mm avec fermeture Velcro, idéales pour les eaux très froides (Spirotechnique).

AU SEC ET AU CHAUD

Conçus à l'origine pour les professionnels évoluant dans les eaux froides, polluées, etc., les vêtements secs sont de plus en plus utilisés par les plongeurs sportifs en raison de leur haute protection thermique.

Toujours monopièce, le vêtement sec assure une totale liberté de mouvements. Son étanchéité est assurée aux poignets et au visage par des manchons en néoprène lisse (pour les modèles en néoprène) ou en latex (pour les vêtements en tissu enduit). Les bottillons sont généralement attenants à la combinaison. Une fermeture à glissière est disposée dans le dos entre les épaules. En règle générale, il faut être aidé pour s'équiper.

Le vêtement sec se remplit d'air pour éviter le placage et permettre une meilleure protection isothermique. L'alimentation en air est assurée par un tuyau qui est relié au premier étage du détendeur. Le bouton d'admission d'air est placé sur la poitrine du plongeur. La vidange s'effectue par une purge située sur le bras gauche. Ce mécanisme agit comme celui du gilet de stabilisation.

Bien choisir un vêtement sec

Le vêtement sec en néoprène, très résistant aux coupures et accrocs divers, présente le défaut d'être assez encombrant. Il requiert un lest important. C'est un vêtement coupé près du corps, très confortable. En revanche, la liberté de mouvements est assez limitée. Le grand pouvoir flottant du néoprène est un facteur important de sécurité.

Le vêtement sec en tissu enduit ou en caoutchouc vulcanisé est plus léger que le précédent et moins encombrant. Il est indispensable de porter un sous-vêtement (la souris) dessous. L'un des avantages de ce type de vêtement est sa facilité extrême de réparation en cas d'accroc ou de coupure.

Au moment du choix, vérifiez la facilité d'habillage, la position pratique de la purge rapide et l'accessibilité à l'admission d'air.

1

2
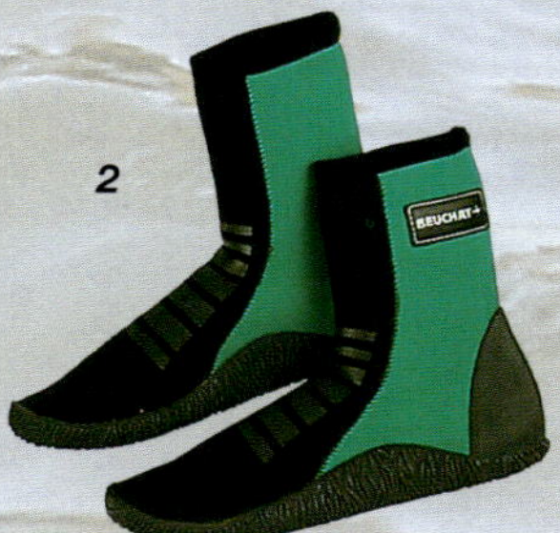

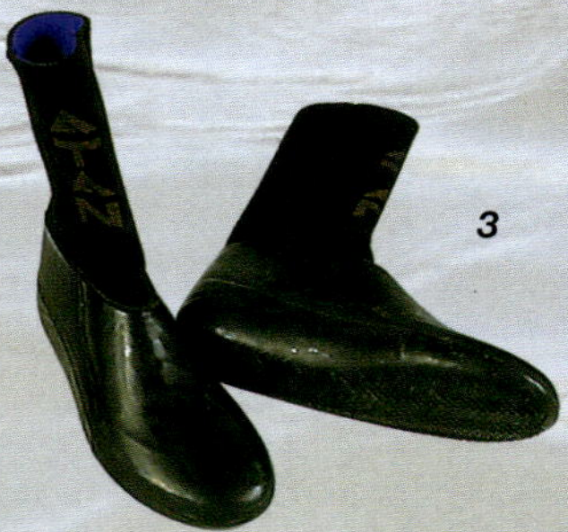
3

4

8 - Vêtement sec en toile enduite vulcanisée, cagoule et bottillons attenants, protections aux genoux et jambes (Viking).
9 - Vêtement sec en néoprène, cagoule attenante. Il possède des protections aux genoux, deux poches placées sur la cuisse et des bottillons intrégrés avec semelles attenantes (Spirotechnique).

Quelques conseils pratiques

Un sous-vêtement en acrylique (la souris) assure un confort thermique supplémentaire et s'avère indispensable pour la plongée en eau très froide.

Évitez les modèles qui présentent un embout inflateur permettant le remplissage à la bouche : ils provoquent inévitablement une entrée d'eau.

Ce type de vêtement nécessite un apprentissage particulier qu'il faut impérativement suivre pour en connaître les particularités. Lorsque vous maîtriserez cette technique, il vous sera difficile de revenir au vêtement humide classique.

Pour le stockage, n'oubliez pas d'enduire de paraffine la fermeture étanche à glissière afin d'éviter les risques de corrosion. Épandez du talc sur les manchons d'étanchéité. Suspendez le vêtement sur un cintre solide pendant la période de non-utilisation.

Les gants : mains chaudes

Compléments indispensables du vêtement sec pour une parfaite protection thermique, les gants peuvent aussi être utilisés dans tous les types de plongée pour prémunir la peau des agressions extérieures.

Pour des eaux tempérées ou chaudes, les gants doivent être souples, mais toujours assez épais pour éviter par exemple d'être transpercés par des piquants d'oursins.

Dans les eaux froides, les gants à cinq doigts sont les plus pratiques. En revanche, les moufles sont plus chaudes, mais demandent une certaine habitude pour pouvoir conserver de bonnes qualités de préhension.

5

8

9

6

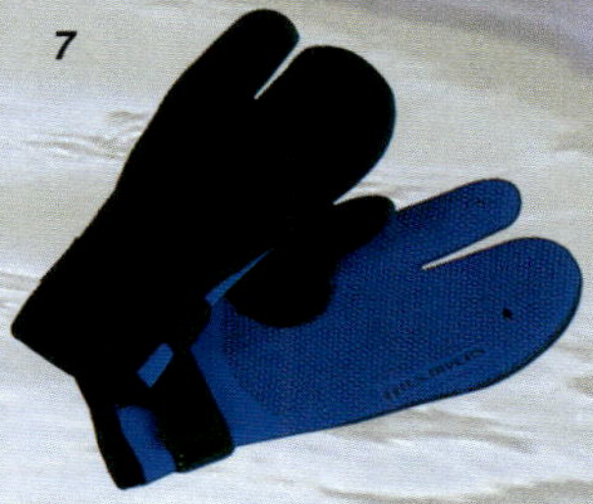

7

11

10

12

10 - Gants préformés cinq doigts en 3 mm avec attache rapide d'étanchéité (Beuchat).
11 - Gants cinq doigts en 3 mm confortables et chauds avec fermeture Velcro (Scubapro).
12 - Gants cinq doigts en laine traitée avec picots de protection sur la paume et les doigts. Il permet un touché assez délicat (Scubapro).

Un réservoir sous pression

Accessoire vital pour le plongeur, la bouteille renferme de l'air fortement comprimé. C'est la partie la plus visible de l'équipement, la plus lourde aussi.

Pour stocker un maximum d'air dans un volume réduit, il faut le comprimer. Remplie entre 200 et 300 bar, soit 200 à 300 fois la pression atmosphérique, la bouteille du plongeur renferme 2 à 4 m^3 d'air selon les modèles.

Le matériau constituant la bouteille doit être très résistant. Le choix s'est porté sur l'acier et les alliages d'aluminium.

Les bouteilles en acier

Le matériau est un alliage d'acier, chrome et molybdène. Ce métal est très solide, mais sujet à l'oxydation. S'il est bien protégé et parfaitement entretenu, sa durée de vie est importante.

Les problèmes de corrosion interne sont dus à une infiltration d'eau par l'orifice de la robinetterie ou à de l'air humide provenant d'un compresseur mal réglé.

Pour éviter la rouille à l'extérieur, le bloc est traité par métallisation. Il s'agit d'une pulvérisation à chaud de zinc ou d'alliage zinc-aluminium. La bouteille est ensuite recouverte d'une peinture polyuréthane cuite au four.

Les bouteilles en aluminium

Faites d'un alliage d'aluminium, silicium et magnésium, ces bouteilles sont peu sensibles à la corrosion. Il est faux de dire qu'à capacité égale les blocs en aluminium sont plus légers que ceux en acier. Selon leur volume, les bouteilles en aluminium sont soit plus légères, soit plus lourdes que celles en acier. C'est dû à l'obligation d'augmenter l'épaisseur de la paroi en fonction du diamètre de la bouteille.

Le volume : l'air en réserve

Il existe des bouteilles de 4 à 18 litres.

De 4 à 7 litres, elles sont réservées aux enfants. De 10 à 12 litres, c'est le modèle courant utilisé dans les clubs et les centres de plongée. De 15 à 18 litres, les

Schéma de fonctionnement d'une robinetterie
(avec et sans réserve)

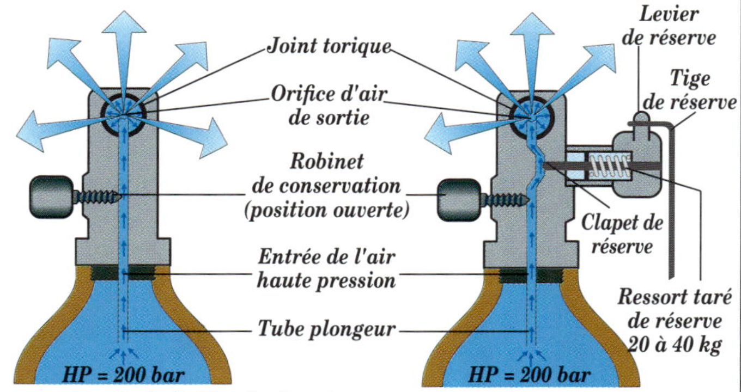

Pour une robinetterie de bloc de plongée :
1 - Il faut pour ouvrir tourner dans le sens inverse des aiguilles d'une montre.
2 - Il faut pour fermer tourner le volant dans le sens des aiguilles d'une montre (valable pour les volants et les 1/4 de tour).

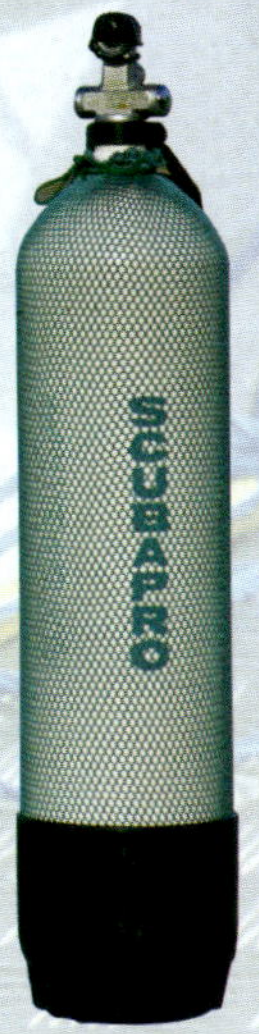

Monoacier 12 l avec filet de protection

Monoacier 12 l

Bi-bouteille alu 2 x 12 l

Monoacier 12 l

Monoalu 10 l

bouteilles sont réservées à l'exploration profonde et à l'encadrement.

Il est possible de juxtaposer 2, 3, voire 4 bouteilles pour augmenter le volume d'air disponible.

Il est nécessaire de connaître le volume d'air respirable disponible avant la plongée. On l'obtient en appliquant la formule :

Volume respirable (en litres) = volume de la bouteille (en litres) x pression de gonflage (en bar).

L'autonomie d'un bloc

Il dépend de 3 facteurs : la profondeur (à cause de la pression ambiante), le volume d'air disponible et la consommation d'air du plongeur.

Pour calculer l'autonomie disponible, appliquez la formule suivante : autonomie (en minutes) = volume respirable (en litres)/consommation d'air en surface (en l/mn) x pression absolue (à la profondeur choisie pour la plongée).

La réglementation

En France, l'arrêté du 18 novembre 1986 impose pour les bouteilles en acier une réépreuve tous les 2 ans ou tous les 5 ans si la bouteille est répertoriée dans un club et qu'elle est contrôlée annuellement par un spécialiste TIV (technicien en inspection visuelle).

Pour les bouteilles en aluminium, la réépreuve s'effectue tous les 5 ans, ce qui n'exclut pas des visites d'inspection périodiques.

Notre conseil : *avant toute opération de remplissage, ouvrez brièvement le robinet de la bouteille pour éliminer l'eau qui pourrait y être présente.*

Robinetteries : tout l'air du monde

Vissée sur la bouteille, la robinetterie permet le libre passage de l'air vers le détendeur. Il en existe plusieurs modèles, tous aux normes internationales.

Les robinetteries permettent le montage du premier étage du détendeur. Il existe par exemple un modèle à deux sorties permettant le montage de deux détendeurs sur la même bouteille. Cela permet de disposer en permanence d'un détendeur de secours. Ce dernier est obligatoire pour le guide d'une palanquée.

Les robinetteries sont en laiton chromé brillant ou mat (satin finish) ou en acier inoxydable. En Europe, elles ont toutes le même pas : 25 x 200. Il existe des modèles pour une pression de service à 200 ou 300 bar.

Certaines robinetteries ont un système de réserve. Toutes sont basées sur le même principe. Un ressort taré, entre 20 et 40 bar selon les fabricants, limite volontairement le passage de l'air lorsque la pression atteint la valeur de travail du ressort. Le plongeur ressent une gêne respiratoire qui l'avertit de la nécessité de passer la réserve. Celle-ci est actionnée par une tringle qui transmet un mouvement à un mécanisme. Ce dernier comprime le ressort pour lui faire reprendre sa position initiale, laissant le libre passage de l'air. Ce système est en passe de disparaître pour laisser la place aux contrôleurs de pression immergés (manomètres).

Les sièges de robinet sur lesquels viennent se positionner les détendeurs sont tous fabriqués aux normes internationales de 17,8 mm de diamètre. La plupart des fabricants offrent la possibilité du montage d'un détendeur aux normes DIN. Il suffit de dévisser avec une clé Allen l'adaptateur monté sur la sortie de la robinetterie.

Notre conseil : *une bonne robinetterie doit permettre une ouverture aisée, y compris avec des gants. Pour ce faire, le volant de robinet doit être accessible, assez volumineux et bien cranté.*

Avec un mécanisme classique, ouvrez à fond le robinet et revenez d'un quart de tour en arrière. En respectant cette petite règle, vous aurez la certitude d'obtenir le passage du maximum d'air et, par conséquent, d'alimenter idéalement votre détendeur. Le quart de tour vers l'arrière évite une détérioration précoce de la visserie. À la fin de l'utilisation, fermez le robinet sans le forcer.

Bouteille gravée

Les bouteilles de plongée doivent porter des inscriptions gravées. Nom du fabricant, année de fabrication, numéro d'ordre de fabrication, volume intérieur, poids à vide, pression d'épreuve, nature du gaz, pression de chargement, date de passage aux Mines (avec le poinçon à tête de cheval en France).

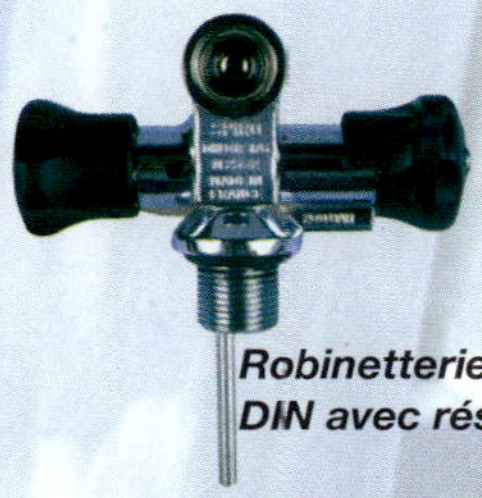

Robinetterie mono DIN avec réserve

Robinetterie mono double sortie

Robinetterie mono 1/4 de tour

Robinetterie mono avec réserve

Bi-bouteille alu 2 x 10 l

Monoacier court 12 l

Monoalu 10 l

Monoacier 6 l
Pour plongée enfant

Monoacier 10 l

Premier étage à piston simple

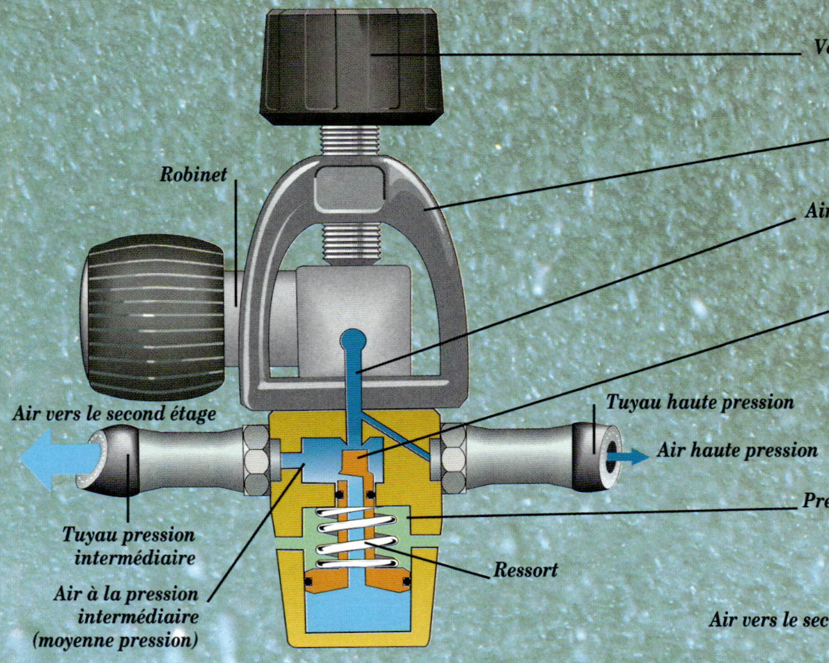

Premier étage à piston compensé

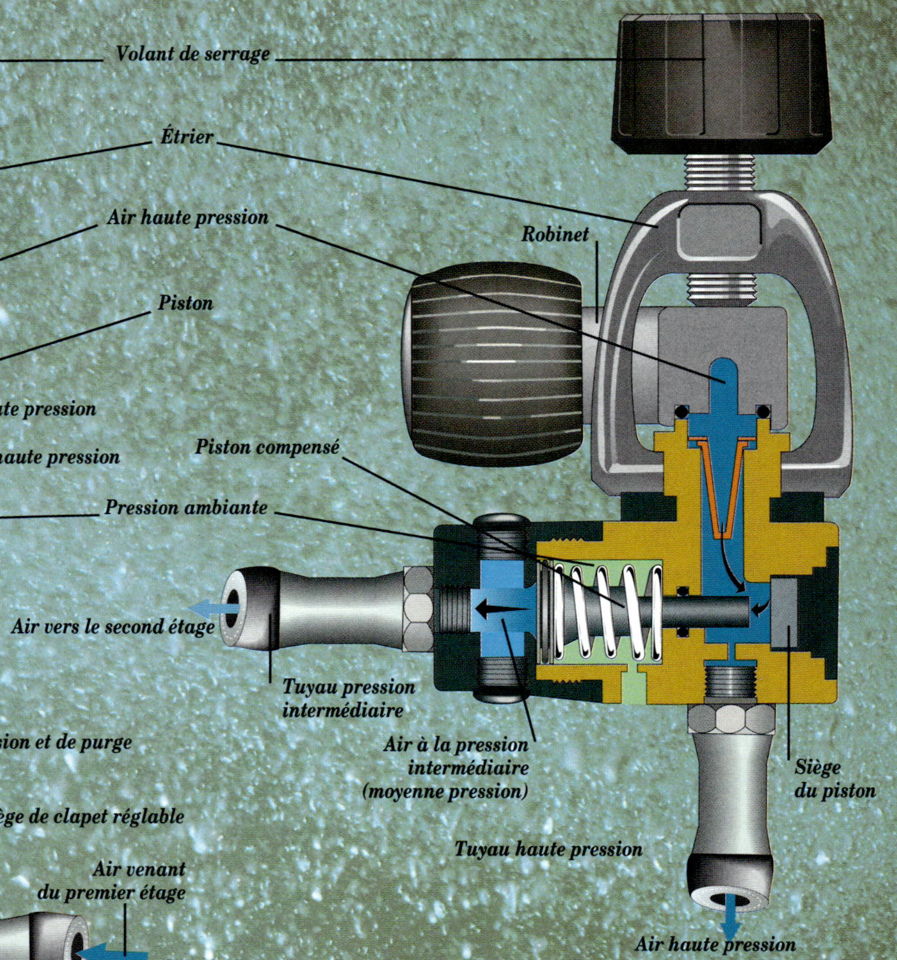

Second étage classique

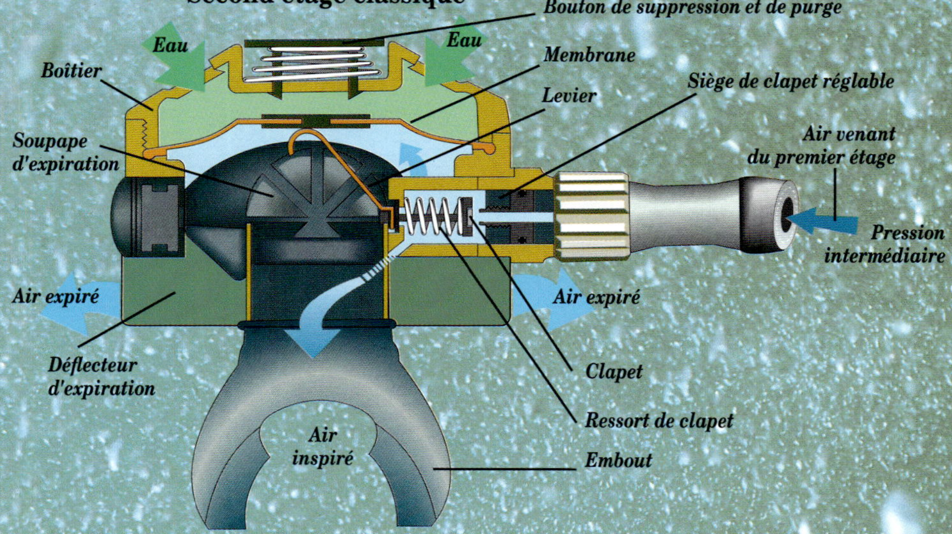

Premier étage compensé à membrane

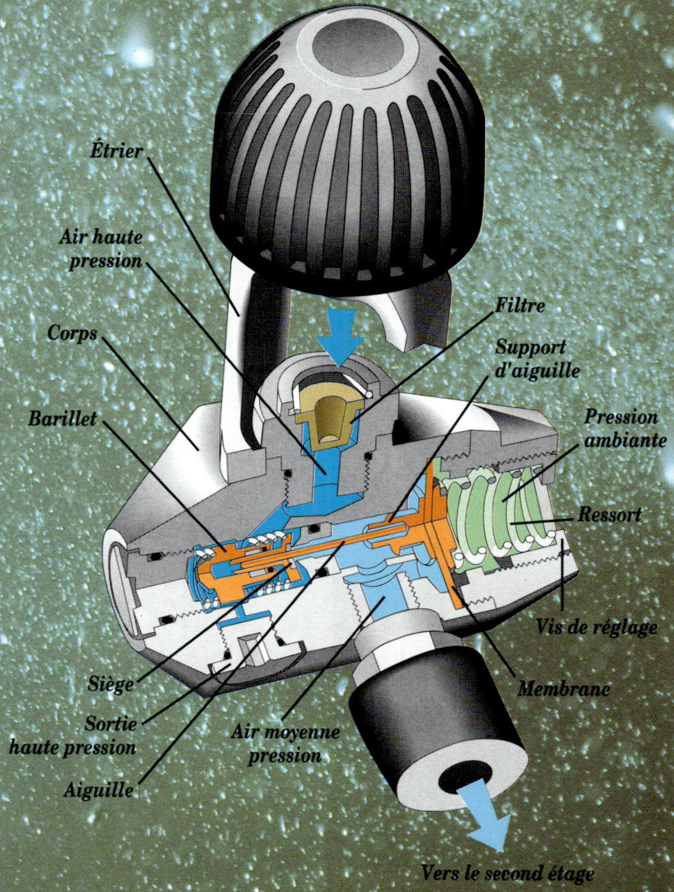

Second étage compensé

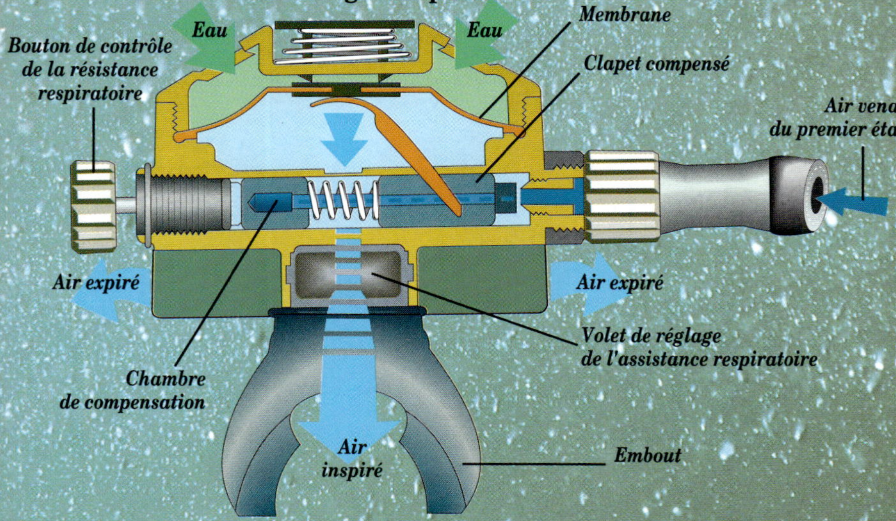

LES DÉTENDEURS : L'AIR SUR MESURE

Le détendeur est l'appareil qui permet au plongeur de respirer sous l'eau. C'est un élément essentiel dans l'équipement qu'il faut bien connaître et choisir avec soin.

Élément de liaison entre le plongeur et la bouteille d'air comprimé, le détendeur fournit de l'air à la demande et à la pression ambiante. Aujourd'hui, on utilise essentiellement des détendeurs à deux étages. L'air haute pression de la bouteille est dans un premier temps réduit à une pression intermédiaire, puis délivré à la pression ambiante. Actuellement, les détendeurs sont conçus pour un fonctionnement avec une pression d'alimentation de 200 bar. Les fabricants ont toutefois prévu la possibilité d'utiliser ces mêmes détendeurs à 300 bar avec de légères modifications. La plus simple consiste à adapter les détendeurs aux normes DIN qui autorisent cette pression très élevée.

Le premier étage : mettez la pression

Fixé sur la robinetterie de la bouteille par un étrier à vis ou une fixation DIN, le premier étage assure la détente de l'air comprimé dans le bloc à une pression réduite entre 8 et 12 bar au-dessus de la pression ambiante.

Deux principes existent : à membrane et à piston.

• **Le premier étage à membrane** se divise en 3 chambres : haute pression, moyenne pression et humide. On y trouve différentes pièces : un ressort taré à une valeur moyenne (dans la chambre humide), une membrane séparant la chambre humide de la moyenne pression, un pointeau, un clapet haute pression (HP) et un ressort (dans la chambre HP).

Au repos, la force exercée par le ressort taré déforme la membrane. Celle-ci appuie sur le pointeau, dégageant le clapet haute pression de son siège.

À l'ouverture de la bouteille, l'air haute pression envahit la chambre HP, puis se répand dans la chambre moyenne pression. Il exerce une force sur la membrane qui comprime le ressort. Le clapet HP se ferme. C'est le tarage du ressort, ajouté à la pression ambiante, qui donne la valeur de la moyenne pression.

À l'inspiration, il se crée une dépression dans la chambre moyenne pression. Sous l'action du ressort et de la pression ambiante, la membrane s'abaisse. Il y a ouverture du clapet et nouvelle admission d'air. Le processus se renouvelle à chaque cycle inspiratoire.

• **Le premier étage à piston :** il est le principe le plus répandu parce que son fonctionnement est simple. Tout repose sur la seule pièce mobile, le piston. Si on le compare au principe précédent, le piston remplace à la fois la membrane, le pointeau et le clapet. Il y a inversion de la position des chambres moyenne pression et haute pression (voir dessin).

Le va-et-vient du piston remplace le processus de déformation de la membrane.

La compensation : performances accrues

Dans le principe classique, au fur et à mesure que la pression de l'air contenu dans le bloc diminue, la moyenne pression débitée diminue elle aussi. Cela entraîne une légère résistance à l'inspiration, sensible surtout en profondeur. Les fabricants ont mis au point des systèmes de compensation appelés aussi "équilibre pneumatique". Ils assurent au plongeur une moyenne pression constante, quelle que soit la profondeur. La compensation permet également d'améliorer les performances du second étage.

La valeur de la moyenne pression dépend seulement de la dureté du ressort. Les détendeurs à premier étage compensé coûtent un peu plus cher, mais ils sont intéressants pour leurs performances. À conseiller expressément pour la plongée profonde.

Les sorties : de l'air par tous les bouts

Tous les premiers étages de détendeurs offrent plusieurs sorties haute pression ou moyenne pression sur lesquelles il est possible de raccorder différents accessoires.

• **La haute pression :** au pas de 7/16, cette sortie sert à fixer un manomètre immergé simple ou sur console.

• **La moyenne pression :** plus étroite, cette sortie au pas de 3/8 (24 filets au pouce) permet de fixer détendeur de secours, direct system, alimentation en air de vêtement, outils pneumatiques, etc. Pour le détendeur principal, la sortie est parfois en 1/2 pouce pour assurer un meilleur passage d'air sans perte de charge.

Le tuyau : souplesse et solidité

Reliant premier et second étages du détendeur, le tuyau doit être à la fois souple et résistant. L'utilisation de matériaux modernes comme le Kevlar par exemple ont permis une amélioration considérable de la qualité des tuyaux. La dimension courante du tuyau est de 70 à 80 cm pour les détendeurs classiques et de 1 m pour les octopus.

La compensation dans un premier étage à piston

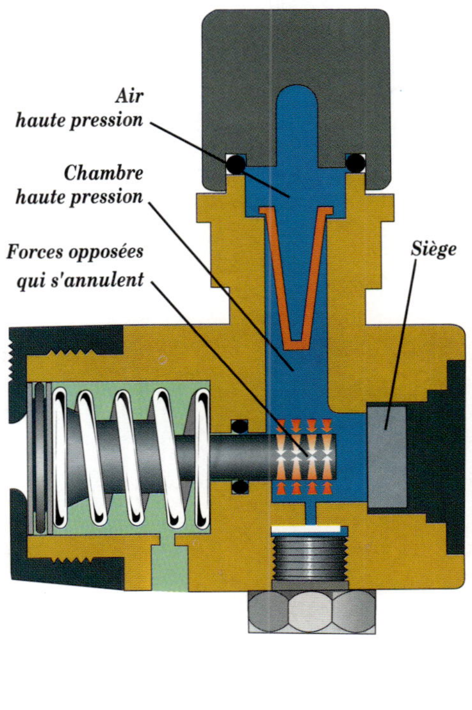

Dans un détendeur à 2 étages, la moyenne pression (MP) peut dépendre de la valeur de la haute pression (HP). La compensation permet de rendre cette MP indépendante de la valeur de la HP. Son principe est simple. Dans la chambre haute pression, la pression de l'air (HP) va venir s'exercer circulairement autour du piston et donc s'opposer à elle-même. Comme toute force ou pression opposée de même valeur s'annule, celle-ci n'aura donc aucune influence sur le déplacement du piston. En conséquence, la seule force nécessaire pour dégager ce dernier de son siège, sera celle exercée par le ressort. Et comme la force de celui-ci est constante, quelle que soit la valeur de la haute pression, la moyenne pression, elle, ne variera pas et restera toujours la même.

LE DÉTENDEUR : INVENTION FRANÇAISE

Ce sont Benoît Rouquayrol et Auguste Denayrouse qui, en 1863, inventèrent l'aérosphère, ancêtre du détendeur. En 1926, le commandant Yves Le Prieur améliore le système. En 1943, Commheines réalise le premier détendeur à la demande. En 1945, Émile Gagnan et le commandant Cousteau mettent au point le fameux CG 45 qui allait permettre de populariser la plongée. Ce détendeur est suivi par le fameux Mistral, modèle à un étage. En 1960, deux ingénieurs français, Bronnec et Gauthier, créent le détendeur à deux étages (le Cristal). Ce système est alors repris par les Américains qui le perfectionnent. Aujourd'hui, l'ère des détendeurs compensés, assistés, etc., est arrivée. Si les techniques se perfectionnent sans cesse, le principe général de fonctionnement, lui, n'a pas vraiment évolué.

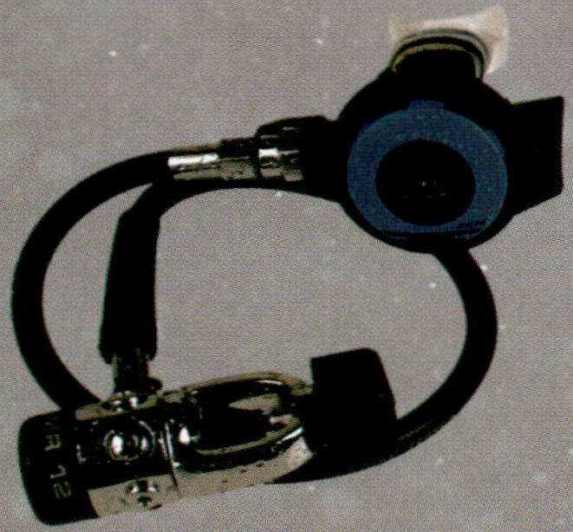

Détendeur MR12 Beta : premier étage compensé à membrane, second étage avec système d'assistance assurant une respiration des plus confortables (Marès).

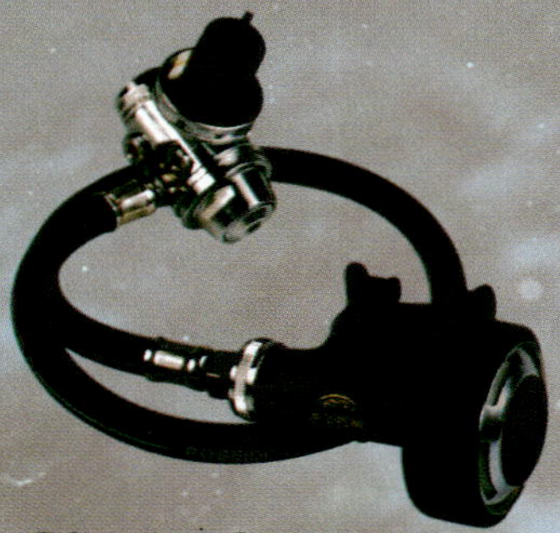

Détendeur Cyclon 5000 : premier étage compensé à membrane, second étage très léger avec sortie de l'air sur le côté (Poseidon).

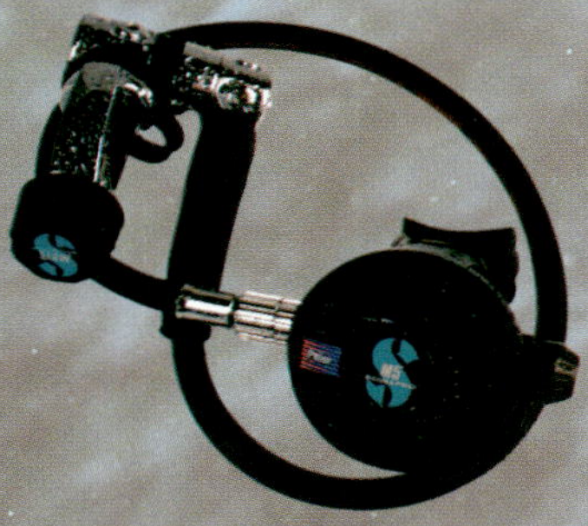

Détendeur M5 Polar : premier étage à piston compensé, second étage avec position Dive/Prédive, avec réglage de l'effet Venturi (Scubapro).

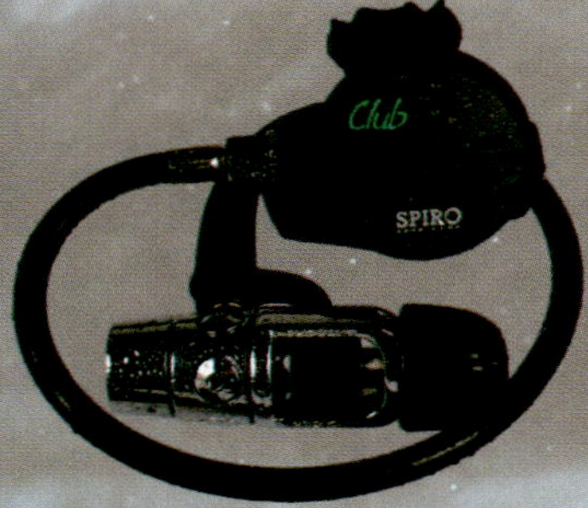

Détendeur Club XL : premier étage à piston simple et second étage avec optimisation du flux d'air (Spirotechnique).

Il existe aussi des modèles plus longs et colorés, utilisés pour les détendeurs de secours. Les tuyaux sont vissés sur l'une des sorties moyenne pression du premier étage et sur l'arrivée d'air du second étage.

On peut décorer les tuyaux moyenne pression de spirales protectrices de couleurs. Le plus important est d'utiliser en sortie de premier étage des protecteurs en plastique. Ils évitent les angles vifs qui risqueraient d'endommager le matériau.

Le second étage : l'air à la bouche

Relié au premier par un flexible moyenne pression, le second étage permet de respirer à la demande de l'air à la pression ambiante. Il est maintenu en bouche par un embout.

Le second étage est séparé en deux chambres par une membrane : la chambre sèche contient le mécanisme : la chambre humide permet à la membrane d'être en contact avec la pression ambiante.

Le principe de fonctionnement consiste dans le déplacement d'un levier, entraîné par l'abaissement de la membrane lors de l'inspiration.

Au repos, le clapet est maintenu plaqué sur le siège de l'arrivée d'air par un ressort.

À l'inspiration, la dépression produite abaisse la membrane. Celle-ci appuie sur le levier qui tire le clapet en arrière en comprimant le ressort. L'air est délivré jusqu'à l'établissement de l'équilibre. Ce dernier se produit grâce à la quantité d'air qui se répartit dans la chambre sèche.

À l'expiration, l'air est évacué à l'extérieur par une petite membrane, la soupape d'expiration. Ses bords se soulèvent à l'expiration et se plaquent à l'inspiration, empêchant toute entrée d'eau. La soupape d'expiration insérée dans le boîtier est protégée par un déflecteur qui permet de diriger le flux de bulles en dehors du champ visuel. Une soupape d'expiration d'un diamètre important entraîne moins d'efforts.

Le dispositif de surpression

Tous les seconds étages sont équipés d'un système permettant de mettre le détendeur en débit continu. Il s'agit d'un clapet à ressort qui appuie sur la membrane ; il permet de purger le détendeur, de gonfler un système de levage, etc.

Un plus grand confort

Certains modèles de détendeurs sont munis de systèmes de réglage. Grâce à eux, le plongeur peut faire varier précisément la résistance à l'inspiration du détendeur. Le réglage peut s'effectuer sous l'eau. En tournant une molette, le plongeur agit sur la tension du ressort de clapet. D'autres systèmes existent également : assistance respiratoire modulable par effet Venturi, clapet compensé linéaire, etc. On les rencontre sur les modèles de détendeurs haut de gamme.

Les critères de choix

Les seconds étages étaient autrefois réalisés en métal chromé. Aujourd'hui, les boîtiers en résine de synthèse se sont généralisés. Insensibles aux attaques de l'eau de mer, ils sont aussi plus robustes, plus légers et plus confortables. Certains modèles se parent de couvercles aux jolies couleurs assorties à l'ensemble du matériel (palmes et combinaison). Ils séduiront les photographes et les plongeuses.

Les embouts anciennement en caoutchouc sont remplacés par des modèles préformés en silicone antiallergique. Plus souples, plus solides, ils n'ont aucun goût désagréable. Les membranes sont aussi en silicone. Elles assurent un fonctionnement plus souple.

Quelques conseils d'entretien

Pièce vitale du scaphandre, le détendeur doit être maintenu en parfait état, grâce à un entretien régulier. Son mécanisme est sensible aux chocs et aux vibrations qui peuvent générer des fuites.

Après chaque plongée, rincez abondamment votre détendeur à l'eau douce. N'oubliez pas d'obstruer l'entrée du premier étage avec le bouchon prévu à cet effet. À défaut de bouchon, posez votre pouce sur le filtre de sorte que l'eau ne puisse pénétrer.

Stockez votre détendeur à l'abri de la chaleur, de l'humidité et de la poussière. Évitez surtout le contact avec le sable.

Après chaque saison, faites vérifier votre matériel par un spécialiste.

Notre conseil : *choisissez de préférence des détendeurs compensés. Les modèles dont le premier étage offre des sorties sur une tourelle pivotante sont les plus pratiques. Si vous voyagez souvent, optez pour un système de fixation DIN. Par ailleurs, sachez que les performances d'un détendeur à piston ne sont pas inférieures à celles d'un détendeur à membrane. Les qualités d'un détendeur ne dépendent pas forcément du coût.*

Le détendeur anti-gel

Quand l'air se détend, il se refroidit risquant d'entraîner un givrage et un blocage du mécanisme du premier étage dans les eaux dont la température est proche du gel. En effet, l'air haute pression refroidi par le phénomène de détente peut conduire à abaisser la température du premier étage au-dessous du point de givrage. Afin d'éviter ce problème, on recourt à des détendeurs dits "polaires" dont la chambre humide du premier étage est remplie d'huile ou de graisse thermostable (non toxique). La séparation de l'eau s'effectue par une membrane, un anneau ou un capuchon très souple, qui transmet la pression ambiante, tout en permettant le parfait équilibre hydrostatique du premier étage.

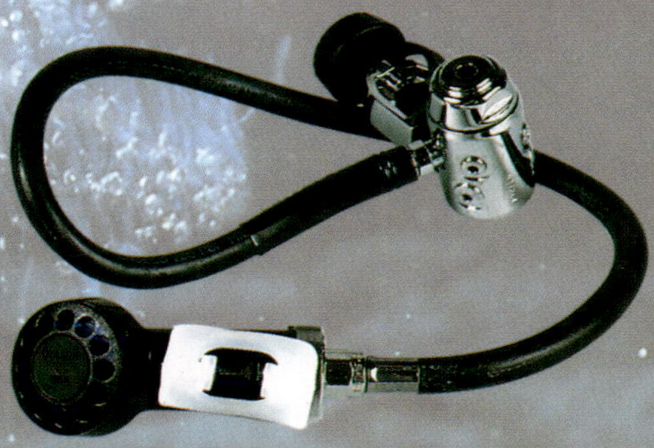

Détendeur Omega II : premier étage compensé à membrane. 4 sorties MP, 2 sorties HP (Océanic).

Détendeur VS10 : premier étage compensé à membrane et second étage compensé, 4 sorties MP, 2 sorties HP (Beuchat).

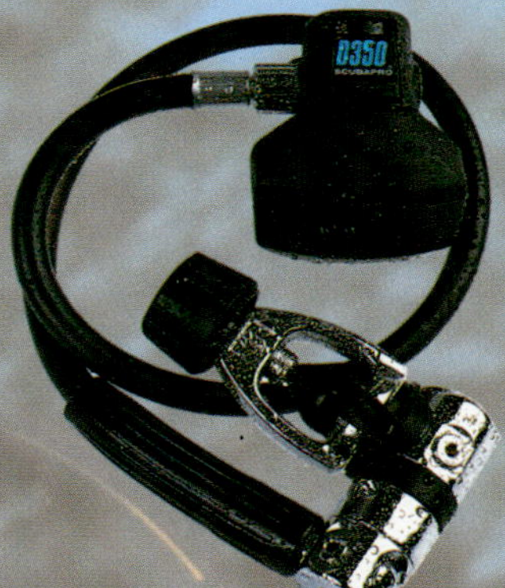

Détendeur D350 : premier étage compensé à piston et second étage compensé avec réglage Dive/Prédive, 5 sorties MP, 2 sorties HP (Scubapro).

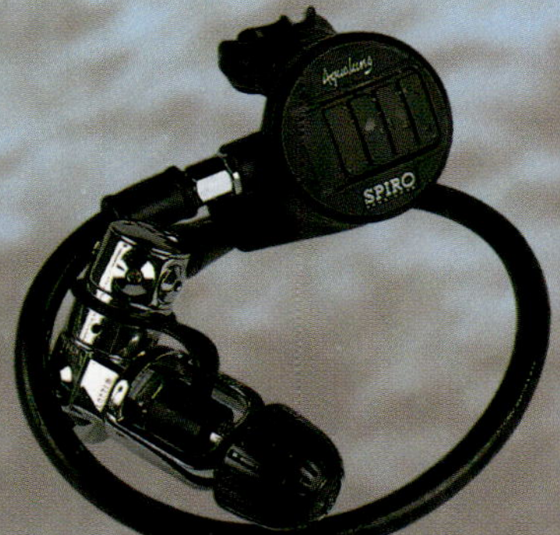

Détendeur Aqua-Lung XL : premier étage à piston compensé, second étage à optimisation du flux d'air, 4 sorties MP, 2 sorties HP (Spirotechnique).

Détendeur Micra : premier étage à membrane compensé, second étage permettant de gérer le flux d'air en fonction de la plongée grâce à son Air Flow Control System, 4 sorties MP, 2 sorties HP (Spirotechnique).

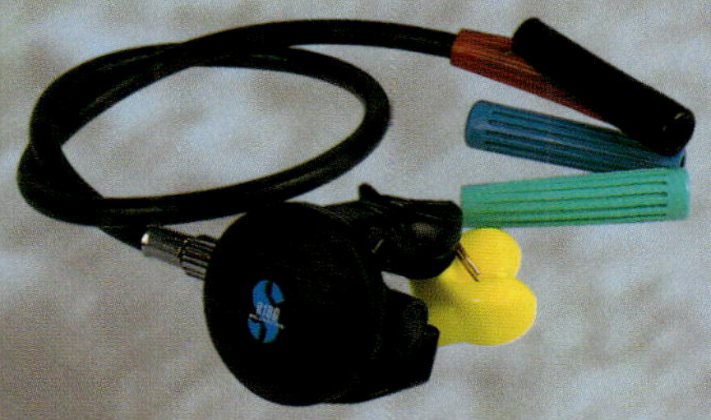

Détendeur de secours Octopus : second étage se raccordant au premier étage du détendeur principal (Scubapro). Protecteurs de flexible MP et embout de protection pour Octopus.

Spare Air : une bouteille en plus

Bouteille indépendante de forme compacte, le Spare Air se fixe à la ceinture ou au gilet de stabilisation. Le corps de la bouteille est en aluminium. Un détendeur est vissé sur la robinetterie. Le gonflage s'effectue

directement sur le bloc rempli à 200 bar, à l'aide d'un étrier de transvasement, comme pour une petite bouteille de bouée. Cet accessoire est un élément de sécurité supplémentaire qui offre l'avantage d'être disponible instantanément et peut tirer tout plongeur d'un mauvais pas.

Manomètres immergés et détendeurs de sécurité

Certains accessoires très utiles viennent équiper les détendeurs. Leur usage est facultatif, mais nous vous le recommandons expressément.

Ces éléments immergeables viennent se fixer sur le premier étage du détendeur. Quand ils sont plusieurs, cela crée un effet tentaculaire, d'où l'appellation populaire d'octopus.

Le manomètre immergeable : autonomie contrôlée

Ayant pratiquement remplacé les traditionnels systèmes de réserve, les manomètres submersibles permettent de connaître en permanence la pression d'air restant dans la bouteille. il est ainsi possible d'évaluer la consommation et l'autonomie résiduelle. Ils se montent généralement à gauche.

Le manomètre sous-marin est relié à une sortie haute pression du premier étage du détendeur. Il se présente sous forme d'un cadran simple ou intégré dans une console (avec par exemple profondimètre ou ordinateur et compas) qui protège les instruments contre les chocs.

Les manomètres sont gradués de 0 à 300 bar par tranche de 10 bar. Le cadran est phospholuminescent pour un contrôle pratique par faible visibilité. Le manomètre comporte une zone colorée (le quart de la pression de service, soit en général de 50 à 0 bar). Elle correspond à l'ancienne notion de réserve et indique l'imminence de la remontée. Les verres, très résistants, sont insensibles aux rayures et aux chocs.

Certains modèles sont munis d'une alarme sonore qui émet lorsque l'on se trouve dans la zone critique.

Attention, le manomètre est un appareil fragile qu'il faut protéger. Le point d'usure est généralement le point de fixation sur le flexible. Une fuite peut survenir obligeant à une remontée pour changer le petit joint.

En cas de panne d'air, le plongeur assisté respire sur un détendeur de secours (Octopus).

Le détendeur de secours : sauvez-moi

Appelé aussi parfois octopus, on le monte de préférence à droite parce que cela assure un meilleur équilibre dans le nombre de tuyaux sortant du détendeur. Il s'agit d'un second étage porté par un tuyau plus long que la normale (1 m minimum). Il facilite la prise du détendeur et n'entraîne pas de gêne lors des déplacements à deux. Obligatoire en Europe continentale pour les guides de palanquée et les moniteurs, cet équipement est exigé pour tous les plongeurs dans les pays anglo-saxons. Ne laissez pas pendre librement votre octopus afin qu'il ne se trouve pas en contact avec le sable, la vase, etc.

Le direct system : c'est gonflé

Tuyau souple relié à une sortie moyenne pression du premier étage du détendeur, il est terminé par un connecteur pneumatique rapide. Ses fonctions sont multiples. Il permet indifféremment de gonfler un gilet de stabilisation, de relier un détendeur de secours ou d'alimenter un petit outil pneumatique.

On a tendance aujourd'hui à désigner sous le terme "direct system" l'ensemble tuyau d'arrivée d'air et inflateur relié au gilet de stabilisation. Il permet de gonfler le gilet à la bouche ou avec l'air de la bouteille. Il sert aussi à vidanger la bouée. C'est un accessoire très pratique dont le rôle est considérable pour le confort pendant la plongée.

Le détendeur inflateur : air bis

Ce type d'équipement associe en un seul élément un direct system, un détendeur de secours et un inflateur de gilet. Il permet de respirer normalement sur la bouteille. Il est possible de gonfler le gilet, tout en respirant, et en cas de besoin, bénéficier de l'air contenu dans le gilet pour respirer quelques instants. Il est placé sur le côté gauche. L'embout est toujours dirigé vers le plongeur pour une utilisation d'urgence.

Un détendeur inflateur réduit le poids et l'encombrement de l'équipement. Il rend beaucoup plus pratique l'ensemble des manœuvres d'équilibrage et de sécurité.

Notre conseil : *dans la mesure du possible, équipez votre gilet de stabilisation d'un détendeur inflateur. Très vite, vous ne pourrez plus vous en passer.*

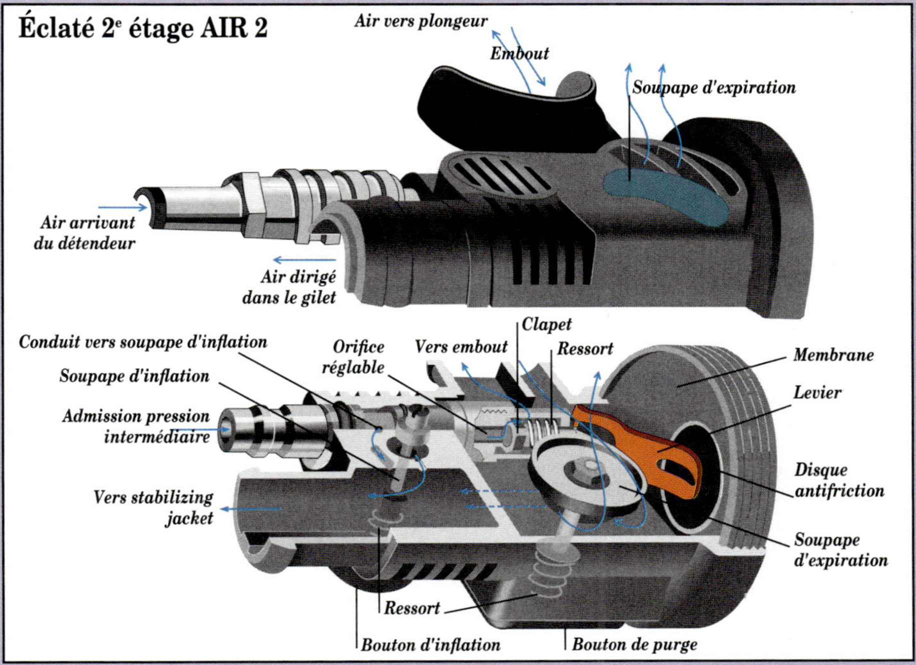

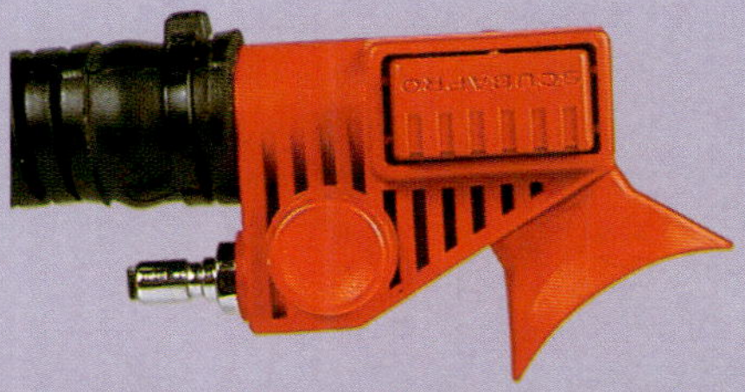

Raccordé au premier étage du détendeur par un flexible, le direct sytem compensé assure le gonflage du gilet (Scubapro).

Air Source, direct system plus détendeur fonctionnant séparément et faisant office de second détendeur (Sea Quest).

AIR II, direct system doublé d'un détendeur de secours (Scubapro).

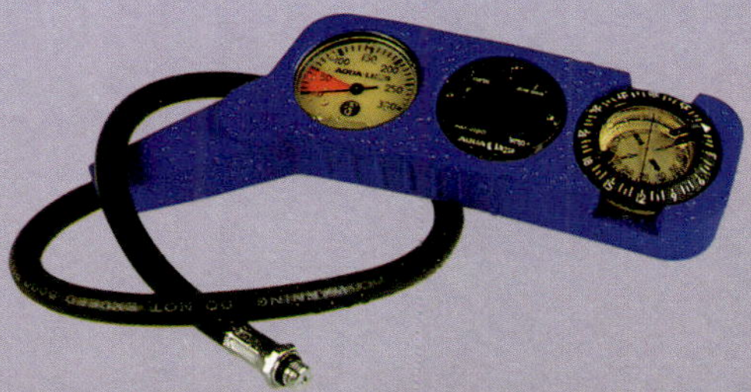

Console 3 éléments composée d'un manomètre de pression, d'un profondimètre et d'un compas (Spirotechnique).

Élément indispensable : le manomètre immergeable 300 bar (Beuchat).

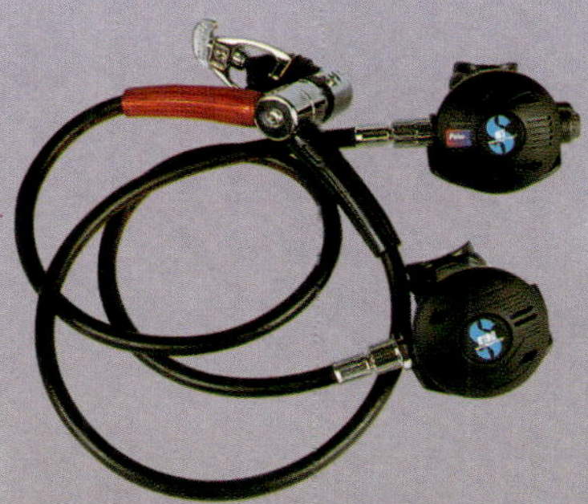

Double détendeur (détendeur principal et détendeur de secours) (Scubapro).

LA BOUÉE COLLERETTE N'EST PAS MORTE

En raison du prix relativement élevé d'un "stab", certains centres et clubs de plongée continuent à s'approvisionner en bouées collerettes. Les plongeurs professionnels, qui doivent être lourds pour travailler au fond et se déplacent peu, montrent encore une certaine préférence pour la bouée. Ils ont seulement besoin d'un moyen de remontée d'urgence et non d'un stabilisateur qui pourrait gêner leurs mouvements.
On constate toutefois la disparition rapide de la bouée collerette. À titre d'exemple, cet accessoire n'existe plus du tout dans les pays anglo-saxons.

LES PLONGEURS EN GILET

Appelés généralement "stab" par les plongeurs, les gilets de stabilisation ont progressivement remplacé comme accessoire de confort et de sécurité la bouée collerette. Un équipement dont il est impossible de se passer une fois qu'on l'a essayé !

Dans les années 60, la bouée collerette est apparue comme accessoire complémentaire du plongeur. Elle permettait de se maintenir en surface et de remonter très rapidement en cas de besoin, d'où son appellation de plongeur autonome (PA). Le premier modèle a été le PA 61, fabriqué par la société Fenzy. Ce nom allait par la suite devenir synonyme du produit.

Les plongeurs se sont aperçus qu'il était possible de gonfler les bouées avec la bouche et de les vider pendant l'immersion, découvrant ainsi leur rôle stabilisateur. Puis, en 1971, est apparu le direct system.

On reprochait aux bouées collerettes un certain inconfort. En plongée, l'air introduit dans la bouée se concentrait sur le point le plus haut, ayant tendance à tirer la tête vers l'arrière. En surface, le même phénomène entraînait systématiquement une mise sur le dos du plongeur.

En 1978, Scubapro inventa le stabilizing jacket. Il intégrait un back pack pour le sanglage et une enveloppe en forme de gilet. En répartissant l'air plus régulièrement autour du corps, le confort s'en est trouvé nettement amélioré. Le but était aussi de faire varier le volume du plongeur par l'introduction d'air pendant l'immersion grâce au direct system. Le terme de gilet de stabilisation était né.

Le "stab", pour quoi faire ?

Le plongeur évoluant à des profondeurs variables est soumis à des pressions différentes au cours de son exploration. Son volume varie en raison de l'écrasement des bulles du vêtement. À certaines profondeurs, il peut se sentir trop lourd. En insufflant de l'air dans son gilet, il peut compenser ce phénomène. D'où l'appellation américaine de "buoyancy compensator" ou "BC", c'est-à-dire compensateur de flottabilité. Le contrôle est permanent et d'une grande précision.

Côté sécurité, le gilet assure toujours le rôle de parachute ascensionnel qu'avait la bouée collerette. En cas de difficulté majeure, il suffit de le gonfler au fond pour remonter à la surface sans effort. Une fois à l'air libre, le plongeur flotte sans peine, toute la partie supérieure de son corps hors de l'eau et, ce, même par mer agitée.

Le confort d'un gilet de stabilisation se fait aussi sentir au moment du déséquipement. Il suffit, en effet, de le gonfler un peu et de le décapeler pour qu'il laisse le scaphandre flotter en surface, d'où une récupération facilitée.

Tous les équipements s'articulent autour du gilet. Les fabricants ont prévu divers moyens d'attache permettant de fixer des lampes, parachutes, etc. Ils ont doté leurs gilets de larges poches très utiles pour contenir une ardoise sous-marine, les tables de plongée, etc.

Tout près du corps

La forme des gilets de stabilisation a beaucoup évolué ces dernières années. La coupe est très près du corps. La répartition des volumes d'air dans le dos et latéralement apporte une grande sensation de confort.

La plupart des "stabs" sont fabriqués selon la technique "simple enveloppe". En tissu synthétique, ils sont plus ou moins souples d'un modèle à l'autre. La capacité des gilets est proportionnelle à leur taille. Il existe aussi des modèles plus légers et peu encombrants. Ils sont destinés aux plongeurs qui voyagent beaucoup. Ils ont tous intégré un back pack de forme anatomique qui permet leur montage directement sur le bloc. Ce dernier est donc très peu en contact avec le dos du plongeur.

Les moyens de gonflage

Les gilets de stabilisation sont tous équipés sur le côté gauche d'un tuyau annelé. Il est raccordé à l'enveloppe à laquelle il est le plus souvent vissé. Ce tuyau est terminé par un inflateur qui permet le remplissage à la bouche. Tous les modèles d'inflateurs disposent aujourd'hui d'un raccord pour un direct system. Ce dernier est relié au premier étage du détendeur par un tuyau. Il permet le gonflage du gilet directement avec l'air de la bouteille.

L'adjonction d'un autre système de gonflage est possible sur certains gilets. La cartouche de CO2, peu encombrante, permet un remplissage rapide du gilet en surface en cas d'incident. Une petite bouteille d'air peut se remplir sur le bloc à l'aide d'un étrier de transvasement. Son volume (0,4 l) est suffisant pour effectuer une remontée d'urgence, même à grande profondeur.

Une purge nécessaire

Il ne suffit pas de pouvoir gonfler le gilet, il faut également qu'il puisse se vider facilement. Tous les "stabs" sont équipés d'une soupape de surpression située au point le plus haut, évitant l'éclatement du gilet en cas de trop-plein. S'ajoutent à celle-ci d'autres purges.

- **La purge dite lente :** appelée aussi purge partielle, elle est généralement située en bas du tuyau annelé ; elle s'utilise en levant le tuyau vers le haut et en appuyant sur le bouton de purge pour laisser l'air s'échapper. Il faut l'employer de préférence en position verticale.
- **La purge rapide :** toujours située sur le point haut du gilet, elle est actionnée par un cordon que l'on tire en cas de besoin. Ce système se trouve toujours à l'opposé du remplissage (donc à droite). Elle doit avoir un large diamètre pour faciliter l'évacuation de l'air.
- **La purge dorsale :** elle permet de vider le gilet quand le plongeur se trouve en position horizontale ou en cours de descente. Elle est actionnée, comme la purge rapide, par un petit cordon. La purge basse se trouve indifféremment à droite ou à gauche selon les fabricants. Pour un bon fonctionnement de cette soupape, le plongeur doit se tourner de manière à ce que la purge se trouve en position haute.

À gauche :
Le gilet de stabilisation permet au plongeur de contrôler idéalement sa pesée lui assurant une plus grande aisance et un meilleur respect de l'environnement (pas de risque d'écraser les coraux ou de soulever des nuages de sable).

Ci-dessus :
Le direct system est un moyen pratique et rapide de gonfler le gilet de stabilisation. Une pression sur un bouton suffit.

1

2

3

4

5

Dans les opérations de rinçage du "stab", c'est par cette soupape qu'est évacuée l'eau qui a pénétré à l'intérieur.

- Autres purges : certains modèles de gilets de stabilisation sont équipés d'une purge intégrée à la soupape de sécurité. L'intérieur du tuyau annelé est muni d'un petit câble en acier, relié à la soupape. Une simple traction du tuyau vers le bas suffit à actionner la soupape et à libérer l'air, c'est le "fenstop".

Notre conseil : *n'oubliez surtout pas de purger régulièrement le gilet lors de la remontée de manière à bien contrôler votre vitesse. Attention, une mauvaise position du corps empêche de purger le gilet.*

Bien choisir son "stab"

Le gilet de stabilisation a bouleversé les habitudes du plongeur. Il est utilisable par tous, même lors de l'apprentissage. Dès le baptême, il apporte une meilleure aisance tandis que le moniteur peut contrôler aisément la flottabilité de son élève.

Le gilet de stabilisation doit tenir sur le dos comme une veste. Une fois gonflé, il ne doit pas comprimer le corps. Choisissez un modèle bien adapté à votre morphologie. Attention, la capacité des gilets est proportionnelle à leur taille (Small, Medium, Large et X Large). Ne prenez en aucun cas un modèle trop grand en pensant disposer d'un volume plus important. Les plongeuses et les adolescents se contentent de 12 à 14 litres. Les plongeurs de taille normale ont besoin de 14 à 18 litres et les grands gabarits de 18 à 26 litres.

Il existe des modèles réglables. Ils permettent de s'ajuster au mieux sur le corps. Tous les gilets disposent d'une ceinture ventrale matelassée et réglable par Velcro. Elle est complétée par des sangles ventrales et de poitrine à système d'accroche rapide (boucle clip).

L'aspect esthétique, coupe et couleurs, n'est pas à négliger au moment du choix. En raison de l'importance de la surface corporelle qu'il recouvre, le gilet est très visible sur le plongeur.

Notre conseil : *lors de l'achat, n'oubliez pas de demander une démonstration complète du système d'accrochage du gilet sur la bouteille. Certains peuvent paraître un peu déroutants au départ... Attention, la plupart des sangles ne conviennent que pour des blocs mono. Pour les bi, des attaches particulières sont à prévoir.*

Quelques conseils d'entretien

Un gilet de stabilisation peut durer de longues années s'il est bien entretenu. Rincez-le abondamment à l'eau douce, aussi bien à l'extérieur qu'à l'intérieur après chaque plongée. Vérifiez bien le bon état de fonctionnement des purges. Laissez le gilet sécher à l'ombre. Placez-le sur un portemanteau pour le ranger.

1, 2 - Détails de purge lente appelée également "purge partielle" (Spirotechnique et Scubapro).
3 - Purge rapide intégrée à la soupape de sécurité (Spirotechnique).
4 - Détail purge rapide haute (Spirotechnique).
5 - Détail purge rapide basse (Scubapro).

Gilet Spiro SBC, simple enveloppe avec 2 poches, il s'adapte sur tous les blocs mono et bi, 3 tailles (Spirotechnique).

Gilet Supersoft, simple enveloppe, 2 poches, de faible encombrement, idéal pour les plongeurs qui voyagent souvent. Il existe en 4 tailles (Scubapro).

Gilet Master Pro, simple enveloppe avec 2 poches, il s'adapte sur mono et bi. Back-Pack réglable, 4 tailles (Beuchat).

Gilet Vector 10, simple enveloppe réglable qui épouse le corps pour une plus grande liberté de mouvement, Back-Pack avec protection, disponible en 4 tailles (Marès).

Gilet Voyager, simple enveloppe, très pratique pour les voyages, il existe en 4 tailles (Sea Quest).

À l'heure du quartz

Rares sont aujourd'hui les montres qui conservent un mécanisme traditionnel. Le quartz s'est généralisé chez tous les fabricants. Il permet une précision de l'ordre de 0,1 à 0,2 seconde par jour. La seule obligation est le changement régulier de la pile (certaines ont une durée de vie de 5 ans et plus). C'est également l'occasion de soumettre la montre à une bonne révision.

À L'HEURE DES GRANDS FONDS

Le plongeur a besoin de connaître avec précision son temps de plongée afin de calculer éventuellement ses paliers. Une montre étanche est indispensable.

Les montres à aiguilles : l'heure couronnée

Une montre de plongée classique possède obligatoirement une couronne extérieure graduée de 0 à 60 minutes dans le sens de rotation des aiguilles. Cette couronne indique le temps de plongée.

Au départ de la plongée, placez le repère (en règle générale, un triangle) en face de l'aiguille des minutes. Pendant la plongée, il suffit de regarder la position de la grande aiguille par rapport à la couronne pour connaître instantanément le temps d'immersion.

Les montres digitales : cristaux liquides

Leur cadran lumineux donne l'heure en chiffres avec une indication au 1/100 de seconde. Ces montres offrent de nombreuses fonctions : chronomètre avec remise à zéro, alarme sonore, temps décompté, conservation du temps de plongée en mémoire, etc.

Le principe est simple. Pour la plongée, on se met en mode chronomètre et l'on appuie sur le bouton poussoir de mise en marche. Le temps de plongée s'effectue en lecture directe.

Les critères de choix

Une résistance à - 200 m minimum est conseillée.

- **Le boîtier :** en inox ou bien en titane pour les montres haut de gamme. Les montres digitales sont presque toutes en résine.
- **Le cadran :** il doit être lisible, même par faible luminosité. Le fond noir est un avantage car les chiffres et les aiguilles recouverts de tritium blanc contrastent bien.
- **Les mécanismes de réglage :** remontoir, boutons poussoirs, etc. doivent être parfaitement protégés et, dans la mesure du possible, épouser la forme générale de la montre.
- **le bracelet :** les bracelets en plastique sont déconseillés aux peaux sensibles. Ceux en caoutchouc sont souples et agréables au poignet, mais risquent de se couper à la longue. Les bracelets métalliques sont les plus durables. Ils doivent être, de préférence, munis d'un système de sécurité.

Quelques conseils d'entretien

Vérifiez régulièrement l'état des pompes (tiges de fixation du bracelet sur le boîtier).

Après chaque plongée, rincez la montre à l'eau douce en manipulant la lunette tournante.

N'oubliez pas qu'une montre à quartz fonctionne avec une pile. Si vous devez partir en voyage, assurez-vous du bon état de cette batterie.

Faites vérifier l'étanchéité une fois par an. Il est faux de croire qu'une montre, quelle que soit sa marque, offre une fiabilité totale en la matière.

Montre DEP 510 C (Casio) : système digital à fonctions multiples, étanche à 200 m.

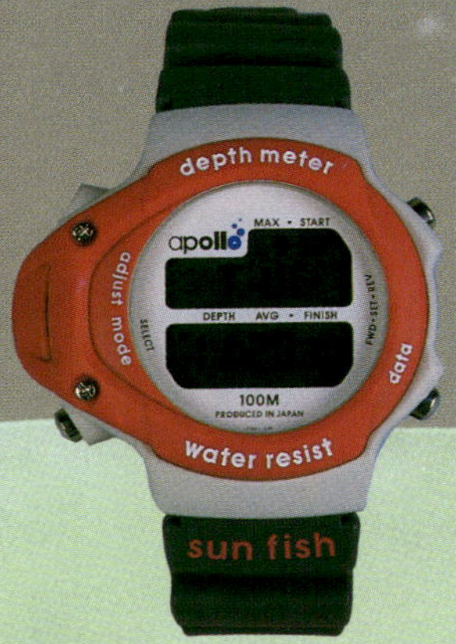

Montre Sun Fish (Apollo) : modèle digital à fonctions multiples, étanche à 200 m.

Montre G-Shock (Casio) : modèle digital à 5 fonctions, étanche à 200 m.

Montre Oceano (SDW) : modèle numérique à lunette crantée, étanche à 200 m.

Montre DW 340 (Casio) : système digital à 5 fonctions, étanche à 300 m.

LES PLONGEURS TOUCHENT LE FOND

Il est indispensable de connaître avec exactitude la profondeur en immersion. Avec le temps, c'est un des éléments qui intervient dans le calcul de la plongée.

Un profondimètre ressemble à une grosse montre avec un cadran volontairement surdimensionné pour une lecture facile. Il en existe quatre types.

• **Le profondimètre capillaire :** bon marché, il fonctionne sur le principe de la loi de Mariotte avec une bulle qui se déplace à l'intérieur d'un tube et pousse un repère. Cet appareil a pratiquement disparu du marché.

• **Le profondimètre à tube de Bourdon :** il fonctionne sur le principe de la déformation d'un tube courbé.

• **Le profondimètre à membrane :** il dispose d'une chambre humide. L'eau appuie sur une membrane qui se déforme en fonction de la pression qu'elle subit.

Le profondimètre à tube de Bourdon et celui à membrane sont de lecture facile et fiable. Toutefois, comme ils sont étalonnés au niveau de la mer, ils nécessitent des calculs particuliers pour les plongées en altitude.

• **Les profondimètres dits à aiguille traînante** permettent d'indiquer la profondeur maximale atteinte : l'aiguille actionnée par le mécanisme du profondimètre en entraîne une seconde placée au-dessus. Cette dernière ne dispose que d'un retour manuel, d'où l'indication de la plus grande profondeur. L'aiguille traînante doit absolument être replacée manuellement à zéro avant chaque plongée.

• **Le profondimètre électronique :** cet appareil à capteur digital fonctionne avec une puce.

En plus de la profondeur, les profondimètres indiquent le plus souvent le temps de plongée, la profondeur maximale atteinte, la profondeur instantanée et la température de l'eau et de l'air. Ils conservent en mémoire les données indispensables au calcul des plongées successives (intervalle de temps et profondeur maximale des dernières plongées). Certains modèles disposent aussi d'une alarme visuelle, sonore, voire les deux, calculée sur une vitesse maximale de remontée de 12 m/mn. Elle informe le plongeur du dépassement de la vitesse de remontée.

Les profondimètres électroniques connaissent un engouement croissant en raison de leurs avantages multiples. Leur mise en marche est automatique à partir de 0,50 à 1 m de profondeur, la précision de mesure à 0,5 m près et surtout un fonctionnement fiable quel que soit le lieu de plongée. Contrairement aux moyens mécaniques qui dépendent de la pression atmosphérique, le profondimètre électronique tient compte de la pression absolue réelle. L'étendue de mesure de la profondeur est de 0 à 99 m.

Notre conseil : *quel que soit le principe pour lequel vous avez opté, choisissez un profondimètre dont la lecture est simple et claire. Pensez aussi à la plongée de nuit en préférant des aiguilles fluorescentes. Dans le cas de profondimètres à aiguilles, la plage de lecture entre 0 et 12 m doit être la plus large possible pour un meilleur contrôle lors des paliers.*

GARE AUX CHOCS

Le profondimètre est un instrument de précision fragile. Il doit être placé dans un boîtier lors du transport. N'oubliez pas de le rincer abondamment après chaque plongée. Les profondimètres à aiguille doivent être contrôlés régulièrement, notamment si à la surface l'aiguille ne revient pas complètement à zéro.

Profondimètre type tube de Bourdon, échelle 0-70 m, à aiguille traînante (Suunto).

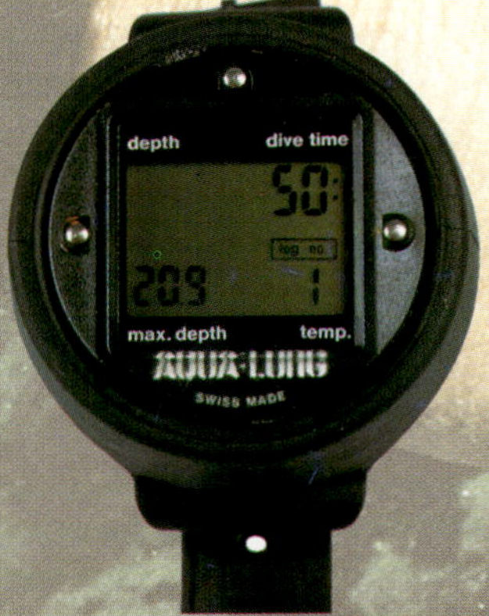

Profondimètre électronique, 6 fonctions de 0-99 m, il mémorise les 4 dernières plongées (Spirotechnique).

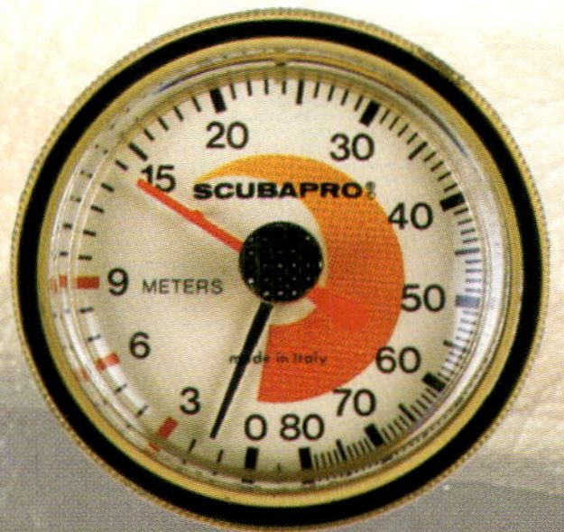

Profondimètre à membrane, gradué de 0-80 m, il possède une aiguille traînante (Scubapro).

Profondimètre à tube capillaire, basé sur le principe de Mariotte, indications précises jusqu'à 15 m (Sporasub).

LA PLONGÉE DU XXIe SIÈCLE

Il est quasiment certain que les ordinateurs de plongée vont évoluer considérablement dans les années à venir. Ils pourront sans doute intégrer des paramètres variables comme l'âge du plongeur, ses dimensions, son poids, sa consommation d'air, les efforts réalisés pendant la plongée, etc., et déterminer un coefficient dont ils

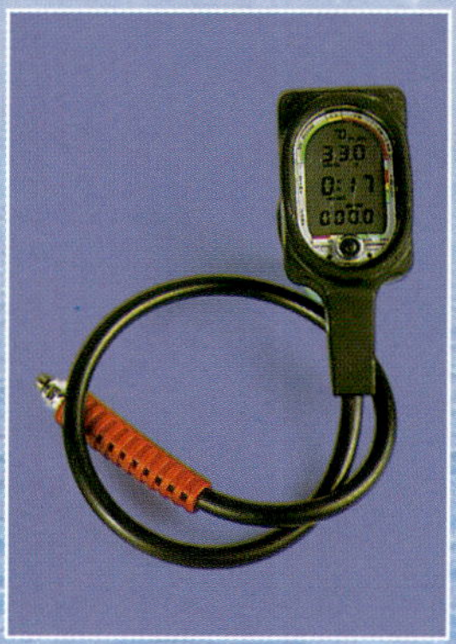

tiendront compte dans le calcul individuel des paliers. Avec ce système, l'ordinateur mémorisera des tables variables et personnalisées pour une décompression à la carte. Une manière efficace de minimiser les risques d'accidents. Certains prennent déjà en compte dans leurs éléments intégrés la pression d'air dans la bouteille, la consommation d'air du plongeur en fonction de la profondeur, la formation des microbulles au moment de la remontée, etc.

À gauche, l'ordinateur est un nouvel accessoire très utile pour le plongeur. Il est fiable et précis, toutefois il ne rend pas obsolète l'utilisation des tables de plongée.

LA PLONGÉE EN MÉMOIRE

Véritable révolution dans le matériel de plongée, l'ordinateur est apparu à la fin des années 80. Il remplace à la fois la montre, le profondimètre et la table de plongée...

Accessoires de base du plongeur, la montre et le profondimètre ont été complétés dans les années 60 par les décompressimètres. Ces appareils reproduisaient mécaniquement le phénomène de dissolution des gaz. Beaucoup de plongeurs les ont utilisés. Ils avaient pour défaut de ne pas indiquer la durée des paliers mais simplement leur profondeur. Les “calculateurs d'aide à la plongée”, improprement appelés ordinateurs, apportent une bien plus grande précision dans la connaissance des paramètres de la plongée. Aussi sûr qu'une table de plongée, l'ordinateur permet de profiter pleinement des plaisirs de l'exploration sous-marine. Toutefois son rôle est limité.

Fais-moi tout !

La plongée entraîne, selon la profondeur et le temps passé, des modifications physiologiques dues à la dissolution des gaz (voir pages 24 à 27). Lors de la remontée, il faut éliminer l'excès de gaz dissous dans l'organisme. Pour cela, il est parfois nécessaire d'effectuer des paliers de décompression que détermine une table de plongée. Avec l'ordinateur, plus de table, plus d'analyse des paramètres : il fait tout !

Ce calculateur prend en compte le temps de plongée, la profondeur maximale atteinte, la profondeur du moment, le contrôle de la vitesse de remontée, le nombre de plongées déjà effectuées et la mise en mémoire de tous leurs paramètres, l'intervalle entre chaque plongée, le délai à respecter avant de prendre l'avion, le temps de désaturation totale, etc.

En intégrant en permanence tous les éléments nécessaires à la plongée, l'ordinateur calcule l'état de saturation des tissus. Il permet de pouvoir effectuer une plongée sans palier, plus longue qu'avec les tables, en restant toujours à la limite du seuil de sur-saturation, sans jamais le franchir. Si le plongeur dépasse cette donnée, l'appareil indique la profondeur et la durée des paliers à effectuer.

Révolution dans les tables

Le programme intégré dans l'ordinateur réalise un calcul théorique de la plongée. Les modèles actuels ne tiennent pas compte des situations physiologiques particulières de l'individu et des conditions de plongée (courant, distance parcourue, efforts, etc.). Cela explique pourquoi certains plongeurs ont été victimes d'accidents, tout en se fiant aux indications fournies par leur ordinateur. Ces accidents “immérités” que l'on devrait plutôt qualifier de : “avec respect des tables“, ont entraîné une véritable révolution dans les données des tables de plongée. Toutes sont devenues plus sévères. Les temps de plongée sans palier ont été fortement diminués. Les valeurs des courbes de sécurité ont changé. De nouvelles tables sont apparues : MN 90, Bülhmann, Bülhmann-Hahn, US Navy, Haldane-Powel, Haldane-Spencer, etc.

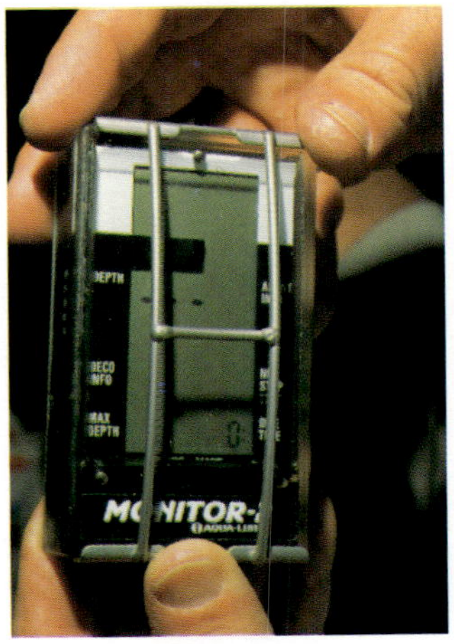

Une protection efficace : la pose d'une grille sur le plan de lecture d'un ordinateur de plongée.

1
2
3
4

Fonctionnement automatique

La table de plongée indique, selon la profondeur maximale atteinte et le temps passé, le palier à effectuer avec son temps et sa profondeur.

L'ordinateur a mémorisé un programme. Au lieu de prendre en compte la seule profondeur maximale, il suit le plongeur dans toute son évolution, calculant en permanence son degré de saturation ou de désaturation (il dépénalise lorsqu'il y a une remontée partielle en cours de plongée). Lorsque le plongeur approche du seuil de sursaturation, l'ordinateur le prévient par l'affichage d'une indication de palier à effectuer.

Les ordinateurs se jouent du calcul des plongées successives et de celles en altitude. Ils ne laissent passer aucune erreur puisqu'ils gardent en mémoire vos dernières plongées. N'oubliez pas que toutes les tables ont été conçues pour la réalisation de deux plongées par jour... Pas plus ! Les ordinateurs aussi. Pour des raisons de sécurité, limitez-vous à cette règle.

Quelques conseils pour bien choisir

L'acquisition d'un ordinateur ne doit se faire qu'après une bonne formation et une certaine expérience de la plongée.

Le choix d'un bon modèle est important car l'ordinateur va modifier complètement votre comportement. L'appareil idéal n'existe pas actuellement. Évitez ceux dont les indications sont trop petites et rendent la lecture difficile ainsi que ceux qui ont une limite de profondeur contraignante et une durée de décompression limitée. Refusez aussi ceux qui alternent les indications pendant l'immersion.

Optez toujours pour la simplicité et l'efficacité. Choisissez un ordinateur dont la profondeur limite se situe aux environs de 70-75 m. Une précision de profondeur par tranche de 0,50 m est idéale. Le déclenchement du temps d'immersion doit se produire entre 0 et 1 m de profondeur. L'appareil doit intégrer les données de plongée en altitude au minimum pour 2 500 m. Les températures d'utilisation doivent être comprises entre - 5 et + 40 °C. Un bon ordinateur doit être doté d'une alarme sonore audible à plus de 1,50 m. L'autonomie de la pile doit être supérieure à 200 plongées ou, au minimum, à 1 000 heures. Certains modèles offrent une double lecture : analogique et numérique ; elle facilite la bonne vision des informations.

Préférez un ordinateur qui conservera toujours les indications chronomètre et profondeur, même en cas de panne ou de blocage des informations générales.

Ne pas oublier l'entretien

Rincez soigneusement l'ordinateur à l'eau douce après chaque plongée, puis essuyez-le de manière à ce que les contacts ne soient pas humides. Sinon, l'appareil reste en fonctionnement permanent ce qui réduit la longévité des piles.

Rangez-le dans un endroit protégé des fortes chaleurs et à l'abri du soleil direct. Pour une plus grande fiabilité, faites-le tester au moins une fois par an. La pile doit être de préférence remplacée par un spécialiste qui en profitera pour effectuer un contrôle.

Notre conseil : *considérez votre ordinateur comme un auxiliaire précieux à la plongée. Ne vous croyez pas invulnérable et ne vous fiez pas aveuglément à ses indications. Munissez-vous toujours d'une table classique afin de comparer les données fournies par l'un et l'autre. Lors d'un effort important au fond, n'hésitez pas à prolonger les paliers à la plus faible profondeur (3 m) au-delà de la durée fournie par l'ordinateur.*

Les paramètres de calcul mis en mémoire dans l'ordinateur peuvent être déréglés par des changements d'altitude rapides et fréquents. Quand vous voyagez en avion, conservez l'ordinateur de plongée avec vous en bagage à main.

Attention, l'ordinateur est un instrument individuel. Comme il conserve en mémoire les données des plongées précédentes, ne le prêtez pas si vous l'avez utilisé dans les dernières 24 heures.

5

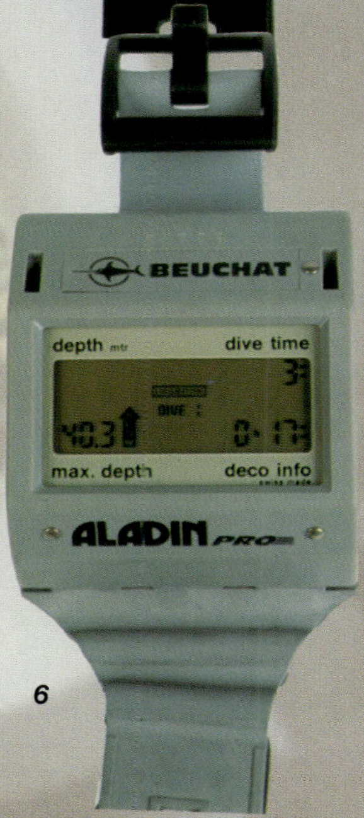

6

1 - Ordinateur DC11, profondeur d'utilisation 92 m, il mémorise les 6 dernières plongées, alarme visuelle pour dépassement de la vitesse et non-respect de la décompression. Programme pour plongée en altitude, et vitesse de remontée variable. Mise en marche nécessaire par contact manuel avant la mise à l'eau. La pile est prévue pour plus de 2 000 heures de plongée (Scubapro).

2 - Monitor 2, ordinateur à affichage digital surdimensionné facilitant la lecture, indication permanente de tous les paramètres de plongée. Alarme visuelle et sonore de dépassement de la vitesse de remontée, défilement des possibilités de la prochaine plongée sans palier, de 9 m à 42 m, mémorise les 9 dernières plongées (Spirotechnique).

3 - Ordinateur de plongée Companion, son écran est très simple et se lit facilement. Il affiche en permanence les profondeurs, le temps d'immersion, le temps disponible sans décompression. Il enregistre les paramètres des 5 dernières plongées et se règle pour la plongée en altitude jusqu'à 2 400 m. Il ne doit être utilisé que pour les plongées sans décompression (Suunto).

4 - Data Max Sport, profondeur d'utilisation 75 m, calcul multiprofondeur sur 12 tissus, affichage en alternance du temps de plongée et du temps restant sans décompression. Il mémorise les 7 dernières plongées, mise en route par contacteur manuel (Océanic).

5 - Solution SME, un ordinateur multiprofondeur qui calcule sur 9 tissus, profondeur d'utilisation 99 m, mise en marche automatique, programme pour plongée en altitude, alarme visuelle pour remontée rapide ou non-respect de la décompression. Affichage sélectif des paramètres de plongée (Suunto).

6 - MDS Aladin Pro, affichage permanent pendant la plongée de tous les paramètres, alarme visuelle et sonore de remontée trop rapide, défilement des possibilités de la prochaine plongée entre 9 et 42 m par tranche de 3 m. Mémorise les 9 dernières plongées (Beuchat).

CONVERSER SOUS LA MER

En plongée, la communication par signes est souvent frustrante. Hormis les signes "officiels" qui régissent à la fois le comportement et la sécurité, on est souvent amené à "mimer" différents gestes, d'où souvent des difficultés de compréhension. Les professionnels ont depuis longtemps résolu ces problèmes avec des systèmes de communication par ultrasons. Il existe depuis peu des appareils similaires destinés aux plongeurs sportifs. Ils se fixent par une sangle, comme un masque et se placent au niveau du détendeur. Le fonctionnement est autonome à l'aide d'une batterie rechargeable qui offre environ 2 heures. La communication est aussi possible avec la surface. Profondeur d'utilisation jusqu'à 50 ou 60 m. Distance de communication possible de 50 à 300 m selon les appareils.

Compas SK5, équipé d'une lunette avec ligne de foi luminescente qui tourne à l'intérieur d'une échelle d'azimut de 360°, graduée par intervalle de 5°. Boîtier en matière synthétique très résistant aux chocs, étanche jusqu'à une profondeur de -120 m (Suunto).

LE BRIC-À-BRAC DU PLONGEUR

• Sac de plongée : fourre-tout

En raison de l'importance du matériel dont dispose le plongeur, un grand sac est indispensable pour le rangement et le transport. Il doit être vaste, résistant, insensible aux attaques de l'eau de mer et fonctionnel.

Il existe plusieurs types de modèles, le plus souvent en fibres synthétiques.

• Le sac classique : muni de deux poignées de portage et d'une sangle d'épaule, c'est le plus courant. Choisissez un modèle adapté à la longueur de vos palmes et muni de plusieurs poches extérieures pour le petit matériel.

• Le sac à dos : assez récent, il offre l'avantage d'une capacité supérieure. Il évite le rangement pêle-mêle en raison de ses nombreux compartiments. Le portage est moins pénible.

• Le sac filet : il a la forme d'un sac classique, mais est fabriqué en mailles ajourées. Il permet le rinçage du matériel sans avoir à le déballer. C'est le sac idéal pour accompagner le plongeur sur le bateau.

Notre conseil : *préparez votre sac toujours à l'avance. Remplissez-le selon un ordre logique, toujours le même. La répartition des poids et l'utilisation judicieuse des volumes sont les clés d'un rangement efficace. Commencez par poser les palmes au fond, à plat, placez la ceinture de plombs sur les deux palmes, casez le poignard dans un angle. Étalez le pantalon de la combinaison, posez le détendeur et les instruments dessus, couvrez-les avec la veste. Coincez les chaussons sur les côtés. Posez à plat le gilet de stabilisation, back pack vers le haut. De cette manière, les éléments souples sont protégés par les parties rigides. Enfermez le masque dans une boîte protectrice en plastique, glissez-la ainsi que le tuba sous le gilet. Tous les petits accessoires sont placés dans les poches.*

• Compas : la ligne de mire

Monté indifféremment en bracelet ou sur une console, il sert à l'orientation sous-marine.

Il se compose d'un boîtier étanche rigide, renfermant une aiguille ou un cadran gradué qui baigne dans un liquide. L'aiguille indique toujours le nord. Le compas n'est pas affecté par la pression en raison de la présence du liquide. Celui-ci permet aussi de freiner le mouvement de l'aiguille ou du cadran. Une ligne de référence permet de suivre la bonne direction. À l'extérieur, une couronne crantée permet de mémoriser le cap en s'alignant sur l'aiguille.

Le modèle choisi doit pouvoir être utilisé dans toutes les positions. Chiffres et graduations doivent être phosphorescents pour être visibles lors des plongées de nuit. Préférez un modèle comportant l'indication des degrés sur le bord extérieur, ce qui est plus pratique que la simple présence des points cardinaux.

Notre conseil : *rincez parfaitement le compas après chaque utilisation et lubrifiez régulièrement la couronne crantée pour éviter qu'elle se bloque.*

• Parachute : l'ascenseur

La plupart des éléments de relevage gonflables sont appelés parachutes. Ils servent à la remontée d'objets depuis le fond. On les gonfle avec le détendeur mis en débit continu. Il existe de nombreux modèles dont les formes et les volumes varient selon les utilisations. Certains sont équipés d'une purge de surpression. Ils offrent l'avantage d'éviter tout risque de basculement lors de la remontée ou en surface.

Une autre utilisation intéressante des parachutes est la réalisation de paliers en pleine eau, accroché à un bout qui prolonge cette "bouée". Elle permet dans le même temps la signalisation en surface pour la récupération des plongeurs par le bateau. Il existe des modèles spécifiques pour cette utilisation.

Notre conseil : *si vous désirez économiser de l'air, vous pouvez laisser le parachute se remplir avec les bulles expirées.*

• Planchette : laissez-moi une ardoise

Fabriquée en plastique lisse, la planchette sert à prendre des notes ou à communiquer de manière plus précise que par gestes. Elle est toujours fournie avec un crayon qui permet d'écrire sous l'eau, mais qu'il n'est pas possible de bien effacer. La planchette est un accessoire très utilisé en école.

Notre conseil : *ne laissez pas la planchette accrochée au poignet, elle vous gênerait. Glissez-la dans une poche du gilet de sécurité.*

• Tables immergeables : sécurité oblige

Tout plongeur doit porter obligatoirement une table de plongée, de manière à pouvoir calculer ses paliers en cas de besoin. Les tables immergeables sont toutes en plastique et ineffaçables. Vérifiez la bonne lisibilité avant l'achat, tout en préférant les modèles d'un encombrement réduit.

Notre conseil : *accrochez la table de plongée au gilet de stabilisation, avec une cordelette de Nylon nouée sur un mousqueton.*

• Scooter : tracteur sous la mer

Véritable "tracteur" sous-marin, le scooter permet le déplacement du plongeur sans le moindre effort. Inutile de palmer. Cet appareil fonctionne électriquement grâce à une batterie qui actionne une hélice. Celle-ci doit être emprisonnée dans une grille afin d'éviter tout risque d'accident. Des modèles à turbine existent aussi, mais ils sont réservés à un usage de surface (snorkeling).

L'avantage du scooter est d'accroître considérablement le champ d'action du plongeur. Les plongeurs spéléo y ont souvent recours. Il permet aussi de contrecarrer les effets épuisants du courant. La vitesse d'avancement est de 3 km/h maximum afin d'éviter tout risque d'arrachement du masque. Attention aux risques de dépassement de la vitesse de remontée lors des déplacements verticaux.

Il est important de choisir un modèle qui garantit un parfait fonctionnement jusqu'à 40 m, voire 60 m, de profondeur et dont l'autonomie est supérieure à 30 mn.

Notre conseil : *ne laissez jamais la batterie se décharger complètement, elle risque de se détériorer. En période de non-utilisation, mettez en charge votre scooter sous-marin une fois tous les 3 mois environ et faites-le ensuite fonctionner à vide quelques instants.*

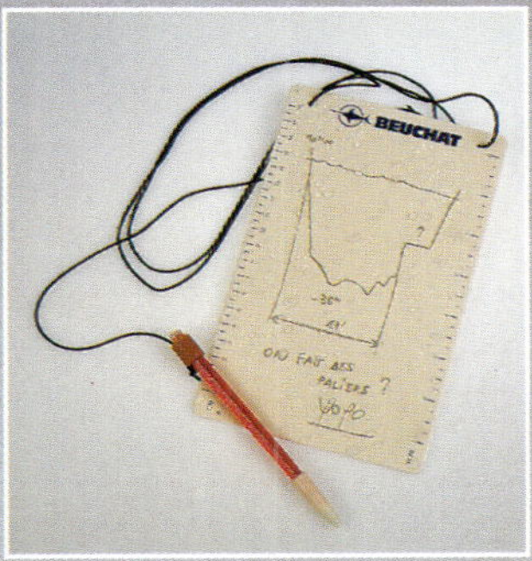

Ardoise sous-marine

Ce plongeur est en train de gonfler un parachute de palier.

Le scooter est un moyen d'élargir son rayon d'action, d'aller plus loin et de découvrir sans fatigue la beauté des fonds sous-marin.

Le scooter sous-marin Sea Shuttle, à une profondeur maximale d'utilisation de 60 m, autonomie 40 mn, vitesse 3 km/h (Scubapro).

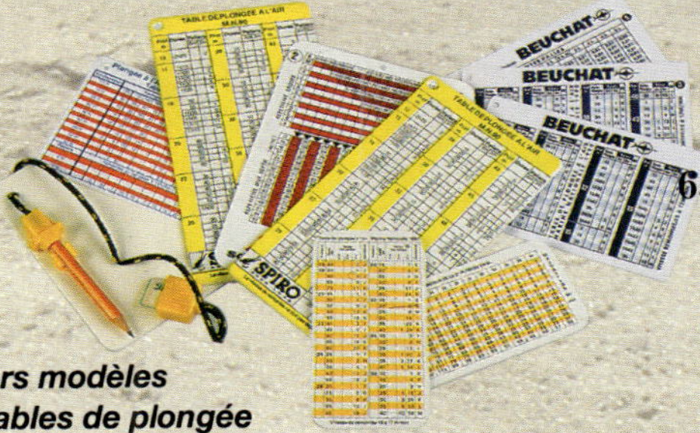

Divers modèles de tables de plongée

"Nico Signal" un lance-fusée, à n'utiliser qu'en cas de détresse. Il dispose de 6 coups sans recharger. Le signal dépasse la hauteur de 100 m, avec une période de combustion de 5,5 s. Fonctionnement très simple et d'une seule main. À l'épreuve de l'eau salée, indispensable à bord du bateau de plongée.

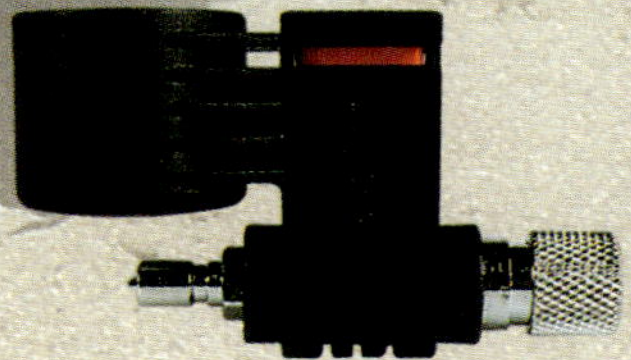

Avertisseur sonore pneumatique de détresse en surface "Dive Alert". Il s'intègre aux inflateurs de direct system et s'active par simple pression sur le bouton. Il émet un son strident très puissant perceptible à plus de 1,5 kilomètre.

LES COMPRESSEURS METTENT LA PRESSION

Équipement lourd et onéreux, le compresseur reste l'apanage des clubs et centres de plongée, écoles, magasins et bateaux. Il existe toutefois des modèles transportables qui peuvent intéresser le plongeur individuel.

Le compresseur aspire de l'air à la pression atmosphérique et le comprime jusqu'à 200 ou 300 bar selon les modèles. On peut classer les compresseurs en trois catégories : petits débits de 6 à 10 m³/h, moyens débits de 12 à 40 m³/h et gros débits de 40 à 120 m³/h et plus. Le moteur d'entraînement peut être électrique ou thermique. Il existe deux types de compresseurs : à piston, le plus fréquent, ou à membrane.

Le principe de fonctionnement est simple : l'air, aspiré dans un premier cylindre, est comprimé par le piston (en réduisant le volume, on augmente la pression, c'est une des applications de la loi de Mariotte). L'air passe dans un second cylindre où il subit une deuxième mise en pression, puis une troisième, voire une quatrième pour les compresseurs à quatre étages. Lorsque la compression est achevée, l'air transite dans un filtre, puis passe dans la bouteille par un tuyau haute pression. Il peut être aussi stocké dans des bouteilles tampons.

• Sonar : jouez au dauphin

Équipement usuel sur les bateaux, le sonar permet la détection des objets et des obstacles par écholocation. L'appareil émet des ondes de haute fréquence qui rayonnent dans l'eau jusqu'à ce qu'elles soient renvoyées par le premier objet qu'elles rencontrent. Ces vibrations, retournées par l'écho à la vitesse de 1 500 m par seconde, sont analysées par l'appareil qui les convertit en données chiffrées. Cela permet de connaître la distance à laquelle se trouve le fond, de repérer un sec ou une épave dans de l'eau trouble. La sensibilité extrême des sonars permet même de détecter la présence d'un banc de poissons.

Il existe de rares modèles portables destinés aux plongeurs. Ces appareils ne fonctionnent que dans l'eau et jusqu'à une profondeur voisine de 80 m. Ils sont alimentés par des piles qui permettent environ 500 mesures.

Cet accessoire est indispensable aux chercheurs d'épaves ou pour explorer des lieux inconnus.

Notre conseil : *pour être bonne, la mesure doit être effectuée en position bien stable avec l'appareil maintenu immobile pendant quelques secondes dans la même direction. Si vous bougez trop, les ondes réfléchies risquent de ne pas être captées par le sonar. Attention, la mesure peut être faussée dans le cas de fonds sableux ou couverts d'herbes qui renvoient très mal les échos.*

• Lampes : plein feux

Indispensables pour la plongée de nuit, l'exploration des grottes et l'intérieur des épaves, les lampes de plongée permettent aussi de mettre en évidence la superbe couleur de certains poissons ou des êtres incrustés sur les parois rocheuses (spongiaires, nudibranches, coraux...).

Il existe de nombreux modèles de lampes qui se différencient par la puissance d'éclairage, la forme du faisceau lumineux et la nature de la source énergétique. Votre choix dépend de l'utilisation que vous désirez en faire.

- Les lampes de poche sont des petits modèles légers et passe-partout. Il est bon d'en posséder une en permanence accrochée à un cordon de Nylon et enfermée dans la poche du gilet de stabilisation. C'est un éclairage d'appoint fort appréciable.

- Les lampes standard sont utilisées à la fois pour que le plongeur puisse éclairer les zones obscures ou profiter de sa plongée de nuit, mais également pour que les autres le repèrent. En général, le faisceau de ces lampes est intense et assez étroit.

- Les phares sont les lampes les plus puissantes. Ils se caractérisent par un faisceau assez large qui permet d'éclairer une zone importante en une seule fois. Contrairement aux lampes précédentes qui sont le plus souvent alimentées par des piles jetables, beaucoup de phares possèdent des batteries rechargeables.

Pour bien choisir une lampe, vérifiez les éléments suivants : le boîtier doit être robuste et résistant. Un joint d'étanchéité de gros diamètre est préférable. Certains fabricants en posent systématiquement deux, c'est une sécurité supplémentaire. Tenez compte de la bonne prise en mains ainsi que du poids. Même si dans l'eau la lampe ne pèse rien, n'oubliez pas que vous allez devoir la transporter dans vos bagages. Contrôlez la position de l'interrupteur. Il doit être solide, fiable et s'actionner d'un seul doigt, même avec des gants. Une dragonne pour l'accrochage au poignet est un point important. Enfin, préférez les modèles à faisceau réglable et à ampoules halogènes qui sont plus pratiques et plus puissants. N'hésitez pas à faire un essai dans le magasin dans une pièce sombre afin d'évaluer la puissance de l'intensité lumineuse ainsi que la forme du faisceau.

En exploration, une source lumineuse de 100 W et plus est un avantage déterminant. Ce résultat est souvent obtenu au détriment de l'encombrement du phare et de son autonomie. Une heure avec 50 W est un excellent compromis.

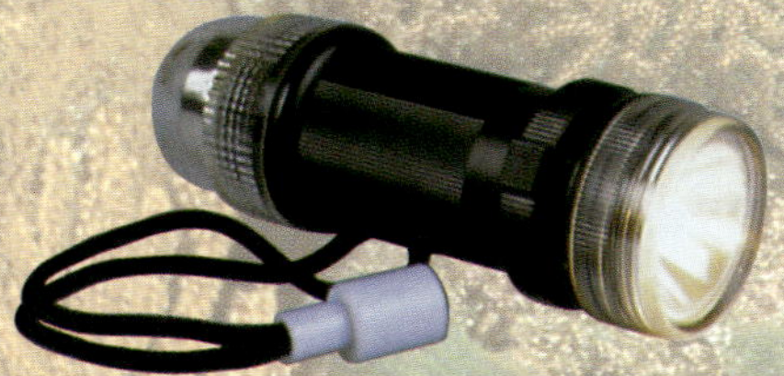

Combi Flash, lampe de signalisation associant une petite torche d'un côté et une lampe à éclat de l'autre. Très utile pour la sécurité pendant la plongée de nuit. Il fonctionne avec une pile type R14 (Beuchat).

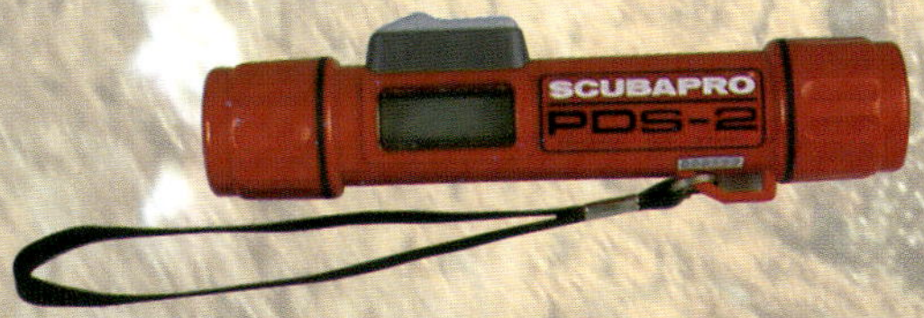

Minisondeur sous-marin, fréquence 200 kHz, utilisation maximale 100 m. Il permet de mesurer la profondeur en verticale et de déceler en plan horizontal un obstacle (rocher, tombant, épave, etc.) (Scubapro).

Torche Blue Light fonctionnant avec 4 piles type R20. Une loupe sur le hublot permet une meilleure diffusion de la lumière. Allumage assuré par un interrupteur mécanique (Scubapro).

Une lampe nécessite un minimum d'entretien. Rincez-la à l'eau douce après chaque plongée. En période de non-utilisation, retirez les piles. Pour les modèles rechargeables, ne laissez pas la batterie se vider complètement. Rechargez-la un peu tous les 2-3 mois. Vérifiez aussi régulièrement les contacts et l'état des joints.

Notre conseil : *si vous voyagez, pensez surtout à l'aspect pratique. Certains phares, par exemple, sont compacts, mais leur boîtier de recharge énorme est très lourd. Veillez aussi à disposer d'un ensemble de prises de conversion et d'un transformateur (beaucoup de pays sont encore équipés en 110 V).*

Torche Pocket Light 3 fonctionne avec 3 piles type R14. Puissance d'éclairage 4 W. Elle est conçue pour se ranger dans la poche d'un stabilizing jacket et pour être utilisée comme lampe d'appoint (Scubapro).

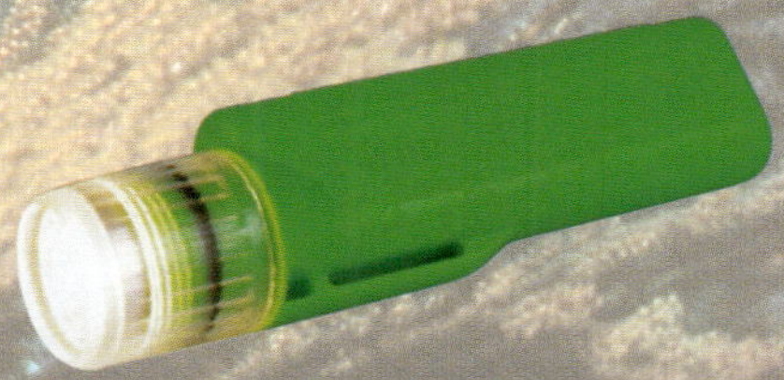

La torche Mini Q 40, d'une puissance 2,1 W, fonctionne avec 4 piles alcaline R6, durée de l'éclairage de 4 à 5 h. Elle est équipée de 2 passants et peut être portée sur la sangle d'un masque (Beuchat).

Avec le phare HR, différentes puissances sont possibles selon les modèles (de 10 à 300 W). Boîtier en alliage aluminium, ampoule halogène interchangeable. Témoin lumineux permettant de connaître le niveau de charge des accus (Subatec).

– 3 –

Premiers pas sous la mer

La découverte du milieu marin est d'autant plus passionnante que l'on se sent à l'aise dans ce monde différent. Il faut habituer son corps au contact de l'eau et se familiariser avec le scaphandre. Cet équipement étrange mais vital pour le nouvel "homme-poisson" doit presque se faire oublier. Il va devenir une seconde peau pour le plongeur. Seul un apprentissage progressif des différentes techniques liées à la pratique des sports subaquatiques et l'emploi régulier du matériel spécifique permettent de se sentir vraiment bien sous l'eau. De très nombreux clubs et centres de plongée dispensent l'enseignement de base, tant en mer qu'en piscine. On y apprend aussi les indispensables règles de sécurité qui devront rester ancrées en permanence dans la mémoire du visiteur du fond des mers. La pratique de la plongée est à la portée de toute personne en bonne santé. Si vous progressez avec un encadrement compétent, vous parviendrez à passer les différents niveaux qui conduisent au plongeur autonome et à la totale liberté sous la mer...

LA MÉTHODE AMÉRICAINE

Pour mettre le futur plongeur dans les conditions normales de la pratique, les organismes d'enseignement américains préfèrent l'équiper totalement (vêtement complet, stabilizing jacket, console, double détendeur, etc.). Afin de ne pas rencontrer de difficultés lors de l'immersion, ils surchargent le débutant avec une ceinture de plombs conséquente. C'est l'instructeur qui s'occupe, tout au long de la plongée, de l'équilibre de son élève. Le départ en plongée s'effectue toujours avec le gilet gonflé. La flottabilité étant importante, elle rassure le baptisé. L'information théorique ainsi que la mise en pratique des signes se font dans l'eau, en surface. Cette méthode se généralise de plus en plus en Europe, surtout pour les baptêmes effectués en mer. C'est un élément de confort et de facilité, aussi bien pour le moniteur que pour l'élève.

LE BAPTÊME : PREMIER SACREMENT

Premier contact avec l'univers hétéroclite du matériel de plongée, mais aussi promenade d'initiation, le baptême est destiné à faire connaître la merveilleuse sensation d'apesanteur que ressent le plongeur à chaque immersion.

Le baptême de plongée peut se dérouler en piscine ou en mer.

Il est accessible à tous, sans préparation particulière. C'est l'occasion de découvrir le côté merveilleux du monde subaquatique dans une quasi-liberté et en toute sécurité. Le baptême est une expérience personnelle. Sorte de "cours particulier", individualisé, il est effectué en compagnie d'un moniteur. Toutes les conditions sont réunies pour transformer cet instant de découvertes en expérience inoubliable.

Bien réussi, le baptême va déclencher une passion qui ira croissant avec la connaissance du milieu, de la technique et l'expérience.

Une question de confiance

La découverte du monde de la plongée commence toujours par un baptême. Il suffit de s'adresser à un club ou à une structure bien organisée pour entreprendre votre première aventure en scaphandre autonome. Cette démarche très simple ne nécessite pas d'exercices préalables ou d'accoutumance particulière au matériel. Il est souhaitable de savoir nager avant de commencer la plongée. Le but premier du baptême est de rompre nos habitudes de Terrien pour découvrir l'extraordinaire sensation de respirer sous l'eau grâce au détendeur.

Le déroulement du baptême de plongée

Un baptême s'effectue dans une eau claire, dont les fonds n'excèdent pas 3 à 4 m. Il est préférable que l'eau soit chaude, de manière à éviter le port d'un vêtement isothermique qui peut gêner pour une première fois. C'est pourquoi de nombreux clubs, même installés en bord de mer, préfèrent réaliser les baptêmes en piscine.

La démonstration hors de l'eau : consiste d'abord en une prise de contact avec le matériel. Le moniteur présente succinctement les palmes, masque et tuba, puis le scaphandre autonome (bouteille et détendeur).

Un bref exposé sous forme de dialogue amical explique quelques effets de la pression sur l'organisme. L'accent est mis sur les manœuvres d'équilibre des oreilles et la manière d'éviter le placage du masque. Vient ensuite la technique de respiration sous l'eau avec le détendeur et la consigne de ne pas bloquer sa respiration lors de la remontée.

La communication sous-marine s'effectuant par gestes, le moniteur montre les signes de base indispensables (OK, ça ne va pas très bien, stop, toi, moi, on monte, on descend).

Il monte le détendeur sur la robinetterie, puis invite son élève à respirer avec.

Le moniteur s'équipe, puis il aide son élève à ajuster son scaphandre. Il nettoie les vitres des masques et assure personnellement la mise en place du masque sur le visage de son élève.

La mise à l'eau s'effectue depuis la plage ou à partir de l'échelle du bateau ou de la piscine. Le moniteur s'immerge toujours le premier. Sur le bord et en surface, chacun effectue une manœuvre de Valsalva. On échange le signe OK et l'immersion commence. Si les deux plongeurs ont pied au départ (plage ou piscine), ils s'agenouillent, puis s'allongent doucement. Le déplacement commence en épousant la forme du fond. Si le baptême s'effectue à partir d'un bateau, la descente a lieu le long d'un pendeur (cordage lesté servant de guide). Dans tous les cas, le moniteur tient son élève par la main. Pendant tout le baptême, un échange de signes OK s'effectue régulièrement entre eux deux.

La durée d'immersion est comprise entre 10 et 20 minutes. Le moniteur doit chercher à faire découvrir à son élève ses premières merveilles sous-marines. Le baptême s'achève toujours au point de départ... sécurité oblige.

Ci-dessus : pendant toute la durée du baptême, le moniteur tient son élève par la main pour le rassurer.

Ci-contre : la plongée est accessible aux enfants à partir de huit à dix ans, à condition qu'ils sachent bien nager.

1

2

QUELQUES EXERCICES

Équipé avec masque et palmes, vous laissez tomber votre tuba par 3 m de fond. L'exercice consiste à récupérer le tuba, le mettre en place, embout dans la bouche, regagner la surface et souffler dans le tuba pour en chasser l'eau.
Équipé avec masque et tuba, vous jetez les palmes au fond, les chaussez en apnée et remontez en soufflant bien dans le tuba. Ces deux exercices parfaitement maîtrisés, vous pouvez augmenter la difficulté en laissant au fond les palmes et le tuba. Partant de la surface avec seulement le masque, vous remontez tout équipé en veillant bien, une fois à la surface, à chasser l'eau contenue dans le tuba.

1 - Le masque et le tuba constituent le tout premier équipement de l'apprenti plongeur.

2 - Pour vider le tuba rempli d'eau, soufflez fortement par la bouche. L'eau s'évacue instantanément.

MASQUE ET TUBA : LES GRANDES MANŒUVRES

Le premier équipement du plongeur débutant se compose du masque et du tuba. Il s'agit d'un ensemble indissociable tant dans l'apprentissage que dans la pratique.

Le masque : pour voir sous l'eau

Après avoir choisi votre masque (voir pages 32-33), il s'agit maintenant de l'utiliser dans de bonnes conditions.

• **Éviter la formation de buée :** il faut nettoyer la vitre. Il existe sur le marché différents produits efficaces contre la buée. Vous pouvez également enduire de salive la partie intérieure de la vitre et la frotter avec. Rincez abondamment. Pour un bon résultat, il est important que la vitre soit bien sèche avant d'y répandre le produit ou la salive.

• **Bien le mettre en place :** appliquez la jupe du masque sur le visage en évitant que des cheveux pénètrent à l'intérieur. Ils pourraient compromettre la bonne étanchéité du masque. Passez la sangle au-dessus de la tête. Réglez la tension de la sangle en veillant à ne pas serrer trop fort. Le masque doit être bien maintenu mais sans gêner. La sangle est idéalement placée sur la partie supérieure la plus bombée du crâne. Elle doit passer par-dessus les oreilles. Un masque bien positionné se fait complètement oublier.

Notre conseil : *choisissez de préférence des sangles larges. Les modèles renforcés d'un manchon de néoprène sont les plus confortables.*

Le tuba : pour respirer

Une fois le masque placé sur le visage, le nez est enfermé. On ne peut respirer que par la bouche. Le tuba est le moyen de liaison avec l'air libre quand la tête se trouve dans l'eau. C'est un accessoire indispensable pour le confort et la sécurité du plongeur.

• **Bien le mettre en place :** le tuba se glisse dans la sangle du masque, du côté gauche de la tête, soit à l'opposé du tuyau d'arrivée d'air du détendeur.

Il existe des passants spéciaux et des systèmes d'accrochage et décrochage rapides du tuba sur la sangle. Ils sont vivement conseillés pour éviter les pertes toujours fréquentes de cet accessoire vital.

Notre conseil : *vérifiez que la position du tuba soit telle que son extrémité supérieure se trouve le plus près possible du sommet de la tête. Cela évitera les entrées d'eau involontaires.*

• **La bonne technique :** une fois équipé du masque et du tuba, le plongeur est contraint à une respiration uniquement buccale. Il peut s'y accoutumer d'abord en surface, puis par des exercices dans l'eau.

• **La respiration sur tuba**

En ayant pied, commencez par vous immerger en restant immobile. La tête se trouve entièrement dans l'eau. Seule l'extrémité du tuba émerge. Pour bien contrôler votre respiration, respectez les temps suivants : inspirez normalement. Bloquez votre respiration. Comptez un temps d'apnée d'environ une seconde. Soufflez. Répétez cette gymnastique jusqu'à ce qu'elle devienne presque automatique.

• **Le vidage du tuba**

Il faut apprendre à éliminer l'eau qui pénètre à l'intérieur du tuba, tout en gardant l'embout dans la bouche. À tout moment, une entrée d'eau est possible : état de la mer, relâchement dans la position de la tête, immersion volontaire, etc.

En conservant la même position que pour l'exercice de respiration, commencez par prendre une inspiration. Pliez les genoux pour vous immerger totalement jusqu'à ce que de l'eau pénètre dans le tuba. Quand il est plein, redressez-vous, la tête partiellement émergée. Soufflez vigoureusement d'un coup sec comme dans une sarbacane. Cela va chasser l'eau contenue dans le tuba. Reprenez une respiration normale.

Notre conseil : *il est important de ne pas vider tout l'air de vos poumons d'un coup. Conservez une réserve suffisante, au cas où la répétition de l'opération serait nécessaire. Il est assez fréquent d'avoir besoin de souffler deux fois pour dégager entièrement le tuba.*

Une fois la maîtrise de la respiration et du vidage du tuba obtenue, il est possible de passer à l'étape suivante : l'initiation à l'apnée et le palmage.

3

3 - La descente en apnée s'effectue verticalement. Une bonne aisance peut vous permettre, comme ici, d'approcher des dauphins.

4 - Le déplacement horizontal en apnée à faible profondeur est un excellent entraînement.

5 - L'apnée statique se pratique volontiers en piscine, toujours sous surveillance.

4

5

L'APNÉE : ON NE RESPIRE PLUS !

Arrêt volontaire ou non de la respiration, l'apnée est un exercice indispensable à la pratique de la plongée libre ou de la pêche sous-marine. Dans l'apprentissage de la plongée en scaphandre, le travail de l'apnée permet d'améliorer l'aisance dans l'eau. Cela aboutit à la totale confiance du plongeur dans son milieu.

On va chercher à allonger la durée de l'apnée par un entraînement régulier. Celui-ci est également indispensable pour maintenir un bon niveau de performance. Il s'agit surtout de vaincre une barrière psychologique, plutôt que de s'améliorer sur le plan physique. Commencez par des exercices statiques à faible profondeur (1 m suffit). Tenez-vous à un point d'appui (rocher par exemple), ce qui est plus rassurant et vous offre l'énorme avantage de ne pas avoir à lutter contre la flottabilité de votre corps. Ne forcez pas outre mesure. Mieux vaut répéter en grand nombre des immersions courtes, espacées d'un temps de repos au moins égal au temps de travail. Une surveillance de surface est indispensable.

Pour l'entraînement d'un plongeur débutant, l'apnée en mouvement s'effectue de préférence par un déplacement horizontal sur de courtes distances. La profondeur n'a pas d'importance dans ce type de préparation. Lorsque vous maîtriserez bien la technique du palmage, pensez à vous entraîner à l'apnée, chaussé de vos palmes.

Notre conseil : *les exercices débuteront sans masque ni tuba afin d'habituer le nez et les yeux de l'élève au contact de l'eau. Il s'agit d'une bonne préparation en vue des exercices futurs.*

1 - Le palmage en surface s'effectue avec les jambes aussi tendues que possible.

2 - De l'amplitude du palmage dépend son efficacité.

3 - L'entraînement au palmage se pratique d'abord sans utiliser les bras.

4 - La souplesse du matériau constituant la voilure de la palme influe sur la force de propulsion.

5 - Pour réaliser un palmage efficace, allongez-vous parfaitement dans l'eau.

1

2

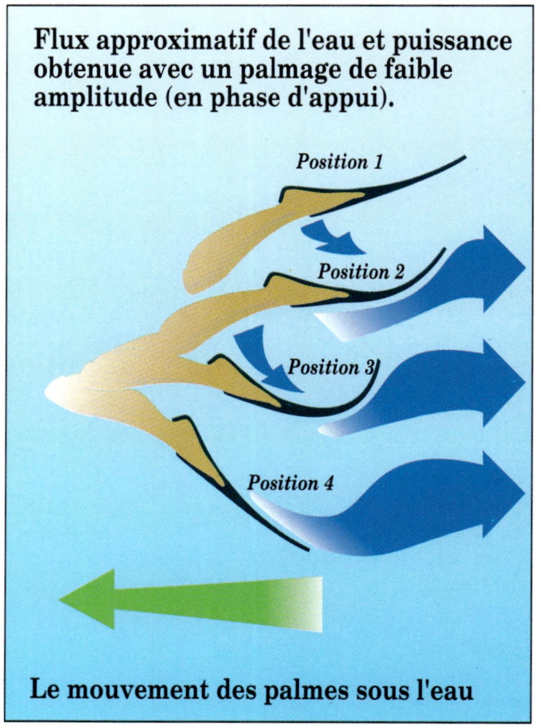

PALMAGE : LE MOTEUR DU PLONGEUR

Obligé de lutter contre la densité du milieu aquatique, le plongeur s'est chaussé de palmes qui augmentent sa puissance de locomotion. Le palmage est la technique qui permet d'optimiser le rendement de ses "nageoires artificielles". Avec des palmes, on ne cherche pas à aller plus vite qu'un nageur, mais à une vitesse similaire avec moins de fatigue. Ceci explique que les efforts du plongeur paraissent assez faibles. Après une longue immersion, on sort de l'eau sans grande fatigue apparente, ce qui ne serait pas le cas après avoir nagé durant le même temps sans équipement.

Le simple fait de chausser des palmes ne garantit pas un parfait rendement. Avec un minimum de pratique, le palmage devient si naturel qu'on finit par l'oublier. La technique de palmage est différente en surface et en immersion.

Le palmage en surface : la nage à deux temps

Les plongeurs ne sont pas les seuls à employer le palmage en surface. Pêcheurs sous-marins, apnéistes, nageurs sportifs, pratiquants du snorkeling (palme, masque, tuba) ont besoin de palmes dans leurs activités.

Un bon palmage est nécessaire au plongeur pour compenser le poids de son matériel. En surface, il est important car il faut parfois rejoindre son bateau distant de plusieurs dizaines de mètres.

Le palmage aide aussi à lutter contre le courant, il permet de se maintenir la tête hors de l'eau et de porter assistance avec efficacité à des personnes en difficulté.

Dans de nombreux endroits du monde, les maîtres nageurs sauveteurs n'interviennent qu'avec des palmes (États-Unis, Australie, Afrique du Sud, plages du littoral basque, etc.).

Le palmage en surface s'effectue habituellement de deux manières : ventrale et dorsale.

Le palmage ventral pour le déplacement

C'est la technique la plus employée. Elle fait partie des premières bases enseignées en plongée. Il s'agit d'un mouvement alternatif des jambes dans le plan vertical comme le battement en crawl. Un palmage inesthétique et inefficace est très sou-

5

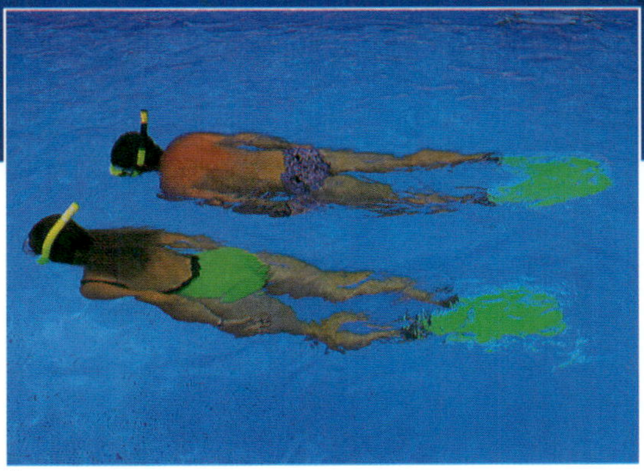

3

4

vent consécutif à une mauvaise position du corps dans l'eau. Il faut tendre vers un hydrodynamisme optimal.

La bonne technique : le nageur s'allonge le plus à plat possible à la surface de l'eau. La position de la tête est capitale. Le menton est écarté de la poitrine de manière à fixer la ligne des épaules. Celles-ci et le bassin se retrouvent sur le même plan, le regard est dirigé vers l'avant, parallèle à la surface de l'eau, le masque immergé.

Le port du tuba permet de maintenir une position de la tête fixe dans l'alignement du corps.

Les jambes sont serrées et tendues, pointes de pied allongées, mettant la voilure de la palme parallèle à la surface de l'eau.

Pour être efficace, le mouvement de la jambe part de la hanche et non pas du genou comme on le voit trop souvent. C'est le principal défaut relevé chez le débutant.

Une jambe s'abaisse pendant que l'autre remonte. L'amplitude du mouvement ne doit pas excéder 30 à 40 cm environ, cela afin de conserver les palmes dans l'eau. Le rythme du battement de jambes varie avec l'amplitude.

Le croisement des palmes ainsi que l'appui de la voilure sur l'eau représentent le temps moteur (voir dessin). Dès la première leçon de palmage, il faut vous imposer un rythme respiratoire. Celui-ci est fonction de l'effort fourni. Pour maintenir une bonne régularité et ne pas vous prédisposer à un essoufflement précoce, entrecoupez les inspirations et les expirations par un temps d'apnée forcé d'environ 1 seconde. Ne dépassez pas 16 à 18 cycles respiratoires par minute pour vous rapprocher du rythme normal.

Notre conseil : *pour être efficace immédiatement, placez vos deux mains l'une sur l'autre, doigts serrés, paumes dirigées vers le fond et bras tendus devant vous, collés à la tête au niveau des oreilles dans le but d'une recherche d'un meilleur profil de pénétration.*

Cette position, qui provoque un allongement naturel du corps, vous permet un excellent appui sur l'eau. Elle assure un bon maintien de la tête, fixant les épaules et le bassin dans le bon axe.

Vous évitez ainsi les oscillations latérales du corps. Le palmage de faible amplitude est facilité. Cette position est celle qu'adoptent les champions de nage avec palmes, en compétition... Autant s'en inspirer. Entraînez-vous en piscine, c'est l'idéal.

1

QUELQUES EXERCICES

La sustentation nécessite un entraînement particulier pour devenir efficace.

Dans un premier temps, placez les deux bras horizontalement sur la surface de l'eau, les mains tenant le tuba comme un haltère. Restez 20 secondes dans cette position, puis dressez verticalement les bras au-dessus de la tête en tenant tou-

jours le tuba. Accélérez la cadence du battement. Tenez cette position pendant 10 secondes, puis abaissez les bras. Répétez cet exercice pendant 5 minutes.

À un niveau supérieur, vous pouvez remplacer le tuba par une ceinture de plombs (0,5 kg pour les femmes, 1 kg pour les hommes) et tenter de tenir la cadence imposée ci-dessus.

LE PALMAGE DORSAL : LE NEZ HORS DE L'EAU

Il est parfois nécessaire de palmer en surface avec les voies respiratoires hors de l'eau. Dans ce cas, on utilise le palmage dorsal. Cette technique s'avère utile dans les cas suivants : lors d'une perte de matériel (tuba et masque) ; pour compenser le poids du scaphandre lors d'un déplacement en surface ; pour nager plus confortablement le gilet gonflé ; pour remorquer un plongeur en difficulté ; pour l'entraînement au sauvetage (mannequin) ; pour transporter des objets lourds, etc.

La bonne technique : le plongeur est allongé sur le dos à la surface, menton collé à la poitrine, le regard dirigé vers un point de repère fixe. Les épaules s'alignent avec le bassin. Comme pour le palmage ventral, les jambes sont tendues, le pied en hyperextension.

Un mouvement de ciseaux alternatifs avec les jambes assure la propulsion. Le bon palmage est facilement contrôlable, il suffit d'avoir l'impression de soulever l'eau avec le bout des palmes. Le corps étant moins enfoncé dans l'eau que lors du palmage ventral, l'hydrodynamisme est réduit. Le déplacement est plus lent. En revanche, sur le plan musculaire, l'effort à fournir est assez important.

Le principal défaut du palmage dorsal est de contraindre à un déplacement en "marche arrière". Cela implique de se retourner souvent pour bien s'orienter.

Notre conseil : *évitez la position semi-assise. Elle engendre systématiquement un pédalage, le battement de jambes ne pouvant pas s'effectuer normalement, et donc une perte d'efficacité. Pour obtenir à coup sûr une bonne position, il suffit d'allonger les bras le long du corps. Ramenez les mains sous les fessiers, les coudes collés au torse en mettant les épaules en avant. De cette manière, le buste est redressé, les épaules et le bassin alignés comme il faut.*

Pour le palmage dorsal avec le scaphandre sur le dos, l'utilisation du gilet de stabilisation permet d'obtenir une position plus confortable. On oublie ainsi le poids de l'équipement.

La sustentation : le surplace

Le palmage n'est pas forcément un moyen de locomotion. Il peut être utilisé de manière statique : c'est la sustentation. On l'emploie pour se maintenir à la surface, la tête hors de l'eau. Cela permet de remettre son masque en place, d'ajuster son équipement, d'attendre d'autres plongeurs ou l'arrivée du bateau... C'est un palmage utilitaire... en l'absence du gilet de stabilisation.

De toutes les techniques de palmage, la sustentation est celle qui nécessite le plus d'énergie. Du fait de sa position verticale, le plongeur subit une faible poussée d'Archimède. S'il cesse tout mouvement, il coule.

La bonne technique : en position verticale dans l'eau, le plongeur est tête hors de l'eau. Comme pour le palmage ventral, les épaules et le bassin doivent se trouver dans le même alignement. S'il contrarie cette position, le plongeur va basculer vers l'avant ou l'arrière selon le placement de ses épaules par rapport au bassin.

Le battement des jambes s'effectue à partir de la hanche, jambes et pieds tendus. Contrairement au palmage ventral, l'écartement du ciseau n'est pas limité, car les palmes se trouvent totalement immergées. Le mouvement peut atteindre une amplitude de 80 à 90 cm. Il doit être effectué lentement et sans arrêt, dans une totale décontraction.

Notre conseil : *Il est indispensable d'apprendre le palmage de sustentation avec masque et tuba. Cela permet de mieux se concentrer sur l'efficacité du battement, sans qu'il y ait à tenir compte de la position de la tête hors de l'eau.*

Pour garder une bonne position, placez tout de suite vos bras à la surface, les coudes écartés du corps formant un angle droit avec les avant-bras. Pour parfaire cette position, les paumes de la main doivent être dirigées vers le fond.

Acquérir un palmage efficace : le bon mouvement

Pour que la plongée devienne aussi agréable que possible, l'acquisition d'un bon palmage est primordiale. Dès le début, il faut s'astreindre à un minimum d'apprentissage, tout est dans le mouvement.

Un bon matériel est essentiel. Pour débuter, préférez des palmes légères et chaussantes qui tiennent bien le pied sans le serrer. Les palmes longues ou rigides sont destinées uniquement aux plongeurs qui maîtrisent bien la technique.

Les évolutions doivent se faire sur un plan d'eau calme et abrité avec un point d'appui. La piscine est le lieu idéal. L'initiation doit commencer immédiatement avec le masque et le tuba correctement positionnés. La maîtrise de la technique de vidage du tuba est indispensable.

• **Éviter le pédalage :** les débutants ont tendance

2

3

4

1 - *Confortables, les palmes chaussantes sont idéales pour la pratique de l'apnée et de la plongée dans les eaux tropicales.*

2 - *Le palmage dorsal se pratique les jambes tendues, les bras le long du corps et les yeux dirigés vers l'horizon.*

3 - *Le palmage de sustentation est pratiqué en position statique, par exemple en attendant de remonter sur le bateau.*

4 - *L'entraînement au palmage de sustentation muscle bien les jambes. Faites des mouvements amples.*

à trop fléchir les genoux en palmant. Cela entraîne une perte d'efficacité, de la fatigue, des temps morts importants et une mauvaise utilisation des surfaces propulsives. Il ne faut pas que les mauvaises habitudes s'installent.

Pour corriger : il faut s'obliger à raidir le mouvement en allongeant la jambe. La meilleure solution est d'inverser la position de nage. Placez-vous sur le dos et procédez ainsi : jambes droites, pointes des pieds tendues, débutez le battement en soulevant l'eau avec la pointe de vos palmes tout en les maintenant immergées. Les genoux ne doivent pas sortir de l'eau. Vous voyez vous-même vos erreurs et pouvez y apporter une correction immédiate. Cette technique peut se pratiquer sans masque ni tuba. Cela évite tous les problèmes respiratoires et permet de se concentrer sur la seule efficacité du battement.

Les claques sur l'eau : quand la palme sort de l'eau, il n'y a plus de rendement. On s'en rend compte par le bruit du claquement de la palme qui frappe la surface de l'eau et par le bouillonnement. Cela résulte essentiellement d'une mauvaise position du corps dans l'eau, notamment de la tête. Plus la tête s'enfonce (le tronc basculant vers l'avant), plus les jambes remontent et les palmes sortent de l'eau.

Pour corriger : il faut s'allonger le plus possible à la surface. Redressez la tête en écartant le menton de la poitrine. Dirigez le regard vers l'avant, parallèle à la surface de l'eau. Placez les bras le long du corps, joignez les mains dans le creux des reins et tirez sur les épaules. Vous retrouvez obligatoirement la bonne position. Vous pouvez aussi tendre les bras en avant dans le prolongement du corps, les mains à plat sur l'eau, paumes dirigées vers le fond. Cette position permet une parfaite mise à plat de l'ensemble du corps sur l'eau.

LES TECHNIQUES D'IMMERSION : TOUCHÉ, COULÉ

Pour quitter la surface sans le moindre effort, le plongeur dispose de deux méthodes simples et efficaces. Elles sont utilisées indifféremment en fonction des besoins.

Le canard est utilisé pour pénétrer en profondeur la tête en avant. Le phoque permet de s'immerger les pieds les premiers.

Le canard : les pattes en l'air

Très utilisée par les plongeurs libres, la technique du canard offre l'avantage de voir l'environnement pendant la descente. Un canard bien réalisé permet d'atteindre 3 m de profondeur en un seul mouvement. Les pêcheurs sous-marins en apprécient beaucoup l'aspect efficace, rapide et silencieux.

• **La bonne technique :** au départ, le corps est allongé à plat sur l'eau, les bras tendus vers l'avant. On ramène ceux-ci vers l'arrière pour qu'ils se trouvent perpendiculaires à la surface, sans dépasser l'alignement des épaules. À cet instant, on plie le corps au niveau du bassin pour amener le buste à 90° par rapport aux jambes. On perçoit une sensation de bascule vers l'avant. Il faut alors relever les jambes au-dessus de la surface, en veillant à ce qu'elles soient tendues, serrées, la pointe des pieds en extension. Dans un même mouvement, les bras se dirigent vers le fond. L'élan créé, associé au poids des jambes, suffit à garantir l'immersion complète de tout le corps. Dès que les palmes sont entièrement immergées, on peut commencer à palmer. Rien ne sert de le faire avant, ce n'est pas élégant. De plus, c'est bruyant et l'énergie est gaspillée inutilement.

Notre conseil : *entraînez-vous d'abord en piscine en vous servant des lignes d'eau tracées au fond comme point de repère. En mer, fixez le regard sur un objet immergé (rocher par exemple). Pour être sûr d'avoir les jambes bien tendues et perpendiculaires à la surface, faites votre canard face au mur du bassin. Gare à ceux qui dépassent l'axe...*

Pour corriger : le défaut le plus fréquent est une immersion en oblique qui rend la descente difficile. Cela provient d'un mouvement incomplètement réalisé. Le buste n'a pas été plié suffisamment. Les jambes suivant l'axe anatomique du corps, le plongeur descend sur une faible inclinaison.

On améliore sensiblement le cassé du corps, en incitant l'élève à se déplacer avant l'exécution de son mouvement. Il suffit de lui faire écarter les jambes (celles-ci restant tendues) pour améliorer la bascule.

Un autre défaut est la "culbute". Entraîné par son élan, le plongeur a trop plié le corps ; les jambes dépassent l'axe vertical, provoquant une rotation presque complète. Il suffit de faire ralentir le mouvement pour que tout se passe bien.

Il est aussi fréquent de voir le plongeur effectuer correctement la première partie du mouvement, mais les jambes pliées. Cela entraîne un temps d'arrêt et un déséquilibre du corps. L'entraînement avec jambes écartées tendues remédie généralement à ce défaut.

Le phoque : je coule à pic !

Cette pratique est surtout valable pour les plongeurs en scaphandre. Elle permet de s'immerger simplement à la verticale, tête en haut, après avoir purgé son gilet en surface. En raison de l'évolution de l'équipement ces dernières années (stabilising jacket), le phoque est aujourd'hui le moyen d'immersion le plus courant chez les plongeurs. Un des avantages de cette technique est d'autoriser un équilibrage des oreilles depuis la surface. Cela permet aussi de visualiser toute la palanquée pendant la descente.

• **La bonne technique :** partant d'un palmage de sustentation, on accélère la cadence pendant 3 à 4 mouvements, puis on cesse brutalement le battement. Les bras sont lancés latéralement vers le haut. Les mains se touchent au-dessus de la tête. Tout cela provoque une diminution de la flottabilité. Le plongeur descend naturellement. Pour être efficace, le phoque doit être réalisé avec un bon lestage. ***Notre conseil :*** *si l'on part avec les poumons pleins et la respiration bloquée, l'immersion sera plus difficile. Pensez à souffler profondément dès que vous avez la tête dans l'eau. Dans tous les cas, ne palmez pas, même légèrement, cela aurait pour effet de vous ramener vers la surface.*

Pour corriger : il est rare de rater cet exercice car il est très simple. Toutefois, certains débutants rencontrent des difficultés de coordination. Il faut que les gestes soient réalisés avec une parfaite synchronisation pour que le phoque soit efficace. L'apprentissage du phoque relève des exercices de base dans l'enseignement de la plongée. Élément éducatif, il permet de préparer au poumon ballast et aux apnées expiratoires (voir page 84).

***Page de gauche :** la décomposition des mouvements d'un "canard" bien réussi.*

***Ci-dessus :** les détails de l'immersion en "phoque".*

1

2

3

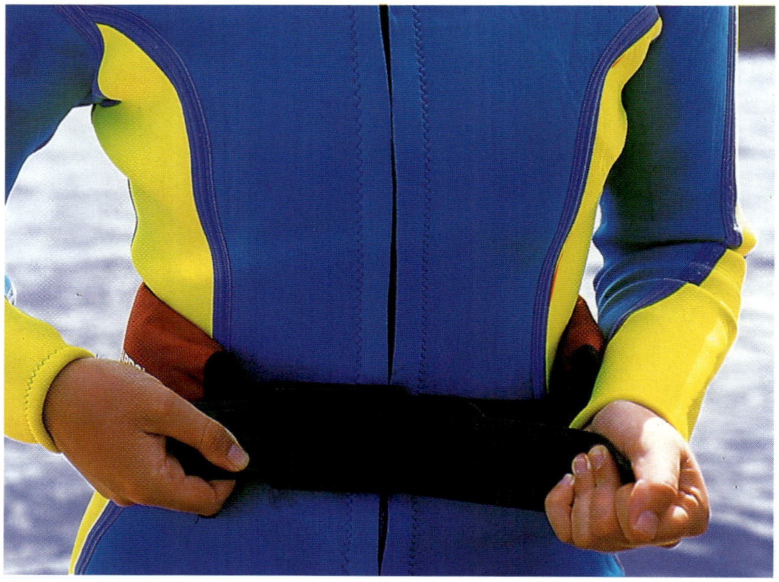

4

1 - La combinaison doit bien adhérer au corps.

2 - Quelques gouttes de produit évitent la buée dans le masque.

3 - Appliquez le masque en tirant sur la sangle sans qu'il serre.

4 - Fixez fermement la ceinture de lestage autour de la taille.

5 - Un plongeur autonome doit savoir s'équiper seul et bien choisir son matériel.

S'HABILLER EN GRENOUILLE

Les rudiments de base de la plongée ayant été acquis avec pour seul appareillage palmes, masque et tuba (PMT), le moment est maintenant venu de découvrir le scaphandre et les équipements qui s'y rattachent.

La combinaison : une seconde peau

Quel que soit l'endroit où l'on plonge, il est bon de porter un vêtement protecteur. Celui-ci devant être bien ajusté à la morphologie du plongeur, il peut poser certains problèmes pratiques lors de l'équipement.

• **La bonne technique :** commencez toujours par enfiler le pantalon gilet, puis la veste. Pour faciliter l'habillage, retournez les extrémités des manches et du pantalon, vous aurez une meilleure prise. La plupart des vêtements modernes étant munis de fermetures à glissières, il est assez facile d'enfiler ce type de combinaison.

Notre conseil : *pensez à porter une cagoule, des bottillons et des gants, dès que la température de l'eau est inférieure à 21 °C. Le but essentiel de la combinaison étant de protéger contre la fraîcheur de l'eau, il est bon de s'équiper au dernier moment par une forte chaleur extérieure.*

La ceinture : un équipement de poids

La combinaison va jouer le rôle d'une bouée du fait de la constitution de son matériau. Une ceinture de lest va compenser cette flottabilité. Pour des raisons de sécurité, toute ceinture doit être équipée d'une boucle à largage rapide.

• **La bonne technique :** répartissez de façon équilibrée les plombs autour de la taille. Si vous portez un nombre impair de kilos, remplacez l'un des plombs de 1 kg par deux plombs de 500 g. Serrez la ceinture à la taille, en veillant à ce que l'ergot d'accrochage (s'il y en a un) soit dirigé vers le bas.

Notre conseil : *il existe des boucles en plastique qui évitent le glissement des plombs le long de la ceinture. Ces accessoires sont peu coûteux et très pratiques.*

De nouveaux modèles de ceintures apparaissent. Ils sont munis de poches à l'intérieur desquelles on glisse les plombs. Esthétique contestable, mais confort inégalable.

5

1

1 - Sur un petit bateau, chacun occupe un emplacement précis pour s'équiper sans gêner les autres.

2 - Placez l'étrier du détendeur sur la robinetterie de la bouteille.

3 - 200 bar au manomètre, la bouteille est bien gonflée.

4 - Branchez le direct system sur le tuyau moyenne pression.

5 - Vérifiez le bon fonctionnement du détendeur.

6 - Une aide à l'équipement est un élément de confort appréciable.

7 - Réglez la sangle des palmes en serrant modérément.

Le scaphandre : un montage précis

On appelle scaphandre l'association de la bouteille d'air comprimé (bloc) et du détendeur. Ce dernier se monte sur la robinetterie de la bouteille. Il en existe deux types : avec et sans réserve. Dans les deux cas, le montage est le même.

• **La bonne technique :** commencez par contrôler la pression d'air dans le bloc avec un manomètre. Si la pression n'est pas suffisante (minimum 150 bar), renoncez à plonger avec cette bouteille.

Humidifiez le joint torique de la robinetterie avec un petit peu de salive. Assurez-vous que la réserve fonctionne en actionnant plusieurs fois le levier de commande. Si vous plongez sans manomètre, la tige de réserve doit être en position haute (réserve fermée).

Placez l'étrier du détendeur sur la robinetterie. Il doit bien adhérer dans le logement prévu à cet effet. Orientez la sortie du tuyau de détendeur vers la droite (à l'opposé de la réserve). Serrez dans le sens des aiguilles d'une montre. Ouvrez à fond le robinet de la bouteille (dans le sens contraire des aiguilles d'une montre). Revenez d'un quart de tour en arrière. En effet, pour un bon fonctionnement, on ne laisse jamais un pas de vis au maximum de sa portée. Contrôlez la bonne marche du détendeur en respirant plusieurs fois avec.

Notre conseil : *ne serrez pas trop fort votre détendeur sur la bouteille. Vous risquez d'endommager les parties en contact. La pression est largement suffisante pour garantir l'étanchéité. Pensez à vérifier régulièrement l'état du joint. S'il présente la moindre aspérité, changez-le.*

Une bouteille montée avec son détendeur ne doit jamais rester debout, à moins d'être fixée par une sangle ou maintenue dans un râtelier.

Capeler c'est régler

L'action de mettre le scaphandre sur son dos s'appelle capeler. Il est important d'ajuster les sangles avec précision pour un maximum de confort lors de la plongée.

• **La bonne technique :** une manière pratique de régler approximativement la longueur des sangles de la bouteille consiste à laisser, entre les bretelles tendues et la robinetterie, un espace de la hauteur d'une main. Une fois la bouteille sur le dos, la robinetterie se trouve à peu près à la hauteur des omoplates. Cela évite tout risque de choc sur la nuque. La généralisation des gilets de stabilisation a grandement simplifié le réglage de la hauteur du scaphandre.

Notre conseil : *répartissez de façon équitable les réglages en hauteur des sangles, sinon vous risquez de constater un déséquilibre pendant la plongée. Après un certain temps passé dans l'eau, il est souvent nécessaire de corriger la tension des sangles.*

Dans le cas de l'utilisation d'une sangle d'entrejambe (sous-cutale), serrez modérément pour conserver un bon confort.

2

4

7

3

5

L'ordre logique de l'équipement

Pour des raisons de pratique et de sécurité, adoptez l'ordre d'équipement suivant. Dans le cas d'une chute accidentelle dans l'eau, cela vous évitera bien des ennuis.

1	Mettre le vêtement (pantalon, puis veste).
2	Enfiler les chaussons (si nécessaire).
3	Chausser les palmes.
4	Placer le masque sur le visage (penser à nettoyer la vitre).
5	Serrer à la taille la ceinture et le lestage.
6	Capeler le bloc sur le dos (équipé du gilet de stabilisation, le détendeur monté, le direct system branché, la robinetterie ouverte).
7	Avant la mise à l'eau, respirer plusieurs fois sur le détendeur.

Notre conseil : ***une fois le vêtement enfilé, rapprochez-vous du point de mise à l'eau pour terminer votre équipement. Il est difficile de traverser tout le bateau chaussé de palmes et le bloc sur le dos.***

6

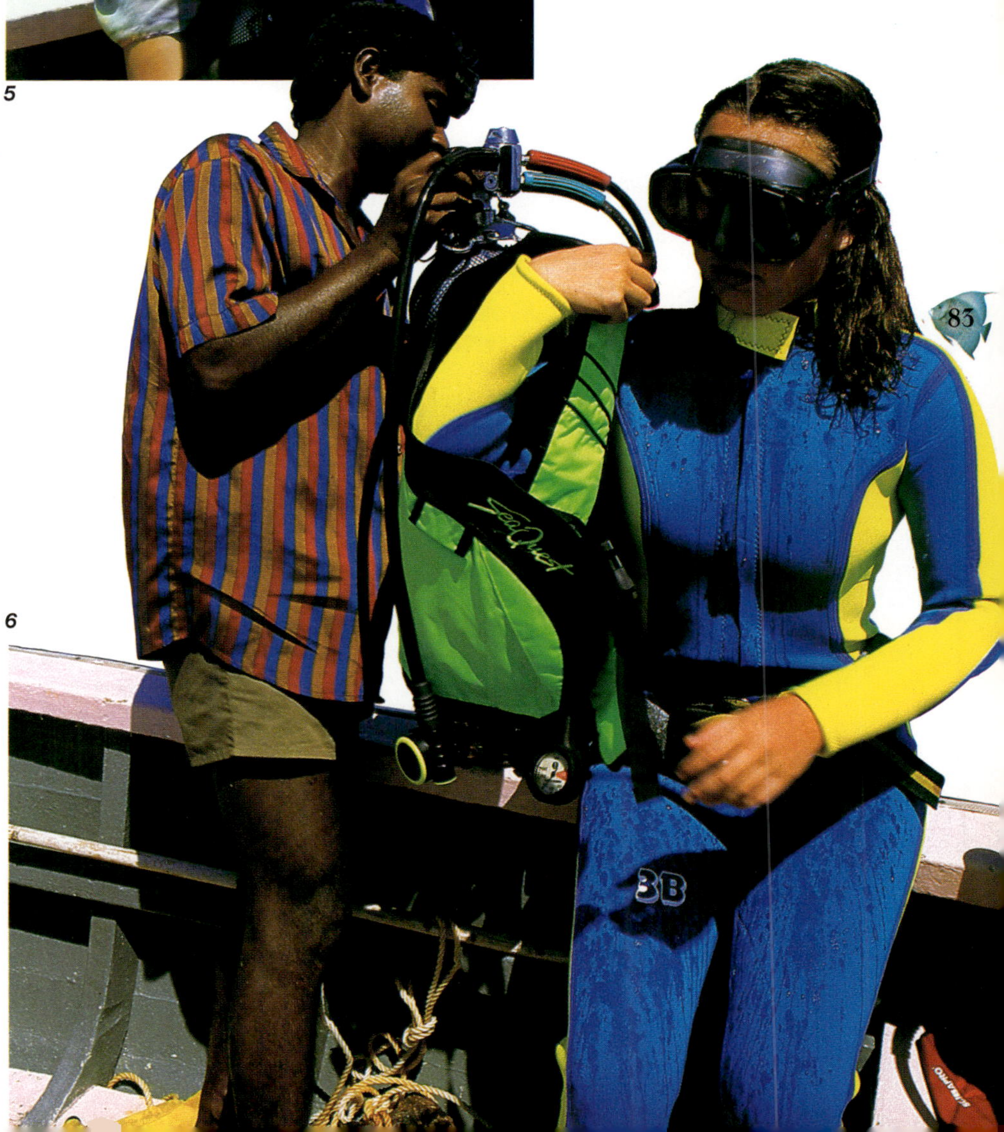

1

2

3

QUELQUES EXERCICES

Pour augmenter la difficulté et renforcer votre aisance dans l'eau, entraînez-vous au vidage de masque en apnée.
Équipé de palmes, le plongeur jette son masque dans l'eau sur un fond de 3 m maximum. Il va le rechercher en apnée, effectue son vidage au fond et remonte en surface, le masque vide. Il fait le signe OK.

En scaphandre, le plongeur retire son masque et le conserve à la main. Il effectue plusieurs cycles respiratoires, le nez et les yeux au contact de l'eau. Puis il remet son masque en place et le vide. Cet exercice est exigé dans la plupart des examens de plongée.
Une variante consiste à abandonner le masque au fond. Le plongeur nage autour. Il le récupère et le vide.
Savoir respirer sans masque pendant un certain temps constitue un bon facteur de sécurité en plongée.

DANS L'EAU COMME CHEZ SOI

On constate bien souvent, chez les plongeurs novices, une crainte naturelle à maintenir le visage au contact de l'eau et plus encore à ouvrir les yeux dans le milieu liquide. Il faut s'habituer à respirer sans masque car c'est une bonne maîtrise de soi et un passage obligé pour réussir le vidage de masque. Le but est de parvenir à dissocier la respiration : inspiration par la bouche, temps d'arrêt, expiration par le nez ou la bouche.

L'exercice va s'effectuer dans un premier temps en surface, avec un point d'appui, de manière à bien mettre l'élève en confiance. La grande difficulté réside dans le fait que le nez est en contact permanent avec l'eau.

• **La bonne technique :** debout, les pieds reposant sur le fond dans 1 m d'eau environ, vous placez votre masque sur la nuque, la sangle sur le front. Le tuba est positionné normalement, embout dans la bouche. En vous pinçant le nez avec une main, immergez la tête en gardant les yeux bien ouverts. Respirez plusieurs fois dans cette position (inspiration et expiration par la bouche). À ce stade de l'exercice, le but est de vous habituer à respirer sans masque, les yeux ouverts.

Une fois une bonne aisance acquise, conservez le nez pincé pendant l'inspiration. Marquez un temps d'apnée. Relâchez la pression des doigts, tout en expirant par le nez. Cet exercice est réussi quand il y a formation de bulles dans l'eau. En fin d'expiration, repincez le nez. Le but est de dissocier les respirations buccale et nasale.

Une troisième étape dans la progression s'effectue en position allongée. Bien à plat sur l'eau, les deux bras tendus vers l'avant prenant appui sur une échelle ou un rocher, vous reprenez l'exercice précédent (inspiration par la bouche, expiration par le nez) sans vous pincer le nez. Si tout va bien, exercez-vous de la même façon, mais cette fois-ci en vous déplaçant. N'oubliez surtout pas de toujours garder les yeux ouverts.

Savoir respirer sans masque pendant plusieurs minutes constitue un élément de sécurité indispensable pour acquérir une parfaite aisance dans l'eau.

Notre conseil : *si vous avez des réticences naturelles à réussir cet exercice, n'hésitez pas à vous entraîner régulièrement... même dans votre baignoire.*

4

5

6

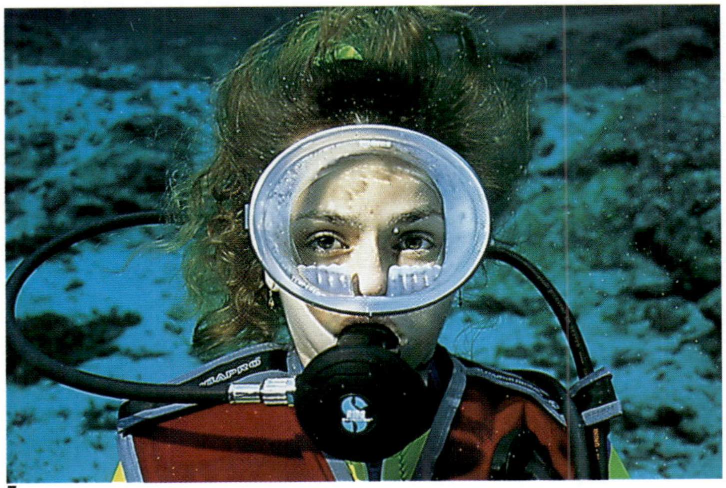

7

Le vidage de masque

Visa obligatoire pour pratiquer la plongée en toute sécurité, le vidage de masque fait partie des techniques de base inculquées au débutant. Sa bonne maîtrise est d'une importance capitale. À tout moment, votre masque peut subir une entrée d'eau par suite d'un choc. Il est parfois nécessaire de régler ou de replacer les sangles au fond. La vitre nécessite souvent un nettoyage pendant la plongée. Vous pouvez avoir besoin de vous moucher sous l'eau, etc. Toutes ces opérations ne peuvent être réussies si le plongeur n'est pas capable de vider son masque.

Un des meilleurs moyens pour chasser un liquide dans un vase clos consiste à lui injecter un gaz sous pression. En plongée, pour le masque, l'air fortement soufflé par le nez va jouer ce rôle.

• **La bonne technique :** entièrement équipé, vous vous agenouillez sur un petit fond de 3 m maximum. En tirant sur la partie haute de la jupe de votre masque, vous faites pénétrer un peu d'eau. Dans un premier temps, il suffit que le niveau d'eau recouvre la base du nez. Relevez la tête en arrière. Dirigez le regard vers le haut, la vitre du masque se trouvant parallèle à la surface de l'eau. Avec le bout des doigts ou le talon de la main, appuyez sur la partie supérieure de la vitre pour maintenir le masque en place. Soufflez fortement de l'air par le nez... Surtout pas par la bouche ! L'air crée un balayage de l'eau dans le masque et la chasse par le bas.

Progressez dans la réalisation de l'exercice en augmentant la quantité d'eau dans le masque jusqu'à le remplir totalement. Le but final est de parvenir à retirer et remettre le masque sous l'eau sans aucune difficulté pour le vider.

Notre conseil : *commencez à souffler pendant la rotation de la tête vers l'arrière. Vous éviterez ainsi que de l'eau vienne exciter les muqueuses nasales. Ne cherchez pas à soulever le masque et ne faites surtout pas levier avec la main : vous ne feriez que favoriser l'entrée d'eau.*

Pour une meilleure efficacité dans l'exercice, veillez à ce que la vitre du masque se trouve bien parallèle à la surface de l'eau. Cela contribue à une évacuation directe du liquide et vous garantit ainsi un vidage totale dès la première expiration.

Lorsque le vidage de masque est parfaitement maîtrisé, il est possible d'entamer les techniques individuelles et collectives d'apprentissage de la plongée en toute sécurité.

1 - Inspirez par la bouche.

2 - Expirez par le nez en émettant des bulles.

3 - L'évolution avec tuba, sans masque et yeux ouverts, est un bon exercice d'aisance.

4 - Retirez le masque, respirez normalement sur le détendeur.

5 - Replacez le masque sur le visage.

6 - Dirigez le regard vers la surface et soufflez par le nez.

7 - Le masque est vide.

1 - Un bateau large et confortable permet la mise à l'eau et la remontée dans de bonnes conditions de confort.

2 - La mise à l'eau d'une plage s'effectue en marche arrière.

Le saut droit
3 - Tenez votre masque et le gilet.
4 - Avancez d'un pas.
5 - Regroupez les jambes, le corps droit.
6 - Ne les désunissez pas en arrivant dans l'eau.

Jetez-vous à l'eau

Compte tenu de la masse imposante de l'équipement du plongeur et des palmes qui rendent sa démarche difficile, les conditions de mises à l'eau sont un peu particulières. L'apprentissage s'effectue en deux temps. D'abord sans scaphandre, puis avec l'attirail complet. Dans ce dernier cas, il est indispensable de maîtriser parfaitement les techniques de vidage de masque avant de commencer l'entraînement.

Il existe plusieurs façons pour un plongeur de pénétrer l'élément liquide. Le choix de la technique utilisée dépend du type de bateau, du lieu de départ, de l'état de la mer, etc.

Les principes de base

Quel que soit le mode de mise à l'eau choisi, il faut tenir compte de certaines règles élémentaires liées principalement à la sécurité.

• **En surface :** vérifiez que vous disposez bien de tout le matériel nécessaire. Assurez les différents réglages en fonction de votre morphologie. La robinetterie de la bouteille doit être ouverte. Avant de sauter, jetez un regard vers l'eau. Le point de chute doit être dégagé.

• **Pendant le saut :** tenez votre masque à pleine main (droite ou gauche, à votre convenance), les doigts ceinturant le cerclage. Saisissez le bloc par le pan de gilet ou par la bretelle de la bouteille afin d'éviter tout choc avec la tête lors du contact avec l'eau.

Dirigez de préférence le regard vers l'horizon pour éviter toute modification dans la position du corps pendant la chute.

Notre conseil : *une fois dans l'eau, dégagez l'aire de saut de manière à permettre aux autres plongeurs de se mettre à l'eau à leur tour. Attendez toujours que le guide de palanquée donne l'ordre de descente avant d'entamer votre immersion.*

La descente à l'échelle : en douceur

L'échelle, élément de sécurité très rassurant, se trouve en général à l'arrière du bateau ou sur les côtés. Elle est plus souvent utilisée comme moyen de remontée. Toutefois, elle reste le moyen le moins stressant pour entrer dans l'eau. Sauter n'est pas nécessaire et on ne ressent pas d'effet de choc. À conseiller aux débutants.

Les échelles des bateaux sont rarement adaptées aux palmes des plongeurs. Attention de bien poser la plante du pied sur les barreaux et non le bout des palmes.

• **La bonne technique :** on descend toujours le dos vers l'eau, les mains bien agrippées aux montants de l'échelle. Engagez un pied après l'autre, une marche à chaque fois. Lâchez l'échelle quand vous êtes immergé jusqu'au cou.

Notre conseil : *n'utilisez pas ce moyen de mise à l'eau quand la mer est mouvementée : des risques de chocs violents et de blessure avec l'échelle en raison du déséquilibre provoqué par la houle sont alors à craindre.*

Descendez l'un après l'autre et attendez que la personne qui vous précède ait lâché l'échelle avant de vous engager.

1

2

3

4

5

6

Départ d'une plage : en arrière, toute !

Toutes les plongées ne s'effectuent pas obligatoirement depuis un bateau. À partir d'une plage ou d'un plan incliné (slip de mise à l'eau par exemple), toutes les conditions de confort sont réunies. Idéal pour un baptême !

• **La bonne technique :** il est impératif de marcher à reculons car les palmes handicapent beaucoup le plongeur dans son déplacement. Faire un pas en avant avec des palmes aux pieds nécessite de soulever haut la jambe, ce qui entraîne un déséquilibre. En marche arrière, il suffit de laisser glisser le pied, la voilure de la palme restant toujours en contact avec le sol. De ce fait, l'assise est excellente. Ce type de mise à l'eau est à préconiser en cas de fortes vagues. Le plongeur ne doit alors se retourner que lorsqu'il est totalement immergé, de manière à ce qu'un rouleau ne risque pas de lui arracher son masque. Les photographes et cinéastes utilisent souvent cette technique de mise à l'eau, en raison de l'encombrement important de leur matériel.

***Notre conseil :** faites des petits pas et déplacez-vous lentement, tout en jetant régulièrement des coups d'œil vers l'arrière pour déjouer d'éventuels obstacles et assurer votre orientation.*

Le saut droit : un pas vers l'inconnu

Simple pas vers l'avant, le saut droit est le mode de mise à l'eau le plus pratiqué. Il peut s'effectuer à partir de plusieurs points de départ à différentes hauteurs : quai, ponton, bateau, etc.

• **La bonne technique :** au départ, le plongeur est pieds joints, la voilure des palmes au-dessus de l'eau, les jambe tendues, serrées. Le masque est tenu sur le visage, le regard dirigé vers l'horizon. Le scaphandre est bien maintenu.

Faites un pas en avant, la seconde jambe rejoignant la première pendant l'envol. L'entrée dans l'eau se fait jambes serrées, palmes dans le prolongement.

Il existe une variante du saut droit avec rotation d'un demi-tour. On l'appelle saut droit retourné. Il est utilisé par mer agitée quand les vagues arrivent de face. Cela permet de protéger le masque, en exposant le dos à la houle, et de mieux déceler les obstacles éventuels (voir page 86).

• **Les erreurs à ne pas commettre :** un élan à pieds joints et le grand écart sont à éviter. Tous deux provoquent une modification de la position du corps et une mauvaise réception dans l'eau.

Regardez au loin et non vers la surface de l'eau, sinon vous risquez un choc facial.

Ne lâchez surtout pas le masque au moment de l'entrée dans l'eau, c'est le meilleur moyen pour le perdre.

***Notre conseil :** faites un simple pas d'environ 50 cm de longueur. Dès que vous avez quitté l'aire de saut, tendez bien les pointes de pieds dans le prolongement des jambes. Vous éviterez que la voilure des palmes claque la surface de l'eau. Ces dernières risqueraient de se déchausser.*

1

2

3

4

5

Le saut droit retourné : demi-tour

Utilisé pour éviter de recevoir les vagues de plein fouet en cas de mer houleuse, cette forme évoluée du traditionnel saut droit se réalise en effectuant une demi-rotation pendant la phase aérienne du saut. Le plongeur touche la surface en regardant vers le bateau. Les photographes apprécieront aussi ce type de mise à l'eau qui leur permet de pouvoir recevoir rapidement leur matériel des mains des personnes se trouvant sur le bateau. Le saut droit retourné est une technique un peu plus difficile que le classique pas en avant car il ne faut pas se désunir pendant la phase aérienne sous peine d'amerrir dans une position déséquilibrée et assez inconfortable. Faites un mouvement assez ample de manière à vous retrouver suffisamment éloigné de la coque du bateau pour éviter tout risque de contact avec elle. Un point dont il faut tenir compte impérativement quand la mer est mauvaise. Attendez toujours d'être au sommet de la vague pour sauter.

Le saut arrière : le dos rond

Appelé aussi bascule dorsale, ce saut est tout indiqué pour les départs en plongée depuis des bateaux pneumatiques ou des embarcations de stabilité douteuse et de faible hauteur.

6

7

8

9

• **La bonne technique :** assis le dos tourné vers l'eau, jambes serrées, genoux groupés, masque bien en place tenu par la main, le plongeur se laisse tomber en arrière dans un mouvement de roulade.

Bien lancer les jambes vers le ciel donne une bonne amplitude au mouvement. Cela est important pour obtenir un dégagement suffisant par rapport à l'embarcation. En cas de mise à l'eau à plusieurs, la bascule arrière doit être effectuée avec un bon synchronisme des plongeurs de part et d'autre du bateau pour éviter les trop forts déséquilibres.

Notre conseil : *assurez-vous que le bas de la bouteille se trouve bien au-dessus de l'eau ainsi que les fessiers. La rotation du corps ne doit pas se faire sur le bassin, afin d'éviter tout problème au niveau des vertèbres lombaires.*

Une fois parvenu dans l'eau, laissez le corps descendre légèrement pour qu'il reprenne plus facilement une position verticale. Évitez la roulade complète qui, chez certains individus, peut provoquer une légère sensation de vertige.

Le saut avant : roulé boulé

Cette technique est l'apanage des plongeurs confirmés. Appelée également "bascule avant", on l'utilise en cas de mer agitée, quand le bateau tangue et ne permet pas une bonne stabilité de départ. Elle sert aussi quand la rambarde, élevée ou de faible largeur, ne permet pas de rester debout dessus, pieds joints, pour un saut droit. On peut aussi effectuer un saut avant quand le bateau est trop haut pour une bascule arrière.

• **La bonne technique :** face à l'eau, masque positionné et tenu à pleine main, bloc maintenu, une jambe, genou plié, est appuyée sur la rambarde. L'autre jambe se trouve en arrière, bien à l'intérieur du bateau. Le plongeur prend appui sur la jambe avant et amorce un mouvement de rotation vers l'avant.

L'élan donné entraîne une roulade complète du plongeur. Le bloc touche le premier la surface de l'eau. Pendant la rotation, le plongeur doit veiller à maintenir ses jambes serrées et tendues.

Notre conseil : *contrôlez votre élan de manière à modérer votre impulsion, sinon vous risquez de faire un tour complet, de vous déséquilibrer et d'arriver en mauvaise posture dans l'eau. Collez bien le menton à la poitrine de manière à assurer la meilleure protection possible du masque.*

Les sauts excentriques

Il existe de nombreuses variantes dans les sauts de plongée, en général plus fantaisistes que vraiment utiles. Compte tenu du volume de l'équipement et de son poids, la simplicité est toujours la meilleure pour une bonne sécurité. Le "tire-bouchon japonais", la "vrille piémontaise", le saut en grappes à plusieurs, les pyramides... sont souvent assez périlleux. Nous vous conseillons de vous en tenir aux techniques présentées dans cet ouvrage. Elles sont les plus pratiquées et les plus sûres.

10

11

12

13

LES SAUTS EN MARCHE

Dans la pratique de la plongée sportive, toutes les mises à l'eau se font de préférence à partir d'un bateau à l'arrêt pour des raisons évidentes de sécurité. Certains professionnels (militaires, pompiers, gendarmes, etc.) ont parfois besoin, dans le cadre de leurs actions, d'effectuer des mises à l'eau rapides à partir d'un bateau en mouvement. Ils ont recours à différentes méthodes. Le plongeur est allongé à plat ventre sur le boudin d'un pneumatique. Il se projette latéralement pour tomber sur le dos. Sur un bateau rigide, il part debout pour un saut en arrière, bien à l'écart du sillage.

Le saut droit retourné
1 - Amorcez une rotation dès le départ.
2 - Les pieds se rejoignent.
3 - Le demi-tour est effectué.
4 - Immersion face au bateau.

Les sauts excentriques
5 - Ils sont spectaculaires, mais pas toujours très sûrs.

Le saut arrière
6 - Tenez bien votre masque.
7 - Basculez lentement vers l'arrière.
8 - Ramenez bien les jambes vers le haut.
9 - Laissez-vous couler dans l'eau.

Le saut avant
10 - Fléchissez la jambe et poussez vers l'avant.
11 - Relevez la jambe arrière pour accroître le déséquilibre.
12 - Maintenez bien les jambes tendues.
13 - Le bloc touche l'eau le premier.

1

2-3-4-5

LE LÂCHER D'EMBOUT : À PLEINE BOUCHE

Le plongeur n'a rien à gagner à se cramponner à pleines dents sur son détendeur. Il doit l'utiliser en toute décontraction et savoir le lâcher en cas de besoin. Une entrée d'eau accidentelle est toujours possible lors d'un relâchement de la bouche. Mais surtout, un plongeur peut être amené à tout instant à en assister un autre pour lui donner de l'air ou à utiliser son détendeur comme moyen de gonflage d'un accessoire de levage.

• **La bonne technique :** immergé par 3 m de profondeur au maximum avec votre équipement complet, vous vous tenez à genoux sur le fond. Prenez une inspiration normale, puis enlevez l'embout de la bouche avec la main droite (on utilise toujours la main située du côté du tuyau d'arrivée d'air). Conservez l'apnée quelques secondes. Ne lâchez pas le détendeur. Ramenez la main vers la bouche, replacez le détendeur et saisissez l'embout avec les dents. Soufflez fort pour chasser l'eau dont s'est rempli le détendeur. Reprenez ensuite votre rythme respiratoire normal.

Un autre apprentissage

Il faut également apprendre la reprise d'embout après une expiration. Dans ce cas, vous ne disposez plus d'air pour vider le détendeur. Avant de le remettre en bouche, faites-le fuser 1 ou 2 secondes en appuyant sur le bouton de surpression avec l'index droit. Ce bouton, situé sur la partie centrale du détendeur, permet de mettre ce dernier en débit continu. Cet air sous pression élimine l'eau contenue dans le détendeur.

Notre conseil : *inutile de mordre avec force les parties caoutchouteuses du détendeur où les dents prennent appui. Les embouts modernes sont très ergonomiques et tiennent bien dans la bouche. Vos lèvres garantissent l'étanchéité. En revanche, n'accompagnez jamais le mouvement d'inspiration en étirant les lèvres, l'eau pénétrerait pas les commissures.*

LE PASSAGE EMBOUT-TUBA : CHANGER D'AIR

L'air de la bouteille étant disponible en quantité limitée, il y a lieu de l'économiser dans la mesure du possible. Si vous devez vous rendre sur un point d'immersion éloigné du bateau, mieux vaut utiliser le tuba pour respirer en surface. Une fois arrivé, passez sur embout. La manœuvre inverse s'effectue couramment lors du retour de plongée, quand le bateau est loin de votre point de sortie ou que vous n'avez plus d'air dans la bouteille.

Il est important que le passage embout-tuba ou vice versa s'effectue de manière naturelle.

• **La bonne technique :** pour le passage de l'embout sur le tuba, l'exercice se pratique lors d'une remontée. Commencez par glisser le tuba sous la sangle du masque, du côté opposé au tuyau d'arrivée d'air du détendeur. C'est le plus souvent le côté gauche. Veillez à positionner l'embout de votre tuba sous le menton. Arrivé à la surface, prenez une inspiration. De la main droite, retirez le détendeur de la bouche. De la main gauche, placez l'embout du tuba dans la bouche. Expirez avec le plus de force possible pour chasser l'eau du tuba.

Dans le cas où le tuba est solidaire du masque par un système de fixation, il suffit de le prendre en bouche et d'expirer.

Toutes les manœuvres d'échange s'effectuent la tête dans l'eau en palmage de sustentation.

Pour passer du tuba sur l'embout, l'exercice se pratique après le déplacement en surface. Parvenu sur le lieu de plongée, prenez une inspiration. Saisissez l'embout de votre détendeur avec la main droite. Faites-le fuser. Retirez l'embout du tuba de la bouche avec la main gauche et dégagez-le sur le côté. Mettez le détendeur en bouche, soufflez fortement pour chasser l'eau qu'il contient. Reprenez un rythme respiratoire normal. Vous pouvez conserver le tuba sur le masque, si un système de fixation y est prévu, ou le ranger à son emplacement habituel.

Notre conseil : *quand, en immersion, vous mettez le tuba en place, écartez doucement la sangle du masque pour éviter que ce dernier ne se remplisse d'eau. Préférez un modèle de tuba dont la forme épouse bien les contours du visage. Évitez les trop gros diamètres et les tubas trop longs.*

Les tubas qui sont munis de soupapes bidirectionnelles vous facilitent grandement la vidange puisqu'une partie de l'eau est expulsée instanément vers le bas lorsque vous soufflez.

Le lâcher d'embout

1 - Les embouts modernes sont confortables et bien étanches.

2 - Tenez le détendeur avec la main droite.

3 - Lâchez l'embout et conservez l'apnée.

4 - Replacez le détendeur dans la bouche, puis expirez.

5 - Terminez l'opération par un signe "OK, tout va bien".

Le passage embout-tuba

6 - Tenez le détendeur de la main droite et le tuba de la main gauche.

7 - Lâchez le détendeur et amenez le tuba vers la bouche.

8 - Une fois le tuba en place, soufflez fortement pour le vidanger.

6

7

8

1 - Le palmage en immersion s'effectue en douceur, le corps bien allongé dans l'eau.

2 - La technique du poumon ballast aide beaucoup à la stabilisation du plongeur.

LES POUMONS BALLAST : JOUEZ AU LUDION

Grâce à leur volume variable, les poumons jouent un rôle naturel d'équilibrage. Savoir utiliser cette propriété est tout aussi important que de bien palmer. À toutes les profondeurs, la technique du poumon ballast permet d'évoluer avec plus de souplesse et de mieux contrôler sa respiration. Dans les passages étroits (grottes, tunnels), il facilite le déplacement entre deux eaux, sans avoir recours au pédalage sur le fond.

L'apprentissage du poumon ballast est de plus en plus délaissé à cause de l'utilisation généralisée du gilet de stabilisation. Il est utile de bien maîtriser cette technique pour acquérir une bonne aisance. Elle aide à un bon lestage en faisant découvrir au plongeur la relation entre la pesée et la respiration.

Avec son vêtement de néoprène, le plongeur flotte en surface. Pour compenser cette flottabilité, il est obligé de porter une ceinture de plombs. Avec la profondeur, la pression augmente. Les petites bulles intégrées dans le matériau de la combinaison s'écrasent. La flottabilité du plongeur devient négative. C'est là que les poumons interviennent en faisant varier leur volume.

En inspirant, on gonfle les poumons. Leur volume augmente, la flottabilité aussi. En expirant, les poumons réduisent de volume. La flottabilité diminue. On appelle cela faire poumon ballast.

• **La bonne technique :** tout équipé, vous êtes immobile et à genoux, au fond. Expirez, vous tombez vers l'avant. Presque arrivé en position allongée, inspirez immédiatement. Les poumons se remplissent d'air. Dans un premier temps, le mouvement de bascule se ralentit. Ensuite, la tendance s'inverse et vous constatez un retour en arrière. Revenu à la position de départ, vous recommencez l'exercice.

Pendant toute la manœuvre, ne vous aidez ni des bras ni des jambes. Tenez compte de l'inertie du mouvement, surtout dans la phase d'inspiration, de manière à anticiper le mouvement.

***Notre conseil :** commencez doucement votre inspiration à mi-chemin de la descente. Vous serez sûr de ne pas finir aplati sur le fond.*

La technique du poumon ballast ne prétend pas remplacer le gilet, mais elle est très utile dans la pratique régulière de la plongée.

QUELQUES CONSEILS POUR LE LESTAGE

Pour déterminer le lestage idéal, effectuez le test suivant : Par 3 m de fond (cette valeur correspond à celle du palier le plus long à effectuer et le plus près de la surface), bloc plein, entièrement équipé, en pratiquant le poumon ballast, vous devez avoir une flottabilité légèrement négative. Du fait de l'allègement de la bouteille par la diminution du stock d'air initial, vous serez assuré d'une parfaite tenue d'immersion à cette profondeur à la fin de la plongée.

LE PALMAGE EN IMMERSION : PROMENADE SOUS LA MER

Une fois les techniques de palmage de surface et de sustentation bien acquises, il n'y a plus de problème lors d'une plongée.

Du fait de l'immersion totale du corps, le plongeur n'a plus de contrainte, puisqu'il est supposé avoir un poids apparent idéal. Les palmes, entièrement immergées, garantissent une efficacité totale. Comme pour le palmage de sustentation, l'amplitude du mouvement est grande et la cadence du battement assez lente. Cela favorise une bonne respiration.

• **La bonne technique :** le mouvement de jambes doit être symétrique par rapport à l'axe du corps. Contrôlez l'amplitude du battement afin d'éviter un mouvement trop grand qui a pour effet d'augmenter le maître couple (frein à l'avancement) et la résistance de l'eau sur la palme (bras de levier). Le bon compromis pour un palmage en immersion est une amplitude de 60 à 70 cm.

1

Il est inutile en plongée d'utiliser les bras comme moyen de propulsion. Ils servent tout au plus de stabilisateurs ou à changer brusquement de direction. On peut également, pour tourner, interrompre le palmage du côté où l'on souhaite aller.

Le palmage en immersion est souvent associé au poumon ballast. Pour monter, inspirez fortement, redressez le buste et palmez normalement. À l'inverse, pour descendre, pliez le buste comme pour le canard, expirez et continuez à palmer.

En pleine eau, si vous désirez vous maintenir au

2

même niveau, adoptez une position verticale comme en palmage de sustentation et effectuez des mouvements amples et lents.

Une bonne efficacité passe toujours par une orientation des voilures à plat sur l'eau, la maîtrise de l'amplitude du mouvement et la parfaite transmission des forces de propulsion (rigidité dans le maintien de l'articulation pied-jambe).

Notre conseil : *même en cas de fatigue, il faut absolument éviter le pédalage. Le fléchissement au niveau des genoux doit être limité pour ne pas transformer le palmage en un mouvement inefficace. En raison de la diminution du bras de levier, les palmes perdent leur point d'appui car la voilure glisse sur l'eau d'avant en arrière. Il arrive que la flexion du genou soit consécutive à la rigidité des palmes dont la voilure est trop dure. Dans ce cas, choisissez un modèle mieux adapté à votre morphologie.*

1

2

3

LE LANGAGE DES HOMMES-POISSONS

Pour communiquer sous la mer, l'homme ne peut employer le langage. La présence du détendeur dans la bouche empêche l'articulation de la moindre parole. De plus, si l'eau propage mieux les sons que l'air, sa densité ne permet pas la formation distincte des mots. Il existe bien sûr des appareils pour parler sous l'eau, mais ils exigent un équipement spécial et assez onéreux. C'est pourquoi on les réserve le plus souvent à l'usage professionnel. Dans un besoin naturel de communiquer entre eux, les plongeurs ont inventé un code de dialogue gestuel. Il est indispensable de le connaître parfaitement, car toute la sécurité pendant la plongée en dépend.

Depuis le congrès de la CMAS (Confédération mondiale des activités subaquatiques) à Barcelone, en février 1970, la communication par gestes est internationale. Il n'y a aucune barrière de compréhension entre les nationalités. Dès qu'il pénètre dans la mer, l'homme dispose d'un langage universel.

Les gestes "officiels" peuvent être complétés par un code spécifique à chaque catégorie de plongeurs. Archéologues, photographes, examinateurs, etc. emploient des gestes particuliers liés à leur activité.

Les signes de base

Le code de communication international défini par la CMAS regroupe 8 signes essentiels pour la pratique de la plongée de jour. Ils sont complétés par 2 signes de nuit (pages 100-101). Les signes se font indifféremment de la main droite ou de la main gauche, mais impérativement dans le champ visuel de l'interlocuteur. Chaque signe exprimé s'effectue naturellement. Il doit obligatoirement recevoir une réponse immédiate. Un signe peut exprimer une urgence. C'est pourquoi il ne doit pas y avoir d'hésitation dans la conduite à tenir. L'apprentissage des signes de plongée et du comportement pour y apporter une réponse font partie intégrante de la formation et de l'entraînement du plongeur. On peut diviser les signes de plongée en deux catégories :

- Les signes qui posent une question donnent une réponse ou ordonnent. C'est le langage courant.
- Les signes qui réclament une aide immédiate. C'est le langage d'assistance.

Le langage courant

Cette catégorie de signes est la plus facile à mémoriser car elle ne fait appel à aucune technicité particulière. Ce sont des gestes simples, employés systématiquement lors de chaque plongée. Leur formulation doit être claire et franche, le geste ne devant pas avoir la moindre ambiguïté.

Tout va bien : c'est OK

C'est le premier signe que l'on apprend, le seul qui à la fois interroge et répond. Il est enseigné dès le baptême ou l'apprentissage en plongée libre.

Ce signe peut aussi être interprété comme une réponse affirmative à un ordre donné. Il sous-entend que le plongeur a compris.

• **Le signe :** c'est un cercle formé par le pouce et l'index, les trois autres doigts étant tendus et joints. Il pose la question : "Est-ce que tout va bien ?" En règle générale, la personne qui a en charge la plongée (moniteur ou guide de palanquée) effectue toujours l'interrogation en premier.
• **Sa réponse :** elle se transmet par le même signe qui signifie alors : "OK, tout va bien !"
• **L'usage en plongée :** c'est le signe le plus fréquemment utilisé. Il a un côté convivial et rassurant. Il précède très souvent un ordre. On l'effectue systématiquement après la mise à l'eau, avant d'entamer un exercice, au moment de la descente ou de la remontée, etc.
Notre conseil : *ce signe doit être franc et direct. La main est bien dressée vers l'avant, le cercle des doigts dirigé dans l'axe du regard de la personne qui l'effectue. Il se fait indifféremment au fond et en surface.*

On descend : pouce en bas

Ce signe manifeste l'intention d'amorcer une descente. Effectué par le guide de palanquée ou le moniteur, il intime l'ordre à tous les plongeurs du groupe.
• **Le signe :** la main fermée, pouce dressé, vous effectuez une rotation du poignet pour amener ce doigt vers le bas. Une fois dans cette position, la main est maintenue immobile.
• **Sa réponse :** c'est le signe "OK, tout va bien" qui, dans ce cas, veut dire "J'ai compris". On peut également l'accompagner du signe "On descend".
• **L'usage en plongée :** effectué en surface, ce signe indique le début de l'immersion. Pendant la plongée, il avertit que l'on veut aller plus profond.
Notre conseil : *n'utilisez pas l'index pour désigner une descente, ce doigt pointé servant plutôt à attirer l'attention vers un sujet intéressant découvert pendant la plongée.*

On remonte : doigt en l'air

Ce signe annonce la volonté de remonter. Effectué par le moniteur ou le guide de palanquée, c'est un ordre absolu.
• **Le signe :** poing fermé, la main bien dégagée du corps, tendez le pouce vers le haut. Maintenez la main immobile.
• **Sa réponse :** c'est le signe "OK, tout va bien", suivi du signe "On remonte"
• **L'usage en plongée :** en général, ce signe s'effectue en fin de plongée. Dans ce cas, il invite à débuter la remontée. Lors de l'exécution d'un palier, ce signe donne l'ordre de remonter à un palier supérieur ou de regagner la surface.

En école, on l'utilise souvent en cours d'exercice de manière à pouvoir donner des explications en surface.
Attention : le signe "On remonte", effectué sans raison apparente par un plongeur de la palanquée, peut être interprété comme une alerte.
Notre conseil : *utilisez le pouce et non l'index pour ce signe. L'index dressé, poing fermé, ayant une autre signification (voir les signes complémentaires pages 98-99).*
À noter : dans l'aéronautique, ce signe veut dire "Tout va bien"... Ne confondez donc pas !

4

5

6

J'ai ouvert ma réserve : coup de poing

Il y a deux manières d'indiquer que la quantité d'air disponible est arrivée dans la limite de sécurité. Le moyen d'expression dépend de l'équipement dont dispose le plongeur.

Vous effectuez un vrai signe si vous plongez sans manomètre. Dans le cas contraire, il suffit de présenter au guide de palanquée le cadran du contrôleur de pression quand l'aiguille atteint la zone colorée.

Si votre manomètre ne dispose pas de cette indication, avertissez dès que l'aiguille est descendue à 50 bar, soit le quart de la pression de service normale d'une bouteille de plongée.

• **Le signe :** après avoir tiré la tige de réserve vers le bas, avec la main gauche (tous les mécanismes de réserves se trouvant sur la gauche), amenez la main droite, poing fermé, au niveau de la tempe, les doigts dirigés vers l'avant. Maintenez cette position jusqu'à la réponse du guide de palanquée. Ce dernier gérant la plongée, c'est à lui que vous devez vous adresser obligatoirement.

• **Sa réponse :** c'est en premier lieu le signe "OK". Il signifie que votre signe a été pris en compte et que tout va bien. Le guide de palanquée intime l'ordre de remontée à tout le groupe, en désignant chaque plongeur du doigt, avant d'indiquer "On remonte". Il commence toujours par celui qui a effectué le signe "Je suis sur ma réserve" et termine par lui-même.

Dès l'instant où un membre de la palanquée a passé sa réserve, la règle veut que tous les plongeurs du groupe remontent ensemble, quelle que soit la profondeur. Cette notion de sécurité ne doit jamais être transgressée.

• **L'usage en plongée :** si une bouteille possède un système de réserve, celle-ci est actionnée dès qu'une résistance à l'inspiration devient perceptible.

Une fois la réserve passée, le volume d'air disponible est suffisant pour assurer une remontée normale en toute sécurité. Toutefois, il ne faut pas considérer la réserve comme un élément permettant de prolonger le temps de plongée.

Notre conseil : *ne tardez pas à passer la réserve. Tirez sur la tringle dès que le besoin s'en fait sentir. En retardant cette manœuvre, vous vous exposez à un essoufflement précoce.*

Si vous utilisez un manomètre, présentez-le avec la main placée au niveau de la tempe. Cela évoque clairement le signe "Je suis sur ma réserve". Ainsi, quel que soit le degré de visibilité rencontré, le guide de palanquée comprendra aussitôt votre situation.

1 - OK, tout va bien.
2 - On descend.
3 - On remonte.
4 - Le signe "je suis sur réserve" entraîne obligatoirement la fin de la plongée.
5 - Je suis sur réserve.
6 - Réponse : OK, toi et moi, on remonte.

1

2

3

4

Les signes
1 - Je n'arrive pas à ouvrir ma réserve, passe-moi ma réserve.
2 - Réponse : abaissez la tige de réserve et faites les signes OK et On remonte.
3 - Ça ne va pas très bien.
4 - Réponse : Stop et éventuellement On remonte.
5 - Je n'ai plus d'air.
6 - Réponse : donnez immédiatement de l'air avec votre détendeur ou un octopus. Remontée immédiate obligatoire.
7 - Signe de détresse en surface.

Le langage d'assistance

Si les signes statiques expriment un ordre, une question ou une réponse, ceux avec mouvement réclament une action d'assistance de la part de celui auquel ils s'adressent. Officiellement, 4 signes d'assistance sont reconnus sur le plan international pour la plongée de jour.

Je n'arrive pas à ouvrir ma réserve : du piston

Employé uniquement par les plongeurs utilisant une bouteille dont la robinetterie est munie d'une réserve, ce signe tend à disparaître avec la généralisation des manomètres immergeables et des robinetteries simples.

• **Le signe :** il s'effectue indifféremment avec la main droite ou gauche. Le bras placé le long du corps, actionnez l'avant-bras dans un mouvement de levier alternatif et répété, le coude restant fixe.

Ce signe s'adresse au plongeur de la palanquée situé le plus près de vous.

• **Sa réponse :** le plongeur auquel vous vous êtes adressé se dirige immédiatement sur votre gauche. Il saisit la partie supérieure du levier de réserve et appuie dessus jusqu'à ce qu'il soit en position basse. Il se tourne vers vous, effectue le signe "OK". C'est une question qui implique une réponse :

Si tout va bien, vous répondez par le signe "OK". Dans ce cas, il vous indique avec les signes appropriés que vous êtes sur réserve et qu'il faut remonter.

Si votre sensation de manque d'air persiste, dites que cela ne va pas très bien ou indiquez "Je n'ai plus d'air". Dans ce cas, le plongeur qui vous assiste vous passera son détendeur et vous remonterez ensemble immédiatement, en respirant à deux sur sa bouteille.

Un autre cas de figure peut se présenter. Le plongeur qui vous assiste constate que le levier de réserve est déjà en position basse. Il se retourne immédiatement, face à vous, et vous présente son détendeur. Cela signifie que, la réserve s'étant abaissée pour une cause inconnue, vous avez épuisé votre bouteille. Vous n'avez plus d'air, il faut remonter à deux sur un seul embout.

• **L'usage en plongée :** ce signe s'effectue chaque fois que l'on a du mal à passer la réserve : tringle perdue, impossibilité d'accéder à la tige, abaissement accidentel du levier à cause d'un choc, etc.

Notre conseil : *vérifiez et faites vérifier avant la mise à l'eau que la réserve se trouve bien en position haute (fermée). À l'inverse, avec un manomètre, plongez toujours réserve baissée.*

Ça ne va pas très bien : couci-couça

Ce signe précise l'état général et permet d'attirer l'attention sur la source et l'origine du problème. Il exprime un manque d'aisance qui n'implique pas forcément une remontée obligatoire.

• **Le signe :** la main ouverte, doigts écartés, amorcez une rotation en va-et-vient, le bras bien détaché du corps. Utilisez indifféremment la main droite ou la main gauche. Ce signe s'adresse toujours au plongeur le plus près de vous. Avec l'index de la main

5

7

6

libre, complétez si possible, le signe "Ça ne va pas très bien" en indiquant l'origine du problème (oreille, ventre, masque, détendeur, sanglage, gilet, etc.).
• **Sa réponse :** le plongeur qui a reçu votre signal se dirige immédiatement vers vous. Il vous adresse le signe "OK". Si le problème passager a été résolu (cas des oreilles ou petite fuite par exemple), vous lui répondez "OK, tout va bien". Si la sensation de désagrément persiste, continuez à faire le signe "Ça ne va pas très bien". Dans ce cas, selon l'importance de la gêne, on décidera s'il faut ou non remonter.
• **L'usage en plongée :** le moindre problème gênant votre évolution dans l'eau doit se traduire par le signe "Ça ne va pas très bien".
Notre conseil : *ne craignez pas d'utiliser ce signe, vous ne paraîtrez jamais ridicule aux yeux d'un autre plongeur. Mieux vaut alerter les autres dès le début. Masquer une situation gênante peut parfois conduire à des problèmes plus graves.*

Je n'ai plus d'air : coupe-gorge

Ce signe est effectué dès que l'on ressent une gêne profonde dans la respiration par manque d'air.
• **Le signe :** main à l'horizontale, doigts serrés, la paume dirigée vers le fond, vous effectuez avec l'avant-bras un mouvement de va-et-vient de la gorge vers l'extérieur. Adressez-vous au plongeur le plus proche. N'interrompez le signe qu'après avoir reçu l'assistance nécessaire.
• **Sa réponse :** dès qu'il perçoit le signe "Je n'ai plus d'air", le plongeur se dirige immédiatement vers son coéquipier. Il se place sur sa droite et lui tend son détendeur. Dans le même temps, si sa robinetterie est équipée d'une réserve, il tire la tringle vers le bas. De par sa position, il ne pourrait plus le faire facilement pendant la remontée. De plus, il est nécessaire de disposer de tout le stock d'air.

Il faut bien évidemment amorcer la remontée immédiatement en respectant la vitesse normale.
• **L'usage en plongée :** ce signe peut intervenir à tout moment à cause d'une panne, d'un détendeur défectueux, d'une robinetterie défaillante, du mauvais état intérieur de la bouteille, etc.
Notre conseil : *le plongeur qui assiste celui qui manque d'air doit toujours conserver son détendeur dans la main et ne le lâcher sous aucun prétexte.*

Dès que vous aurez atteint un bon niveau, équipez-vous d'un double détendeur (octopus) ou d'un détendeur inflateur (Air II ou Air Source) qui facilite beaucoup les manœuvres d'assistance en cas de manque d'air.

Détresse en surface : des claques sur l'eau

Pour alerter les personnes qui se trouvent à proximité du lieu de plongée, dans le cas de graves problèmes en surface qui nécessitent une assistance immédiate, utilisez le signe de détresse.
• **Le signe :** il s'agit de frapper, à répétition, la surface de l'eau avec le plat de la main, le bras bien tendu. Ce signe s'apparente beaucoup aux gestes effectués par une personne qui se débat en surface. Continuez sans arrêt jusqu'à l'arrivée des secours.
• **Sa réponse :** dès que l'on remarque ce signe, il faut immédiatement se rendre sur les lieux et porter assistance au plongeur.
• **L'usage en plongée :** ce signe se pratique dès l'arrivée en surface, par exemple après la remontée d'un plongeur en difficulté ou pris de malaise, en cas d'accident, etc.
Notre conseil : *ce geste doit être uniquement employé dans les cas graves qui nécessitent impérativement une aide extérieure. Ne l'utilisez pas de manière inopportune.*

1

2

3

4

5

Le langage complémentaire

Nous avons passé en revue dans les pages précédentes les signes de plongée officiels. Sur le plan pratique et pour affiner la communication, les plongeurs ont été amenés à sophistiquer leur langage. Sans arriver à une gestuelle aussi élaborée que la communication des sourds-muets, les signes complémentaires permettent de transmettre l'essentiel des informations nécessaires au cours d'une plongée.

Nous vous indiquons ici les signes les plus employés, mais vous pouvez définir des codes spécifiques selon votre activité et vos affinités particulières.

C'est ainsi, par exemple, qu'une véritable charte d'expressions est souvent créée entre le photographe et son modèle.

Stop : arrêt immédiat

Dans le cas où l'on a besoin de cesser toute activité, on emploie le signe "Stop" qui signifie aussi "Restez-là" ou "Je reste là".

• **Le signe :** bras demi-levé, main ouverte, paume vers l'avant, doigts dirigés vers le haut, le membre reste immobile à hauteur de la tête.

• **Sa réponse :** le signe "OK" indique la compréhension de l'ordre par celui qui le reçoit.

• **L'usage en plongée :** c'est le plus souvent le guide de palanquée ou le moniteur en école qui utilise le signe "Stop", pour faire une démonstration d'exercice, avant d'entrer dans une grotte ou dans une épave...

Ce geste est très utilisé pour s'arrêter à bonne profondeur lors d'un palier ou pour cesser toute progression dans la descente.

Notre conseil : *tant que le guide de palanquée n'a pas donné un autre ordre, tous les plongeurs doivent attendre, groupés, en maintenant leur niveau d'immersion.*

Toi, Moi : montrer du doigt

Ce signe s'utilise essentiellement pour se désigner soi-même ou signifier à un plongeur que l'on s'adresse spécialement à lui.

• **Le signe :** main droite ou gauche à volonté, poing fermé, index dirigé vers soi, cela signifie "Moi". Quand l'index se pointe vers la personne, cela veut dire "Toi". Ce dernier signe, effectué en direction d'un objet, d'un lieu ou d'un animal, souligne un point d'intérêt ou un sujet exceptionnel.

• **Sa réponse :** il n'y a pas de réponse directe à ces signes précis.

• **L'usage en plongée :** en règle générale, ces signes en précèdent toujours un autre ou accompagnent une gestuelle dans le cadre de l'interprétation. Par exemple : "Toi et moi, on remonte"; "Toi, tu es sur réserve" ; "Toi, stop" ; etc.

Notre conseil : *dans une palanquée importante, rapprochez-vous suffisamment près de la personne que vous cherchez à désigner afin de ne pas provoquer une confusion chez les autres.*

6

7

8

1 - *Stop ! Arrêt immédiat.*
2 - *Toi.*
3 - *Moi.*
4 - *Je suis essoufflé.*
5 - *Réponse : stop et on remonte.*
6 - *En surface : O.K., tout va bien.*
7 - *Signe anglo-saxon : OK, tout va bien en surface.*
8 - *Signe similaire au précédent si vous tenez un objet lourd à la main.*

Je suis essoufflé : à pleins poumons

Ce signe exprime une difficulté respiratoire toujours accompagnée d'une accélération du rythme. Geste important, il doit entraîner une réaction immédiate.

• **Le signe :** bras semi-fléchis, écartés du corps, mains bien ouvertes, les paumes dirigées vers soi, faites un mouvement de va-et-vient vers la cage thoracique. Adressez-vous au plongeur le plus proche et répétez le geste jusqu'à ce que l'on vous porte assistance.

• **Sa réponse :** le plongeur s'approche, agrippe le pan de votre gilet de sa main gauche. Si la robinetterie de votre bloc est équipée d'une réserve, il l'ouvre tout de suite. Il vous fait le signe "Stop". Il observe votre comportement. Si votre état ne s'améliore pas rapidement, il vous indique de remonter et vous accompagne.

• **L'usage en plongée :** à faire dès que la respiration devient difficile à la suite d'un effort important tel que palmage pénible, lutte contre le courant, condition physique déficiente, stress, distance parcourue trop importante, appréhension, etc.

Notre conseil : *si vous êtes essoufflé, n'augmentez pas le problème par un palmage trop rapide pour rejoindre votre coéquipier. Au contraire, cessez toute activité. Il va rapidement se rendre compte de votre absence et vous rejoindre.*

Si vous devez assister quelqu'un d'essoufflé, observez bien les bulles expirées (cadence et volume). Un débit anormalement rapide est très révélateur de l'importance du problème.

Le simple fait d'intervenir vers un plongeur essoufflé suffit bien souvent à le rassurer et à diminuer sa gêne. En règle générale, il vaut mieux regagner la surface aussitôt.

Tout va bien en surface : haut les mains

Dès que vous émergez après une plongée, il est bon d'indiquer aux personnes restées sur le bateau d'accompagnement que tout s'est bien passé. Cela permet aussi de vous localiser.

• **Le signe :** c'est le même que "OK, tout va bien", mais il est réalisé le bras tendu verticalement, la main le plus haut possible au-dessus de la tête. Effectuez ce signe après avoir gonflé votre gilet en surface, vous éviterez d'avoir à faire un palmage de sustentation. Vous serez aussi plus haut sur l'eau... donc plus visible.

• **Sa réponse :** l'idéal est de répondre par le même geste. Mais tout signe ou élément sonore vous donnant l'assurance d'avoir été perçu constitue une réponse satisfaisante.

• **L'usage en plongée :** c'est un geste à réaliser obligatoirement au début et à la fin de chaque plongée.

Notre conseil : *c'est au guide de palanquée de faire ce signe, une fois qu'il a regroupé toute sa palanquée. N'accompagnez ce geste d'aucun bruit ou de grands gestes désordonnés pouvant prêter à confusion.*

Si vous voyagez à l'étranger

Certains organismes internationaux de plongée utilisent 2 autres signes pour "Tout va bien en surface". Ils ont l'avantage d'être bien visibles à grande distance, mais ne peuvent être aisément réalisés qu'avec le gilet de stabilisation gonflé.

Tendez les deux bras au-dessus de la tête, en réunissant les mains du bout des doigts.

Si vous tenez un objet à la main, le signe se fait avec la main libre, le bout des doigts posé sur le sommet du crâne.

Ces signes sont systématiquement pratiqués dans toutes les zones d'influence américaine.

Important

Assurez-vous que votre compagnon de plongée a bien compris votre signe. Toute absence de réponse doit être considérée comme une situation anormale et vous inciter à réagir ou à intervenir rapidement. Cette règle est fondamentale.

LUMIÈRES DANS LA NUIT

Lorsque vous désirez communiquer de nuit avec un autre plongeur en utilisant les signes manuels conventionnels, éclairez seulement votre main. Le faisceau de la lampe ne doit en aucun cas éblouir votre interlocuteur.

1 - Des cercles de lumière : OK, tout va bien.
2 - Un trait lumineux vertical : ça ne va pas.
3 - Les signes lumineux servent aussi à communiquer lors des plongées par faible visibilité.

1

2

LES SIGNES DE NUIT

Lors des plongées de nuit, la communication s'effectue toujours par gestes, mais on utilise bien sûr une lampe pour éclairer les signes. Ces derniers sont les mêmes que pour la plongée de jour. Toutefois, deux signes lumineux spécifiques, adoptés par la CMAS et la plupart des organismes internationaux, s'effectuent indifféremment en immersion et en surface.

OK, tout va bien : des ronds dans l'eau

La nuit, quand les plongeurs d'une palanquée sont un peu éloignés les uns des autres, la communication par signes lumineux s'impose.
• **Le signe :** le faisceau de la lampe dirigé vers le plongeur auquel vous vous adressez, effectuez des cercles lents et amples dans le sens des aiguilles d'une montre.
• **Sa réponse :** c'est le même signe que précédemment. Il est indispensable de faire le geste sans discontinuer, jusqu'à réception claire de la réponse attendue.
• **L'usage en plongée :** il est important de s'adresser régulièrement le signe "OK, tout va bien" afin de s'assurer du bon déroulement de la plongée et du comportement de chacun. Dans le cadre un peu particulier de la plongée de nuit, c'est un facteur rassurant.
Notre conseil : *dans la mesure du possible, cherchez à vous rapprocher assez près de votre interlocuteur. Comme le champ visuel dont on dispose en plongée est restreint, la perception des signes n'est pas toujours évidente. Pour des motifs élémentaires de sécurité, il convient de ne jamais perdre de vue ses compagnons au cours d'une plongée de nuit.*

Ça ne va pas : grand balayage

Si, pour quelque raison que ce soit, vous ne vous sentez pas bien, alertez immédiatement vos compagnons de plongée par un signe lumineux. Celui-ci offre l'avantage de pouvoir être perçu rapidement et à grande distance.
• **Le signe :** une alternance rapide de grands mouvements verticaux est effectuée avec la lampe allumée en direction du plongeur le plus proche.
• **Sa réponse :** dès que vous recevez le signe lumineux "Ça ne va pas", il faut vous diriger le plus rapidement possible vers la source d'éclairage et réagir alors en conséquence.
• **L'usage en plongée :** c'est un signe extrême. À l'encontre du "Ça ne va pas très bien", on ne l'emploie pas pour des problèmes mineurs comme une oreille difficile à passer par exemple.
Notre conseil : *réalisez bien ce signe dans le plan vertical. En effet, le mouvement linéaire effectué horizontalement avec la lampe est souvent utilisé pour attirer l'attention vers un sujet intéressant (poisson, crevette, poulpe, nudibranche, etc.).*

Important

Comme pour les signes de jour, l'absence de réponse aux signes lumineux doit être considérée comme une situation anormale et vous alerter.

AUTRES MOYENS DE COMMUNIQUER

COUP DE SIFFLET

La plupart des gilets de stabilisation sont équipés d'un sifflet, accroché au tuyau annelé situé du côté gauche. Ce sifflet est un moyen de communication en surface. Il est essentiellement utilisé en cas de détresse. Des coups brefs, 5 ou plus, sont un signe international de danger et réclament une assistance immédiate.

UNE BONNE ARDOISE

Une planchette sous-marine est constituée d'une plaque en plastique unie et d'un crayon gras,solidaire par une cordelette. On l'utilise pour communiquer un message précis ou complexe, impossible à effectuer par signes. Appelé aussi ardoise, cet accessoire est souvent utilisé en école de plongée, car cela permet de rester au fond entre deux exercices et d'indiquer les corrections éventuelles, sans avoir à remonter. Ce moyen est excellent pour le guide de palanquée pour signaler les paliers à effectuer aux plongeurs non munis d'appareils de contrôle.

BATTRE LE RAPPEL

En raison de la bonne propagation du son dans l'eau, les bruits servent aussi de moyen d'avertissement. Un système de communication a lieu entre la surface et les plongeurs, notamment pour suspendre la plongée et rappeler tout le monde à l'air libre. Tout objet métallique en contact avec l'eau transmet bien le bruit quand on le frappe. Des coups répétés sont un signe impératif de remontée. Il existe aussi des pétards de rappel que l'on jette dans l'eau pour avertir les plongeurs qu'une remontée d'urgence s'impose.

3

1

2

1 - La remontée sans embout est un exercice de moins en moins pratiqué en raison des risques de surpression pulmonaire. On préfère aujourd'hui la remontée en expiration avec le détendeur dans la bouche.

2 - L'air contenu dans les poumons augmentant de volume au fur et à mesure que l'on remonte, il est indispensable d'expirer très progressivement.

La remontée en expiration

Traditionnellement, dans l'enseignement de la plongée figurait un exercice qui consistait à remonter d'une profondeur donnée après avoir lâché l'embout. Certains pays avaient écarté cette pratique dans leur formation, sous prétexte qu'elle pouvait être dangereuse (risque de surpression pulmonaire). Depuis peu, la remontée sans embout est remplacée par la remontée en expiration avec embout dans la bouche. Il s'agit d'un exercice primordial pour la sécurité personnelle du plongeur.

• **La bonne technique :** après avoir parfaitement maîtrisé le lâcher et la reprise normale de l'embout (voir page 90), le plongeur doit s'habituer à souffler régulièrement par la bouche.

Le premier apprentissage s'effectue à une profondeur de 5 m. Plus tard, à 10 ou 20 m, en perfectionnement, selon la qualification ou le brevet préparés. Ces exercices sont réalisés avec l'embout dans la bouche.

Partant du fond, prenez une inspiration normale, palmez lentement pour remonter vers la surface. Expirez régulièrement dans le détendeur pendant l'ascension. Le moniteur doit contrôler que des bulles d'air sortent en permanence.

La position de la tête est importante. Écartez le menton de la poitrine, cou tendu, de manière à garantir le libre passage de l'air vers l'extérieur. Dirigez le regard vers la surface afin d'effectuer un tour d'horizon par souci de sécurité.

La difficulté de cet exercice réside dans le fait qu'il faut gérer en permanence l'expiration de l'air, tout en conservant une réserve suffisante pour assurer la remontée complète. Lorsque l'exercice est effectué à 10 ou 20 m, l'expiration n'est pas continue. Soufflez à intervalles réguliers. Seuls les derniers mètres exigent une exhalation permanente. Pas de panique ! L'air expiré est excédentaire, vous en aurez toujours assez.

• **L'utilité en plongée :** la bonne maîtrise de cet exercice est sécurisante pour le plongeur. Il sait qu'il peut regagner la surface, avec le seul volume d'air de ses poumons. Cela lui évite d'être tenté de se bloquer en phase inspiratoire lors d'un arrachage de masque ou de la perte soudaine de l'embout. Cela l'aide à aboutir au réflexe expiratoire systématique lors d'une remontée.

Cet exercice prépare également à la remontée à deux en respirant sur un même embout.

Notre conseil : *le palmage est très important pour la bonne réussite de la remontée en expiration. Palmez vigoureusement au fond pour bien décoller. Maintenez une allure régulière pendant l'ascension et ralentissez à l'approche de la surface. N'oubliez pas d'effectuer un tour complet sur vous-même, le regard dirigé vers la surface, pour éviter tout risque de collision avec un objet flottant.*

La remontée à deux sur un embout

Exercices de base dans l'apprentissage de la plongée, la respiration et la remontée à deux sur le même détendeur permettent d'acquérir de bons réflexes et de bien adapter sa respiration à un rythme économique.

L'exercice s'effectue d'abord en statique, puis en déplacement horizontal et, enfin, avec une remontée complète.

• **La bonne technique :** commencez à faible profondeur, 2 à 3 m suffisent.

Les deux plongeurs sont face à face. Lorsque le moniteur fait le signe "Je n'ai plus d'air", dirigez-vous vers lui et placez-vous sur sa droite. En effet, les tuyaux d'arrivée d'air de tous les détendeurs étant à droite, vous vous trouvez de ce fait dans la bonne position pour présenter convenablement l'embout au demandeur.

Si votre bloc est muni d'une réserve, tirez-la avant de réaliser le premier échange d'embout. Vous disposerez ainsi de tout le stock d'air de votre bouteille.

Saisissez le plongeur en difficulté par le pan de son gilet de stabilisation. Inspirez fortement. Donnez votre détendeur en le tenant de la main droite. Le receveur vous prend la main et amène le détendeur dans sa bouche. Après deux ou trois inspirations, il vous redonne le détendeur que vous n'avez pas lâché. Vous le remettez en bouche, et après avoir libéré votre main, vous adressez un signe OK à la personne assistée, qui vous répond. Répétez plusieurs cycles respiratoires jusqu'à l'obtention d'une parfaite coordination.

La progression dans l'exercice consiste à effectuer des parcours en déplacement horizontal, en se passant alternativement l'embout. Pour terminer, une remontée complète de 5, 10, puis 20 m de profondeur, en fonction des qualifications préparées, est effectuée.

• **L'usage en plongée :** la remontée à deux sur le même embout a pour but de faire face à une panne d'air accidentelle. Cet incident est fort heureusement très rare.

En cas de problème réel, ne remontez surtout pas tout de suite. Réalisez le passage d'embout en position statique, le temps que le plongeur en difficulté ait récupéré et qu'un rythme d'échange normal soit instauré.

Avant d'amorcer la remontée, n'oubliez pas de purger les deux gilets de stabilisation. La vitesse de remontée doit être plus lente que d'ordinaire. Échangez régulièrement des signes OK.

3

4

Quand vous n'avez pas l'embout dans la bouche, vous vous retrouvez dans le cas d'une remontée en expiration. N'oubliez pas de libérer régulièrement de l'air par la bouche.

Un tour d'horizon est obligatoire avant d'arriver à la surface.

Notre conseil : *si vous êtes le donneur d'air, ne lâchez jamais votre embout... afin d'être sûr de le récupérer à tout moment ! Du début à la fin de la remontée, conservez toujours le même rythme d'échange. Si vous devez réaliser un palier en respirant à deux sur le même détendeur, effectuez des déplacements circulaires à la bonne profondeur. En effet, il est alors très difficile de tenir un bon niveau d'immersion en statique. Modérer votre inspiration afin de respecter la profondeur de votre palier.*

3 - Au signe : "je n'ai plus d'air", dirigez-vous rapidement vers le plongeur en difficulté et tendez-lui votre embout.

4 - Pendant la respiration à deux sur un embout, conservez toujours la main sur votre détendeur.

5 - Un respirateur branché sur le direct system du gilet de stabilisation est un excellent détendeur de secours.

6 - Si vous disposez d'un octopus, conservez votre détendeur en bouche et assistez le plongeur qui n'a plus d'air avec celui muni d'un long tuyau.

5

6

LE DÉCAPELAGE À L'ANCIENNE

Encore souvent enseigné dans les écoles de plongée, le décapelage du bloc par-dessus la tête est un bon exercice d'aisance et de contrôle de la respiration. Il se pratique essentiellement avec les bouteilles munies de sangles traditionnelles. Après avoir détaché la sous-cutale de la boucle de la ceinture, desserrez les sangles du scaphandre. Ramenez les pouces sur les épaules et levez les bretelles à bout de bras. Il suffit de faire le dos rond pour que la bouteille passe par-dessus la tête. Le bloc se trouve alors à l'horizontale devant vous.

Cette méthode classique de décapelage n'a plus vraiment de raison d'être car les détendeurs dorsaux à un étage, avec leurs deux tuyaux annelés, ne sont pratiquement plus utilisés.

Le décapelage
1 - Dégrafez les sangles du gilet de stabilisation.
2 - Écartez les pans du gilet.
3 - Faites glisser la bretelle gauche pour dégager le bras.
4 - Maintenez le scaphandre sur l'épaule en tenant fermement le gilet.
5 - Amorcez un léger mouvement de rotation de manière à dégager complètement le bloc.
6 - Équilibrez-vous en tendant la bouteille devant vous. Tenez-la par la robinetterie.

DÉCAPELAGE-RECAPELAGE

Il est inhabituel que l'on ait besoin de retirer partiellement son équipement durant l'immersion. Toutefois, le décapelage et le recapelage font partie de l'enseignement courant. Ces exercices servent à acquérir une bonne aisance avec une parfaite coordination des mouvements et le contrôle de la respiration (poumon ballast). Décapelage et recapelage permettent aussi de bien ressentir les problèmes d'équilibre dans l'eau et de mieux se familiariser avec le comportement du scaphandre.

Avec la généralisation des détendeurs à deux étages et le remplacement du sanglage classique des blocs par le gilet de stabilisation, le décapelage dit "sac à dos" est actuellement le plus pratiqué.

• **La bonne technique :** en raison du poids élevé du bloc, on pratique toujours le décapelage dans l'eau.

Stabilisez-vous par 2 ou 3 m de fond, un genou au fond. Libérez les sangles de poitrine et celle ventrale de votre gilet de stabilisation. Si ce dernier est du type réglable, agrandissez la boucle d'épaule gauche (à l'opposé de l'arrivée d'air du détendeur).

Dégagez le bras gauche de l'emmanchure du gilet et faites pivoter votre scaphandre vers la droite. Accompagnez le mouvement de manière à placer le bloc devant vous. Saisissez-le de la main gauche et libérez le bras droit. Pendant toute cette manœuvre, conservez un rythme respiratoire normal afin de ne pas modifier votre poids apparent dans l'eau.

À cet instant, vous pouvez :
- laisser votre scaphandre en surface, s'il faut remonter à bord d'un bateau (dans ce cas, pensez à gonfler votre gilet avant) ;
- effectuer un échange de scaphandre avec un autre plongeur.

Pour recapeler, conservez la position de départ, un genou au fond.

5

6

7

7 - *Savoir décapeler aisément est souvent utile en surface de manière à pouvoir donner son scaphandre sans problème aux personnes se trouvant sur le bateau.*

Placez le bloc debout, face à vous. Engagez d'abord le bras droit dans la manche droite du gilet (côté d'arrivée du détendeur). Glissez l'autre bras dans la manche comme si vous enfiliez une veste. Assurez-vous que les deux tuyaux (arrivée d'air et direct system) se trouvent vers l'extérieur. Dans le cas contraire, ils seraient coincés lors de la remise en place de la bouteille.

Le bloc une fois en place sur le dos, réglez les différentes sangles en fonction de votre morphologie.

• **L'usage en plongée :** en immersion, le décapelage sert principalement à passer dans un goulet étroit, à s'introduire dans une petite grotte, une faille ou l'écoutille d'une épave. Il est utile, au palier, quand, votre plongée finie vous prêtez votre bloc à un plongeur qui a besoin d'air. On réalise aussi un décapelage pour procéder à l'échange de scaphandre entre plongeurs.

Un décapelage suivi d'un déplacement au fond, en poussant la bouteille devant soi, embout dans la bouche, puis un recapelage pour finir sont des épreuves exigées pour l'obtention du niveau 2.

En surface, le décapelage est très souvent utilisé : pour vous déséquiper dans l'eau et passer votre bloc à bord du bateau (très fréquent avec un pneumatique) ; par mauvaise mer, lorsqu'il est impossible de remonter à l'échelle tout équipé ; en cas d'urgence absolue pour abandonner son scaphandre et aller porter secours à quelqu'un.

Le recapelage est adopté pour s'équiper du scaphandre dans l'eau, lorsque celui-ci est muni d'un gilet de stabilisation.

Notre conseil : *bien que le but final soit d'effectuer le décapelage et le recapelage avec un lestage normal, alourdissez votre ceinture de 1 à 2 kg dans un premier temps. Vous aurez une meilleure stabilité au fond.*

Pour les débutants, l'exercice est plus facile à pratiquer en piscine, en raison de l'absence de courant et de la densité moindre de l'eau.

1

2

1 - Parfaitement équilibré grâce à son gilet, le plongeur a l'impression de planer en apesanteur.
2 - Un gilet bien ajusté est un élément de confort et de sécurité pour le plongeur. L'essayer, c'est l'adopter... définitivement.

L'UTILISATION DU GILET DE STABILISATION

Les poissons trouvent naturellement leur équilibre dans l'eau grâce à un petit organe interne : la vessie natatoire. Selon la quantité d'air qu'elle contient, le poisson descend ou remonte à volonté. Le plongeur moderne se sert du "stab", le gilet de stabilisation, connu aussi sous le nom de "stabilizing jacket" ou BC (bouée de compensation ou *Buoyancy Compensator* comme disent les Américains).

L'utilisation de cet équipement est conseillé dès le début de l'apprentissage de la plongée afin d'en connaître parfaitement le fonctionnement et s'en servir au mieux de ses possibilités.

• **Les fonctions :** confort, sécurité

Le gilet de stabilisation a plusieurs fonctions :

- Amélioration de la flottabilité en surface : le gilet joue alors le rôle d'une bouée, évitant la fatigue due au palmage de sustentation ou compensant le poids de la bouteille et du lest lors du déplacement en surface. C'est un accessoire de sécurité important qui permet de retourner calmement au bateau ou au rivage, même en cas de fatigue.

- Stabilisation entre deux eaux : un point important, par exemple, pour le contrôle idéal de l'équilibre au fond et au palier.

- Remontée en cas de difficulté : seul ou à deux, le gilet de stabilisation permet de regagner la surface dans de bonnes conditions et sans effort particulier.

Notre conseil : *le gilet de stabilisation est un accessoire de confort incomparable. Mais en aucun cas il ne doit servir à annuler le palmage lors d'une remontée, celle-ci devant être contrôlée (vitesse imposée par les tables).*

• **L'équipement :** le bon ajustement

Plusieurs tailles existent en fonction des morphologies. Elles s'expriment en S (small), M (medium), L (large) et XL (extra large), en raison de l'origine américaine du matériel.

Le montage du "stab" sur le bloc s'effectue à l'aide d'une sangle équipée d'un système de serrage qui varie selon les marques et les modèles. Lisez attentivement le mode d'emploi, la mise en place sur la bouteille n'est pas toujours très évidente la première fois. Votre moniteur est aussi là pour vous aider.

Tous les gilets sont munis d'un dosseret en plastique intégré (back pack). L'important est que le haut du dos du gilet se trouve au niveau de la robinetterie. Raccordez le direct system au tuyau d'alimentation, avant la mise à l'eau.

Notre conseil : *vous ne devez pas flotter dans un gilet de stabilisation. La bouteille doit être parfaitement calée pour un meilleur confort. Serrez bien les sangles avant la mise à l'eau. Avec un "stab" bien réglé, votre tête doit toujours rester dégagée, même lorsque le gilet est gonflé au maximum.*

1

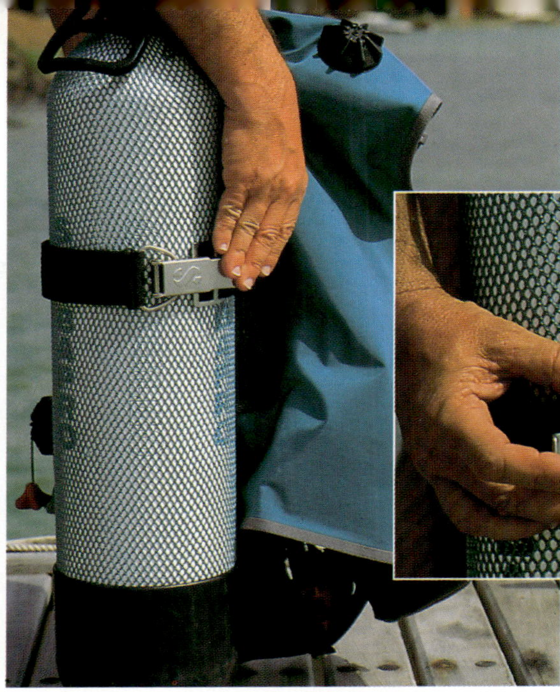

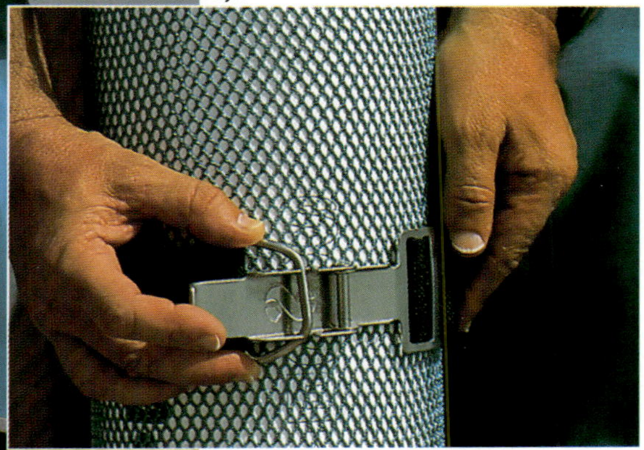

6, 7

5

Montage du gilet de stabilisation
(sanglage Spirotechnique)

1 - Glissez la sangle de la partie basse du gilet.

2 - Serrez la sangle supérieure en appuyant sur le Velcro.

3 - Fermez la boucle plastique (il faut forcer un peu).

4 - Ajustez les sangles ventrales.

5 - Serrez le gilet en tirant simultanément sur les deux sangles.

Montage de la sangle sur le bloc
(Système Scubapro)

6, 7 - Réglez la sangle de manière à ce qu'elle enserre bien la bouteille. Glissez la boucle métallique dans le système de verrouillage et refermez d'un coup. Vous devez constater une résistance.

2

3

4

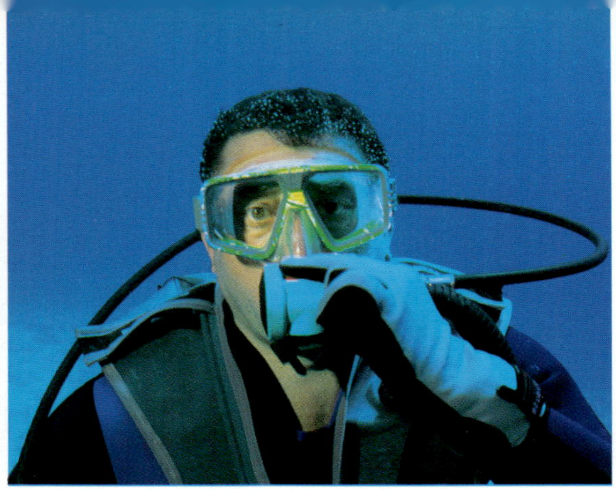

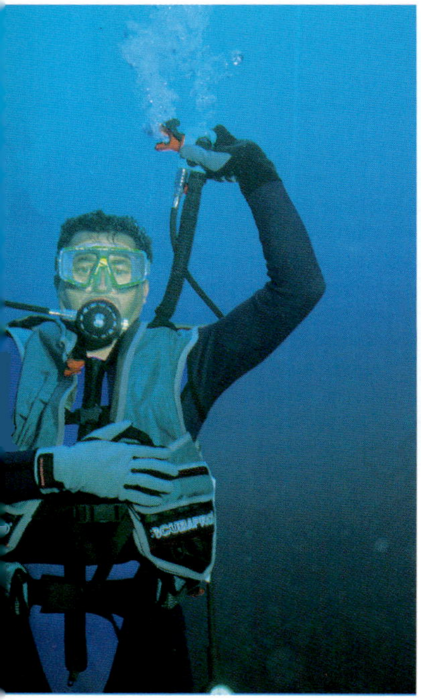

En haut, à gauche : le gonflage du gilet à l'aide du direct system est très précis.

En haut, au centre : le respirateur peut devenir un précieux détendeur de secours en cas de besoin.

En haut, à droite : une simple pression du doigt sur le bouton du direct system permet l'admission de l'air dans le gilet.

Ci-dessus, à gauche : la vidange lente du gilet s'effectue en tendant le tuyau du direct system vers le haut et en appuyant sur le bouton de purge.

Ci-dessus, au centre : en position verticale, le plongeur peut vider rapidement son gilet avec la purge haute.

Ci-dessus, à droite : en position horizontale, on utilise plus volontiers la purge basse pour une vidange rapide.

Le gonflage : rapide et précis

Il y a plusieurs moyens d'insuffler de l'air dans le gilet de stabilisation :

• **Avec le direct system :** c'est le plus pratique et le plus courant. L'alimentation s'effectue à partir du premier étage du détendeur (moyenne pression), grâce à un tuyau terminé par une molette coulissante. Cette dernière vient s'accoupler à l'embout du tuyau annelé (direct system). On l'actionne de la main gauche avec le bouton d'inflation, appelé ainsi car il actionne un clapet laissant passer l'air de la bouteille directement dans le gilet.

• **Par gonflage buccal :** en cas de mauvais fonctionnement du direct system ou par souci d'économie d'air, vous pouvez gonfler le gilet avec l'air que vous expirez par la bouche. Portez l'embout du direct system à la bouche. Appuyez sur le bouton de purge. Soufflez. L'air passe dans le gilet par le tuyau annelé.

Attention, entre chaque inspiration dans votre détendeur, ne laissez pas votre doigt appuyé sur le bouton de purge : le gilet se dégonflerait !

• **Avec une cartouche de CO_2 :** destinée à une utilisation en surface, cette petite bouteille non réutilisable contient du gaz carbonique sous pression. En cas d'incident, il suffit de tirer sur le cordon pour percuter et gonfler instantanément le gilet. La cartouche de CO_2 est positionnée dans un logement intérieur, situé en bas et à gauche du gilet. De cette façon, il n'est pas possible de la confondre avec les systèmes de purge basse.

Notre conseil : *insufflez de l'air dans le gilet par petites pressions répétées sur le direct system et non par gonflage continu. Cela permet une plus grande précision.*

Le vidage : contrôle nécessaire

En raison des phénomènes physiques liés à la pression, il est indispensable de pouvoir purger le gilet de stabilisation avec régularité et précision. Tous les gilets possèdent une ou plusieurs soupapes tarées qui les empêche de dépasser leur volume maximal et d'éclater. Elle fonctionne automatiquement, autorisant en moyenne 30 à 40 g de surpression. Il existe deux purges rapides actionnées manuellement. Elles assurent une vidange intégrale du gilet.

• **La purge haute :** située, pour des raisons de confort, sur la partie supérieure droite du gilet, au niveau de l'omoplate, elle est actionnée par un cordon à poignée. Il se trouve sur l'avant, à hauteur de la poitrine pour un accès facile. Il suffit de tirer dessus pour ouvrir une soupape et libérer l'air. Cette purge haute s'utilise en position verticale, tête en haut.

• **La purge basse :** basée sur le même principe que la précédente, elle se trouve sur l'arrière, dans la partie inférieure du gilet, indifféremment à droite ou à gauche. Elle s'utilise en position horizontale.

Un autre moyen de vidage du gilet est la purge lente, intégrée au tuyau annelé du direct system. On l'utilise dans toutes les positions (sauf tête en bas). Cela permet de contrôler l'évacuation de l'air par une simple pression sur le bouton de purge. Pour une bonne efficacité, il est nécessaire de tendre verticalement le tuyau annelé : le départ de l'air vers la surface en sera facilité.

Notre conseil : *utilisez seulement les purges rapides pour un arrêt immédiat. Pour toutes les opérations de stabilisation, préférez la purge lente ou haute qui sont plus précise.*

L'habillage dans l'eau : roulade

Lorsque s'équiper sur le bateau est peu pratique (sur un petit pneumatique, par exemple), il est préférable de le faire dans l'eau.

Avant de jeter votre scaphandre à l'eau, n'oubliez pas de gonfler votre gilet afin que l'ensemble flotte normalement. Sautez rapidement et saisissez-vous du gilet. Mettez l'embout en bouche, puis opérez un recapelage classique en engageant les deux bras dans les manches. Redressez le bloc au-dessus de la tête. Une technique plus rapide consiste à rouler vers l'avant dans un mouvement de bascule. Serrez le gilet autour du corps avec les sangles. Avant de descendre, purgez.

Notre conseil : *il est préférable d'utiliser la purge lente de manière à pouvoir descendre en douceur, tout en équilibrant tranquillement les oreilles.*

L'équilibrage : apesanteur

L'une des utilisations importantes du gilet de stabilisation apparaît dans son nom même. Il permet d'obtenir un poids apparent pratiquement nul dans l'eau ce qui rend la plongée des plus confortables et facilite tous les mouvements.

Entraînez-vous dans 5 m d'eau sous le contrôle d'un moniteur. À 1 m du fond, pratiquez le poumon ballast (voir page 92) en vous servant uniquement du direct system pour le remplissage et de la purge lente pour la vidange. Lorsque cet exercice est maîtrisé, recommencez-le en pleine eau entre 10 et 15 m de profondeur. L'important est d'acquérir une bonne dextérité dans la manipulation, de manière à s'équilibrer en permanence à chaque plongée.

Notre conseil : *l'équilibrage n'est pas seulement lié à la stabilité à un niveau de profondeur donné. Il doit être complété par une position harmonieuse liée à une bonne répartition du lestage. Pour obtenir un bon équilibre, l'admission d'air ainsi que la purge doivent être dosées avec douceur.*

La remontée contrôlée : maîtrise

Le but à atteindre est une vitesse ascensionnelle uniforme et non pas accélérée. Il s'agit de conserver en permanence le même volume d'air dans le gilet.

L'exercice s'effectue en pleine eau entre 15 et 20 m de profondeur. Stabilisez-vous d'abord. Remplissez le gilet à l'aide du direct system. Lorsque vous décollez doucement, arrêtez l'admission d'air. Tendez le bras gauche vers le haut en tenant l'embout du direct system. Purgez doucement avec le pouce ou l'index, suivant l'emplacement du bouton de purge.

Notre conseil : *régulez votre rythme de remontée en vous basant sur la vitesse d'ascension des petites bulles (celles qui ont la dimension d'un petit pois remontent à 15 m/mn environ). Assurez-vous que la remontée est effective en repérant un point fixe, comme le fond par exemple.*

La remontée avec arrêt : fusée

Cet exercice de maîtrise est effectué lors de certains examens de plongée. La remontée est rapide avec une stabilisation impeccable à 3 m. En aucun cas, il ne faut crever la surface. À une profondeur de 20 m, le gilet est complètement gonflé de manière à amorcer une remontée rapide. Le but de l'exercice est de s'arrêter exactement à 3 m. Dans ce cas, on utilise la purge rapide haute. Pour une meilleure efficacité, écrasez avec le bras resté libre la partie basse du gilet, l'évacuation de l'air en sera favorisée. Mettez vos palmes à angle droit, elles serviront de frein naturel... Pensez également à souffler.

Notre conseil : *purgez par anticipation. En raison de l'inertie, vous continuerez votre ascension à vitesse lente jusqu'à atteindre une parfaite stabilisation à 3 m. Exercez-vous plusieurs fois, sous le contrôle d'un moniteur, de manière à définir avec précision la profondeur de purge idéale. Celle-ci varie, en effet, selon les modèles de gilets et la morphologie des plongeurs.*

UNE RÈGLE D'OR

Tous les exercices de remontée avec le gilet doivent impérativement s'effectuer en début de plongée. Cela évite les problèmes de désaturation rapide, liés à une vitesse d'ascension excessive. Du fait du dépassement de la vitesse de remontée, les règles prévues dans ce cas (voir pages 114-115) doivent être appliquées. Assurez-vous toujours qu'il n'y a pas le moindre obstacle en surface. Pensez notamment à vous éloigner suffisamment du bateau.

Ci-dessous : la parfaite utilisation du gilet de stabilisation permet d'obtenir en plongée une pesée neutre ce qui rend possible les positions les plus fantaisistes.

1

2

3

4

5

LA SÉCURITÉ AVANT TOUT

Les exercices de sauvetage demandant un gros effort physique pendant la remontée, ils ne doivent jamais être réalisés à la fin d'une plongée. Dans tous les cas, la vitesse de remontée étant très largement dépassée, il est nécessaire d'appliquer les règles prévues à cet effet (voir pages 150-151). Même si les paliers ne sont pas obligatoires, marquez toujours un arrêt de principe de 3 minutes à 3 m.
Les exercices de sauvetage doivent toujours s'effectuer sous le contrôle d'un moniteur ou d'un plongeur bien entraîné qui surveillera "sauveteur" et "noyé".

1 - Larguez la ceinture de lestage.
2 - Saisissez le menton et le détendeur.
3 - Poussez fortement sur le fond.
4 - Palmez vigoureusement.
5 - Remontez rapidement vers la surface.

LA REMONTÉE D'UN PLONGEUR EN DIFFICULTÉ

En plongée, on peut être, à tout moment, amené à porter assistance à un plongeur en difficulté. La réussite d'un sauvetage dépend de la rapidité de l'intervention. Les techniques développées ici font partie de la formation de base du plongeur.

Coups de palmes pour la vie

La remontée sauvetage est toujours exceptionnelle. Elle s'applique en cas d'urgence uniquement quand on n'a pas de gilet de stabilisation. Par exemple, lors d'une panne grave de matériel, une syncope, etc.

• **La bonne technique :** l'apprentissage du sauvetage débute en eau claire sur un fond d'une profondeur de 5 à 10 m. Un plongeur joue le rôle de l'accidenté, le moniteur contrôle le bon déroulement de l'exercice. La "victime" lâche son embout et adopte une attitude laissant supposer une perte de connaissance.

Dirigez-vous le plus rapidement possible vers l'accidenté. Si votre bloc est muni d'un système de réserve, passez-la.

Si l'embout a été lâché, commencez tout de suite par le remettre dans la bouche après l'avoir fait fuser. Ceinturez l'embout avec le pouce et l'index, la paume de la main redressant le menton vers le haut. Les autres doigts se plaquent contre le boîtier du détendeur et la vitre du masque.

De la main, libre allégez le "noyé" en larguant sa ceinture de plombs.

Passez votre bras sous l'aisselle correspondante de la "victime" en lui maintenant l'embout dans la bouche, comme décrit précédemment. Placez-vous derrière le plongeur. Prenez appui sur le fond, genoux fléchis. Poussez fort pour décoller du fond et palmez vigoureusement. Dès que vous avez commencé votre ascension, placez-vous perpendiculairement à l'axe du corps du "noyé".

Assurez-vous que vous remontez réellement. La trajectoire doit être aussi verticale que possible.

Vérifiez que l'"accidenté" ne bloque pas sa respiration. Dans le cas contraire, utilisez le bras qui tient le détendeur pour appuyer sur la cage thoracique. Cela favorise l'expiration.

Les paramètres de vitesse de remontée n'entrent pas en ligne de compte, seule l'efficacité prime. À l'approche de la surface, n'oubliez pas d'effectuer un tour d'horizon pour éviter d'entrer en collision avec un éventuel obstacle.

Dès l'arrivée à l'air libre, effectuez immédiatement le signe de détresse, tout en maintenant la "victime" sans changer de prise. En aucun cas, vous ne devez lâcher votre embout.

Allez au-devant des secours les plus proches. La "victime" est allongée sur le dos, la tête hors de l'eau, mais l'embout toujours maintenu en bouche. Dès que vous avez trouvé un bon point d'appui pour "l'accidenté" (par exemple l'échelle d'un bateau), commencez à le débarrasser de son équipement. D'abord l'embout et le masque, puis le scaphandre.

Dans l'apprentissage la progression est la suivante : d'abord les exercices sont consacrés à l'approche, la prise de l'embout, la tenue du "noyé", le départ du fond. La deuxième phase consiste en un enchaînement de diverses remontées jusqu'à la moitié de la profondeur de départ. La troisième phase est la remontée complète avec le signe de détresse en surface. Pour finir, l'ensemble de l'exercice s'effectue à une profondeur de 20 m, avec remorquage du "noyé" en surface et déséquipement à l'échelle du bateau.

Notre conseil : *surtout ne perdez pas de temps, ne vous affolez pas et agissez vite. Maintenez fermement le "noyé" de manière à lui donner la sensation d'être parfaitement assisté.*

6

7

8

9

10

LE GILET, BOUÉE DE SAUVETAGE ET D'ASSISTANCE

Le port d'un gilet de stabilisation facilite grandement les opérations de sauvetage en les simplifiant et en réduisant les efforts. On gagne du temps et de l'efficacité, même en l'absence d'entraînement physique.

Il n'est pas obligatoire de larguer la ceinture ni de prendre appui sur le fond. En effet, le remplissage du gilet avec de l'air suffit à modifier le poids apparent de la “victime”, ce qui la fait remonter.

Il est indispensable, avant tout exercice d'assistance ou de sauvetage à l'aide du gilet, de bien maîtriser la pratique de cet équipement. Deux techniques sont adoptées selon que l'accidenté porte ou non un gilet.

Accidenté avec gilet

On utilise en priorité l'équipement de l'accidenté. L'avantage principal est qu'une fois arrivé en surface, il flotte naturellement.

• **La bonne technique :** placez-vous face à “l'accidenté”. Si nécessaire, replacez-lui l'embout dans la bouche. Glissez le bras gauche dans la manche droite de son gilet, la main assurant le maintien correct de l'embout.

De la main droite, saisissez le direct system du gilet de la “victime” et actionnez le bouton pour le gonflage. Arrêtez le remplissage de l'air dès que l'ascension a débuté. La dilatation de l'air fera le reste.

Tendez vers le haut le tuyau annelé de manière à pouvoir purger le gilet si nécessaire. Conservez cette position pendant toute la remontée. Contrôlez que l'“accidenté” expire bien. N'oubliez pas l'indispensable tour d'horizon avant d'arriver en surface.

Une fois l'“accidenté” sur le dos, il n'est pas nécessaire de lui maintenir l'embout dans la bouche, le gilet lui assurant le maintien de ses voies respiratoires hors de l'eau. Pour le déplacement en surface, saisissez la robinetterie du scaphandre de la “victime”, ou un pan de son gilet, et palmez normalement en position ventrale. Vérifiez régulièrement votre bonne orientation.

Suivant les conditions (houle, courant, éloignement du bateau, etc.), vous pouvez gonfler votre propre gilet. ***Notre conseil :*** *ne cherchez pas à gonfler votre gilet pendant l'ascension ; en règle générale, un seul suffit à assurer la remontée de deux plongeurs. Conformez-vous aux règles de sécurité applicables du fait du dépassement de la vitesse de remontée. N'oubliez surtout pas de faire le signe de détresse en surface.*

Sauveteur avec gilet, accidenté sans gilet

Vous ne disposez ici que d'une seule bouée. Dans ce cas, il faut saisir le “noyé” comme s'il s'agissait d'une remontée à la palme.

• **La bonne technique :** en raison des commandes de remplissage et de vidage de la bouée situées à gauche, la prise de la “victime” s'effectue obligatoirement avec la main droite.

Au lieu du palmage, c'est le remplissage de la bouée qui assure la remontée. Conservez en permanence la maîtrise de l'ascension en actionnant le direct system ou la purge.

Une fois en surface, vous devez rester impérativement sur le dos. Après avoir effectué plusieurs fois le signe de détresse, saisissez le “noyé” sous les aisselles. Maintenez ses voies respiratoires hors de l'eau, tout en vous dirigeant en palmage dorsal vers le point d'appui le plus proche.

Notre conseil : *faites corps avec la “victime” en la tenant fermement. À l'approche de la surface, purgez légèrement pour ralentir l'ascension. Ainsi vous émergerez en bonne position. Pensez à larguer la ceinture de “l'accidenté” qui, de ce fait, flottera beaucoup plus facilement en surface. Attention en assistance aux paliers éventuels*

EN CAS D'ACCIDENT RÉEL

Toutes les techniques développées dans ces pages concernent l'entraînement ou le passage des diverses qualifications. Dans le cas d'un réel sauvetage, voici quelques conseils importants :

- Gardez votre calme et analysez rapidement la situation. Ne vous précipitez pas. Agissez avec méthode.

- Méfiez-vous des réactions parfois violentes des accidentés.

- Par votre attitude et votre présence, rassurez l'accidenté.

- Le point critique se situe en surface car vous ne pouvez tout faire tout seul.

- Dirigez-vous vers un endroit où vous pouvez confier la victime à des personnes qui pourront assurer les premiers secours et alerter les services d'urgence (le bateau de plongée est parfait).

- Dès que l'accidenté est entre de bonnes mains, adoptez pour vous-même la procédure de paliers en cas de remontée anormale (voir pages 150-151).

6 - Tenez le détendeur et saisissez le direct system.

7 - Gonflez le gilet de l'accidenté.

8 - Dirigez la purge lente vers le haut.

9 - Commencez l'ascension en continuant à gonfler le gilet.

10 - Purgez de temps en temps pour contrôler la vitesse de remontée.

1

2

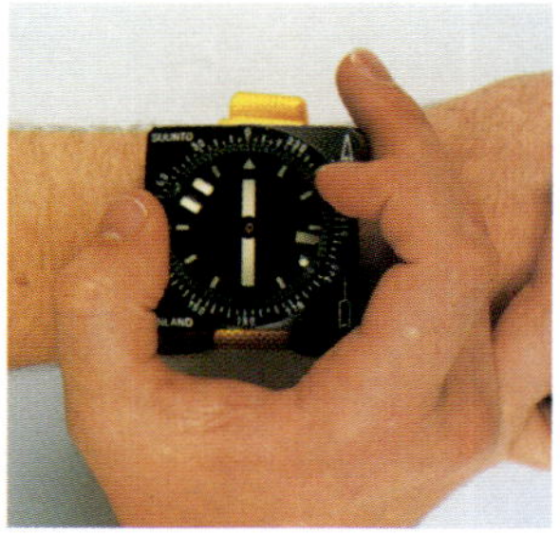

3

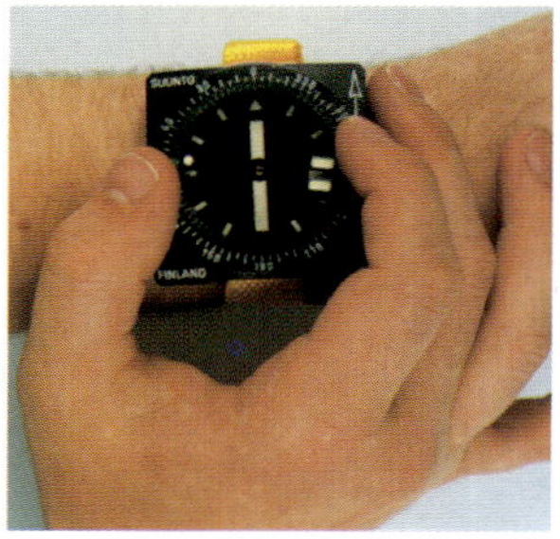

NE PERDEZ PAS LE NORD

Plongé dans un monde où règne l'apesanteur, l'explorateur des fonds marins perd vite ses repères habituels. Dans cet environnement, les sens n'ont plus la même acuité, certains comme l'odorat, sont totalement annihilés. Le plongeur se trouve vite désorienté. S'il ne parvient pas à bien se repérer, il risque de manquer les points forts de sa promenade sous-marine, voire de s'égarer complètement. Le sens de l'orientation est sans doute inné, il n'empêche qu'il peut être amélioré par la connaissance de quelques principes...

Une bonne capacité d'orientation fait partie des qualités essentielles d'un bon plongeur. Le principe est le même que sur terre. Toutefois, certaines spécificités sont liées au milieu aquatique.

Ceux qui savent bien s'orienter font des plongées plus sûres et plus agréables. Lorsqu'un plongeur passe son temps à errer sous l'eau en changeant fréquemment de direction, c'est le signe qu'il a perdu ses points de repère. L'idéal est de pouvoir explorer les fonds librement, en se concentrant sur le spectacle de la vie sous-marine, mais en restant conscient de sa position par rapport au point de départ (plage, mouillage du bateau, etc.).

Garder le cap

Pour éviter de s'égarer, la solution la plus simple consiste à suivre un cap en ligne droite et de revenir "sur ses palmes" par le même chemin. Cet aller et retour s'effectue couramment le long d'un tombant ou d'un récif, voire aussi sur une épave. Cette technique offre plusieurs avantages : elle évite tout trajet en surface, elle permet la réalisation des paliers au mouillage ou sur des pendeurs, dans les meilleures conditions.

Les changements de direction à angle droit, toujours dans le même sens, dessinent un circuit carré ou rectangulaire, ce qui permet en général de revenir au point de départ.

Évitez un déplacement circulaire, c'est la meilleure façon de perdre votre chemin.

Notre conseil : *dans un groupe de plongeurs, le guide de palanquée est toujours responsable de l'orientation.*

La bonne estimation des distances

En évaluant correctement la longueur du trajet effectué, on commence à prendre conscience des notions d'orientation sous-marine. Cela est très utile pour retrouver des sites particuliers (épave, tombant, etc.) en partant d'un point de départ fixe.

Plusieurs moyens permettent d'estimer les distances en plongée avec une précision satisfaisante.

• Le temps : montre en main

Simple et précise, la mesure du temps passé dans l'eau, sur un parcours donné, permet de bien se situer. Si, par exemple, vous avez palmé 10 minutes dans une direction, il suffit de revenir en sens contraire pendant le même laps de temps pour retrouver votre point de départ.

• L'air : gardez de la réserve

Après avoir défini un circuit type, vous divisez le stock d'air disponible par le nombre de changements de direction. Effectuez ce calcul une fois arrivé à la profondeur définie pour la plongée, et tenez compte de la réserve (le quart de la pression de gonflage initiale). Par exemple, vous souhaitez effectuer un circuit carré avec un bloc gonflé à 200 bar. Arrivé au fond, le manomètre indique 170 bar. Votre réserve est de 50 bar (200 / 4). Vous disposez par conséquent de 120 bar. Chaque fois que vous avez consommé 30 bar, vous changez de direction (120 / 4).

Notre conseil : *il est bien évident que pour toutes les techniques présentées ci-dessus, il faut nager à un rythme normal, régulier et sans se fatiguer.*

Attention au courant, il peut modifier votre vitesse et surtout vous déporter par rapport à l'axe de départ. Avec la pratique, il est facile de compenser les effets d'un courant modéré.

4

5

6

7

La position du soleil

Les rayons solaires sont bien perceptibles dans l'eau. Repérez l'angle qu'ils font par rapport à la direction que vous prenez. Au retour, ils doivent se situer à l'opposé si votre parcours a été effectué en ligne droite. Pour vous aider, repérez votre direction comme si vous étiez au centre d'un cadran de montre. Si vous vous dirigez vers 1 heure et que le soleil se trouve à 11 heures, votre retour devra se faire à 7 heures, le soleil se trouvant à 5 heures.
Notre conseil : *il suffit de rajouter 6 heures (soit l'équivalent de 180° sur le cadran) aux positions de départ respectives du plongeur et du soleil pour retrouver la bonne direction lorsque l'on fait demi-tour.*

Les repères naturels

Bien observer le milieu ambiant en plongée c'est comme se repérer en suivant les panneaux indicateurs d'une ville.

Le profil du fond vous indique de manière simple si vous vous éloignez de la côte. Un rocher, une formation corallienne spectaculaire, une faille, une grotte, une épave sont autant d'éléments que vous pouvez mémoriser au cours de votre plongée pour les retrouver sur le chemin du retour. Un alignement des repères successifs permet un déplacement en ligne sans surprise. Plus vous serez attentif à l'environnement et aux points de repère particuliers du relief, mieux vous saurez vous orienter.
Notre conseil : *mémorisez la profondeur à laquelle se trouvent vos points de repères, vous risqueriez de passer au-dessus ou en dessous si votre niveau d'immersion n'est pas stable tout au long de la plongée.*

Le compas dans l'œil

En terme de marine, la boussole est désignée par le terme de compas. Il s'agit d'un instrument de référence permettant une orientation précise. Sous l'eau, il est utile en cas de faible visibilité, en plongée de nuit, sur des fonds sans repère.

Il faut un minimum d'apprentissage pour se familiariser avec le fonctionnement du compas. Mais, bien maîtrisé, cet accessoire s'avère vite précieux.
• **La ligne de foi :** c'est la flèche fixe gravée sur le cadran du compas. Sa pointe doit toujours être placée dans le sens de votre déplacement. Si la ligne de foi coïncide avec l'aiguille du compas, vous vous dirigez plein nord (0°). Un quart de tour vers la droite et vous être plein est (90°). La ligne de foi est à l'opposé du nord, vous êtes plein sud (180°). Un nouveau quart de tour à droite, la ligne de foi se trouve à gauche, vous êtes plein ouest (270°).
• **En pratique :** on appelle cap la direction définie par l'angle que fait la ligne de foi par rapport au nord. Au fond, choisissez votre direction. Elle correspond à un cap précis. Ce cap est votre point de repère pour conserver la bonne direction du départ.
Quelques exercices : ils sont réalisés en l'absence totale de points de repère extérieurs, souvent entre deux eaux, dans des conditions de faible visibilité.
• **La ligne droite :** prenez un cap, par exemple plein nord (0°). Nagez 5 minutes en conservant ce cap. Arrêtez-vous. Retournez-vous, direction plein sud (180°). Nagez 5 minutes. Vous devez en principe revenir à votre point de départ.
• **Le carré :** il s'effectue au fond avec, pour point de départ, l'ancre du bateau. Partez, par exemple, plein nord (0°), nagez 5 minutes, puis mettez le cap plein est (90°) pour 5 minutes. Nouvel arrêt, direction plein sud (180°). Nagez 5 minutes et mettez le cap plein ouest (270°). Vous devez retrouver votre point de départ après 5 minutes.

Bien tenir un compas

C'est la tenue du compas qui définit la précision du relevé et, par conséquent, votre bonne orientation. Plusieurs méthodes sont possibles.
• **Le compas à deux mains :** bras tendus devant soi, prolongeant naturellement l'axe anatomique du corps. Ce n'est peut-être pas la position la plus confortable, mais la plus précise. De plus, vous avez la possibilité dans le même temps d'observer le milieu ambiant.
• **Le compas au poignet :** le bras libre est tendu vers l'avant. La main portant le compas tient le coude, formant ainsi un angle droit. L'avantage est la bonne distance de lecture. En revanche, le regard est constamment fixé sur le cadran.
• **Le compas dans une console :** regroupé avec d'autres instruments, il est relié au détendeur par le tuyau du manomètre de pression. Tenez la console de la main gauche. Orientez la ligne de foi du compas dans la direction voulue. La position n'étant pas fixe, il en résulte parfois un manque de précision.
Notre conseil : *le compas étant sensible à tous les phénomènes magnétiques, veillez à le tenir éloigné de tout équipement métallique. Un espace de 50 cm suffit à éviter toute déviation.*

UN AIMANT SUSPENDU

Le compas est un aimant suspendu qui tourne librement en indiquant le nord magnétique. Un compas sous-marin est rempli de liquide qui le rend insensible à la pression et freine le mouvement de l'aiguille. Celle-ci doit pouvoir tourner, quelle que soit la position du boîtier. Le compas sous-marin comporte une couronne graduée de 0 à 360° qui permet de repérer l'angle créé par la direction de votre déplacement et le nord.
Il existe une différence entre le nord véritable et le nord magnétique. Elle est appelée variation et découle du fait que le pôle Nord magnétique se trouve à plus de 1 600 km au sud du pôle Nord géographique. Cette variation figure sur les cartes maritimes.

1, 2, 3 - Pour naviguer à l'aide d'un compas, dirigez-le dans la direction à suivre. Puis tournez la couronne crantée en alignant l'index sur l'aiguille aimantée.

4 - Dans les eaux peu claires, l'orientation au compas s'avère utile.

5 - Orientation avec la boussole au poignet.

6 - Orientation avec la boussole tenue devant soi.

7 - Orientation avec un compas sur console.

1

1 - *La descente dans le bleu s'effectue sans repère.*

2 - *La remontée sur le mouillage : en douceur.*

3 - *La remontée en pleine eau : soyez bien équilibré.*

4 - *La remontée à l'échelle type perroquet : grand confort.*

5 - *Déséquipement en surface : faites-vous aider.*

Plongée dans l'abîme

Commencement de la plongée : la descente entraîne le plongeur vers ses futures découvertes. Ce moment d'émotion doit être contrôlé, d'autant plus que les oreilles jouent parfois quelques vilains tours.

Après le saut, chacun se dirige vers le mouillage qui est toujours le point de rassemblement privilégié. Le calcul du temps de plongée débute avec la descente qui s'effectue calmement et ne doit pas être assimilée à une course de vitesse.

• La descente le long du mouillage

C'est la technique la plus simple et la plus rassurante. Elle consiste à se laisser glisser le long de la chaîne d'ancre en la maintenant. On peut rythmer la descente, équilibrer facilement les oreilles et bien vérifier l'instrumentation. Toute la palanquée reste groupée, ce qui est rassurant pour les plongeurs peu expérimentés. Descendez doucement, les pieds les premiers, s'il y a des débutants dans la palanquée ou des personnes qui ont des difficultés à décompresser leurs oreilles. Mais aussi quand il y a du courant, des conditions de faible visibilité ou que la mer est très agitée.

Notre conseil : *en cas de courant en surface, écartez-vous de la coque du bateau lorsque vous vous dirigez vers l'avant pour saisir le mouillage. Vous éviterez ainsi de vous trouver dans la partie la plus exposée au courant. Si votre matériel est mal positionné, attendez d'être parvenu au mouillage et de pouvoir le saisir avant d'effectuer les réglages. Ainsi, vous ne risquerez pas d'être déporté.*

Si les vagues sont fortes, les plongeurs doivent s'attendre les uns les autres, accrochés au mouillage, à 5-6 m de profondeur et non en surface.

• La descente le long d'un tombant

Elle s'apparente à la descente en pleine eau, mais avec repère visuel constant. Si les conditions de visibilité le permettent et qu'il n'y a pas de courant, effectuez une descente en vol plané. Il suffit d'expirer doucement, inutile de palmer. C'est une sensation d'apesanteur très agréable, l'un des grands plaisirs réservés aux plongeurs.

Notre conseil : *ne vous laissez pas enivrer par l'émotion et contrôlez bien la descente. On est vite entraîné à des profondeurs importantes. Une parfaite maîtrise de l'équilibrage avec le gilet est indispensable pour s'adonner à cette douce chute libre.*

• La descente en pleine eau

Dans le cas d'une plongée profonde, de l'impossibilité de mouiller, de l'environnement à respecter, ou si le bateau suit les plongeurs, on est amené à effectuer une descente en pleine eau.

Chacun gère sa descente tout en surveillant ses coéquipiers. Celle-ci s'effectue tête en bas, en fixant du regard un point de repère au fond. Le groupe se retrouve à la profondeur définie au départ.

Si le fond n'est pas visible, c'est la plongée dans le bleu. Celle-ci fait partie des épreuves demandées pour certaines qualifications. Il faut éviter de vriller pour ne pas perdre le contrôle de la descente.

Pour être certain de descendre bien verticalement et dans l'axe, fixez visuellement sur une ligne imaginaire les particules présentes dans l'eau. Elles vont vous servir de guide. Vous pouvez aussi vous orienter par rapport aux rayons solaires ou vérifier que les bulles glissent bien le long des jambes.

Notre conseil : *ne descendez pas trop vite, cela prédispose à la narcose (voir page 174). Contrôlez régulièrement la profondeur avec le profondimètre, surtout si vous ne voyez pas le fond. Ralentissez quand vous parvenez à une profondeur proche de celle définie au départ, de manière à ne pas la dépasser.*

Retour vers le futur

La décision de remonter termine le temps effectif de la plongée. Elle est imposée par le guide de palanquée, par exemple lors du passage sur réserve de l'un des plongeurs si le temps prévu est atteint ou si les temps de paliers de décompression deviennent importants. L'ordre peut aussi venir de la surface (coups répétés ou pétard de rappel).

• La remontée en douceur

La remontée s'effectue dans des conditions bien définies, notamment pour ce qui concerne la vitesse d'ascension. Les tables de plongée françaises MN 90 recommandent une vitesse de 15 à 17 m/mn. D'autres tables préconisent une remontée entre 10 et 15 m/mn. Les alarmes sonores des ordinateurs se déclenchent lorsqu'une vitesse de l'ordre de 12 m/mn

2

3

4

5

est dépassée. Utilisez la montre et le profondimètre pour contrôler la bonne régularité de la remontée.

La vitesse de remontée ne doit pas être trop lente, sinon le temps de remontée doit être intégré dans le calcul de la plongée.

• **Quelques conseils pratiques**

Avant d'amorcer toute remontée, commencez toujours par purger le gilet, vous contrôlerez mieux la vitesse d'ascension.

Un palmage régulier doit vous assurer une élévation linéaire. Évitez toute accélération, surtout à l'approche de la surface (risque d'accident de décompression).

Le guide de palanquée doit toujours être le plus haut, c'est lui qui dirige les opérations. Ne le dépassez en aucun cas.

Pensez à expirer normalement et surtout à ne pas faire d'apnée. N'effectuez surtout pas de manœuvre de Valsalva en remontant, il y a risque d'accident de décompression vestibulaire (voir pages 168 à 171).

Si vous ressentez une gêne au niveau des sinus, arrêtez-vous et reprenez la progression beaucoup plus lentement.

Un palier de sécurité de principe de 3 minutes à 3 m doit être effectué systématiquement. Lors des paliers, ne faites pas d'apnée, les échanges gazeux doivent s'effectuer librement. Respectez scrupuleusement les temps des paliers imposés par les tables, même s'ils vous paraissent un peu longs... N'oubliez pas de faire un tour d'horizon avant de faire surface. Indiquez au bateau que tout va bien par le signe OK.

Surface, toute !

Le mode de remontée est défini par le type de plongée effectué.

• **Au mouillage :** c'est la plus facile et la moins fatigante. Elle permet un parfait contrôle de la vitesse. Cette possibilité est la seule pour qu'une palanquée soit bien regroupée. Adoptez cette technique chaque fois que c'est possible et obligatoirement en cas de mer mauvaise et de fort courant.

• **Le long d'un tombant :** c'est un cas particulier où remontée rime avec exploration. Il faut l'intégrer dans le temps total de la plongée. On l'effectue souvent dans les pays tropicaux, le long des grands récifs riches en vie marine. Dans ce cas précis, l'ordinateur est d'une aide précieuse pour le calcul éventuel des paliers.

• **En pleine eau :** c'est une remontée à réserver aux plongeurs expérimentés qui maîtrisent bien toutes les données techniques. Les plongeurs effectuent les paliers en pleine eau ou accrochés à un parachute en attendant que le bateau vienne les rejoindre. Dans ce type de remontée, il est indispensable que la pesée soit parfaite.

LE RETOUR AU BATEAU

Dès l'arrivée en surface, tous les plongeurs de la palanquée doivent se regrouper. Si le bateau est un peu éloigné, gonflez votre gilet et rentrez doucement en palmage dorsal, en vérifiant régulièrement votre orientation.

Parvenus à l'échelle, les plongeurs remontent un à un. Pour des raisons de sécurité, le guide de palanquée est toujours le dernier à regagner le bord.

Pour faciliter les opérations de déséquipement, faites-vous aider par le personnel du bateau. Commencez toujours par vous débarrasser de votre ceinture de plombs. Selon le type de bateau et les possibilités de remontée (dimensions de l'échelle), vous pouvez ou non vous déséquiper dans l'eau. Chaque centre de plongée a ses propres règles en la matière.

1

1 - La natation avec des "paddles" permet d'améliorer la pénétration du corps dans l'eau.

2 - L'entraînement a pour but le maintien en forme et l'apprentissage de l'eau.

3 - Nagez pendant 30 à 45 minutes à un rythme régulier.

4 - L'apnée sans palmes. Nagez en brasse ou en "dauphin".

5 - L'apnée avec des palmes. Effectuez des longueurs de 10 à 25 m, toujours sous surveillance.

LA PRÉPARATION PHYSIQUE

La plongée n'est pas une activité physique très éprouvante, mais il s'agit d'un sport véritable, même s'il n'aboutit pas à une compétition. Une bonne condition physique est nécessaire pour faire face aux éventuelles situations d'urgence qui peuvent se présenter sous l'eau. Une plongée est toujours plus agréable lorsque l'on se sent en forme.

L'entraînement à la plongée est le meilleur moyen d'améliorer sa pratique et d'acquérir une parfaite aisance dans l'eau. Une bonne formation technique est indispensable pour pratiquer ce sport, mais il ne faut pas se contenter uniquement des bases acquises. Maîtriser parfaitement les exercices augmente la confiance et réduit les risques.

L'école des plongeurs

L'entraînement à la plongée n'est pas lié à un cadre particulier. On peut apprendre en rivière, en lac, en mer ou en piscine. L'important est de trouver une structure d'accueil gérée par des personnes qualifiées (clubs, centres de plongée, moniteurs fédéraux et professionnels, etc.).

• Le milieu naturel : dans le grand bain

L'apprentissage de la plongée devant se faire dans des conditions de confort maximum, il est rarement effectué en lac ou en rivière en raison de la faible température de l'eau et de la visibilité souvent réduite. En revanche, la mer est un excellent milieu qui permet, parallèlement à la technique, de découvrir l'univers enchanteur du monde sous-marin.

Le cours se déroule à quai, sur la plage ou à bord d'un bateau. La pratique a lieu dans un endroit peu profond, en eau claire, et guère éloigné du bord. Les exercices se terminent de préférence par une courte promenade qui est aussi une incitation à la découverte. Un bon moyen d'améliorer l'aisance sans s'en rendre compte.

En mer, la formation d'un débutant est assurée en une semaine environ.

Notre conseil : *choisissez une période au climat agréable pour débuter l'entraînement ; il serait dommage que des contraintes extérieures viennent freiner votre progression.*

• La piscine : un cadre idéal

Souvent décriée, la piscine est un excellent lieu d'apprentissage et d'entraînement à la plongée. Elle offre des conditions de confort idéales et permet de se perfectionner en toute saison.

Il est certain que le bassin de la piscine, toujours tempéré et calme, offre un environnement sécurisant avec ses nombreux points d'appui. En piscine, les exercices peuvent être répétés de nombreuses fois au cours d'une même séance, ce qui n'est pas toujours possible en mer.

En piscine, la formation d'un plongeur débutant dure souvent plusieurs mois, à raison d'un entraînement hebdomadaire dans les clubs. Mais pour un apprentissage accéléré, vous pouvez prendre des cours particuliers avec un moniteur diplômé. Dans ce cas, 8 à 10 heures sont suffisantes pour atteindre un très bon niveau I.

Notre conseil : *en piscine, un moniteur doit s'ingénier à divertir et motiver ses élèves en raison de l'environnement un peu monotone. Un enseignement basé sur des jeux avec de petits concours donnera de l'élan et de l'enthousiasme à tous.*

L'entraînement, pour quoi faire ?

Améliorer la pratique est affaire d'habitude. Seul un entraînement régulier peut vous permettre d'acquérir tous les automatismes indispensables à une bonne autonomie dans l'eau.

Atteindre un niveau acceptable requiert plusieurs semaines de participation régulière. Un gros effort une fois par semaine n'est pas aussi efficace que plusieurs séances successives de courte durée.

L'entraînement a pour but d'améliorer les performances physiques. Tenez compte cependant de certains impératifs de santé et ne présumez pas de vos forces.

Une personne qui n'a pas plongé depuis un certain temps (6 mois ou plus) doit impérativement revoir les exercices de sécurité. L'absence prolongée d'entraînement pendant une très longue période provoque de fait une baisse importante de la forme physique et, par conséquent, des capacités en plongée.

L'entraînement est indispensable pour la préparation au passage des différentes qualifications.

Notre conseil : *avec la sophistication technique des équipements de plongée modernes, un apprentissage minimum est nécessaire pour se familiariser avec leur fonctionnement et acquérir les bases essentielles qui permettront de les utiliser au mieux.*

L'acquisition d'un nouvel équipement nécessite aussi un petit entraînement pour bien s'y adapter et parfaire les réglages.

L'entraînement en surface : pour la forme

Il consiste essentiellement à la nage avec palmes. N'oubliez pas la préparation physique générale qui consiste à faire au moins un "footing" par semaine. Commencez par courir environ 15 minutes au début, augmentez ensuite le temps progressivement jusqu'à atteindre 45 minutes au bout de 6 mois. Courez à allure régulière sans rechercher la performance. Ne dépassez en aucun cas une fréquence cardiaque de 130 à 140 pulsations par minute pendant cet effort ! Contrôlez votre pouls pendant 15 secondes et multipliez le nombre de battements obtenus par quatre.

• **La nage avec palmes :** les palmes étant le dénominateur commun de toutes les activités subaquatiques, il est indispensable de savoir bien les utiliser. L'entraînement a pour but d'améliorer leur utilisation et les capacités physiques.

Une à deux fois par semaine, nagez pendant 30 à 45 minutes, à un rythme régulier, en alternant les parcours de battements de jambes (avec ou sans planche) et le travail en nage complète (bras et jambes en même temps). À ce rythme, les progrès seront spectaculaires.

Notre conseil : *espacez au moins d'une journée pleine chacune des séances d'entraînement afin que l'organisme puisse récupérer complètement des efforts. Les données ci-dessus concernent le maintien de la forme. N'allez jamais au-delà de vos limites.*

L'entraînement sous l'eau : l'aisance

La pratique régulière des exercices présentés dans les pages précédentes représente l'essentiel de l'entraînement. Pensez à consacrer une partie de chaque séance à améliorer vos capacités en apnée.

Les exercices de plongée peuvent suivre une séance de nage avec palmes. C'est ce qui est généralement pratiqué dans les clubs ou les centres de plongée.

Notre conseil : *même parvenu à un niveau technique élevé, ne sous-estimez jamais l'importance de l'entraînement. Il y a des automatismes à ne jamais oublier. Consacrer du temps à s'entraîner est toujours un bon investissement. On ne peut imposer à son organisme un rythme auquel il n'est pas habitué.*

2

3

4

5

DES ENTRAÎNEMENTS SPÉCIFIQUES

Les techniques présentées dans les pages précédentes permettent de conserver de bonnes dispositions pour la pratique normale et régulière de la plongée sous-marine. Dans certains cas, il faut moduler l'entraînement de manière à l'adapter aux circonstances particulières ou au niveau physique de chacun.

Avant les vacances, remise en état

Le temps des vacances est souvent compté. On a tendance, pour s'adonner à la pratique de son sport favori, à intensifier ses efforts physiques. De fâcheuses conséquences peuvent en découler. L'été, beaucoup d'accidents sont dus à un manque de préparation physique.

Si vos activités professionnelles ne vous ont pas permis de vous entraîner régulièrement, adoptez la méthode suivante avant un séjour de plongée.

Deux mois avant le départ, retournez à la piscine d'abord pour nager normalement. Dès que vous pouvez faire 400 m sans avoir puisé dans vos réserves, chaussez les palmes. Effectuez des longueurs sans vous arrêter. D'abord 500 m, puis progressivement jusqu'à 1 500 m. N'oubliez pas de contrôler régulièrement votre pouls.

Cet entraînement doit être effectué deux fois par semaine, avec un intervalle minimum d'une journée complète.

Ajoutez à cette petite préparation physique, 3 à 4 séances de pratique du scaphandre sous le contrôle d'un moniteur. À cette occasion seront vérifiés la bonne interprétation des signes, tous les exercices de sécurité et l'adaptation de la respiration à l'effort.

Notre conseil : *la reprise de l'entraînement ne doit s'effectuer qu'après une visite médicale. Si vous avez plus de 40 ans, n'oubliez pas de satisfaire au contrôle d'un électrocardiogramme. Réduisez vos excès et surveillez votre alimentation.*

La préparation aux brevets : soyez qualifié

Aux examens et pour certaines qualifications, des épreuves physiques chronométrées sont exigées. Certaines d'entre elles sont éliminatoires. Mais à l'inverse, elles peuvent permettre de glaner des points si la performance est bonne.

• **L'entraînement**

Il faut impérativement consacrer deux séances par semaines à la préparation, l'objectif étant d'arriver au mieux de sa forme lors des épreuves. Au départ, il est bon de connaître sa valeur de manière à pouvoir se situer en fonction de l'objectif à atteindre. Faites un test chronométré sur la distance que vous préparez (par exemple pour le niveau IV, 800 m). Ce type de préparation répond aux mêmes critères que ceux des sportifs de compétition.

Une séance d'entraînement comporte quatre phases : l'échauffement ou mise en train, le travail technique qui permet d'améliorer les points faibles et la gestuelle, le travail spécifique pour acquérir de l'endurance, augmenter la vitesse ou la résistance, puis le retour au calme à la fin de l'activité.

L'entraînement, qui a lieu deux fois par semaine, comprend une séance de 60 minutes et une autre de 1 heure 30. Dans tous les cas, la présence d'un moniteur qualifié est indispensable.

• **L'échauffement :** d'une durée de 15 à 20 minutes, il prépare l'organisme à l'effort. Il est composé de divers exercices : nage lente avec augmentation progressive de l'allure, nages hybrides (déplacement en nage sur le dos à deux bras, battements de jambes crawl accompagnés de mouvements de brasse avec les bras, 4 nages, etc.).

• **Le travail technique :** il n'est pas tributaire d'une notion de temps, mais d'un résultat. Il vise à créer l'automatisme des gestes. Il tend à améliorer les mouvements pour les rendre plus efficaces.

Par exemple : nage en crawl sur un seul bras (droit à l'aller, gauche au retour), battements de jambes seuls, nage uniquement des bras, etc.

• **Le travail spécifique :** c'est le point fort de la séance d'entraînement. Il consiste en des exercices chronométrés afin de renforcer des qualités particulières.

Pour acquérir de l'endurance, effectuez un parcours de 1 000 à 1 500 m à allure régulière, le chronométrage se faisant tous les 100 m. Le but à at-

1

2

LE CLUB "NE PALMEZ PAS IDIOT"

La meilleure façon d'être en bonne forme toute l'année et de maîtriser parfaitement les techniques de la plongée consiste à adhérer à un club ou à une structure spécialisée. L'entraînement solitaire est à la fois difficile et peu enthousiasmant. La présence d'autres plongeurs est stimulante pour améliorer ses performances et encourage à l'effort. C'est aussi l'occasion de rencontrer des personnes partageant la même passion, d'échanger des idées et des informations et souvent de se retrouver en mer pour des moments inoubliables.

1 - L'entraînement au sauvetage avec un personnage réel : facile.

2 - L'entraînement au sauvetage avec un mannequin : plus difficile.

3 - Première initiation : l'accoutumance à respirer avec le détendeur.

4 - Palmage dorsal : regardez vers l'horizon.

5 - Palmage ventral : des mouvements de faible amplitude, jambes tendues.

6 - Pour la compétition, utilisez le tuba frontal.

4

6

5

teindre est de parcourir chaque fraction de 100 m dans le même laps de temps.

Pour la résistance, effectuez quatre fois 200 m à la suite avec 3 minutes de repos entre chaque parcours. Essayez d'améliorer à chaque fois la performance précédente. Autre exemple : nagez 800 m avec une planche à battement et, tous les 25 ou 50 m, tournez la planche perpendiculairement à la surface pour créer une résistance. Cela nécessite d'intensifier les mouvements pour conserver la même allure.

Pour la vitesse, effectuez deux séries de quatre longueurs de 25 m. Respectez un repos de 3 minutes tous les 25 m et de 4 minutes 30 entre les deux séries. Le but est de réaliser le parcours à la puissance maximale.

• **Le retour au calme :** c'est un moment important qu'il ne faut pas négliger. Indispensable après chaque séance d'entraînement, il permet à l'organisme de se rééquilibrer.

Cette récupération se fait sous forme de nage lente avec des expirations profondes. Durée : 5 à 6 minutes.

Notre conseil : *il faut toujours commencer un programme d'entraînement sans forcer et surtout sans chercher à brûler les étapes. Chacun a ses limites qu'il doit connaître afin d'éviter les risques d'accident.*

3

LES PLONGEURS PRENNENT DU GALON

La plongée sous-marine n'étant pas un sport de compétition, les échelles de valeur s'apprécient essentiellement par le niveau technique acquis. Les différentes étapes dans la progression sont sanctionnées par des examens. Autrefois nommés échelons, ils prennent aujourd'hui l'appellation de niveaux, un terme uniformisé au niveau européen. Nous vous présentons ici les brevets de la Fédération française d'études et de sports sous-marins (FFESSM), principal organisme habilité par l'État pour assurer l'enseignement de la plongée et délivrer des diplômes reconnus (École française de plongée).

Les brevets fédéraux ne peuvent être passés que dans le cadre d'un club affilié à la FFESSM ou sous tutelle de la Commission technique régionale ou nationale.

Le Brevet élémentaire niveau I : un bon début

Première étape dans la hiérarchie des plongeurs, le Brevet élémentaire niveau I est obtenu à l'issue d'une formation en piscine ou en mer. Dans le cadre général de l'activité d'un club, il se passe à l'issue d'une saison complète, à raison d'une séance par semaine. En mer, un stage d'une semaine suffit le plus souvent pour obtenir ce titre. Avec des leçons particulières, 8 à 10 heures de formation intensive individualisée conviennent.

• Conditions de candidature

Être licencié à la FFESSM

Être âgé d'au moins 14 ans (dérogation à partir de 12 ans avec l'accord écrit des parents et un certificat médical délivré par un médecin fédéral ou titulaire du CES de médecine du sport).

Être en possession d'un certificat médical de non-contre-indication à la pratique de la plongée subaquatique, datant de moins d'un an.

• Organisation générale

Le brevet élémentaire est le seul à pouvoir être passé en piscine. Il peut être aussi organisé en mer.

Les sessions du Brevet élémentaire niveau I sont réalisées à l'échelon du club, en formation continue ou sous la forme d'un examen ponctuel.

• Déroulement des épreuves :

EXERCICES PRATIQUES

- En maillot de bain :

- effectuer 200 m de nage libre en continu, sans limitation de temps.

- Avec palmes, masque et tuba :

- descendre en apnée à une profondeur variant entre 3 et 5 m ;
- parcourir 200 m en nage ventrale avec utilisation des bras.

- Avec le scaphandre autonome :

- s'équiper et se déséquiper ;
- se mettre à l'eau à l'échelle et par un saut droit ;
- à la suite d'une immersion, passer de l'embout au tuba, puis effectuer en surface un parcours de 100 m ; reprendre l'embout, décapeler le scaphandre et le donner à un coéquipier (à quai ou sur une embarcation) ;
- s'immerger en canard ou en phoque, puis effectuer un exercice de poumon ballast entre 3 et 5 m de profondeur ;
- enlever le masque, effectuer plusieurs cycles respiratoires, remettre le masque et le vider ;
- échanger les signes de plongée nécessaires à sa propre sécurité ;
- effectuer avec le moniteur un exercice de respiration à deux sur un même embout, en se déplaçant ;
- nager 50 m en nage dorsale sans embout ni tuba.

CONNAISSANCES THÉORIQUES

- Questions orales portant sur :

- l'utilisation du matériel de plongée individuel (niveau élémentaire) ;
- la prévention des barotraumatismes ;
- les consignes de sécurité.

- Délivrance du brevet

Le Brevet élémentaire niveau I est délivré par le club et signé par le Président du club.

- Autonomie en plongée

La possession d'un Brevet élémentaire niveau I permet des plongées d'exploration encadrées, limitées à la zone de profondeur des 20 m.

Notre conseil : *Il ne faut surtout pas dévaloriser ce brevet élémentaire, qui est le point de départ d'une formation solide. Il donne les bases indispensables à la suite de la progression.*

La possession d'un brevet de plongée est indispensable pour pratiquer les activités subaquatiques d'exploration dans le cadre d'une structure organisée. Deux plongeurs autonomes de niveau II peuvent évoluer ensemble dans la zone des 20 m.

Le plongeur autonome niveau II : du progrès

Étape de progression logique dans la formation d'un plongeur, le niveau II permet d'acquérir une plus grande connaissance technique et pratique. Il est organisé obligatoirement en mer. C'est l'occasion d'accéder à une plus grande autonomie, 3 plongeurs de niveau II pouvant constituer une palanquée évoluant dans la zone des 20 m.

• Conditions de candidature

Être licencié à la FFESSM.

Être âgé d'au moins 16 ans.

Être titulaire du Brevet élémentaire niveau I ou du Brevet de plongeur 1 étoile CMAS ou du Brevet élémentaire FSGT.

Présenter un carnet de plongée.

Être en possession d'un certificat médical de non-contre-indication à la pratique de la plongée, datant de moins d'un an, délivré par un médecin fédéral ou titulaire du CES de médecine du sport.

• Organisation générale

Les sessions du Brevet de plongeur autonome niveau II sont organisées à l'échelon des clubs en formation continue ou sous forme d'un examen ponctuel.

Les épreuves de ce brevet sont découpées en 6 groupes. Ils peuvent être acquis séparément, mais de manière chronologique pour ce qui concerne la pratique. Les candidats disposent d'un délai maximum de 15 mois pour acquérir les 6 groupes d'exercices.

Pour être valable, chaque groupe d'exercices doit être signé par un moniteur fédéral 1er ou 2e degré ou un moniteur d'État breveté 1er ou 2e degré, licencié à la FFESSM.

• Déroulement des épreuves

GROUPE 1

- Équipé de palmes, masque et tuba, parcourir une distance de 500 m.
- Avec le même équipement, descendre en apnée à une profondeur de 5 m et y effectuer un parcours de 10 m.
- Avec le scaphandre autonome capelé, effectuer un parcours de 250 m en surface.

GROUPE 2

- Exercices de plongée en scaphandre sur un fond de 5 m :

- décapelage suivi d'un déplacement sur le fond, l'embout en bouche, puis recapelage ;
- échange de scaphandre.

Exercices de plongée en scaphandre sur un fond de 10 m :

- maîtrise de la remontée en expiration de 10 m. Cette remontée s'effectuera en conservant impérativement l'embout en bouche.

GROUPE 3

- Exercices de plongée en scaphandre à 20 m de profondeur :

- enchaîner saut masque à la main, vidage du masque sans faire surface, descente en pleine eau, vidage du masque à 20 m ;
- interprétation des signes ;
- lâcher d'embout, expiration suivie d'un signe "Je n'ai plus d'air" ; l'élève va chercher l'embout du moniteur ;
- remontée à deux sur un embout, l'élève assistant le moniteur ; arrêt à 3 m, puis poursuite de la remontée sur la directive du moniteur.

GROUPE 4

- Aptitude à l'évolution dans la zone des 20 m.

GROUPE 5

- Exercices de plongée en scaphandre dans la zone des 20 m :

- stabilisation en pleine eau à l'aide du gilet de sécurité, entre 15 et 20 m ;
- assistance ou sauvetage depuis une profondeur de 20 m d'un plongeur en difficulté, à l'aide d'un gilet de sécurité ; remontée à la vitesse de 17 m/mn.

GROUPE 6

- Questions orales :

- l'utilisation pratique des tables de plongée : plongée simple, courbe de sécurité, plongées consécutives, procédure pour les remontées anormales, plongées successives (calcul de la majoration) ;
- la réglementation ;
- la noyade ;
- notions concernant le phénomène d'essoufflement et la conduite à tenir dans ce cas ;
- les principes de base du fonctionnement d'un mécanisme de réserve et d'un détendeur ; entretien et chargement des bouteilles ;
- les règles de sécurité en plongée ;
- notions élémentaires propres au respect de l'environnement.

- Questions orales ou écrites au choix du jury :

- notions de calcul d'autonomie et de flottabilité ;
- éléments succincts sur les symptômes des accidents de décompression et des barotraumatismes, leurs préventions et la conduite à tenir dans ce genre de cas.

- Délivrance du brevet

Le Brevet de plongeur autonome niveau II est délivré par le Président du club du postulant, éventuellement par le Président du club où auront été effectués les derniers exercices.

- Autonomie en plongée

Plongée autonome dans la zone des 20 m, dans le cadre des normes de sécurité.

Plongée encadrée dans la zone des 40 m.

Notre conseil : *Un stage de 15 jours dans un centre spécialisé est le meilleur moyen pour obtenir avec le maximum de chances de succès le Brevet de plongeur autonome niveau II. Un tel stage permet de bien travailler les points faibles et d'étaler le passage des différents groupes d'épreuves sur plusieurs jours, ce qui est très confortable.*

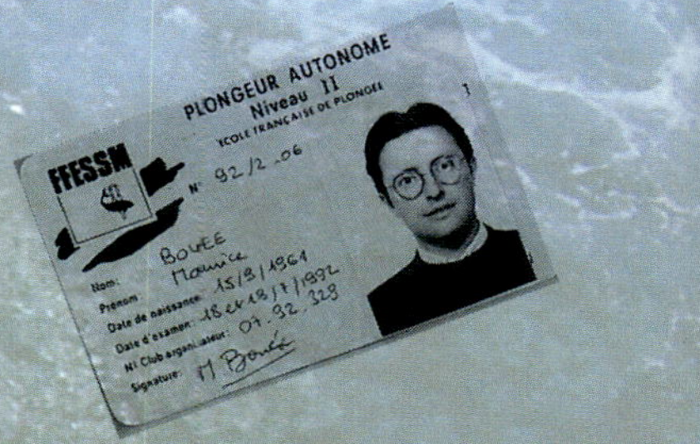

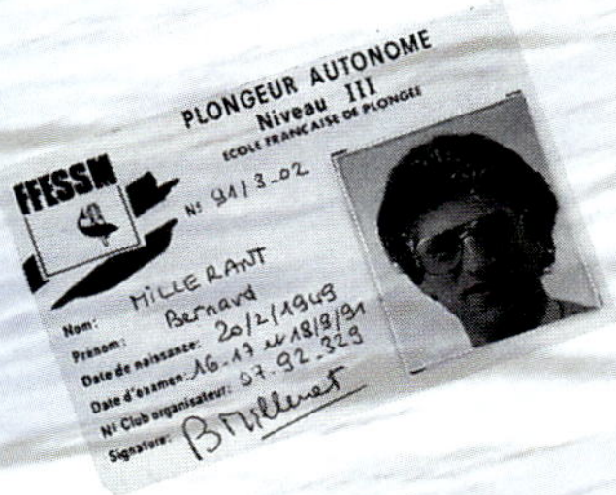

Le Brevet de plongeur autonome niveau III : l'autonomie

Ce brevet, relativement peu connu, est pourtant une qualification idéale : la reconnaissance d'un niveau de technicité permettant de pratiquer la plongée de manière autonome, partout dans le monde. Il doit être conseillé à tous les plongeurs qui ne souhaitent pas s'orienter vers l'enseignement (bénévole ou rémunéré).

• **Conditions de candidature**

Être licencié à la FFESSM.

Être âgé d'au moins 18 ans.

Être titulaire du Brevet de plongeur autonome niveau II ou du Brevet de plongeur 2 étoiles CMAS ou du 1er échelon FSGT.

Être en possession d'un certificat médical de non-contre-indication à la pratique de la plongée, datant de moins d'un an, délivré par un médecin fédéral ou titulaire du CES de médecine du sport.

• **Organisation générale**

La qualification de "plongeur autonome" s'obtient au cours d'une formation continue en mer.

Chaque exercice acquis doit être validé sur le carnet de plongée par la signature d'un moniteur fédéral 1er ou 2e degré ou BEES (Brevet d'État d'éducateur sportif) 1er ou 2e degré, licencié à la FFESSM. L'ensemble doit être complété par l'apposition du cachet officiel du club.

• **Déroulement des épreuves**

Il s'agit d'un contrôle des acquis et non d'un examen.

EXERCICES PRATIQUES

- Descente en pleine eau à 40 m. Effectuer :

- équilibrage à l'aide du gilet de sécurité ;
- exercices de lâcher d'embout et de vidage de masque ;
- remontée normale et stabilisation à 3 m ;
- remontée contrôlée à la vitesse normale en respirant à deux sur un même embout ;
- assistance ou sauvetage d'un équipier en difficulté, à l'aide du gilet de sécurité, en remontant à la vitesse normale.

CONNAISSANCES THÉORIQUES

- Questions orales portant sur :

- le secourisme et la réanimation (prévention, symptômes, conduite à tenir face aux accidents de plongée, réanimation respiratoire et cardiaque;
- l'organisation et la sécurité des plongées ;
- la réglementation

- Délivrance du brevet

Le diplôme est remis par le président du club où ont été effectués les derniers exercices.

- Autonomie en plongée

Deux plongeurs autonomes niveau III peuvent plonger entre eux jusque dans la zone des 40 m.

Notre conseil : *Moins exigeant sur le plan physique que le niveau IV, ce brevet est idéal pour des adultes déjà plongeurs, qui souhaitent parfaire leur qualification. Il est bon d'envisager de l'obtenir, si vous aimez plonger dans les pays étrangers, puisqu'il bénéficie d'une équivalence internationale 3 étoiles.*

Le Brevet de plongeur autonome niveau IV capacitaire : le bac à l'eau

Diplôme charnière indispensable pour continuer vers le monitorat, le niveau IV est au plongeur ce que le baccalauréat est à l'étudiant. Il atteste d'un bon niveau technique général en plongée et permet d'accéder à une formation supérieure.

• **Conditions de candidature**

Être licencié à la FFESSM.

Être âgé d'au moins 18 ans au jour de l'examen.

Être titulaire du Brevet de plongeur autonome niveau II ou du Brevet de plongeur 2 étoiles CMAS ou du 1er échelon FSGT.

Être en possession d'un certificat médical de non-contre-indication à la pratique de la plongée, datant

de moins d'un an, délivré par un médecin fédéral ou titulaire du CES de médecine du sport.

Il faut aussi présenter les attestations d'aptitudes suivantes : épreuves à 40 m, assistance et sauvetage, remontée en expiration, conduite des palanquées dans la zone des 20 m. La durée de ces attestations est limitée à 9 mois.

• Organisation générale

Les sessions de Brevet capacitaire peuvent être organisées par un club ou à l'échelon régional. Les clubs devront prévenir la Commission technique régionale (CTR), 2 mois avant la date prévue pour l'examen.

Le jury est composé d'au moins deux moniteurs titulaires du Brevet fédéral 2e degré ou du BEES 2e degré et licenciés à la FFESSM, dont l'un au moins est instructeur régional, délégué par la CTR.

L'examen se déroule, pour la partie pratique, en continu, sur un délai maximum de 4 jours, exception faite de conditions météorologiques très défavorables. Toutes les épreuves doivent être effectuées avec le même équipement.

• Déroulement des épreuves

- En palmes, masque et tuba :

- effectuer un parcours de 100 m, puis descendre à 5 m de profondeur et tenir une apnée de 20 secondes en déplacement ; après une récupération de 10 secondes en surface, redescendre à la même profondeur et remonter un mannequin de 1,5 kg de poids apparent ; le remorquer, la tête hors de l'eau, sur une distance de 100 m ; un temps supérieur à 8 minutes est éliminatoire de même que la mauvaise tenue du mannequin (coefficient 2).
- effectuer un parcours de 800 m (cette épreuve est chronométrée selon une table de cotation) ; un temps supérieur à 18 minutes est éliminatoire (coefficient 1) ;
- descendre en plongée libre à 10 m (coefficient 1) ;

- Équipé du scaphandre autonome :

- parcourir 500 m en surface en respirant par le tuba dans un temps inférieur à 13 minutes (pas de notation) ;
- remonter de 20 m un plongeur en difficulté, le maintenir 2 minutes en surface et le déséquiper dans l'eau (coefficient 3) ;
- descendre dans le bleu à 40 m sur un fond plus important ; la descente est considérée comme parfaite si elle est rectiligne, le plus proche possible de la verticale et effectuée à vitesse régulière (coefficient 1) ;
- à 40 m, enlever le masque et le vider, tout en conservant le maintien du niveau d'immersion (pas de notation) ;
- à 40 m, se stabiliser à l'aide de la bouée de sécurité, signaler, recevoir et interpréter les signes de plongée ; à la fin de cette épreuve, le moniteur fait le signe "Je n'ai plus d'air", le candidat lui passe son embout et amorce une remontée à deux sur un même embout ; l'exercice prend fin au signe "Stop !" du moniteur (coefficient 4) ;
- remonter de 20 m, embout lâché (coefficient 2) ;
- remonter de 30 m un plongeur en difficulté à l'aide du gilet de stabilisation ; s'arrêter et se stabiliser entre 6 et 3 m (coefficient 2).

- Matelotage :

- savoir exécuter les nœuds marins usuels, manœuvre d'appareillage, de mouillage et d'accostage d'un bateau, règles élémentaires de sécurité et de navigation en mer (coefficient 2).

- Théorie écrite et orale :

- résoudre au moins un problème de tables de plongée (coefficient 3) ;
- symptômes et traitements immédiats des accidents de plongée (coefficient 3) ;
- sauvetage et réanimation (coefficient 2) ;
- notions pratiques de physique et de physiologie appliquées à la plongée (coefficient 1) ;
- notions pratiques et théoriques sur le matériel (coefficient 2) ;
- épreuve de réglementation (coefficient 2).

- Délivrance du brevet

Pour être reçu à l'examen, le candidat doit obtenir la moyenne dans chacune des parties pratique et théorique, sans note éliminatoire (inférieure à 5).

Le bénéfice temporaire de la partie pratique est conservé par le candidat s'il a obtenu 90 points au moins à la partie théorique. La partie théorique est acquise si la note de pratique est au moins égale à 120. Cette validité partielle est de 9 mois. Le Brevet de plongeur autonome niveau IV capacitaire est délivré par le président de la Commission technique régionale.

- Autonomie en plongée

Possibilité d'évoluer au-delà des 40 m dans la limite des normes de sécurité.

Le capacitaire peut être guide de palanquée pour des débutants dans l'espace proche (zone des 5 m) et médian (zone des 20 m), pour des plongeurs de niveau I dans l'espace médian, pour des plongeurs de niveau II dans l'espace lointain (zone des 40 m).

S'il prépare un monitorat (stagiaire pédagogique), il est considéré comme niveau II d'encadrement. Il peut donc enseigner aux débutants et aux plongeurs de niveau I dans l'espace médian (zone des 20 m).

Notre conseil : *la réussite au brevet capacitaire est conditionnée par un entraînement régulier tout au long de l'année. Un stage préparatoire d'un minimum de 15 jours, organisé par un club, une structure organisée ou une commission technique régionale, est vivement recommandé.*

Il est préférable de passer cet examen en période estivale de manière à bénéficier des meilleures conditions météorologiques possibles.

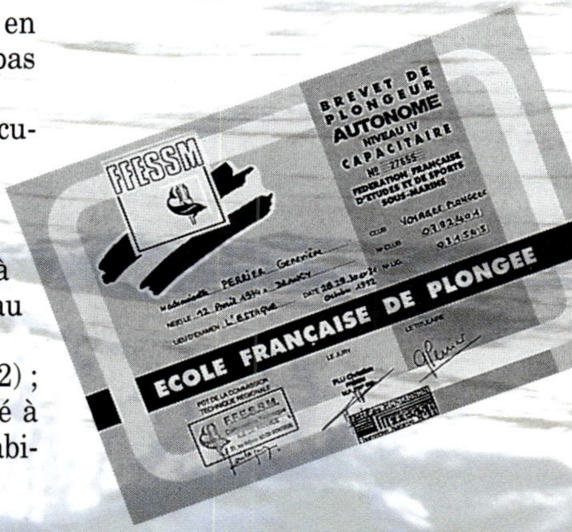

Les niveaux III et IV caractérisent des plongeurs ayant déjà une bonne expérience et pouvant jouer le rôle de guides de palanquée. Des qualifications idéales pour ceux qui souhaitent plonger en toute quiétude dans toutes les mers du monde et pratiquer des activités annexes comme la photo par exemple.

LA REVUE DES PLONGEURS

La FFESSM édite la revue *Subaqua,* publication bimestrielle, qui en est l'organe officiel. Outre le compte rendu des activités fédérales, on y trouve de nombreux reportages sur les plus belles destinations de plongée dans le monde, des informations sur la technique et les nouveautés en matière de matériel. De nombreuses petites annonces permettent aux lecteurs d'acquérir du matériel d'occasion. Généreusement illustrée en couleurs, la revue *Subaqua* est disponible chez les marchands de journaux et sur abonnement.

LA FFESSM : LICENCIÉ ET CONTENT

La Fédération française d'études et de sports sous-marins (FFESSM) regroupe plus de 1 700 clubs, ce qui représente plus de 140 000 plongeurs. Elle a pour but de promouvoir la plongée sous-marine et de la rendre accessible au plus grand nombre en faisant découvrir ses nombreux aspects.

En tant qu'activité sportive, la plongée sous-marine est organisée par une fédération habilitée par le ministère de la Jeunesse et des Sports. La FFESSM a pour rôle d'organiser les compétitions subaquatiques et l'enseignement des disciplines qui figurent dans ses statuts.

Le "Club des sous l'eau"

C'est en 1935 que fut créé le premier club français (et mondial) de plongée sous-marine. Le commandant Yves Le Prieur venait d'inventer son scaphandre autonome. Il eut l'idée, avec Jean Painlevé, de créer ce club pour vulgariser l'exploration sous-marine et ses aspects sportifs et touristiques. Inauguré en août 1935, à Saint-Raphaël, le "Club des scaphandres et de la vie sous l'eau" devint vite le "Club des sous l'eau" !

Un deuxième club fut créé à Marseille en 1940. Le "Groupement de pêche et d'études sous-marines", réunissant surtout des chasseurs sous-marins, existe encore de nos jours. Il est installé à La Ciotat.

En 1946, fut créé un troisième club à Cannes, le "Club alpin sous-marin", à l'initiative d'Henri Broussard. C'est la première vraie école de plongée.

En 1947, Marcel Isy Schwart fonde le "Club des chasseurs sous-marins de France", qui existe toujours dans la région parisienne.

En 1948, 8 clubs seulement existaient, qui comptaient 718 affiliés. Jean-François Borelli, pressentant l'engouement du public pour le monde subaquatique, proposa de les fédérer. En 1948, naissait la Fédération des sociétés de pêche à la nage et d'études sous-marines. Peu de temps après, le Dr Clerc fondait la Fédération des activités sous-marines.

Ces deux fédérations, aux activités et buts très proches, fusionnèrent sous l'égide du directeur régional de la Jeunesse et des Sports.

Le 18 octobre 1955 naissait la Fédération française d'études et de sports sous-marins dirigée par Jean-François Borelli, président, et le Dr Clerc, vice-président. Elle comptait alors 20 clubs.

Plongez avec nous !

C'est à travers ce slogan que la FFESSM regroupe la plupart des clubs de plongée de France. Par délégation de l'État, cette association de loi 1901, que l'on appelle gentiment la "Fédé", exerce une tutelle sur toute une série d'activités qui trouvent leur origine dans le développement de la plongée.

La FFESSM est administrée par un comité directeur de 20 membres, élus en assemblée générale. Celui-ci peut consulter un "conseil des anciens", composé de pionniers des activités subaquatiques et de personnalités qui ont éminemment contribué à l'essor de la plongée.

La plongée est à l'origine d'activités complémentaires aussi nombreuses que diversifiées. Elles se répartissent au sein de 14 commissions :

- 6 commissions sportives (pêche sous-marine, nage avec palmes, orientation subaquatique, hockey subaquatique, tir sur cible subaquatique et nage en eaux vives) ;
- 1 commission technique chargée de l'enseignement de la plongée en scaphandre autonome ;
- 4 commissions culturelles (archéologie, plongée souterraine, audiovisuel et biologie) ;
- 3 commissions de services (juridique, médicale et de prévention, sports corporatifs).

L'un des rôles de la "Fédé" consiste à promouvoir toutes ces activités. Elle en organise l'infrastructure, la mise en place, l'enseignement, la recherche, la communication...

La décentralisation

Les 1 700 et quelque clubs affiliés à la FFESSM sont répartis en 16 comités régionaux, organes dépendants mis en place sous son autorité : Martinique, Guadeloupe, Atlantique Sud, Bretagne et Pays de la Loire, Corse, Côte d'Azur, Est, Ile-de-France, Languedoc-Roussillon, Nord, Nouvelle-Calédonie, Polynésie, Provence, Réunion, Rhône-Alpes-Bourgogne-Auvergne, Normandie.

Chacun d'eux comprend un président, un comité directeur et des commissions de travail. Créés pour faciliter l'administration fédérale en décentralisant ses pouvoirs, les comités régionaux poursuivent à leur échelon les mêmes buts que la Fédération.

D'autres organismes décentralisés existent aussi à l'échelon départemental : les comités départementaux.

Un directeur assure les relations de la Fédération avec les autorités, les grands organismes, les comités et les clubs.

Le secrétariat administratif assure la correspondance, contrôle l'attribution des licences et des fournitures. Il réunit et conserve au siège fédéral les documents et les archives.

Des avantages certains

Outre le fait de contribuer au dynamisme du monde de la plongée, l'adhésion à la FFESSM offre de nombreux avantages :

- La licence fait office de permis de pêche sous-marine (à partir de 16 ans seulement).
- Une assurance responsabilité civile au tiers et défense recours est incluse dans le prix de la licence. Elle est valable dans le monde entier. Il est possible d'obtenir des garanties complémentaires et un contrat d'assistance à un tarif préférentiel.
- Possibilité d'apprendre à plonger dans le club d'affiliation et de s'entraîner aux différentes disciplines.
- Accès aux compétitions officielles organisées sous le patronage de la Fédération.
- Possibilité de passer les différents brevets de plongée fédéraux et d'accéder aux brevets d'État de moniteur de plongée.
- Abonnement à la revue mensuelle *Subaqua* à un tarif préférentiel.

POUR EN SAVOIR PLUS

FFESSM : 24, quai de Rive-Neuve 13007 Marseille. Téléphone : 91 33 99 31. Fax : 91 54 77 43. Les bureaux comprennent une vaste salle qui donne sur le vieux port, lieu de réunion du comité directeur et des commissions nationales.

Plus de 140 000 plongeurs sont affiliés à la FFESSM. Tous les licenciés sont assurés spécifiquement dans le cadre de la pratique de leur sport favori.

CMAS : À LA CONQUÊTE DU MONDE

La Confédération mondiale des activités subaquatiques (CMAS) regroupe les fédérations et organismes nationaux qui gèrent la plongée dans leur pays respectif. Actuellement, 70 pays sont concernés.

Le 10 janvier 1959, à Monaco, les délégués de 15 pays (Allemagne, Belgique, Brésil, Espagne, États-Unis, France, Grèce, Grande-Bretagne, Italie, Malte, Monaco, Pays-Bas, Portugal, Suisse et Yougoslavie) se réunissent pour s'entendre sur la création d'un organisme international gérant la plongée. Ce congrès constitutif fut présidé par le commandant Cousteau qui voulut bien appuyer de son autorité la fondation de la CMAS. Il en fut le premier Président.

Très vite, de nouveaux pays adhèrent à la Confédération. Aujourd'hui, plus de 70 états en sont membres. Émanation de tous les plongeurs, elle est le lien qui les attache à travers le monde.

L'action par les comités

La CMAS est divisée en trois grands comités : sportif, technique et scientifique. Ils sont appuyés, à titre consultatif, par la commission médicale.

- **Le comité sportif :** il s'occupe de tous les problèmes posés par la pratique des différents sports sous-marins, en organise ou en patronne les principales compétitions internationales. Il comprend les commissions de nage avec palmes, pêche sous-marine, orientation subaquatique et hockey subaquatique.
- **Le comité technique :** sa compétence s'étend à tous les problèmes, hors compétition, posés par la plongée avec scaphandre et ses dérivés. Il comprend : les commissions de l'enseignement, des brevets, de l'équipement, de l'audiovisuel, de l'eau douce, de spéléologie subaquatique et des submersibles.
- **Le comité scientifique :** il regroupe les organismes qui désirent se consacrer plus spécialement aux explorations scientifiques, et se compose des commissions archéologie, biologie, géologie, technologie et océanographie, conservation de la nature.

Des brevets internationaux

La CMAS, ayant mis au point un système d'équivalence de niveau des différents brevets nationaux, délivre des brevets internationaux correspondant. Cela permet la reconnaissance officielle du niveau technique des plongeurs dans tous les pays affiliés.

C'est au congrès de Barcelone, le 11 février 1970, que tous les signes de communication de plongée ont été uniformisés et adoptés par la CMAS.

La CMAS est administrée par un bureau exécutif composé comme suit :

- un président et un secrétaire général, élus directement par l'assemblée générale.
- 3 présidents des comités sportif, technique et scientifique élus. Ils sont membres de droit du bureau exécutif et vice-présidents de la CMAS.
- 11 membres élus par l'assemblée générale. Chaque pays affilié dispose d'un seul vote.

Pour en savoir plus

CMAS, Viale Tiziano, 74, 00196 Roma, Italie. Tél. : (39) 6 368 584 80. Télécopie : (39) 6 368 584 90.

PLONGEURS D'ICI ET D'AILLEURS

Il existe des organisations professionnelles de plongée qui possèdent leurs propres écoles, leurs règles spécifiques et leurs moniteurs. Ces structures privées indépendantes peuvent, dans certains pays, occuper une place prépondérante.

Par définition, les clubs pratiquent une formation bénévole des plongeurs au même titre que l'enseignement de toute discipline sportive sous tutelle du ministère de la Jeunesse et des Sports. Les clubs ne dégagent pas de profit. Les cotisations qu'ils demandent sont destinées à équilibrer leurs frais de fonctionnement. Il est aussi possible d'apprendre à plonger par l'intermédiaire d'organisations professionnelles. Celles-ci sont gérées par des moniteurs diplômés dont les cours sont rémunérés. Ce système est particulièrement actif aux États-Unis grâce à deux organisations importantes.

Tableau d'équivalence de niveaux entre les brevets

Niveaux des plongeurs	FRANCE (FFESSM)	CMAS	PADI	NAUI	YMCA	BSAC
Niveau 1	Brevet élémentaire	Diver 1 * Plongeur 1 étoile	Open Water diver	Open Water diver	Bronze Star Diver	Novice Diver
Niveau 2	plongeur autonome Niveau 2	Diver 2 ** Plongeur 2 étoiles	Advanced Open Water Diver + Diving Rescue Tech.	Advanced Open Water Diver + Diving Rescue Tech.	Silver Star Diver	Sport Diver et Dive Leader
Niveau 3	plongeur autonome Niveau 3	Diver 3 *** Plongeur 3 étoiles	Rescue Diver	Master Scuba Diver	Gold Star Diver	Advanced Diver et First Class Diver
Niveau 4	plongeur autonome Niveau 4 capacitaire	Diver 3 *** Plongeur 3 étoiles	Rescue Diver	Assistant Instructor		
Niveau 5	Directeur de plongée			Dive Master		

PADI : la plongée consommation

La Professional Association of Diving Instructors (PADI) est une organisation internationale qui officie dans 60 pays, mais surtout aux États-Unis où elle emploie à temps plein plus de 100 personnes et où elle a qualifié environ les deux tiers des plongeurs du pays. Ses quelque 900 écoles de plongée emploient plus de 10 000 moniteurs professionnels. La PADI dispose d'un système d'enseignement spécifique basé sur des principes pédagogiques qui lui est propre et une standardisation des méthodes et des procédures.

Le but de cette organisation est essentiellement lucratif, dans la mesure où toute obtention de certification est payante et que les brevets ont été généreusement multipliés. Outre différents échelons (voir tableau des équivalences), il existe également des qualifications spécialisées sur : épave, équipement, plongée en grotte, pêche sous-marine, plongée sous glace, plongée de nuit, sauvetage, navigation, etc.

PADI a été membre de la CMAS jusqu'en mars 1980.

PADI, 1251 E. Dyer Rd, Suite 100, Santa Ana, California 92705 - 5605, États-Unis.

NAUI : une envergure internationale

La National Association of Underwater Instructors (NAUI) est une organisation américaine créée en 1958. C'est une corporation de moniteurs de plongée professionnels, dont les rapports d'équivalence de niveau sont plus proches des standards européens. Elle est dirigée en groupements géographiques. Bien qu'ayant également quitté le giron de la CMAS, il y a quelques années, cette association pourrait fort bien renouer des contacts avec les instances internationales et européennes dans le but d'une meilleure uniformisation des standards de plongée sur le Nouveau Continent.

NAUI, PO Box 14650, Montclair, California 91763, États-Unis.

YMCA, la plongée jeune

Connue pour ses auberges de jeunesse, la Young Men's Christian Association (YMCA) possède aussi un programme d'enseignement des activités subaquatiques. C'est un système payant, mais les prix y sont très abordables et attirent notamment les jeunes plongeurs.

YMCA, Norcross / Atlanta GA 30093, États-Unis.

Quelques autres instances étrangères

En Grande-Bretagne

Le British Sub Aqua Club est l'un des membres fondateurs de la CMAS. Il étend son autorité sur l'ensemble du Royaume-Uni et des pays adhérant au Commonwealth. À ce titre, ses brevets sont reconnus dans le monde entier.

C'est une fédération importante qui compte des milliers d'adhérents.

British Sub Aqua Club, Telford's Quay, Ellesmere Port, South Wirral, Cheshire L65 4FY, GB.

En Allemagne

La plongée est régie par une importante fédération. C'est une activité sportive très développée outre-Rhin, les Allemands comptant parmi les plongeurs qui se déplacent le plus de par le monde. VDST (Verband Deutscher Sporttaucher), Tannenstrasse, 25, 64546 Mörfelden – Walldorf, Allemagne. Tél. : 06105 / 76885.

En Italie

Vu sa configuration géographique particulière et son climat privilégié, l'Italie est très active dans le domaine de la plongée sous-marine. De nombreux centres outre-mer sont d'ailleurs gérés par des Italiens. La plongée transalpine est fédérée d'une manière similaire à ce qui existe en France.

FIPS (Federazione Italiana Pesca Sportiva) Viale Tiziano 70, 00196 Roma, Italie.

CIPP : instructeurs et compagnie

La Compagnie des instructeurs de plongée professionnels (CIPP) est un organisme français, qui regroupe des moniteurs diplômés d'État pouvant, par conséquent, être rémunérés pour leur enseignement. Dans le cadre de leur propre école de plongée, ceux-ci sont autorisés à délivrer des attestations de niveau, jusqu'à la hauteur du brevet de capacitaire.

CIPP, 9, rue Jacques Hillairet 75012 Paris. Tél. : (1) 44 75 58 10 Fax : 44 75 58 11.

ANMP : les guides de la mer

C'est sous l'appellation très évocatrice des "Guides de la mer" qu'est mieux connue l'Association nationale des moniteurs de plongée (ANMP). Elle a été la première, en France, à établir des cours particuliers.

L'attribution du titre "Guide de la mer" relève d'une formation spécifique à l'association. Si ses buts et ses actions sont similaires à ceux du CIPP, la philosophie générale de l'activité est différente. L'ANMP a ses propres brevets jusqu'au niveau du brevet de capacitaire. Ils sont reconnus dans le cadre de l'école française de plongée.

ANMP, 62, avenue des Pins du Cap, 06160 Antibes/Juan-les-Pins. Téléphone : 93 61 45 45.

La FSGT : plonger en travaillant

La Fédération sportive et gymnique du travail (FSGT) est une organisation pluridisciplinaire qui comprend aussi les activités subaquatiques. Émanation des comités d'entreprises, elle permet aux employés des grandes sociétés de pratiquer leur sport préféré, mais également de recevoir un enseignement. En ce qui concerne la plongée, la FSGT a conservé les anciennes données d'échelons qui correspondent aux différents niveaux de la FFESSM

FSGT, 14, rue Scandicci, 93508 Pantin Cedex. Téléphone : (1) 49 42 23 19. Télécopie : (1) 49 49 23 60.

CEDIP : L'Europe des Instructeurs Professionnels

Le CEDIP (European Committee of professional diving instructors) regroupe 5 associations nationales de moniteurs professionnels (Allemagne, Autriche, Italie, Espagne, France). C'est le premier organisme européen de moniteurs professionnels de plongée. Il délivre des brevets valables dans toute la CEE. C'est Daniel Mercier, Président de l'ANMP, qui a été l'origine de la création de cet organisme.

CEDIP, 62, Avenue des Pins du Cap - 06160 Antibes

Téléphone : 93 61 45 45

Télécopie : 93 67 34 93.

– 4 –

Les règles d'or de la plongée

Pénétrer pour la première fois dans l'univers subaquatique est une grande aventure, à la fois impressionnante et palpitante. Le plongeur va s'enfoncer dans un monde inconnu, découvrir la sensation d'apesanteur et toutes les merveilles naturelles que recèle l'océan. Mais surtout sans se laisser griser, car la mer est impitoyable avec les imprudents. Une plongée réussie demande une connaissance minimale du milieu marin et tient toujours compte des données climatiques. D'humeur changeante, la mer passe en quelques instants du calme à la colère, et son courroux peut être redoutable. Même lorsque les meilleures conditions de beau temps et de clarté d'eau sont réalisées, la plongée doit se dérouler selon des règles spécifiques auxquelles il ne faut jamais déroger. Une préparation soignée, un matériel impeccable, la limitation de la profondeur ainsi que le respect scrupuleux des tables sont garants d'un émerveillement complet pendant l'immersion et d'un retour en surface sans problème. Une discipline jamais contraignante, car elle devient vite un automatisme et la règle d'or pour tout bon plongeur !

UN PEU D'HISTOIRE

L'amiral anglais Francis Beaufort a établi, en 1806, l'échelle qui porte son nom. Elle servait initialement à classer les vents rencontrés en mer. Elle fut ultérieurement étendue aux observations de l'état de la mer et des phénomènes qui se produisaient sur terre, suite à l'action du vent. Cette méthode, basée sur des mesures subjectives, est aujourd'hui remplacée en météorologie par des procédés scientifiques plus sûrs. Mais on l'utilise toujours en marine car elle est pratique.

Il existe également une autre échelle, celle de Douglas, élaborée par l'amiral britannique du même nom, en 1921. Elle définit, de façon assez comparable à l'échelle de Beaufort, les états de la mer.

L'Échelle de BEAUFORT

FORCE BEAUFORT	APPELLATION	VITESSE du VENT		ÉTAT de la MER OBSERVÉ
		nœud	km/h	
0	Calme	1	1	Mer d'huile miroir,
1	Très légère brise	1 à 3	1 à 5	Mer ridée
2	légère brise	4 à 6	6 à 11	Vaguelettes
3	Petite brise	7 à 10	12 à 19	Petits "moutons"
4	Jolie brise	11 à 6	20 à 28	Nombreux "moutons"
5	Bonne brise	17 à 21	29 à 38	Vagues, embruns
6	Vent frais	22 à 27	39 à 49	Lames, crêtes d'écume étendues
7	Grand-frais	28 à 33	50 à 61	Lames déferlante
8	Coup de vent	34 à 40	62 à 74	Les crêtes de vagues partent en tourbillon d'écume
9	Fort de coup de vent	41 à 47	75 à 88	
10	Tempête	48 à 55	89 à 102	Les embruns obscurcissent la vue, on ne voit plus rien...
11	Violente tempête	56 à 63	103 à 117	
12	Ouragan	64 et plus	118 et plus...	

Photo page de droite, de haut en bas : beau temps, orage, cyclone, tempête.

LE PLONGEUR ET LA GRENOUILLE

Le contexte climatique joue un rôle considérable sur les conditions de plongée. Soleil, pression atmosphérique, vents et vagues influent sur les 1 370 millions de m³ d'eau que renferment les mers et les océans.

La connaissance élémentaire des phénomènes météorologiques est l'assurance de bénéficier des conditions optimales de plongée. Dans nos régions septentrionales, les données climatiques sont rarement stables. Soumises à l'influence des grands courants océaniques, nos côtes subissent des périodes variables de forte mer et de temps calme. Un principe qu'il ne faut jamais ignorer : en mer, le temps peut changer brutalement à tout instant.

La météorologie est l'étude scientifique des phénomènes atmosphériques et plus particulièrement du climat. Elle a pour but la prévision du temps grâce à l'observation de la pression atmosphérique, des températures, de l'humidité, des vents, des marées, des précipitations, etc.

L'atmosphère, cette importante couche gazeuse d'environ 20 km d'épaisseur, qui entoure la Terre, connaît des états variables selon les lieux et les moments. Elle peut être chaude, froide, sèche, humide, immobile ou en mouvement, les masses d'air qui se déplacent donnant naissance à des vents plus ou moins forts.

En fonction de ces différents paramètres, les humeurs du temps varient : "beau temps" clair, ensoleillé, calme ; temps pluvieux, neigeux, orageux, voire brouillard, grêle, gel et tempêtes.

La pression atmosphérique

Exprimée en hectopascal (hpa), la pression atmosphérique renseigne sommairement sur les évolutions des conditions climatiques. C'est à partir de ses variations que fonctionne le baromètre. Quand la pression diminue, les risques de mauvais temps augmentent et inversement. L'air est attiré par les dépressions et la vitesse des vents est d'autant plus forte que l'abaissement de la pression est brutal.

Pluie et orage

Lorsqu'un courant d'air chaud et humide entre en contact avec une masse d'air froid ou qui se refroidit en prenant de l'altitude, la vapeur d'eau en suspension qu'il contient, due à l'évaporation naturelle à la surface de la planète, se condense en gouttelettes. Des nuages naissent qui se déversent sur le sol sous forme de pluie, de neige ou de grêle. La pluie résulte bien souvent d'une "collision" entre une masse d'air froid et une masse d'air chaud.

Le grain est un coup de vent violent de faible durée, généralement accompagné d'une chute de pluie.

Les grands mouvements ascendants de l'air génèrent souvent, quand ils sont rapides, la formation de gros nuages (cumulo-nimbus). Quand ils sont accompagnés de phénomènes électriques, c'est l'orage avec ses éclairs et ses coups de tonnerre.

Les courants océaniques

Le vent et la température irrégulière de l'eau sont à l'origine de la formation des courants océaniques. Les eaux, qui se réchauffent à l'équateur en raison du fort ensoleillement, convergent naturellement vers les eaux froides des pôles. Cet effet est renforcé par la force et la direction des vents. En raison du sens de rotation de la Terre, les courants, dans l'hémisphère Nord, se déplacent dans le sens des aiguilles d'une montre et en sens inverse dans l'hémisphère Sud. Les plongeurs rencontrent rarement ces grands courants océaniques, qui peuvent cependant affecter le climat des côtes. Par exemple, le Gulf Stream qui naît dans les Caraïbes traverse tout l'Atlantique pour aller réchauffer les côtes de l'Europe occidentale, engendrant des microclimats très doux au sud de l'Irlande ou dans les îles Anglo-Normandes. En revanche, les plongeurs peuvent avoir affaire le plus souvent aux courants de marée. Toutes les côtes n'en sont pas affectées ; les passes étroites des atolls et les baies ou les estuaires en entonnoir les subissent, eux, de manière amplifiée.

La formation des vagues

Les immenses masses d'eau que constituent les mers et les océans sont en perpétuel mouvement. C'est le vent qui, en soufflant à la surface de l'eau, provoque la formation progressive des vagues par simple transfert d'énergie. Les vagues engendrent une puissance mécanique énorme. Sur la côte atlantique, celle-ci peut atteindre 10 kW par mètre de rivage pour des vagues de 1 m de creux et de 10 secondes de période.

La hauteur des vagues dépend de la force et de la durée du vent ainsi que de la distance parcourue par l'eau. Plus les vagues grossissent, plus elles font obstacle au souffle du vent qui, par conséquent, agit plus fortement sur elles. Quand les vagues se déplacent à la même vitesse dans une direction identique et sans déferler, c'est la houle.

La hauteur d'une vague est mesurée entre son point le plus bas (creux) et sa partie la plus haute (crête). La longueur d'une vague est la distance qui sépare deux creux ou deux crêtes. Sous l'eau, l'effet provoqué par le mouvement de la vague n'est plus ressenti à partir d'une profondeur équivalente à la moitié de sa longueur : ainsi, une vague longue de 10 m produira un remous jusqu'à 5 m de profondeur.

L'échelle de Beaufort

Tous les services météorologiques donnent leurs prévisions avec des indications se référant à l'échelle de Beaufort. Il s'agit d'un système international qui permet de connaître l'état de la mer en fonction de la vitesse du vent. Celle-ci est codée en forces, de 0 (calme plat, vent inférieur à 1 km/h) à 12 (ouragan, vent supérieur à 117 km/h) ; elle est mesurée avec un anémomètre.

La formation du vent est directement liée à la pression. Entre les zones de hautes et de basses pressions, il se forme un "appel d'air", les zones de basses pressions attirant l'air des zones de hautes pressions.

Dico météo

• *Alizé :* vent régulier soufflant des hautes pressions tropicales vers les hautes pressions équatoriales. Les alizés se déplacent vers le nord de janvier à juillet dans l'hémisphère nord et vers le sud de juillet à janvier dans l'hémisphère sud.

• *Anticyclone :* zone de pression atmosphérique élevée. Les vents sont faibles, le temps est beau. Dans les régions tropicales, il existe des anticyclones établis en permanence.

• *Bise :* vent froid soufflant du nord ou du nord-est.

• *Brise :* vent léger, frais. La brise de mer souffle pendant le jour de la mer vers la terre. La brise de terre souffle pendant la nuit de la terre vers la mer.

• *Brume :* mot employé en mer à la place de brouillard. Sur terre, on parle de brume lorsque la visibilité est supérieure à 1 000 m, et de brouillard lorsqu'elle est inférieure.

• *Déferlante :* c'est une vague dont la crête s'écroule sous la force de son mouvement et du poids de l'eau. En navigation, ce sont des vagues redoutables.

• *Dépression :* masse d'air atmosphérique dont la pression est inférieure à 1 015 hectopascals. Elle est le siège de mouvements ascendants, souvent générateurs de pluie.

• *Isobare :* courbe indiquant sur une carte météorologique les zones d'égale pression atmosphérique.

• *Millibar :* millième du bar, cette unité de mesure de la pression atmosphérique a aujourd'hui été remplacée par l'hectopascal d'une valeur équivalente.

• *Mistral :* vent violent, froid et sec, orienté nord, caractéristique des régions méditerranéennes.

• *Mousson :* renversements saisonniers de vents et phénomènes météorologiques se produisant dans la zone tropicale. Les moussons sont dues à des différences de températures entre les masses d'air continentales et océaniques.

• *Précipitations :* c'est l'ensemble des formes que prend l'eau atmosphérique pour se déposer à la surface du sol : pluie, neige, grêle, etc.

• *Tramontane :* vent du nord-ouest similaire au mistral, mais soufflant dans les régions se trouvant à l'ouest de Sète.

Adresses utiles

La météo marine par téléphone, toute l'année au (1) 36 65 09 99 ou (1) 36 65 12 34, pour la prévision à 5 jours par département. Sur Minitel, 3615 ou 3616 MET permettent d'obtenir les prévisions météo à 5 jours ainsi que la météorologie marine.

LES COEFFICIENTS DE MARÉES

L'amplitude des marées est indiquée par un coefficient, nombre basé sur un niveau d'eau moyen dans un lieu bien défini. Une marée de morte eau a un coefficient de 20 à 45, une marée moyenne est à 70, une marée de vive eau à 95, les grandes marées d'équinoxe, quant à elles, atteignant 120.

MARÉES DE VIVE-EAU
Lors des marées de vive-eau, le soleil et la lune sont alignés sur le même axe et leurs attractions respectives s'ajoutent l'une à l'autre. À cet instant ont lieu les marées d'amplitude maximale appelées "marées de vive-eau".
MARÉES DE MORTE-EAU
Pour les marées de morte-eau, l'attraction de la lune et celle du soleil se contrarient car ces deux astres sont sur deux axes perpendiculaires par rapport à la Terre. C'est à cet instant qu'on lieu les marées à amplitude minimale, les "marées de morte-eau".

FLUX ET REFLUX

Les marées jouent un rôle important sur les conditions de plongée. Il faut en connaître le mécanisme et le rôle pour mieux vivre la mer...

La marée est la répétition périodique de l'élévation, puis de l'abaissement du niveau de la mer, à intervalles réguliers. Elle se produit en raison d'un mouvement oscillatoire. La marée montante est le flux (ou flot). La marée descendante est le reflux (ou jusant). La dénivellation entre marée haute et marée basse constitue le marnage. La partie du littoral qui se couvre seulement à marée haute est nommée l'estran.

Les marées sont dues à l'attraction de la lune et du soleil qui s'exercent sur la Terre de manière complexe et variable tout au long de l'année. Ces forces conjuguées provoquent une déformation des eaux des mers et des océans. En raison des différences de distance entre les astres, le rôle de la lune sur les marées est 2,17 fois plus important que celui du soleil.

Quand la Terre, le soleil et la lune se trouvent dans le même alignement (on dit en syzygie), la déformation est maximale. Cette situation se rencontre lors de la pleine et de la nouvelle lune. On assiste alors aux grandes marées dites aussi de vive eau.

Quant les axes de la lune et du soleil forment un angle droit avec le centre de la Terre (on parle de quadrature), la déformation est minimale. Cela se produit au moment des quartiers de lune. On assiste alors à de faibles marées dites de morte eau.

On distingue plusieurs sortes de marées :

- La marée diurne avec une marée haute et une marée basse toutes les 24 heures 50 minutes.
- La marée semi-diurne avec deux hautes mers et deux basses mers toutes les 24 heures 50 minutes.
- La marée mixte avec alternances d'inégale durée entre flux et reflux.

L'amplitude d'une marée ou marnage est la hauteur d'élévation de la mer entre le point le plus bas du reflux et le point le plus haut du flux. Elle est presque nulle dans les mers fermées, mais peut dépasser 16 m comme au Mont-Saint-Michel ou 19 m dans la baie de Fundy, au Canada.

Lorsque la marée rencontre un obstacle – dans certaines passes coralliennes – ou le courant d'un fleuve à l'embouchure d'un estuaire, il se crée de forts remous auxquels on donne le nom de "mascaret". Seul un bateau puissant peut parvenir à les franchir.

Les marées et la plongée

Il est certain qu'un marnage très faible favorise la pratique de la plongée, puisqu'il est possible de sortir pratiquement à n'importe quel moment de la journée sans problème. De plus, les courants sont à cette occasion beaucoup plus faibles.

Le plus souvent, la marée montante offre une meilleure visibilité que la marée descendante car les courants véhiculent de l'eau du large, moins chargées en particules. La période de l'étale (intermédiaire entre flux et reflux) est le meilleur moment pour plonger en toute sécurité.

Les variations de profondeur qui peuvent exister en période de fortes marées doivent être prises en compte. Cela peut être important pour explorer certains endroits profonds, et conditionner de plus les heures de sortie et de rentrée au port.

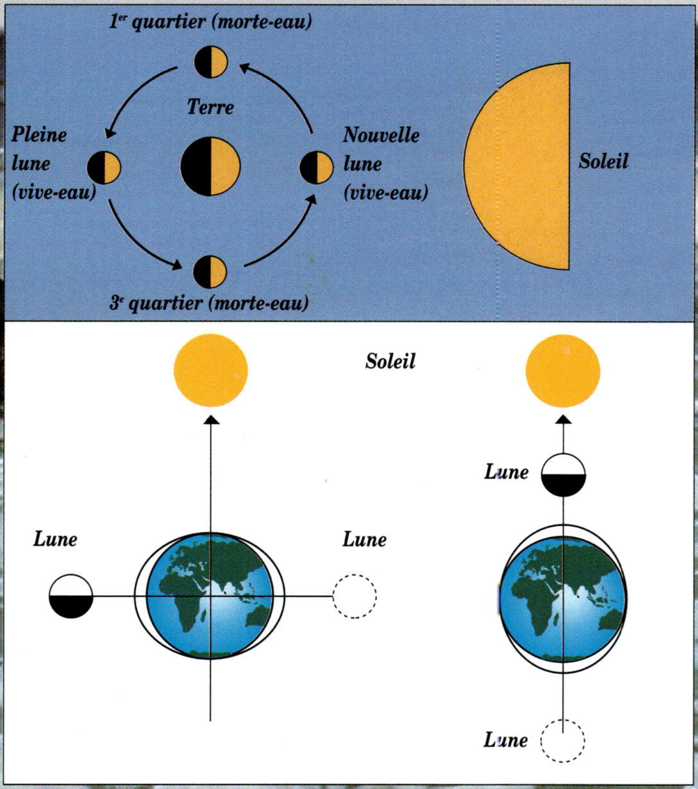

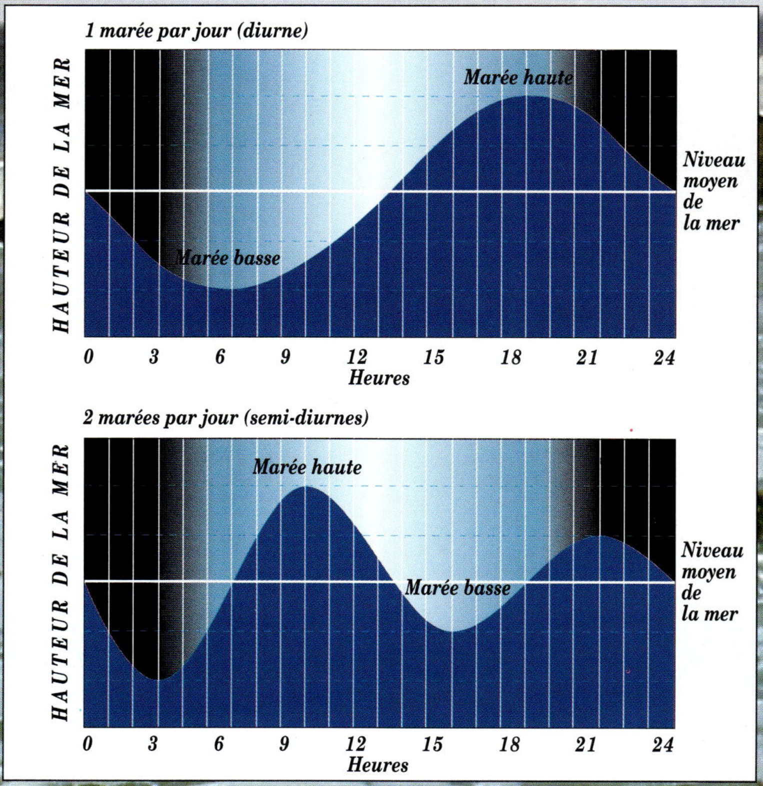

LE PLONGEUR PORTE-DRAPEAU

Dans le code international maritime, chaque lettre de l'alphabet est matérialisée par un pavillon coloré. Les plongeurs possèdent aussi leur "drapeau" spécifique.

Chaque pavillon de la signalisation maritime a une signification particulière. Il informe les navires alentour d'une situation spécifique. Par exemple, le pavillon de la lettre A (alpha) est divisé en deux parties verticales, blanche à gauche, bleue à droite, et est découpé vers l'intérieur. Il signifie : "Scaphandrier en plongée, tenez-vous à distance et avancez lentement". C'est le pavillon officiel depuis 1969. Il a le défaut d'être assez peu visible en mer en raison de ses couleurs.

La CMAS et d'autres instances internationales en ont adopté un autre pour la plongée. Il s'agit d'un drapeau rectangulaire rouge, barré d'une diagonale blanche qui part du point supérieur gauche et va vers le point inférieur droit.

À l'initiative de l'OTAN, les militaires utilisent un pavillon de plongée spécifique avec une croix de Saint-André blanche sur fond rouge.

Le pavillon de plongée doit être placé obligatoirement sur tout navire au mouillage avec des plongeurs en immersion. Il doit être visible à une distance d'au moins 100 m. Il est mis en hauteur afin de pouvoir être vu par mer agitée. Il est souhaitable de le rigidifier avec une armature pour qu'il reste déployé, même en l'absence de vent.

En règle générale, tous les bateaux de plongée comportent les deux drapeaux. Ceux-ci doivent alors être placés chacun sur une drisse différente, le pavillon alpha étant le plus haut.

Notre conseil : *en l'absence d'embarcation, les plongeurs ou les pêcheurs sous-marins doivent être accompagnés d'une bouée, munie d'un pavillon de plongée, de manière à signaler leur position.*

UN PEU D'HISTOIRE

Isaac Newton (1642-1727), en observant entre autres le phénomène des marées, en déduisit en 1687 les lois de la gravitation universelle : "Deux corps s'attirent avec une force proportionnelle à leur masse et en raison inverse de la distance qui les sépare." Ce mathématicien et physicien anglais évalua le premier, en 1669, la composition de la lumière blanche (spectre solaire).

Le physicien anglais sir William Thomson, plus connu sous le nom de lord Kelvin (1824-1907), établit la théorie des marées avec le "Tide predictor", premier outil de mesure permettant d'établir à l'avance et avec précision les heures et les hauteurs des marées.

Signalisation maritime internationale.
Pavillon A (Alpha) : "scaphandrier en plongée, tenez-vous à distance et avancez lentement".

Pavillon C.M.A.S. et agences américaines :
"plongeurs sous-marins en immersion".

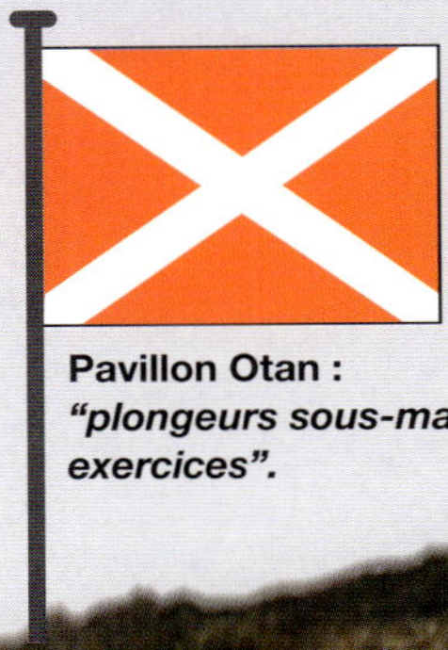

Pavillon Otan :
"plongeurs sous-marins en exercices".

DÉTRESSE : OUI ET NON

N

C

En cas de problème grave, il suffit de hisser les deux pavillons N (November) et C (Charlie) pour indiquer un état de détresse. Ces pavillons doivent être obligatoirement présents à bord de toute embarcation. Utilisés individuellement, le pavillon N signifie non, et le pavillon C se traduit par oui.

PENDEZ-VOUS AU PALIER

Trop souvent, les plongeurs effectuent leurs paliers accrochés en grappes serrées sur le mouillage. Pour un meilleur confort et afin de faciliter la surveillance de surface, il vaut mieux de disposer plusieurs pendeurs autour du bateau, de préférence non loin des échelles de remontée (la possibilité de descendre à n'importe quel moment une bouteille supplémentaire le long de ces pendeurs ne devant pas être négligée).

LA PLONGÉE EN SÉCURITÉ

Pour faire face à tout problème éventuel qui pourrait survenir au cours de l'immersion, il convient de prendre quelques précautions élémentaires sur les lieux de plongée.

La législation sur la sécurité en plongée ne concerne que la pratique collective dans un cadre organisé (club, centre de plongée, base de loisirs, etc.). Toutefois, il est expressément recommandé de s'y conformer, même si vous exercez votre sport favori en dehors de toute structure organisée. Vous éviterez ainsi toute complication administrative en cas de problème.

L'arrêté du ministère de la Jeunesse et des Sports du 20 septembre 1991 régit les garanties techniques de sécurité dans les établissements organisant la pratique et l'enseignement des activités subaquatiques sportives et de loisir en plongée autonome à l'air.

La palanquée

Un groupe de plongeurs, qui effectue une plongée présentant les mêmes caractéristiques de durée, de profondeur et de trajet, constitue une palanquée. Quand celle-ci est réduite à deux membres, on parle d'équipe.

Le guide de palanquée

Anciennement appelé chef de palanquée, il dirige la plongée en étant responsable de son déroulement. Il s'assure que les caractéristiques de la plongée conviennent aux circonstances et s'adaptent aux compétences des participants.

La profondeur

Les plongeurs accèdent, selon leurs compétences, à différents espaces d'évolution définis selon la profondeur : espace proche, zone des 5 m ; espace médian, zone des 20 m ; espace lointain, zone des 40 m. Une palanquée constituée de débutants peut évoluer dans l'espace proche.

Les accessoires de sécurité

Les pratiquants doivent avoir sur les lieux de plongée les éléments suivants : matériel de premier secours. La composition de la "pharmacie" est imposée par les règlements maritimes en fonction de la catégorie des bateaux. Au minimum : pansements, bandages, produits désinfectants, crème de protection, coton, compresses stériles, alcool à 90°, antibiotiques, comprimés contre le mal de mer, collyre, etc. Pour la pratique spécifique de la plongée, il est conseillé d'ajouter à cette liste de l'eau douce et de l'aspirine (en cas d'accident de décompression) ; un inhalateur et un insufflateur d'oxygène avec une réserve de ce gaz ; un bloc gonflé et ouvert, immergé sur un pendeur à 3 m de profondeur ; un jeu de tables de plongée sur le bateau ; un moyen permettant de rappeler depuis la surface les plongeurs en immersion (pétard de rappel, objet métallique pour frapper sur l'échelle) ; le pavillon de plongée accroché bien en évidence ; les coordonnées de tous les services de secours, affichées bien en vue dans le carré du bateau, y compris celles de la chambre de recompression la plus proche du lieu de plongée.

La communication

Les clubs et les centres de plongée doivent disposer sur le bateau d'un système de radiotéléphonie. Il permettra à tout moment de joindre une station en mer ou à terre. Cet appareil doit être d'un type homologué par le ministère des Postes et des Télécommunications. Il est obligatoire qu'une personne présente à bord soit titulaire du Certificat restreint de radiotéléphoniste, délivré après examen par France Telecom. Pour les appels de détresse, de secours et de sécurité, le canal 16 (156,800 MHz) est utilisé.

Assurer le mouillage

Le bon ancrage du bateau est un des points essentiels de la sécurité en plongée. Il est indispensable de s'assurer que l'ancre, ou le grappin, est bien accrochée et qu'il sera possible de la remonter sans problème. Ce travail est dévolu au guide de palanquée. D'une manière générale, laissez filer une longueur de bout équivalant à 2 ou 3 fois la profondeur. La taille de l'ancre doit être proportionnelle à celle du navire, et la longueur de la chaîne équivalente à celle du bateau. Prolongez-la par un long bout solide (cordage).

Une fois le bateau mouillé, laissez-le se stabiliser.

1

2

1 - Le bateau bien mouillé, chaque plongeur se met à l'eau successivement. Le moniteur ou le guide de palanquée est le premier à l'eau.

2 - Une bouteille de secours accrochée à un pendeur et munie d'un octopus est une très bonne sécurité en cas de paliers prolongés.

3 - Après une plongée profonde, un plongeur contrôle ses temps de paliers sur la table. Il respire sur une bouteille de secours.

Prenez des repères sur la côte (amers). Observez-les fixement afin d'être certain que le mouillage ne dérape pas.

Sur un fond de sable, il est indispensable de mouiller un maximum de chaîne pour éviter que le bateau dérive.

En surface, tenez compte du rayon d'évitage du bateau. Celui-ci doit pouvoir tourner autour de son mouillage sans risquer d'entrer en contact avec les moindres obstacles.

Pour préserver les fonds, il serait souhaitable de s'accrocher sur la bouée de surface d'un corps mort. Bon nombre de pays protègent les récifs coralliens avec ce système, les ancres faisant de gros ravages dans ce fragile écosystème. Il en va de même pour la visite des épaves.

Notre conseil : *même si la réglementation n'impose pas un pilote à bord au mouillage, il est bon de prévoir systématiquement une surveillance en surface en laissant toujours quelqu'un à bord du bateau de plongée. Assurez-vous que la personne désignée possède bien les compétences requises, notamment pour les manœuvres de l'embarcation et la récupération des plongeurs. Si le bateau est au mouillage, une annexe peut accompagner les plongeurs en suivant leurs bulles pendant toute la durée de l'immersion, ce qui est une garantie supplémentaire de sécurité.*

3

À VOS MARQUES, PRÊT, PLONGEZ !

Une plongée réussie doit très peu au hasard. Il faut choisir le lieu avec soin afin de profiter au maximum des merveilles du "monde du silence".

L'océan est si vaste qu'a priori les sites de plongée sont en nombre illimité. Toutefois, vous vous apercevrez, l'expérience venant, que dans une même zone tous les endroits ne sont pas de même qualité. Sans parler des épaves, qui nécessitent un repérage très précis, la simple plongée exploration à la recherche des poissons ou des paysages immergés peut vous transporter, en quelques mètres, du désert à la féerie.

Les meilleures plongées s'effectuent bien souvent le long des côtes rocheuses, autour d'un sec (piton remontant du fond vers la surface ou récif), près d'un îlot, au voisinage d'une passe, etc. Renseignez-vous auprès des plongeurs locaux pour connaître les bons coins. Le bouche à oreille fonctionne toujours très bien entre les amoureux des fonds marins. Par ailleurs, il existe des livres qui fournissent des amers avec précision. Certaines épaves sont répertoriées sur les cartes marines. Vous pouvez également suivre un bateau muni d'un pavillon de plongée pour connaître sa destination. Mais d'une manière générale, si vous désirez plonger dans une région inconnue, mieux vaut vous adresser à un centre ou un club local.

Le matériel d'abord

L'essentiel avant d'embarquer sur le bateau est le contrôle du matériel. Assurez-vous que vous n'avez rien oublié. Lorsque vous prenez la bouteille à la station de gonflage, vérifiez qu'elle est correctement remplie.

Prévoyez toujours quelques joints de rechange dans une petite boîte au fond de votre sac de plongée. Cette précaution vous évitera le désagrément de rester, un jour, à bord.

Les conditions de mer

Le choix du site de plongée est tributaire des conditions météorologiques et de l'état de la mer pendant le trajet et au mouillage. La sécurité oblige à s'assurer que le parcours ne posera pas de problème à l'aller comme au retour. Ce dernier doit toujours être prioritaire. La mer peut être difficile à l'aller, mais il faut toujours pouvoir rentrer dans les meilleures conditions en cas de besoin. Recherchez la position la plus abritée sur le site de plongée afin d'éviter le mal de mer, souvent fréquent au mouillage. Un bateau qui ne bouge pas facilite la mise à l'eau et la remontée avec une sécurité optimale. En aucun cas, vous ne devez plonger dans un endroit exposé au ressac et aux vagues déferlantes.

Gare au courant

Le courant est l'un des pièges qui guettent le plongeur. Il est important de vérifier s'il est présent ou non sur le lieu de plongée. Une fois le bateau stabilisé, jetez un pendeur à l'eau. Si le bout reste vertical, il n'y a pas ou très peu de courant.

En cas de courant important, le guide de palanquée, ou le moniteur, évaluera personnellement, en se mettant à l'eau, la force et l'orientation du flux, sans hésiter à annuler la plongée s'il estime les conditions défavorables.

La plongée à l'aventure

Il existe sûrement dans le monde des milliers de plongées encore inconnues. À vous de les découvrir. Avec une bonne carte marine et l'aide précieuse d'un sondeur, vous pouvez vous transformer en explorateur. Un bon moyen pour éviter la monotonie des plongées répétitives sur le même site ! Malgré tout, ne vous attendez pas à découvrir à chaque fois des endroits merveilleux. Secs et tombants ne garantissent aucunement des observations intéressantes. Pour gagner du temps, vous pouvez utiliser un scooter sous-marin ou adopter la technique du "plongeur remorqué" (voir page 140).

Notre conseil : *sachez que les plongées matinales sont souvent les plus belles en raison d'un meilleur éclairage. De plus, la mer y est généralement plus calme qu'en milieu de journée.*

Respectez les pêcheurs en évitant de plonger dans les zones balisées par des bouées de casiers, de filets...

LA PLONGÉE EN MARCHE

Dans certaines régions, les fonds intéressants sont accessibles depuis la plage ou le bord de mer. La mise à l'eau des plongeurs exige alors une technique particulière, notamment pour se jouer des vagues ou franchir un massif corallien.

La mise à l'eau depuis le bord présente l'avantage au plongeur de s'équiper tranquillement et confortablement. Il est bien évident qu'il doit l'être entièrement avant de pénétrer dans l'eau. Quand les conditions sont bonnes (plage de sable, absence de vagues), c'est l'idéal.

• **Marche arrière :** pour avancer sans problème, les palmes au pied, seule la marche à reculons est efficace. Chaussez les palmes le plus près possible du bord de l'eau, placez le détendeur en bouche, et pénétrez doucement dans le milieu marin. Une fois que l'eau vous arrive au-dessus de la taille, vous pouvez vous immerger complètement et commencer à nager.

Notre conseil : *placez obligatoirement votre tuba en position. Si jamais vous lâchez le détendeur par inadvertance, vous aurez toujours la possibilité d'utiliser le tuba pour respirer la tête dans l'eau.*

• **Plongée dans le ressac :** s'il y a des vagues assez fortes, la mise à l'eau est plus délicate. En effet, la force du ressac est telle qu'elle peut vous bousculer sévèrement. Dès que vous avez de l'eau jusqu'aux chevilles, adoptez une position de côté. Cela vous permettra de surveiller l'arrivée des vagues. Tenez fermement le détendeur dans la bouche. Fléchissez les genoux quand une vague arrive sur vous. Si elle déferle, jetez-vous dedans de côté en baissant la tête, tout en veillant à bien plaquer le masque sur votre visage avec la main. L'important est de conserver un bon équilibre et la position verticale, car, à cause du poids du scaphandre, vous aurez des difficultés à vous relever si vous êtes bousculé par une déferlante. Dès que l'eau est suffisamment profonde, immergez-vous complètement et nagez vers le large.

Notre conseil : *surtout ne vous arrêtez jamais dans une zone soumise au ressac, essayez de dépasser les brisants le plus rapidement possible. À la sortie de l'eau, regardez toujours derrière vous pour éviter de recevoir une déferlante de plein fouet.*

• **Saut d'obstacles :** lors d'une immersion dans une zone rocheuse ou sur un platier corallien à peine immergé, il est indispensable de passer les obstacles chaussé de bottillons, mais les palmes à la main. Une fois arrivé dans une eau suffisamment profonde (1 m environ), enfilez les palmes et nagez normalement.

Notre conseil : *utilisez des bottillons à semelle rigide en caoutchouc pour diminuer les risques de déchirure du tissu. Portez obligatoirement des gants dans le but d'amortir une chute éventuelle.*

La mise à l'eau depuis le bord en eau calme s'effectue tranquillement en marche arrière. N'oubliez pas de jeter un coup d'œil dans votre dos de temps en temps.

Dans les grosses vagues, tenez bien votre détendeur, baissez la tête et plongez dans le ressac.

1

1 - Un bateau au mouillage est idéal pour les plongées en club avec des débutants. La mise à l'eau est confortable, la descente s'effectue le long de la chaîne d'ancre.

2 - Une bouée accrochée à un long bout est une excellente sécurité en cas de plongée dans le courant. De retour à la surface, les plongeurs peuvent se haler le long de la corde tendue.

3 - Pour la plongée dérivante, une bouée parachute permet au bateau de localiser plus facilement les plongeurs en surface.

LA PLONGÉE AVEC LE MOUILLAGE

Généralement, les sites de plongée sont accessibles par bateau, un moyen de découvrir des lieux éloignés et de rencontrer la grande faune du large. La procédure habituelle consiste à mouiller le bateau pour l'immobiliser.

Lorsque le bateau est bien stabilisé, il se place naturellement bout au vent. Le moment est venu de hisser le pavillon de plongée, d'installer les pendeurs bien lestés et d'immerger les scaphandres de secours.

Sur un gros bateau, les plongeurs endossent leur équipement une fois arrivés sur le site. Avec une petite embarcation, il est nécessaire de partir tout équipé, seules les bouteilles étant capelées au dernier moment De retour à bord, le matériel doit être rangé avec méthode, chaque plongeur disposant d'un sac personnel pour ses affaires et d'un coin bien défini sur le bateau pour caler son bloc et se positionner.

La mise à l'eau s'effectue en sautant depuis l'endroit le plus pratique du bateau (plage arrière, ouverture latérale, plage avant, etc.). Le moniteur ou le guide de palanquée se met toujours à l'eau le premier. Il vérifie la présence de courant, s'assure après chaque mise à l'eau que chaque plongeur va bien en échangeant un signe “OK”. Il rassemble la palanquée et lui intime l'ordre de se diriger vers le mouillage ou le cordage tendu à l'ancre. Après un nouvel échange de signes “OK”, il décide l'immersion avec le signe “On descend”.

Parvenu au fond, le guide de palanquée s'assure que l'ancre est bien accrochée. En cas de besoin, il peut la déplacer vers un rocher solide. Au moment de la remontée, il devra vérifier que l'ancre n'est pas coincée et, au besoin, la libérer. Cette précaution est absolument indispensable dans le cas d'un mouillage profond pour éviter une plongée supplémentaire une fois de retour à la surface.

La présence du mouillage est un repère important pour l'orientation. La plongée s'effectue dans la zone alentour, la remontée ayant lieu au même endroit que la descente. Les paliers s'effectuent obligatoirement sur les pendeurs afin de libérer le mouillage ou le cordage tendu.

La plongée au mouillage est à conseiller pour les premières incursions en mer des débutants. La présence de la chaîne d'ancre est rassurante lors de la descente, surtout si le fond n'est pas visible depuis la surface. Lors de la remontée, tenir le bout est un bon moyen de contrôler sa vitesse et de la réduire en cas de besoin.

Notre conseil : *il est bon de fixer directement sur l'ancre un cordage terminé par une bouée. Cela permet une descente et une remontée verticales, tout en facilitant le relevage de l'ancre à l'issue de la plongée. Pour des raisons de sécurité, laissez toujours quelqu'un à bord.*

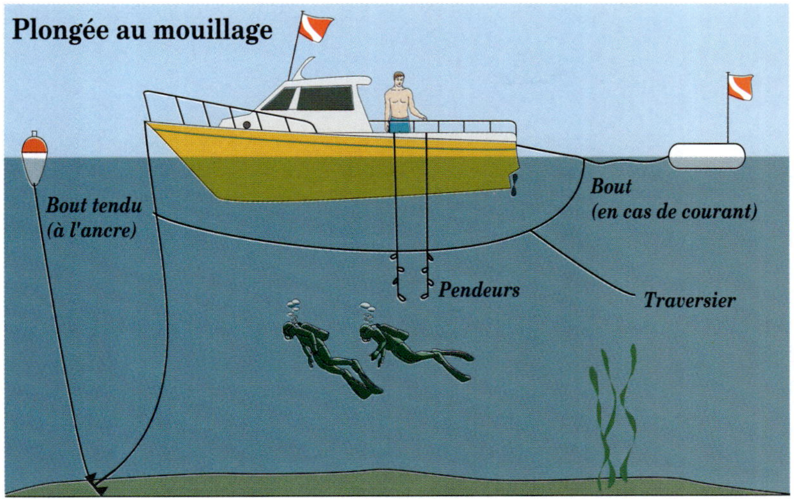

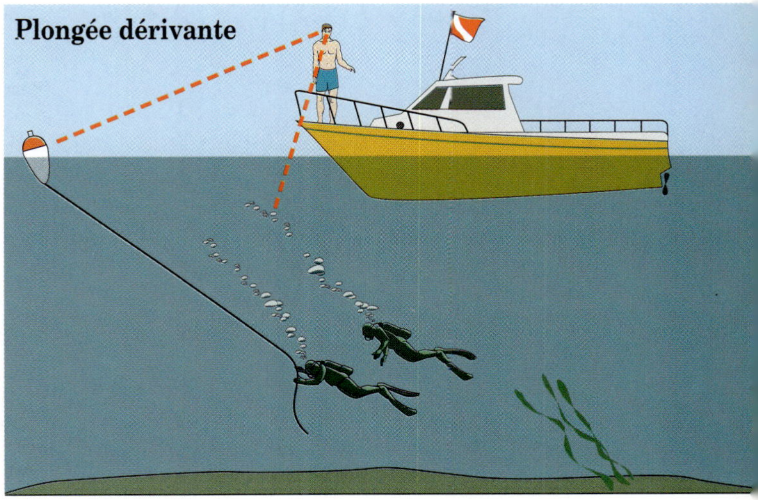

La plongée travelling

Les mouvements de l'eau en déplacement provoquent des courants qui, dans certains cas, peuvent gêner fortement les plongeurs. Une plongée dans un courant n'est jamais anodine et certaines précautions indispensables sont à prendre.

Déterminer la présence ou non de courant s'effectue dès que le bateau est ancré. Un mouillage très tendu, la position non verticale du pendeur, des risées continues et régulières en surface sont des signes manifestes de la présence d'un courant. Si l'eau est très claire, il est également possible d'observer la position des algues, des gorgones ou des coraux mous, et de parvenir à la même conclusion, s'ils se dirigent tous dans le même sens.

Pour le plongeur, le courant est supportable jusqu'à la vitesse approximative de 1 nœud. Mais tout dépend de sa forme physique, car un fort courant est souvent générateur d'essoufflement.

• **Le courant de surface :** limité à quelques mètres de profondeur, il disparaît rapidement. La mise à l'eau nécessite un regroupement complet de la palanquée en surface. Ne vous éloignez pas trop du profil du bateau. L'étrave écarte le fluide, limitant naturellement la vigueur du courant le long de la coque. La descente et la remontée s'effectuent impérativement le long de la chaîne d'ancre (jamais sur la bouée de surface). Aidez-vous des bras pour gagner le fond, c'est plus efficace et vous consommerez moins d'air !

• **Le courant au fond :** généralement moins important qu'en surface (à l'exception des passes des atolls coralliens), il présente le danger de faire dériver les plongeurs à leur insu. Il revient au guide de palanquée d'estimer l'importance et l'orientation du courant de fond afin d'organiser la plongée en conséquence. Dans tous les cas, il faut pouvoir revenir sans difficulté au mouillage.

• **Quelques principes de sécurité :** la règle élémentaire est de toujours effectuer la plongée contre le courant, ce qui facilite un retour sans effort. Prévoyez toujours un cordage avec une bouée flottante (ligne de surface). Laissé à la traîne dans le courant, à l'arrière du bateau, il permettra de récupérer les plongeurs. Plus le bout est long, meilleur est le champ de sécurité. La présence d'un traversier, bout tendu entre le mouillage et l'arrière du bateau, permet de gagner le mouillage sans avoir à trop palmer. Un moyen efficace d'éviter toute dérive accidentelle.

Allongez-vous au maximum dans l'eau de manière à présenter un profil aussi hydrodynamique que possible. En présence de courant, on se base toujours sur la personne qui présente la moins bonne condition physique pour décider de la procédure à adopter. Si le courant est trop fort et la progression très pénible, il est préférable de renoncer à la plongée.

Ne gonflez jamais totalement votre gilet de sécurité en surface. En effet, plus vous prenez de volume, plus vous offrez de prise au courant. Si vous avez dérivé, matérialisez votre position au bateau, en utilisant des alarmes sonores en cas d'éloignement important. Ne cherchez pas à regagner le bateau, attendez que l'on vienne vous récupérer.

Notre conseil : *ne cherchez pas à lutter contre le courant, tentez plutôt de négocier avec, en réduisant la longueur de vos déplacements. Maîtrisez en permanence votre respiration en veillant à expirer profondément.*

La plongée dérivante

En cas de courant important, il est conseillé d'utiliser la technique avec parachute ou bouée dérivants. Les plongeurs en immersion tiennent un bout, relié à une bouée de surface. Le bateau peut ainsi suivre sans problème leur évolution et les récupérer rapidement dès leur retour à la surface. Bien entendu, toute la palanquée doit rester groupée et évoluer dans le sens du courant. Ce type de plongée, très peu pratiqué en France, est en revanche populaire aux États-Unis, car il garantit une certaine sécurité.

Notre conseil : *ne lestez pas le bout de manière à ce qu'il ne risque pas de racler le fond. En revanche, prenez-le suffisamment long pour qu'il ne gêne pas l'évolution des plongeurs.*

2

3

La plongée suivie est souvent pratiquée par les photographes. Cela leur permet de pouvoir explorer les fonds sans avoir à se soucier de l'orientation. Une technique intéressante dans les zones à fort courant.

La plongée au pendeur

La plongée au pendeur qui favorise les déplacements rapides et sans effort est pratiquée pour retrouver rapidement un site ou effectuer des recherches (objets, épaves). Les plongeurs sont remorqués par le bateau.

Le bateau avance à vitesse lente (2 nœuds au maximum afin d'éviter les risques d'arrachement du masque). Les plongeurs sont groupés. Ils tiennent un pendeur lesté, accroché à l'avant ou sur le côté du bateau, qui ne doit en aucun cas toucher le fond. L'avantage est de pouvoir couvrir une surface importante sans effectuer le moindre effort et dans un laps de temps minimal.

Lorsque l'objet de la recherche est découvert, les plongeurs lâchent une balise de repérage ou gonflent une bouée lestée. Ils peuvent également tirer plusieurs fois sur le bout, selon un signal convenu au préalable.

La remontée s'effectue groupée, le long du bout, une fois le moteur du bateau coupé.

Notre conseil : *il est bon qu'une personne assure la sécurité en surface en se trouvant en permanence près du point d'accrochage du bout. Inutile d'être trop nombreux en immersion, vous risquez de vous gêner. Deux plongeurs suffisent.*

La plongée suivie

Idéale pour la plongée d'exploration, cette technique consiste à laisser les plongeurs vaquer à leur guise. Leurs évolutions sont repérables depuis la surface grâce aux bulles qu'ils dégagent et qui guident le bateau.

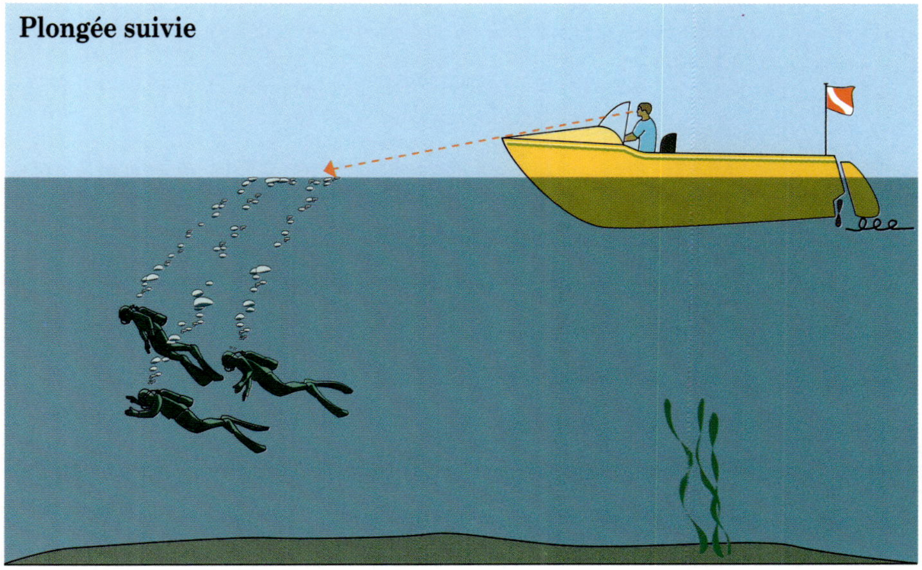

La plongée suivie est appelée *drift dive* par les Anglo-Saxons. Elle est très pratiquée le long des grands tombants coralliens. En règle générale, le déplacement s'effectue dans le sens du courant pour un plus grand confort possible.

Les plongeurs doivent rester bien groupés en une seule palanquée pour que le bateau n'ait pas trop de peine à suivre. La remontée s'effectue en pleine eau, les paliers ayant lieu sur les pendeurs immergés par le bateau dès que celui-ci est arrêté.

Au cas où le bateau n'aurait pas été assez attentif aux bulles, restez groupés, gonflez les gilets de sécurité et manifestez votre présence par des moyens sonores ou visuels.

Notre conseil : *pour être repéré à coup sûr par le bateau, ôtez votre masque, placez la main en arrière de la vitre et orientez celle-ci vers le soleil. Vous obtenez un miroir très efficace pour réfléchir les rayons lumineux.*

QUELQUES CONSIGNES DE PRUDENCE

Réalisée dans des conditions normales de respect des connaissances de base, la plongée vous fera passer de merveilleux moments. Veillez à vous conformer aux principes suivants :

Ne vous aventurez pas dans un trou sans vous assurer qu'il sera possible d'en sortir facilement.

N'explorez pas une grotte inconnue sans être assisté de personnes compétentes.

Ne touchez pas les êtres vivants et ne cherchez pas à les déranger. L'agressivité d'un poisson est souvent liée à la pénétration d'un intrus dans son territoire ou à un réflexe de défense.

Méfiez-vous des épaves qui renferment souvent des tôles coupantes et peuvent constituer des pièges redoutables lorsqu'on pénètre à l'intérieur.

LE DÉROULEMENT DE LA PLONGÉE

De nombreux paramètres interviennent dans la réussite d'une plongée, qu'il convient de bien maîtriser non seulement pour respecter toutes les consignes de sécurité, mais aussi pour profiter au maximum des plaisirs de la découverte subaquatique.

Une plongée ne s'effectue jamais au hasard. Le site choisi en fonction des conditions météorologiques et du niveau des plongeurs, mouillez dans un endroit abrité. Assurez-vous de la stabilité du bateau pour éviter le mal de mer. Lors des premières plongées, recherchez toujours un endroit calme afin que le corps puisse s'habituer aux mouvements du bateau et s'amariner naturellement.

Prenez votre temps pour vous équiper et respectez l'ordre chronologique afin de ne rien oublier (voir pages 82-83). Après un court *briefing* définissant les caractéristiques générales de la plongée (profondeur, durée, itinéraire, etc.), le guide de palanquée attend que chacun de ses coéquipiers soit entièrement prêt pour donner l'ordre de la mise à l'eau.

Après le saut, chaque plongeur doit dégager rapidement le point de chute. Avant de s'élancer, il s'assure que l'espace est libre.

Toute la palanquée se regroupe en surface autour du guide de palanquée avant d'entamer l'immersion. Le calcul du temps de plongée débute avec l'immersion. Le réglage de la montre doit être effectué juste avant le canard ou le phoque. Pour ceux qui utilisent un ordinateur, pas de problème, l'appareil se met automatiquement en marche dès qu'il atteint de 50 cm à 1 m de profondeur.

Arrivé au fond, le guide de palanquée rassemble tout le monde. On s'échange un signe OK. Pendant toute la plongée, une autosurveillance doit s'exercer en permanence. N'allez jamais au-delà de vos possibilités physiques. Il ne vous sera pas tenu rigueur d'interrompre une plongée parce que vous ne vous sentez pas bien. La non-observation de cette règle conduit souvent à des incidents. Il n'y a aucune honte à consommer plus que les autres, ne retenez donc pas votre respiration, c'est le meilleur moyen d'être victime d'un essoufflement. Contrôlez régulièrement la pression d'air de la bouteille affichée par le manomètre. Surveillez la profondeur et prenez garde à ne pas vous trouver plus bas que le guide de palanquée. Signalez-lui le moment où la pression de votre bouteille atteint la moitié de la pression de départ (100 bar), puis lorsque vous approchez de la réserve (50 bar).

La durée de la plongée se termine dès que l'on amorce la remontée. L'ensemble de la palanquée effectue l'ascension en groupe, le guide de palanquée restant légèrement au-dessus des autres. Il contrôle la vitesse de remontée et définit les paliers éventuels.

• **L'exécution des paliers :** si vous devez effectuer un palier de décompression (voir pages 144-145), il est important de posséder une bonne montre (si possible avec chronomètre) et un profondimètre précis (électronique, par exemple). Vous pouvez effectuer les paliers sur un pendeur, solution la plus confortable, ou accroché au mouillage. Si vous êtes parfaitement lesté, vous pouvez évoluer lentement autour du bateau en vérifiant bien votre immersion. Dans tous les cas, expirez profondément afin d'assurer une ventilation correcte de vos poumons. Pour passer d'un niveau de palier à un autre ou tout simplement pour regagner la surface, l'idéal est d'effectuer la remontée en douceur, en une minute. Attention, comme ce n'est pas facile, pensez à vous entraîner.

***Notre conseil :** ne faites jamais une plongée nécessitant un palier à 3 m en cas de forte houle, son déroulement serait à la fois inconfortable et surtout très approximatif, et des risques d'accident de décompression pourraient survenir.*

Le respect de l'environnement

Le plongeur est un observateur dans un milieu étranger. Il doit en respecter toutes les formes de

vie. La vieille image du "plongeur laboureur" qui retourne le moindre caillou pour mieux observer les êtres qui se cachent dessous a fait date. Aujourd'hui, le milieu marin se touche seulement des yeux.

Le moindre bouleversement causé artificiellement par l'homme perturbe le fragile équilibre biologique. Il suffit, pour s'en convaincre, d'observer le comportement des poissons qui suivent souvent l'évolution des plongeurs trop lestés et dont les palmes soulèvent des nuages de sable ou de vase. Involontairement, ces maladroits mettent à jour des animalcules qui trouvaient un abri salutaire enfouis dans le fond. Désorientés par le passage des plongeurs, ils se transforment en proies faciles pour leurs prédateurs. Cette remarque est aussi valable pour les crevettes, les crabes, les nudibranches et autres petits invertébrés que l'on déloge de leurs caches naturelles.

Dans les milieux coralliens, les agressions des plongeurs sont encore plus fortes, bien que souvent involontaires. Une main qui se pose sur un madrépore va écraser quelques fragiles polypes quand elle ne casse pas une branche de corail corne-de-cerf. Ce dernier poussant à la vitesse moyenne de 1 cm par an, il est aisé de saisir l'ampleur des dégâts ! Le port du gilet de sécurité, qui tend à se généraliser, doit désormais viser à éviter tous ces gestes destructeurs, souvent liés à un mauvais équilibrage. Évoluez en souplesse et en douceur dans le milieu, faites-vous discret et respectueux, vous découvrirez plus aisément les plus beaux secrets du fond des mers.

Notre conseil : *lors de vos voyages à l'étranger, respectez systématiquement les consignes spécifiques que vous donnent les plongeurs locaux. Ils sont habitués aux conditions particulières de l'endroit. Vous êtes en quelque sorte l'ambassadeur des plongeurs de votre pays, n'en donnez pas une mauvaise image.*

La plongée d'exploration est l'activité la plus courante. Elle consiste à découvrir le milieu ambiant et ses étranges habitants comme ici, une plongeuse face à face avec un rémora.

UN PEU D'HISTOIRE

C'est Robert Boyle qui le premier, en 1670, étudie scientifiquement la présence de bulles dans le sang d'animaux morts. Mais il faut attendre plus d'un siècle pour que Bucquoy émette, en 1861, l'hypothèse de la libération des gaz dans le sang, sous l'effet de la décompression. La première table de plongée date de 1907. Elle a été établie, à la demande de la Royal Navy, par le physiologiste anglais John Scott Haldane en tenant compte de la notion de tissu.

Après l'avènement du scaphandre autonome, la Marine nationale utilise les tables de décompression de l'US Navy, transcrites dans le système métrique.

En 1955, Dwyer introduit la nouvelle notion de variation du rapport de sursaturation pour chaque tissu avec la profondeur.

À partir de ces données, le GERS (Groupe d'études et de recherches sous-marines) publie, en 1959, des tables calculées jusqu'à 40 m. Elles sont établies sur 3 tissus de période 45, 75 et 120 mn.

En 1965, le GERS remanie ses tables en introduisant des calculs pour des profondeurs allant de 40 à 85 m. Ceux-ci ont été réalisés en tenant compte de 4 tissus de période 7, 30, 60 et 120 mn. Ces tables ont été utilisées jusqu'en 1990, année de publication des MN 90, qui font aujourd'hui référence.

LE PLONGEUR SE MET À TABLE

La table de plongée est au plongeur ce que la signalisation routière est à l'automobiliste. Les tables servent à définir les paliers. Les indications qu'elles donnent doivent être respectées scrupuleusement.

Les premières tables de plongée ont vu le jour avant même que le scaphandre autonome ne permette à l'homme d'évoluer presque à sa guise dans le milieu subaquatique. Elles étaient utilisées par les scaphandriers professionnels.

Sous l'effet de la pression, le corps absorbe pendant la plongée le gaz inerte de l'air (l'azote). L'oxygène consommé et le gaz carbonique rejeté ne sont pas pris en compte. Si la quantité d'azote dépasse un certain niveau (seuil de sursaturation critique), il y a risque d'accident de décompression. Les tables de plongée ont été obtenues par des calculs complexes et des expérimentations. Le principe de leur calcul consiste à déterminer la quantité de gaz dissous dans les compartiments (tissus) de l'organisme aux différents stades de la plongée, puis de compenser la tension de gaz inerte dissous (l'azote) à la variation de pression du milieu ambiant. Les paramètres du calcul sont la pression absolue, la pression partielle d'azote, la durée de la plongée, la vitesse de remontée.

Pendant la plongée, les tissus accumulent l'azote suivant une loi exponentielle. Le corps tend vers la saturation. À la remontée, le phénomène s'inverse, et l'azote en excès passe dans le sang, puis est éliminé par les poumons. Les indications des tables de plongée ont pour but de maintenir en permanence les tissus au-dessous du seuil de sursaturation critique.

Une table, pour quoi faire ?

La table de plongée donne la procédure de remontée à respecter pour assurer le contrôle de la désaturation progressive du corps (le retour à la normale est obtenu en 12 heures). La table donne le "groupe" qui permet de tenir compte de la quantité de gaz en excès dans l'organisme après la plongée (azote résiduel). Elle permet de calculer la majoration de la durée de la plongée nécessaire dans le cas de plongées successives (alors que le corps est encore saturé). Plusieurs types de tables de plongée existent. Certaines sont destinées à un usage professionnel (tables du ministère du Travail par exemple). En France, la table officielle des plongeurs sportifs est la "table de plongée à l'air, Marine nationale 1990", plus communément appelée table MN 90. Elle est préconisée par la Commission technique nationale de la FFESSM et par le ministère de la Jeunesse et des Sports pour la pratique et les examens de plongée. Elle est conçue pour des plongeurs de conditions physique et psychique normales, exerçant au fond une activité d'exploration qui ne nécessite pas une vitesse de déplacement supérieure à 0,5 nœud. Cette table est basée sur une vitesse de remontée comprise entre 15 et 17 m/mn.

Le calcul d'une table de plongée

La mise au point d'une table de plongée est affaire de spécialistes. Elle met en équations les transferts de gaz inerte entre les différents tissus de l'organisme afin de prévoir l'évolution de la pression interne en fonction du temps, de la pression ambiante et de la nature du gaz respiré. Pour les plongeurs sportifs, c'est l'azote de l'air qui est pris en compte. Mais il existe également des tables pour les différents mélanges artificiels employés en plongée professionnelle.

Les différences que l'on peut constater de l'une à l'autre (chaque pays, ou presque, édite les siennes propres) s'explique par la présence de nombreux paramètres dont la détermination ne peut être qu'approximative. Cela, notamment sur le plan physiologique, car les individus présentent toujours des différences tant au plan de la masse musculaire et graisseuse, que du volume sanguin, du squelette, sans compter les variations de forme physique ou les éventuelles affections de l'appareil circulatoire.

À partir de données statistiques, des critères permettant de calculer la vitesse de remontée sont choisis. Ils sont basés sur l'expérimentation, les observations, les analyses d'accidents. Sans cesse en évolution, ces données ont permis le développement des plus récentes tables avec pour constante une tendance à la diminution de la vitesse de remontée.

La table MN 90

Le constat de nombreux accidents "immérités" survenus entre 1966 et 1989, alors que les tables GERS 65 étaient respectées, a permis de montrer qu'il existait une zone à risques élevés pour les plongées effectuées entre 28 et 42 m.

Les méthodes de calcul modernes ont permis d'affiner certains paramètres et de prendre en compte 12 tissus au lieu de 4 précédemment.

En conséquence, les tables MN 90 sont beaucoup plus pénalisantes que les GERS 65, et la courbe de sécurité (plongées sans palier) a nettement évoluée (voir tableau). La profondeur maximale d'utilisation a été réduite de 85 à 60 m. Les nouvelles tables indiquent des profondeurs de 62 et 65 m, mais c'est uniquement en cas de dépassement accidentel de la profondeur limite. Ces tables ont été calculées pour 2 plongées par 24 heures au maximum.

La table MN 90 comporte deux parties. Une table de plongée classique, où figurent pour les différentes profondeurs et la durée de la plongée la durée et la profondeur des paliers, la durée totale de la remontée et le groupe de plongée successive (symbolisé par une lettre de A à P). La seconde partie est divisée en trois tables. La table 1 permet de déterminer l'azote résiduel en fonction du temps passé en surface après la plongée. La table 2 détermine la majoration (en minutes) en fonction de la profondeur de la seconde plongée. Enfin, la table 3 indique la diminution de l'azote résiduel par respiration d'oxygène pur en surface. Cette partie est peu utilisée dans le domaine sportif.

TABLE DE PLONGEE A L'AIR
M.N.90

Prof m	Durée h mn	Paliers 6m	Paliers 3m	SUCC
12	2 15	-	-	L
	2 20	-	2	L
15	1 15	-	-	J
	1 20	-	2	J
	1 25	-	4	K
	1 30	-	6	K
	1 35	-	8	L
	1 40	-	11	L
18	50	-	-	H
	55	-	1	I
	1 00	-	5	J
	1 05	-	8	J
	1 10	-	11	K
	1 15	-	14	K
	1 20	-	17	L
20	40	-	-	H
	45	-	1	I
	50	-	4	I
	55	-	9	J
	1 00	-	13	K
	1 05	-	16	K
22	35	-	-	H
	40	-	2	I
	45	-	7	I
	50	-	12	J
	55	-	16	K
	1 00	-	20	K
	1 05	-	25	L
25	20	-	-	E
	25	-	1	F
	30	-	2	H
	35	-	5	I
	40	-	10	J

Prof m	Durée h mn	Paliers 6m	Paliers 3m	SUCC
28	15	-	-	E
	20	-	1	F
	25	-	2	G
	30	-	6	H
	35	-	12	I
30	10	-	-	D
	15	-	1	E
	20	-	2	F
	25	-	4	H
	30	-	9	I
	35	-	17	J
	40	-	24	K
32	10	-	-	D
	15	-	1	E
	20	-	3	G
	25	-	6	H
	30	-	14	I
	35	-	22	K
	40	1	29	K
35	10	-	-	D
	15	-	2	F
	20	-	5	H
	25	-	11	I
	30	1	20	J
	35	2	27	K
38	5	-	-	C
	10	-	1	E
	15	-	4	F
	20	-	8	H
	25	1	16	J
	30	3	24	K
40	5	-	-	C
	10	-	2	E
	15	-	4	G
	20	1	9	H
	25	2	19	J

Prof m	Durée h mn	Paliers 6m	Paliers 3m	SUCC
42	5	-	-	C
	10	-	2	E
	15	-	5	G
	20	1	12	I
	25	3	22	J
	30	6	31	L
45	5	-	-	C
	10	-	3	F
	15	1	6	H
	20	3	15	I
	25	5	25	K
	30	9	35	L
48	5	-	-	D
	10	-	4	F
	15	2	7	H
	20	4	19	J
	25	7	30	K
50	5	-	1	D
	10	-	4	F
	15	2	9	H
	20	4	22	J
52	5	-	1	D
	10	1	4	F
	15	3	10	I
55	5	-	1	D
	10	1	5	G
	15	4	13	I
58	5	-	2	D
	10	2	5	G
60	5	-	2	D
	10	2	6	G
62	5	-	2	
65	5	-	3	

Vitesse de remontée : 15 à 17 mètres/minute

TABLE 1 - DETERMINATION DE L'AZOTE RESIDUEL
INTERVALLES DE SURFACE

SUCC	0h15	0h30	0h45	1h00	1h30	2h00	2h30	3h00	4h00	6h00	8h00
A	0,84	0,83	0,83	0,83	0,82	0,82	0,82	0,81	0,81	0,81	0,80
B	0,88	0,88	0,87	0,86	0,85	0,85	0,84	0,83	0,82	0,81	0,81
C	0,92	0,91	0,90	0,89	0,88	0,87	0,85	0,85	0,83	0,82	0,81
D	0,97	0,95	0,94	0,93	0,91	0,89	0,88	0,86	0,85	0,82	0,81
E	1,00	0,98	0,97	0,96	0,93	0,91	0,89	0,88	0,86	0,83	0,81
F	1,05	1,03	1,01	0,99	0,96	0,94	0,91	0,90	0,87	0,83	0,82
G	1,08	1,06	1,04	1,02	0,98	0,96	0,93	0,91	0,88	0,84	0,82
H	1,13	1,10	1,08	1,05	1,01	0,98	0,95	0,93	0,89	0,85	0,82
I	1,17	1,14	1,11	1,08	1,04	1,00	0,97	0,94	0,90	0,85	0,83
J	1,20	1,17	1,14	1,11	1,06	1,02	0,98	0,96	0,91	0,86	0,83
K	1,25	1,21	1,18	1,15	1,09	1,04	1,01	0,97	0,92	0,86	0,83
L	1,29	1,25	1,21	1,17	1,12	1,07	1,02	0,99	0,93	0,87	0,83
M	1,33	1,29	1,25	1,21	1,14	1,09	1,04	1,01	0,94	0,87	0,84
N	1,37	1,32	1,28	1,24	1,17	1,11	1,06	1,02	0,95	0,88	0,84
O	1,41	1,36	1,32	1,27	1,20	1,13	1,08	1,04	0,97	0,88	0,84
P	1,45	1,40	1,35	1,30	1,22	1,15	1,10	1,05	0,98	0,89	0,84

TABLE 2 - DETERMINATION DE LA MAJORATION

	PROFONDEUR DE LA 2° PLONGEE - EN METRES																			
	12	15	18	20	22	25	28	30	32	35	38	40	42	45	48	50	52	55	58	60
0,82	4	3	2	2	2	2	2	1	1	1	1	1	1	1	1	1	1	1	1	1
0,84.	7	6	5	4	4	3	3	3	3	2	2	2	2	2	2	2	2	2	1	1
0,86	11	9	7	7	6	5	5	4	4	4	3	3	3	3	3	3	3	2	2	2
0,89	17	13	11	10	9	8	7	7	6	6	5	5	5	4	4	4	4	4	3	3
0,92	23	18	15	13	12	11	10	9	8	8	7	7	6	6	5	5	5	5	5	4
0,95	29	23	19	17	15	13	12	11	10	10	9	8	8	7	7	7	6	6	6	5
0,99	38	30	24	22	20	17	15	14	13	12	11	11	10	9	9	8	8	8	7	7
1,03	47	37	30	27	24	21	19	17	16	15	14	13	12	11	11	10	10	9	9	9
1,07	57	44	36	32	29	25	22	21	19	18	16	15	15	13	13	12	12	11	10	10
1,11	68	52	42	37	34	29	26	24	22	20	19	18	17	16	15	14	13	13	12	12
1,16	81	62	50	44	40	34	30	28	26	24	22	21	20	18	17	16	16	15	14	13
1,20	93	70	56	50	45	39	34	32	29	27	24	23	22	20	19	18	18	17	16	15
1,24	106	79	63	56	50	43	38	35	33	30	27	26	24	23	21	20	19	18	17	17
1,29	124	91	72	63	56	49	43	40	37	33	30	29	27	25	24	23	22	20	19	19
1,33	139	101	79	70	62	53	47	43	40	36	33	31	30	28	26	25	24	22	21	20
1,38	160	114	89	78	69	59	52	48	44	40	37	35	33	30	28	27	26	24	23	22
1,42	180	126	97	85	75	64	56	52	48	43	39	37	35	33	30	29	28	26	25	24
1,45	196	135	104	90	80	68	59	55	51	46	42	39	37	34	32	31	29	28	26	25

1. Les majorations sont en minutes.
2. Il est interdit d'effectuer plus de deux plongées successives par tranche de 24h.
3. Les plongées plus profondes que 60m ne sont pas autorisées.
4. Pour utiliser ces tables il est impératif d'avoir suivi une formation appropriée par un organisme habilité.

527420

LA PLONGÉE SANS PALIER

Quand le temps passé au fond est assez court à une profondeur donnée, faire un palier ne s'avère pas toujours indispensable. Les tissus longs (graisses notamment) n'ont pas le temps de se saturer en azote et le temps de remontée à 15-17 m/mn permet l'élimination totale de l'azote des tissus courts (sang, muscles, tissus nerveux). La lecture de la table n'indique aucun palier à effectuer. C'est ce que l'on appelle plonger dans la courbe de sécurité. Celle-ci est l'ensemble des valeurs maximales des temps de plongée sans palier pour les différentes profondeurs.

Courbe de sécurité

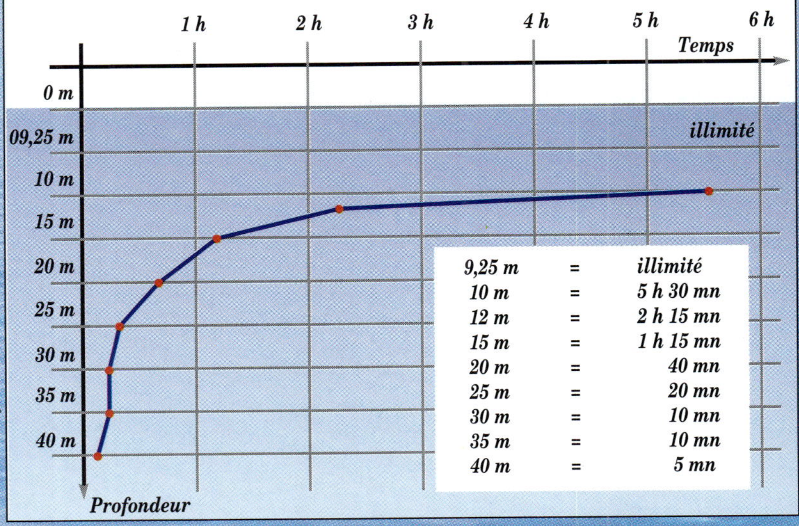

La durée de la plongée se mesure entre le début de l'immersion et le moment où l'on amorce la remontée à la vitesse normale de 17 m/mn. Ici, une plongeuse explore un récif corallien des Caraïbes.

La plongée simple

La première plongée ou celle effectuée au moins 8 h 30 après une autre est appelée plongée simple.

Deux paramètres sont pris en compte dans le calcul de la plongée simple : la profondeur et la durée.

• **La profondeur :** c'est le niveau maximal d'immersion atteint au cours de la plongée. Le temps passé à cette profondeur n'entre pas en ligne de compte. Une rapide incursion suffit à prendre cette profondeur en considération.

La profondeur se mesure en mètres. Toute fraction supérieure compte comme 1 m. Par exemple, une plongée à 29,50 m (lue au profondimètre électronique) compte pour 30 m.

• **La durée :** c'est le temps écoulé entre le départ de la surface et l'instant où l'on quitte le fond pour remonter vers la surface à la vitesse de 15-17 m/mn, ou jusqu'au premier palier si besoin est.

La durée de la plongée se compte en minutes entières, toute fraction entamée est considérée comme 1 mn pleine. Par exemple, une plongée de 24 mn 20 s est considérée pour 25 mn.

Savoir lire la table MN 90

La table indique, en fonction de la profondeur atteinte et du temps passé sous l'eau, la profondeur et la durée des paliers à effectuer éventuellement au cours de la remontée.

La table MN 90 se lit de gauche à droite et de haut en bas. Vous recherchez d'abord la profondeur correspondant à votre immersion maximale, puis vous descendez le long de la colonne "durée de la plongée" jusqu'à trouver le temps correspondant. En fin de ligne, s'affichent les paliers.

Par exemple, pour une profondeur de 20 m pendant 45 mn, vous lisez : 1 mn de palier à 3 m, une durée totale de remontée (palier compris) de 3 mn.

Il peut arriver que la profondeur de référence ne soit pas indiquée. Par exemple, 23 m. Dans ce cas, vous utilisez la colonne de profondeur immédiatement supérieure (25 m sur la table). Même chose pour le temps passé. Pour 43 mn, utilisez la ligne 45 mn, pour 48 mn, la ligne 50 mn, etc.

Les écoles de plongée et les structures organisées limitent en général leurs activités dans la courbe de sécurité. Notez qu'aux États-Unis toutes les plongées commerciales et touristiques sont tenues par la loi d'être effectuées sans palier.

L'ordinateur : un bon palier

Si vous utilisez un ordinateur, vous constaterez sans doute que, dans le cas d'une plongée simple "au carré", c'est-à-dire descente vers une profondeur donnée, parcours à cette profondeur et remontée directe, les paliers indiqués sont plus longs que ceux de la table MN 90. En revanche, dans le cas d'une plongée en "dents de scie" à des profondeurs variables pendant des laps de temps irréguliers, l'ordinateur donne des temps de paliers plus courts. C'est parce qu'il intègre l'ensemble des paramètres de la plongée dans son système de calcul.

Notre conseil : *même si vous possédez un ordinateur, ayez toujours une table de plongée immergeable sur vous. Il est intéressant de comparer les données de l'un et de l'autre, l'ordinateur ne tenant pas compte des conditions extérieures (votre forme, le courant, l'effort de palmage, etc.). Il est bon, lorsque la plongée a été difficile, de baser le calcul sur la solution la plus pénalisante.*

LA PLONGÉE SIMPLE : LES TERMES À CONNAÎTRE

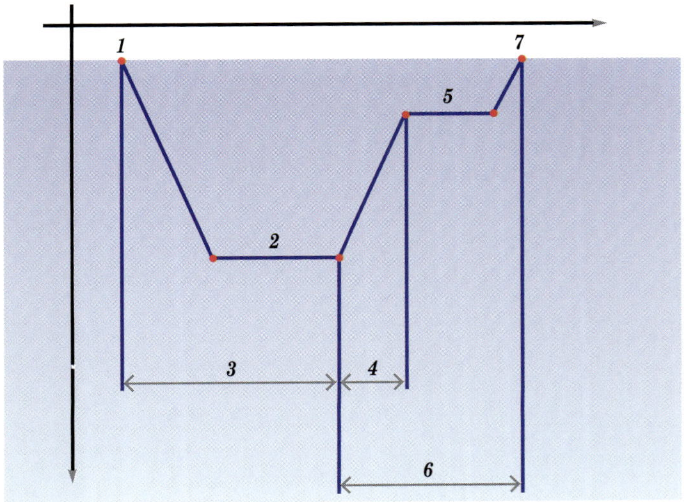

1. *Départ surface (DS) = heure à laquelle on s'immerge.*
2. *Profondeur (P)= profondeur maximale atteinte au cours de la plongée.*
3. *Durée de la plongée (DP)= temps écoulé depuis le départ de la surface, jusqu'au moment où l'on quitte le fond pour remonter à la verticale à la vitesse de 17 m/mn.*
4. *Durée de la remontée (DR) = temps écoulé depuis le départ du fond jusqu'à l'arrivée en surface ou au premier palier.*
5. *Palier (pal) = temps d'arrêt à une profondeur donnée (3, 6, 9 et 12 m).*
6. *Durée totale de la remontée (DTR) = c'est la somme de la durée de la remontée et des paliers (DR + pal).*
7. *Heure de sortie en surface (HS).*

COMMENT DÉTERMINER LA PROFONDEUR ET LA DURÉE DE LA PLONGÉE

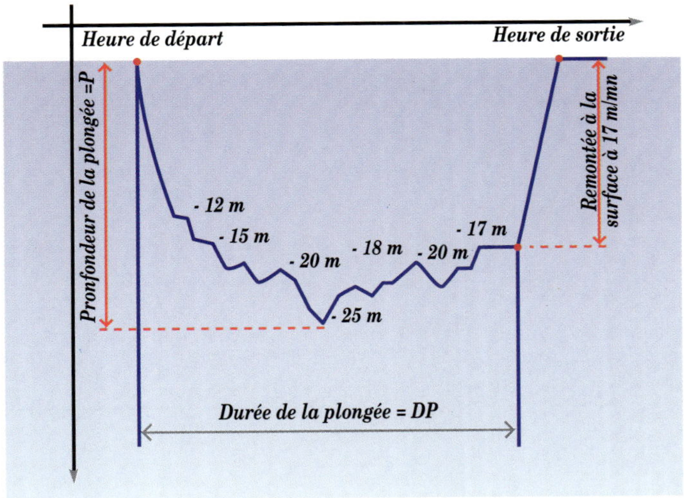

P = Profondeur maximale atteinte que l'on utilise pour la lecture de la table de plongée.

DP = Durée de la plongée pour entrer dans les tables. Elle est déterminée par le début de la remontée vers la surface à la vitesse de 17 m/mn.

LA PLONGÉE SIMPLE : UN EXEMPLE

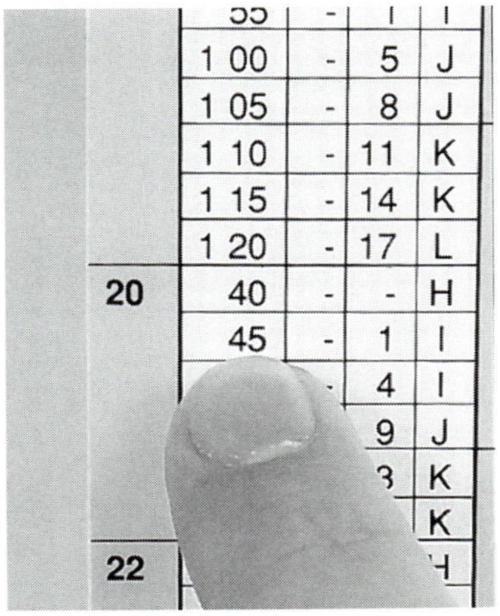

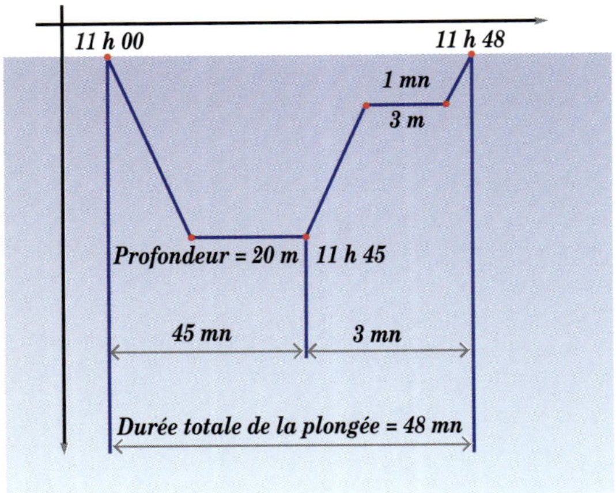

Vous vous immergez à 11 h pour une profondeur de 20 m et une durée de 45 mn.
DS : Départ surface = 11 h
P : Profondeur = 20 m
DP : Durée de la plongée = 45 mn
Départ du fond = 11 h 45
La profondeur de 20 m et la durée de 45 mn peuvent se lire directement sur la table de plongée. On obtient les valeurs suivantes :
DR : Durée de la remontée = 2 mn.
Pal : Palier : 1 mn à 3 m
DTR : Durée totale de la remontée = 3 mn
Heure de sortie = DS + DP + DTR
= 11 h + 45 mn + 3 mn = 11 h 48
Succ : coefficient de plongée successives : I

PLONGÉES SUCCESSIVES : LES TERMES À CONNAÎTRE

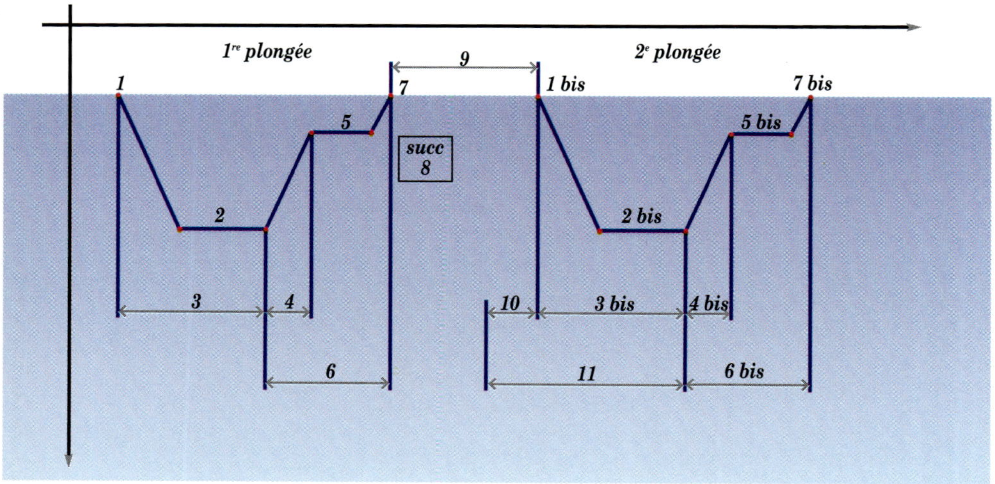

8 **Succ** = *groupe de plongée successive. C'est le taux d'azote résiduel après la 1re plongée.*

9 **Intervalle** *(int) = c'est le temps écoulé entre l'heure de sortie (7) de la plongée précédente et le départ en surface (1bis) de la 2e plongée.*

10 **Majoration** *(Maj) = temps fictif à rajouter à la durée réelle de la seconde plongée (3bis) pour tenir compte du taux d'azote résiduel dans l'organisme dû à la première plongée. La majoration est toujours fournie par la table de plongée n° 2 où elle est exprimée en minutes.*

11 **Durée fictive de la plongée** *(DFP) = c'est la somme de la majoration (10) et de la durée réelle de la seconde plongée (3 bis).*

Les autres paramètres sont les mêmes que pour la plongée simple.

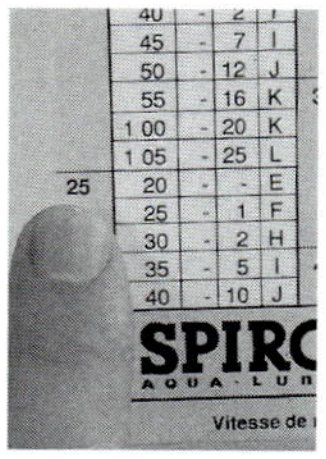
1

2

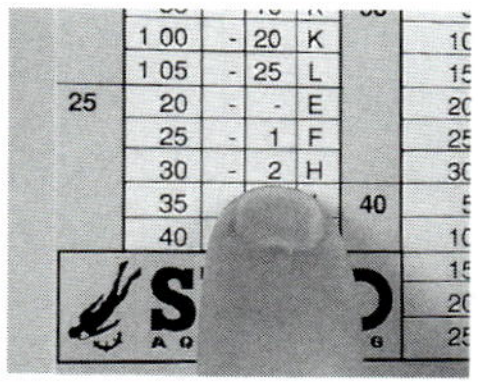
3

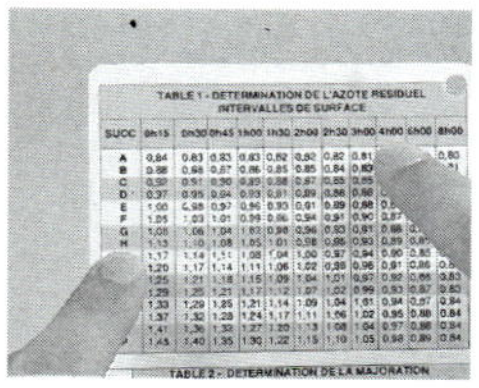
4

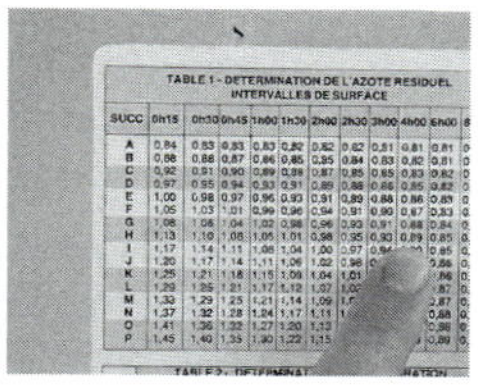
5

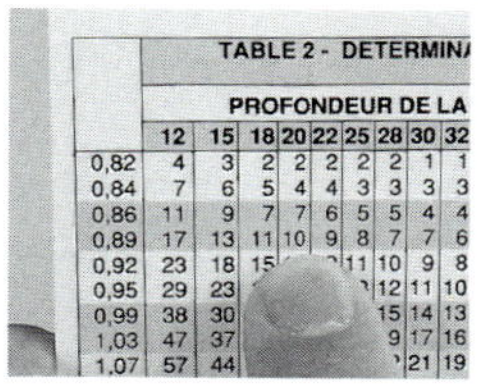
6

• PREMIÈRE PLONGÉE (1)

Vous vous immergez à 10 h 30 pour une profondeur de 23 m et une durée de plongée de 26 mn.
Départ en surface = 10 h 30
Profondeur = 23 m
Durée de la plongée = 26 mn
Départ du fond = 10 h 56
La profondeur de 23 m et le temps de 26 mn ne sont pas dans la table. On prend en compte les valeurs supérieures, soit 25 m (photo 1) et 30 mn (photo 2). On lit sur la table les données suivantes (photo 3) :
Palier = 2 mn à 3 m
Durée de la remontée = 2 mn
Durée totale de la remontée = 4 mn
Heure de sortie = 11 h 00
Coefficient pour plongées successives = H.

• SECONDE PLONGÉE (2)

Vous décidez de replonger à 15 h. L'intervalle entre les deux immersions est de : 15 h – 11 h= 4 h.
La profondeur prévue est de 20 m.
Pour calculer votre majoration, utilisez la table de détermination de l'azote résiduel (table 1). Repérez sur la table la lettre correspondant à votre coefficient de plongées successives (dans notre exemple : H). Glissez votre doigt (photo 4) sur la droite jusqu'à la colonne indiquant l'intervalle entre les deux plongées, ici 4 h. Vous lisez 0,89 (photo 5). C'est votre résiduel d'azote.

PLONGÉES SUCCESSIVES : UN EXEMPLE

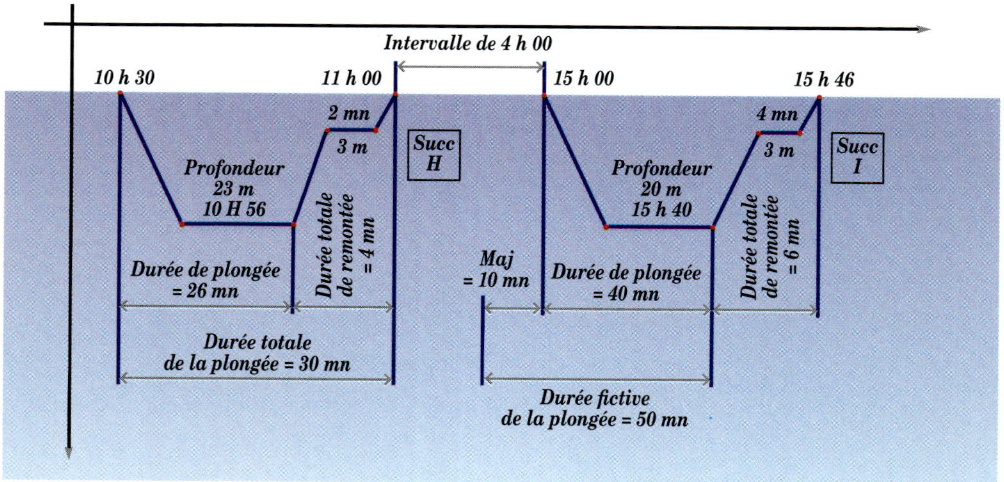

Passez à la table 2. Glissez le doigt vers le bas, jusqu'à la valeur 0,89. Déplacez-le ensuite horizontalement sur la droite jusqu'à la colonne indiquant 20 m, soit la profondeur prévue pour votre nouvelle plongée. Vous lisez 10 (photo 6), une valeur en minutes qui représente la majoration qui vous est imposée.
Départ surface, 2e plongée : 15 h
Intervalle = 4 h
Coefficient plongées successives 1re plongée = H

Profondeur prévue = 20 m
Majoration = 10 mn
Durée de la plongée = 40 mn
Durée fictive = 50 mn (40 mn + 10 mn de majoration)
Départ du fond = 15 h 40
Durée de la remontée = 2 mn
Palier = 4 mn à 3 m
Durée totale de la remontée = 6 mn
Heure de sortie = 15 h 46
Coefficient de plongées successives : I

Les plongées successives

On appelle plongées successives deux immersions intervenant dans un intervalle de temps compris entre 15 mn et 8 h 30. Le corps est alors sursaturé en azote, ce dont il faut tenir compte.

Trois paramètres sont à considérer dans le calcul des plongées successives : la profondeur, la durée et le coefficient de saturation à l'issue de la première plongée (azote résiduel). Ce dernier dépend du temps écoulé entre les deux immersions (intervalle). Plus l'intervalle est grand et plus le taux d'azote résiduel est bas, l'élimination s'effectuant naturellement.

Savoir lire la table MN 90

À la fin de la première plongée, notez sur la ligne correspondant aux caractéristiques de votre immersion la lettre indiquée dans la colonne "Groupe de plongées successives" (la plus à droite). Sur certaines tables, cette colonne est parfois appelée "Succ". Notez avec précision l'heure à laquelle vous êtes sorti de l'eau.

Calculez l'intervalle de temps entre l'heure de sortie de l'eau et le moment prévu pour la seconde plongée.

Sur la table 1 "Détermination de l'azote résiduel", repérez la colonne correspondant à la lettre que vous avez notée précédemment. Glissez le doigt vers la droite jusqu'à la colonne indiquant l'intervalle prévu entre les deux plongées. Elle vous donne un nombre représentant votre résiduel d'azote. Inscrivez-le.

Passez à la table 2 qui permet de déterminer la majoration.

Le coefficient d'azote résiduel que vous venez de noter est indiqué dans la première colonne.

Comme précédemment, il suffit de déplacer le doigt vers la droite jusqu'à la colonne indiquant la profondeur. Vous lisez alors le temps de majoration (en minutes) qui vous est imposé.

Vous devrez ajouter cette majoration à la durée réelle de votre seconde plongée et calculer les paliers sur la somme des deux (temps fictif).

Quand les valeurs manquent

Pour des raisons de simplification des tables et de limitation de leurs dimensions, toutes les valeurs de temps et de profondeur ne sont pas toujours indiquées. Dans ce cas, procédez de la manière suivante.

- Sur la table 1 :

Les intervalles de surface sont de 15 mn entre 15 et 45 mn ; de 30 mn, entre 1 et 3 h, de 1 h entre 3 et 4 h, et de 2 h entre 4 et 8 h.

Si votre intervalle ne tombe pas juste (par exemple 2 h 20), vous devez utiliser la colonne de temps immédiatement inférieure (en l'occurrence, la colonne 2 h) donnant la majoration la plus élevée dans un souci de sécurité.

- Sur la table 2 :

Les données de profondeur en mètres sont espacées de 2 ou 3 m selon les cas. Si vous ne trouvez pas la profondeur réelle de votre seconde plongée (par exemple 33 m), utilisez la colonne correspondant à la profondeur immédiatement supérieure (soit, pour l'exemple choisi, 35 m). C'est cette profondeur que vous utiliserez ensuite sur la table de plongée simple pour définir la durée et la hauteur de vos paliers. Ajoutez à votre temps de plongée la valeur lue dans la case qui se trouve à l'intersection de cette colonne et de la ligne donnant la valeur d'azote résiduel.

- Attention : certains modes d'emploi des tables MN 90 mentionnent, pour l'utilisation de la table 2, le fait de se référer à la valeur immédiatement inférieure. Cela peut sembler logique dans la mesure où elle est plus pénalisante. Mais les tables ont été établies de sorte que toute la plongée soit calculée avec la profondeur maximale.

Notre conseil : *pour des raisons de sécurité, n'effectuez pas plus de deux plongées par tranche de 24 heures, car les tables de plongée sont calculées dans cette limite.*

Les photographes sont des adeptes réguliers des plongées successives. Ici, un groupe de plongeurs, caméra au poing, observe la ronde d'un requin des Bahamas (Carcharhinus perezi)*.*

LES PLONGÉES CONSÉCUTIVES

Deux plongées sont dites consécutives quand elles sont réalisées avec un intervalle inférieur à 15 mn. Dans ce cas, les temps de plongée s'additionnent pour le calcul de la durée des paliers.

Lors de deux plongées consécutives, le temps de désaturation est trop faible pour qu'il soit possible de le comptabiliser. On considère donc que la seconde plongée est le prolongement de la première. Le temps de plongée à estimer est la somme du temps de la première et de la seconde plongée.

La profondeur à prendre en compte est celle, maximale, atteinte lors des deux plongées.

L'intervalle n'est pas pris en compte dans le temps de la plongée. Toutefois, il est utile de noter l'heure de sortie de la première plongée afin de vérifier si l'on entre dans le cadre d'une plongée consécutive ou successive. À quelques minutes près, cela peut changer bien des choses.

Notre conseil : *dans la pratique, la plongée consécutive doit être exceptionnelle. Elle peut être nécessaire pour désenraguer une ancre, aller chercher un objet important tombé au fond, porter secours à quelqu'un, etc.*

PLONGÉES CONSÉCUTIVES : LES TERMES À CONNAÎTRE

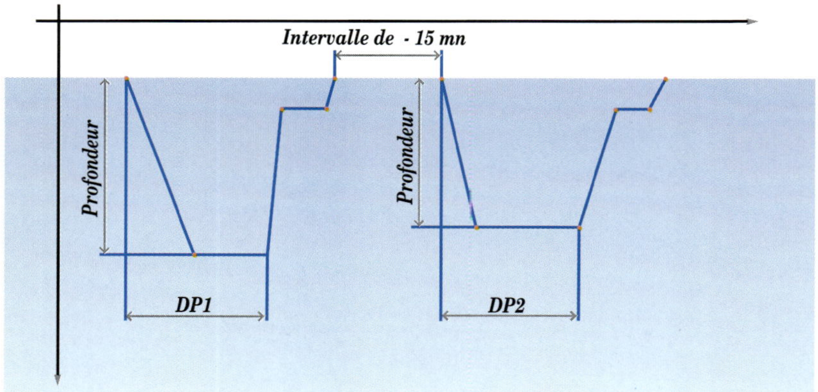

Pour bien utiliser la table, la profondeur à prendre en compte est la profondeur maximale atteinte au cours des deux plongées.
La durée de la plongée est l'addition des deux temps de plongée (DP1 + DP2).
L'intervalle (moins de 15 mn) n'est pas pris en compte. Dans ce cas précis, on considère que les deux plongées ne font qu'une, car elles sont trop rapprochées.

PLONGÉES CONSÉCUTIVES : UN EXEMPLE

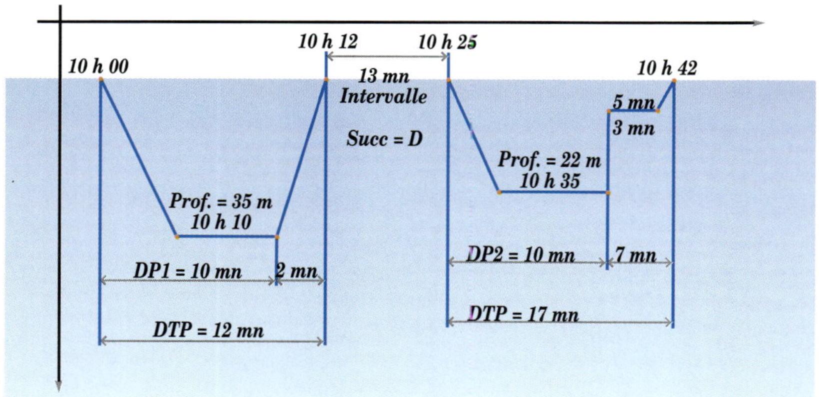

Après une première plongée avec un départ en surface à 10 h, pour une profondeur de 35 m et un temps d'immersion de 10 mn, vous décidez de remonter. Pour ce cas précis, la table n'indique pas de palier à effectuer. Vous sortez de l'eau à 10 h 12.
A 10 h 25, soit 13 mn après votre première plongée, vous êtes obligé de vous réimmerger. Vous vous trouvez dans le cas d'une plongée consécutive.

1. ***Départ de la surface = 10 h***
   Profondeur = 35 m
   Durée de la plongée = 10 mn
   Durée de la remontée = 2 mn
   Palier = aucun
   Heure de sortie = 10 h 12
   Coefficient de plongées successives = D
2. ***Départ de la surface = 10 h 25***
   Intervalle : 13 m
   Profondeur : 22 m
   Durée de la plongée : 10 mn
   Durée totale de la plongée = 20 mn (10 mn DP1 + 10 mn DP2)

On applique la règle de sécurité maximale en prenant en compte la plus grande profondeur atteinte lors des deux plongées, soit pour notre exemple 35 m.
La table indique, pour une profondeur de 35 m et un temps de 20 mn, un palier de 5 mn à 3 m.
La durée totale de la remontée est de 7 mn, soit le temps nécessaire pour remonter de 22 m plus le temps de palier.
Heure de sortie = 10 h 25 + 10 mn + 7 mn = 10 h 42

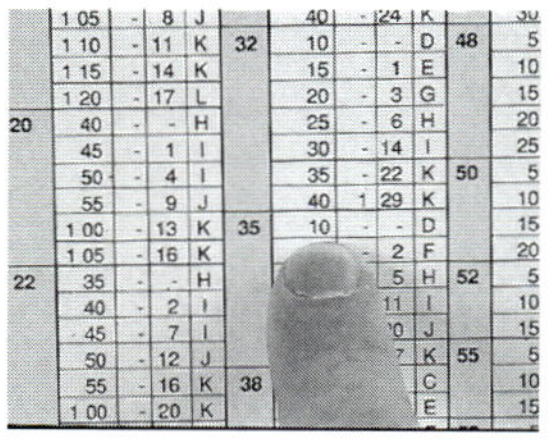

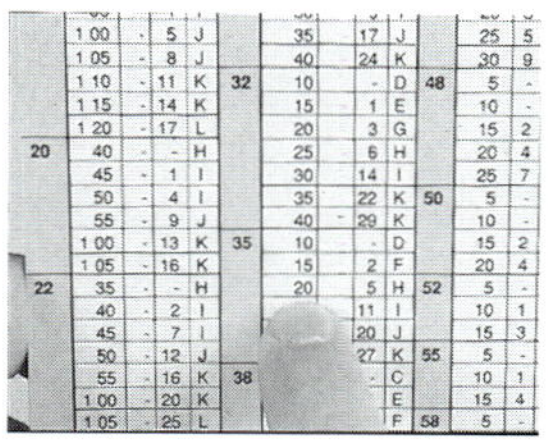

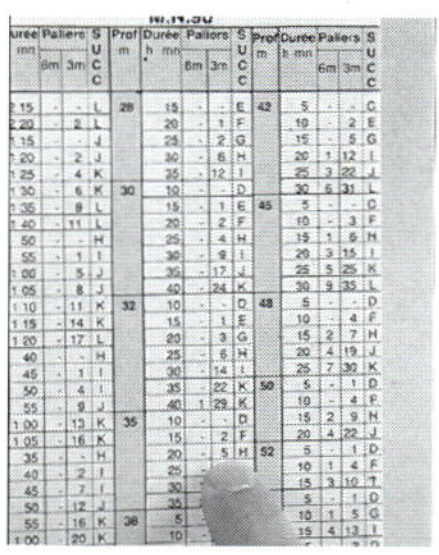

LA REMONTÉE RAPIDE

Une plongée avec remontée rapide caractérise un retour vers la surface à une vitesse supérieure à 17 m/mn. Il s'agit en général d'une procédure d'urgence.

Le sauvetage d'un plongeur en difficulté, une remontée en panique, la remontée d'urgence avec un gilet ou une bouée, un incident lié au matériel peuvent vous obliger à regagner rapidement la surface sans tenir compte des règles de sécurité.

Il faut alors respecter une procédure simple et systématique. Dans les 3 minutes, si possible, retournez à moitié de la profondeur maximale atteinte pendant la plongée. Restez-y 5 mn. Remontez à la vitesse normale de 15 à 17 m/mn, en comptabilisant pour le calcul des paliers le temps total depuis le début de l'immersion jusqu'au début de la remontée.

Notez que, dans ce cas, le temps de plongée prend en compte la période passée à la surface. C'est le seul exemple de cette sorte.

Notre conseil : *si votre table ne vous indique aucun palier à effectuer, faites obligatoirement un palier de sécurité de 3 mn à 3 m.*

LA REMONTÉE LENTE

Lorsque la plongée se déroule le long d'un très beau tombant, la remontée a souvent lieu progressivement à une vitesse inférieure aux 15-17 m/mn préconisés.

Le temps de plongée inclut, ici, la remontée et n'est pas compté jusqu'au début de la remontée comme cela se pratique habituellement.

À l'arrivée dans la zone des paliers (vers 6 m), il est indispensable de vérifier s'il faut effectuer ou non un arrêt de décompression.

Notre conseil : *si vous pratiquez régulièrement ce type de plongée (fréquent dans les mers tropicales), l'utilisation d'un ordinateur est vivement souhaitée. Vous constaterez, dans la plupart des cas, qu'il n'y a pas de palier à effectuer.*

PALIER INACHEVÉ

Si, lors de l'exécution d'un palier, le manque d'air vous oblige à regagner la surface pour recapeler un autre scaphandre, vous vous trouvez en situation de palier interrompu.

La règle impose de le recommencer à son début et de procéder à la suite de la décompression prévue par les tables. Par exemple, vous devez rester 4 mn à 6 m et 34 mn à 3 m. Si vous interrompez votre palier à 6 m au bout de 2 mn, il faut retourner à 6 m, y passer 4 mn et patienter les 34 mn prévues à 3 m.

Notre conseil : *pour éviter l'inconvénient d'un palier interrompu, pensez à toujours laisser une bouteille de secours sur un pendeur.*

Page de gauche : Une plongée consécutive peut être nécessaire dans le cas où l'ancre est enraguée au fond. N'oubliez surtout pas d'effectuer les paliers nécessaires.

LA REMONTÉE RAPIDE : LES TEMPS À CONNAÎTRE

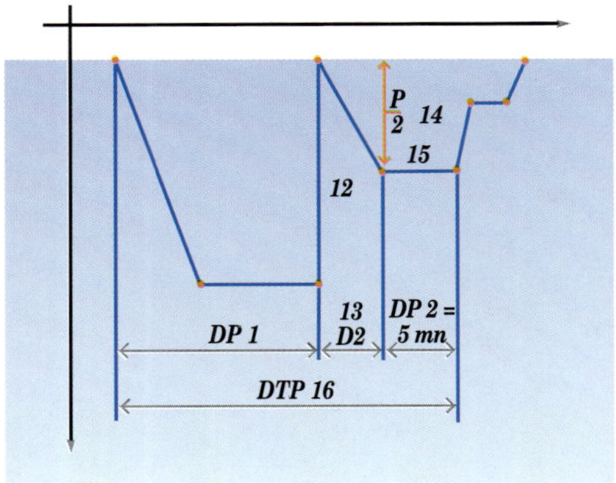

12. Remontée rapide = toute remontée vers la surface à une vitesse supérieure à 17m/mn.
13. D2 = temps passé entre la remontée rapide, le temps resté en surface et le temps de descente vers la demi-profondeur (maximum 3 mn).
14. P/2 = profondeur correspondant à la moitié de la profondeur maximale atteinte au cours de la plongée.
15. DP2 = temps passé (5 mn) à la demi-profondeur
16. DTP = durée totale de la plongée. C'est le temps à prendre en compte pour déterminer les paliers. Cette valeur comprend : DP1 + D2 + DP2.

LA REMONTÉE RAPIDE : UN EXEMPLE

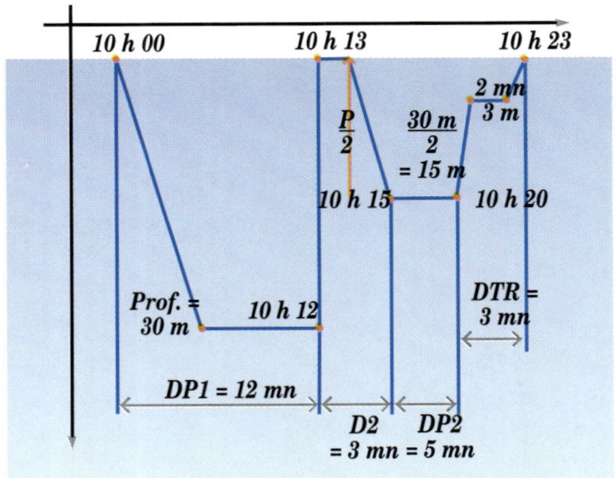

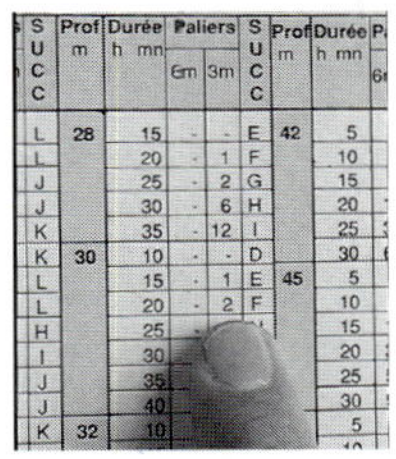

D2 = 3 mn, DP2 = 5 mn, DTR = durée totale de la remontée = 3 mn.
Le temps à prendre en compte est l'addition de DP1 (temps de la première plongée) + D2 (temps passé depuis le début de la remontée rapide jusqu'à l'arrivée à la demi-profondeur) + DP 2 (5 mn à la demi-profondeur). Il suffit ensuite de calculer les paliers éventuels en tenant compte de ce temps total et de la profondeur maximale atteinte (ici 30 m).

LA REMONTÉE LENTE : UN EXEMPLE

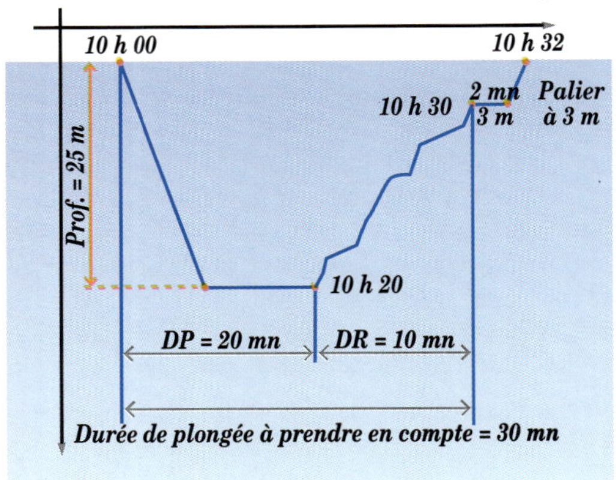

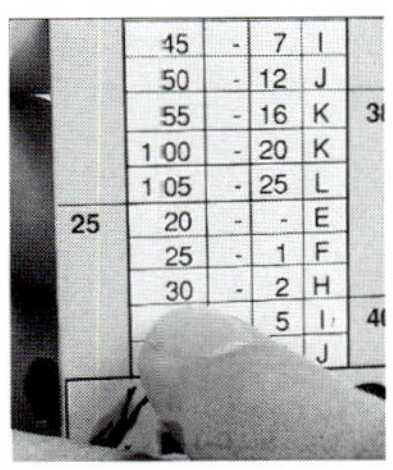

P = Profondeur, DP = Durée de la plongée
DR = Durée de la remontée. Celle-ci s'est effectuée à une vitesse inférieure à 17 m/mn. Son temps doit être ajouté à la durée de la plongée (DP).
Dans cet exemple, la durée de la plongée à prendre en compte = DP + DR = 20 mn + 10 mn = 30 mn.

Les dangers de l'aviation

Si vous prenez l'avion peu après une plongée, vous allez vous retrouver dans un cas de figure similaire à une plongée en altitude. En effet, la cabine des jets modernes est pressurisée entre 0,7 et 0,8 bar, ce qui représente une altitude théorique de 2 000 à 3 000 m. Il y a risque d'accident de décompression. Il est indispensable d'attendre un laps de temps suffisant avant le voyage ou d'effectuer les calculs des paliers comme si l'on plongeait en altitude. Notez par ailleurs que les ordinateurs de plongée tiennent compte de ce paramètre et indiquent l'intervalle nécessaire avant de prendre l'avion. Il est recommandé d'attendre au moins 6 heures (pour une plongée entre 10 et 15 m) et jusqu'à 12 h (pour une plongée à plus de 40 m) avant d'effectuer un voyage en avion.

La plongée en altitude

Certains lacs, à la flore et la faune très intéressantes, se trouvent en altitude. Celle-ci modifie les paramètres de la plongée, en raison de la réduction de la pression atmosphérique. Par rapport aux tables classiques, la profondeur des paliers et leur durée vont donc être modifiées.

Les tables de plongée sont calculées pour une utilisation au niveau de la mer où règne une pression atmosphérique de 1 bar environ (760 mm de mercure). Dans un lac de montagne, la pression de l'eau (pression hydrostatique) est similaire à celle de la mer (on néglige dans les calculs la différence de densité entre eau douce et eau de mer), mais la pression atmosphérique de départ est moindre. Cela entraîne des variations plus rapides de la pression absolue avec la profondeur et, par conséquent, des écarts par rapport au calcul standard, le coefficient de sursaturation critique étant toujours calculé à l'aide de la pression absolue. Un coefficient de sursaturation élevé au niveau de la mer peut d'ailleurs entraîner un accident de décompression en altitude. Ce qui explique pourquoi il ne faut pas prendre l'avion juste après une plongée (les cabines étant préssurisées entre 0,7 et 0,8 bar) !

• La pression atmosphérique en altitude

Il existe un moyen simple de calculer avec une précision satisfaisante la pression atmosphérique au niveau d'un lac d'altitude. Le principe de départ est que jusqu'à 5 000 m la pression atmosphérique décroît de 0,1 bar par 1 000 m (voir pages 16-17).

Par exemple, à 2 000 m, la pression atmosphérique est de : 1 bar (pression normale au niveau de la mer) – 0,1 x 2 (soit 0,2 bar) = 0,8 bar.

La pression absolue à 10 m sera de 1,8 bar (1 bar de pression hydrostatique + 0,8 bar de pression atmosphérique) ; à 20 m, de 2,8 bar ; à 30 m, de 3,8 bar ; à 40 m, de 4,8 bar ; etc.

On peut d'ores et déjà prendre conscience des différences de variation de pression en divisant la pression absolue par la pression atmosphérique (voir dessin). On note une augmentation significative de cet écart qui est, par exemple, de 5 fois à 40 m en mer (5 : 1) et de 6 fois, pour une profondeur identique, dans un lac à 2 000 m (4,8 : 0,8). La pression partielle des gaz inspirés est soumise aux mêmes variations qui sont toujours plus importantes lors des plongées en altitude.

• Attention : cette démonstration permet de souligner le premier piège de la plongée en altitude. La pression absolue étant plus faible qu'en mer, la tension d'azote dissous est également plus faible, mais la sursaturation est plus grande (rapport tension/pression absolue). Dans l'exemple précédent, on remarque immédiatement qu'une plongée à 40 m dans un lac situé à 2 000 m d'altitude correspond à une plongée à 50 m en mer (rapport de pression de 6).

• Le calcul de la plongée en altitude

Afin de pouvoir utiliser les tables de plongée traditionnelles lorsque vous plongez en altitude, il importe de calculer la profondeur équivalente, appelée aussi profondeur fictive. La profondeur équivalente (PE) est égale à la profondeur réelle (PR) multipliée par la pression atmosphérique en mer (Patm) que divise la profondeur atmosphérique en lac (Patml). Ce qui peut s'écrire ainsi :

$$PE = \frac{PR \times Patm\ (mer)}{Patml\ (lac)}$$

Soit, dans l'exemple choisi, 40 x 1/0,8 = 50 m.

Vous devrez vous référer, sur la table de plongée, à la profondeur de 50 m pour déterminer vos paliers.

Certains lacs d'altitude réservent de belles surprises aux plongeurs, eaux cristallines et vierges.

Il est important de savoir que la profondeur équivalente est toujours supérieure à la profondeur réelle. Ce point de repère est utile pour la vérification de vos calculs (notamment lors des examens).

• **La profondeur des paliers**

En raison de l'abaissement de la pression atmosphérique, les profondeurs des paliers ne sont plus à 9, 6 et 3 m. Elles sont inférieures de sorte que le rapport entre la pression atmosphérique réelle et la pression à la profondeur des paliers en lac soit le même qu'en mer. Le calcul se fait selon le même principe que précédemment, mais en inversant le rapport des pressions.

La profondeur réelle du palier (Pr.pal) est égale à la profondeur du palier indiqué par la table (Pr.tab) multiplié par la pression atmosphérique en lac (Patml) que divise la pression atmosphérique en mer (Patm).

D'où la formule : $\text{Pr.pal} = \dfrac{\text{Pr.tabl x Patml (lac)}}{\text{Patm (mer)}}$

À 2 000 m d'altitude, un palier prévu à 3 m s'effectuera à 2,40 m (3 x 0,8/1).

• **Attention :** la vitesse de remontée est également modifiée lors des plongées en altitude. Pour éviter tout calcul fastidieux, tenez compte du temps de remontée qui est indiqué sur la table de plongée en vous référant à la profondeur fictive. Si cette indication ne figure pas, faites rapidement le calcul en divisant la profondeur fictive par 17 (vitesse de remontée 17 m/mn) ou appliquez la formule suivante :

$$\frac{\text{17m/mn x Patml (lac)}}{\text{Patm (mer)}}$$

• **Le piège des profondimètres**

Seuls les profondimètres à tube capillaire (loi de Mariotte) indiquent l'augmentation de la pression et, par conséquent, la profondeur réelle de calcul pour les plongées en altitude.

Les profondimètres courants à membrane ou à tube de Bourdon sont étalonnés pour une pression atmosphérique de 1 bar, ce qui les conduit à donner des indications fausses. Leur aiguille quitte l'indication quand la pression devient supérieure à 1 bar. Dans notre exemple, pour une pression atmosphérique de 0,8 bar, l'aiguille décollera à la profondeur de 2 m (1 bar - 0,8 bar = 0,2 bar soit 2 m de hauteur d'eau). Par conséquent, si le profondimètre affiche 38 m, on se trouve en réalité à 40 m. Les profondimètres électroniques indiquent toujours la profondeur réelle quelle que soit la pression atmosphérique, car ils fonctionnent avec des capteurs de pression et tiennent compte de la pression absolue réelle.

Notre conseil : *L'organisme a besoin d'un temps d'adaptation pour être en équilibre avec les conditions de vie en altitude. Il est préférable de commencer par faire quelques promenades avant de pratiquer votre activité sportive. Prenez garde aussi à l'altitude : à partir de 3 000 m, de nombreuses personnes souffrent du "mal des montagnes" qui se manifeste par des maux de tête, bourdonnements d'oreilles, vertiges. C'est une contre-indication formelle à la pratique de la plongée en altitude.*

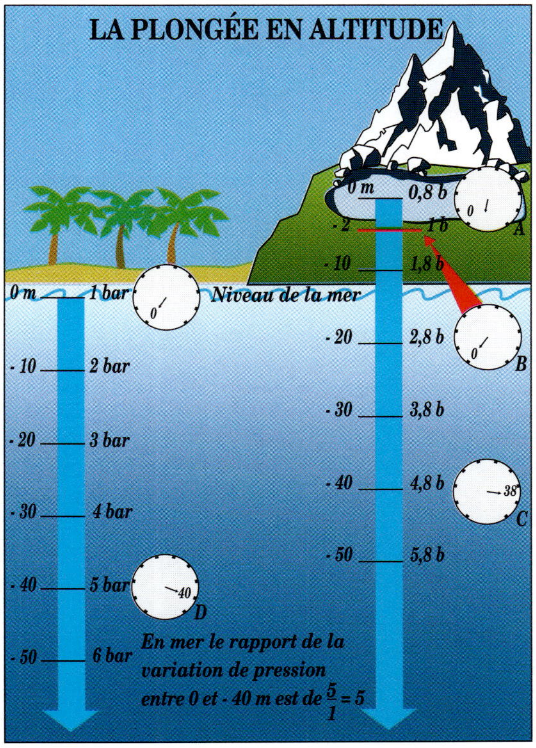

A. La pression atmosphérique au niveau du lac est de 0,8 bar, l'aiguille du profondimètre est au-dessous du zéro.
B. La pression absolue à - 2 m est de 1 bar, l'aiguille du profondimètre est sur le zéro.
C. La pression absolue est de 4,8 bar, l'aiguille du profondimètre indique - 38 m.
Il y a donc une différence de 2 m due à la différence de pression atmosphérique entre le niveau de la mer et le niveau du lac en altitude (1 - 0,8 = 0,2 b soit 2 m).
D. La pression absolue est de 5 bar, l'aiguille du profondimètre indique - 40 m.

En altitude le rapport de la variation de pression entre 0 et - 40 m est de $\frac{4,8}{0,8}$ = 6, soit la même variation de pression qu'entre 0 et - 50 m en mer.

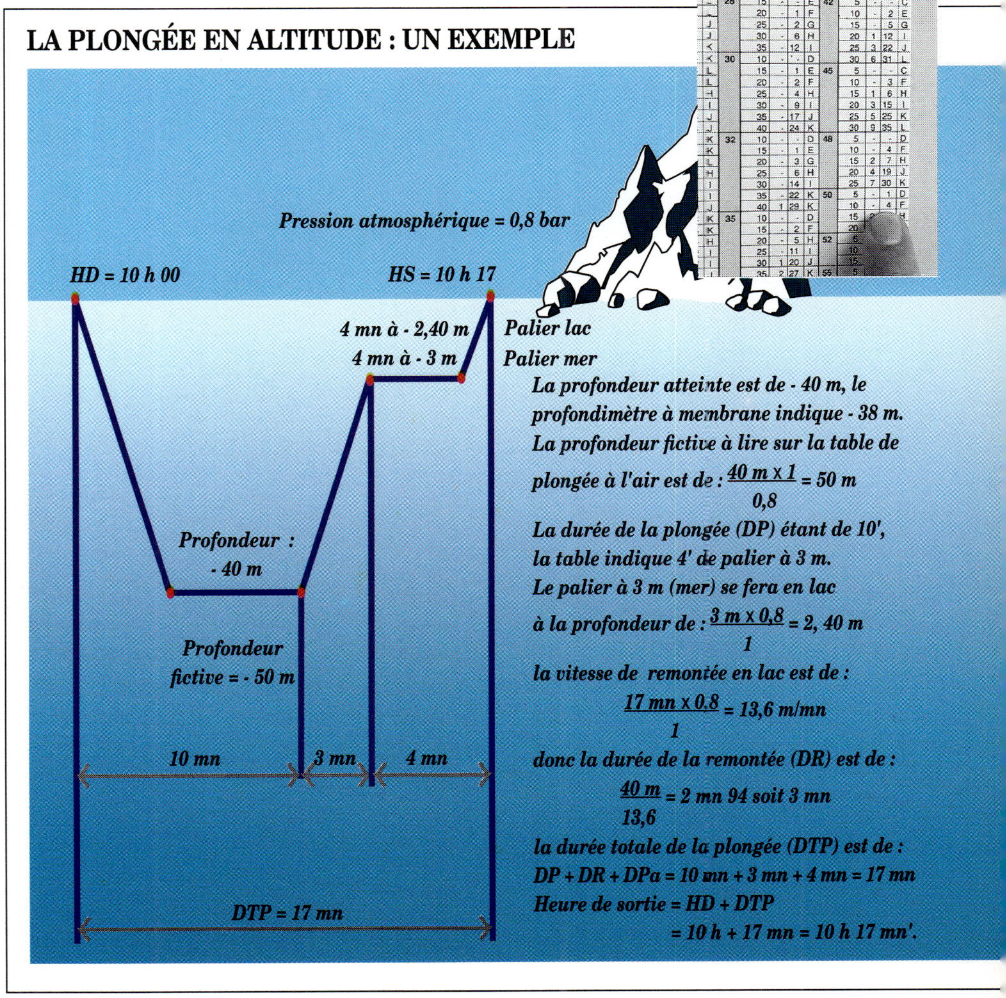

SCUBAPRO
SUB DIAMOND ROCK

LA PLONGÉE DE NUIT

La plongée de nuit est une activité passionnante qui révèle un univers complètement différent. Elle demande des précautions particulières pour une sécurité optimale.

La plongée de nuit s'effectue obligatoirement avec une lampe qui permet non seulement d'observer la faune nocturne, mais sert également de repère permanent à votre coéquipier et vous aide à transmettre des signes simples.

Pas question de composer des palanquées à rallonge. L'idéal est de plonger à 2 ou 3 personnes au maximum, qui doivent toujours rester groupées de manière à ne jamais se perdre de vue les unes les autres

Pour les plongées de nuit effectuées depuis la plage, il est conseillé de maintenir un point lumineux fixe et permanent jusqu'au retour des plongeurs. Ces derniers pourront l'utiliser comme repère pour revenir avec facilité à leur point de départ.

La sécurité avant tout

En raison d'un manque de visibilité naturel, la plongée de nuit est potentiellement plus dangereuse que celle en plein jour. Respectez les consignes suivantes afin d'en circonscrire les risques.

- Le guide de palanquée doit avoir une bonne expérience de la plongée de nuit. Deux débutants en ce domaine ne doivent jamais plonger ensemble.

- Plongez depuis le bord ou à partir d'un bateau à l'ancre. Il faut, en effet, toujours conserver un point de repère fixe. Une personne assure obligatoirement la surveillance de surface et l'assistance.

- Effectuez obligatoirement un petit briefing avant la plongée en définissant avec précision le code de communication que vous allez utiliser sous l'eau. Le guide de palanquée rappellera systématiquement les signes lumineux.

- Utilisez au moins une lampe par personne. Changez systématiquement les piles avant la plongée et vérifiez bien la bonne étanchéité de ce matériel.

- Accrochez un bâton phosphorescent au dos de chaque bouteille, moyen de repère très simple, y compris en surface. La luminescence dure plusieurs heures. Si de nombreux plongeurs se mettent à l'eau sur le même site, recourez à des couleurs différentes qui permettront aux palanquées de se reconnaître facilement.

- Accrochez une lampe puissante à un pendeur sous le bateau. Son rayonnement sera le point de repère de tous les plongeurs. Dans le cas d'une plongée à partir du bord, laissez une voiture, tous phares allumés en direction du lieu de plongée, ou utilisez un ou plusieurs phares fixes d'une couleur reconnaissable. Évitez les lampes à occultation et les feux de couleurs blanche, orange ou verte dans les zones très fréquentées par des bateaux afin de ne pas créer de problème de navigation.

- Évitez les zones à fort courant pour la plongée de nuit, ce qui, en raison du manque de repère, est fort dangereux. De plus, dans les eaux tropicales, les risques de mauvaises rencontres (requins en chasse notamment) ne sont pas rares. Il en va de même dans les eaux troubles, souvent fréquentées par les gros prédateurs.

- Limitez-vous à une faible profondeur et, dans tous les cas, à une plongée dans la courbe de sécurité (en dehors de la zone des paliers).

- Si vous avez l'impression d'être perdu, placez une main sur le faisceau de votre lampe et procédez lentement à un tour d'horizon. Si vous ne repérez aucune lumière dans les une à deux minutes qui suivent, remontez doucement en surface. Une fois à l'air libre, gonflez votre gilet de sécurité et attendez votre compagnon de plongée. Dès son arrivée en surface, faites signe au bateau de venir vous récupérer ou palmez vers lui.

- Pour capter l'attention des autres plongeurs vers un sujet intéressant ou en cas de problème, agitez rapidement la lampe dans leur direction dans un mouvement latéral pour qu'il ne soit pas confondu avec le signe "Ça ne va pas". Ne dirigez jamais votre lampe en direction des yeux de vos compagnons de plongée.

- Procédez régulièrement à des échanges de signes lumineux. Toute absence de réponse doit être considérée comme un cas d'urgence et nécessiter une intervention immédiate. Le plus souvent, il s'agit d'une négligence de votre coéquipier, mais ne prenez aucun risque.

- Avant de refaire surface, dirigez la lampe vers le haut et assurez-vous qu'aucun obstacle n'entrave votre sortie de l'eau.

- En surface, si vous vous trouvez éloigné du bateau ou dans une position qui gêne votre repérage, utilisez le sifflet qui est le plus souvent accroché au gilet de stabilisation.

- Prévoyez toujours sur le bateau des boissons chaudes. On éprouve souvent une sensation de froid après une plongée de nuit, même en milieu tropical. Séchez-vous rapidement et enfilez un vêtement sec.

Notre conseil : *la plongée de nuit, réalisée pendant les périodes de pleine lune, est à la fois plus sûre et plus agréable car la visibilité y est bien meilleure. Si vous plongez dans de l'eau très claire, utilisez un phare puissant au faisceau large. En revanche, pour une eau chargée de particules, munissez-vous d'une lampe de puissance moyenne au faisceau étroit. Vous n'aurez ainsi pas l'impression d'être dans un brouillard dense.*

Une plongée de nuit nécessite une préparation méticuleuse et un équipement en parfait état de fonctionnement. D'une manière générale toute la check-list s'effectue à la tombée du jour, juste avant de partir sur le site de plongée.

*1 - Le nason à lignes violettes (*Naso vlamingi*) est un poisson insaisissable le jour. De nuit, il se laisse approcher et se pare de belles couleurs.*

*2 - La plongée de nuit permet des rencontres exceptionnelles comme avec ce nautile (*Nautilus pompilius*) qui remonte rarement des grandes profondeurs.*

*3 - La "danseuse espagnole" (*Hexabranchus imperialis*) est un grand nudibranche de 20 cm de long, qui se rencontre surtout la nuit.*

*4 - Un poisson-perroquet (*Scarus jonesi*) s'abrite pour la nuit dans un cocon de mucus. Un comportement étonnant mais typique de cette espèce.*

*5 - La couleur rouge vif de ce crabe (*Atergatis sp.*) est encore plus intense la nuit. L'espèce, nécrophage, est très utile au milieu.*

*6 - La cigale de mer (*Scyllarides sp.*) est un crustacé timide qui passe la journée sous les rochers et ne sort que la nuit en quête de nourriture.*

7 - La rare crevette Hymenocera elegans *vit dans les eaux du Pacifique. On l'observe surtout la nuit quand elle part à la chasse aux étoiles de mer, son mets favori.*

*8 - Une rencontre étonnante en Méditerranée, le dolium géant (*Tonna galea*), un escargot de 15 cm de long qui vit surtout en eaux profondes.*

*9 - Appelé aussi ophiure à tête de méduse, ce gorgonocéphale (*Astrophyton muricatum*) déploie ses bras de dentelle dans les eaux de Cuba.*

10 - Les polypes couleur d'or du corail Balanophyllia gemmifera *ne s'épanouissent que la nuit. De jour, la colonie ressemble à une grosse éponge orange.*

LES MERVEILLES DE LA NUIT

La plongée de nuit n'est pas une aventure "gratuite". C'est l'occasion de pénétrer un monde complètement différent où évoluent des espèces nocturnes, souvent étranges et d'une rare beauté.

Sur un même site, la plongée de nuit diffère complètement de celle effectuée en plein jour, et pas seulement à cause du manque de visibilité et de l'ambiance étrange, presque angoissante, qui règne le soir dans les fonds marins. C'est l'heure où les prédateurs partent en chasse, où les animaux les plus timides quittent leur cachette en quête d'aventure et de nourriture. Pour d'autres espèces, la nuit est consacrée au sommeil. De nombreux poissons peuvent ainsi être approchés bien plus facilement. Le cas le plus exemplaire est celui des poissons-perroquets qui dorment profondément, coincés dans une faille rocheuse. Certaines espèces s'entourent le corps d'un cocon de mucus transparent qui leur donne l'impression d'être dans une bulle.

Si vous savez maîtriser votre équilibre et avancer tout près avec des gestes lents, en retenant votre souffle, vous parviendrez sans peine à caresser de la main un grand nombre de poissons, inaccessibles le jour.

Autre phénomène remarquable, les poissons changent souvent de couleur. Certains deviennent plus ternes comme pour mieux se fondre dans l'environnement (mimétisme), d'autres au contraire semblent resplendir dans une parure multicolore tout à fait étonnante. Notez également qu'en raison de l'absence des rayons solaires, il n'y a plus d'aberrations chromatiques possibles pendant la plongée de nuit. Les couleurs qui se révèlent dans le faisceau de la lampe sont l'expression exacte de la réalité. Un détail qui a son importance, surtout si vous aimez la photographie ! De plus, cela permet de prendre des points de repère par rapport aux teintes de certains éléments du décor (roches, coraux, éponges encroûtantes, etc.).

Mais c'est avec le monde infini des invertébrés que se produisent les rencontres nocturnes les plus extraordinaires. Les crustacés, par exemple (crevettes, langoustes, crabes, langoustines, cigales, homards, etc.), assez difficiles à observer durant le jour car ils craignent la forte lumière, exhibent, à la nuit tombée, pinces et carapaces colorées. Certaines espèces sont d'une finesse aussi gracieuse que de la dentelle, d'autres affichent des coloris splendides qui peuvent varier selon l'humeur de l'animal. C'est notamment le cas pour beaucoup de crabes qui ternissent sous l'effet du stress (quand on les prend à la main, par exemple).

Dans les contrées tropicales où les poulpes et les seiches sembleraient plus rares le jour que dans les mers tempérées, il faut plonger de nuit pour les surprendre et apprécier les reflets d'or de leur robe diaphane et de leurs yeux.

Mais votre étonnement le plus grand naîtra sans doute de l'observation des coraux. Semblables à des pierres le jour, ils se transforment, la nuit, en fleurs étranges avec leurs milliers de polypes aux tentacules épanouis. Ces minuscules animaux tendent leurs cinq ou huit bras dans le courant, cherchant à capturer quelques particules microscopiques dont ils vont se nourrir. C'est encore l'occasion de réaliser combien la mer est riche en êtres vivants de toutes sortes et de s'émerveiller de la richesse des formes et de couleurs de ces polypes anonymes, dont le travail incessant aboutit à la construction des récifs, un véritable exploit ! Il faut les étudier de près pour en détailler toutes les nuances et mieux les apprécier. Évitez les éclairages trop forts qui provoquent le plus souvent la rétractation des polypes dans leur squelette de calcaire. Il en va de même pour certains échinodermes (famille des oursins et des étoiles de mer) tels que les comatules et les gorgonocéphales. Les longs bras plumeux se déploient pour capturer le plancton dont ils sont friands. Dès que vous approchez votre lampe, ces étranges "fleurs" se replient sur elles-mêmes, comme pour se rouler en boule.

Inutile de parcourir des centaines de mètres lors d'une plongée de nuit. Mieux vaut fouiller du regard une petite surface et s'arrêter aux moindres détails. Là commence le royaume des nudibranches, ces limaces marines aux couleurs étonnantes. Elles habitent toutes les mers du monde, mais l'Indo-Pacifique est sans doute l'océan qui en accueille le plus grand nombre d'espèces. La plus spectaculaire est appelée populairement "danseuse espagnole" en raison de son étonnante nage sinueuse au cours de laquelle son manteau rouge ou jaune fait des frous-frous comme la robe d'une danseuse de flamenco.

La nuit, la plongée est bien un moment miraculeux, celui des découvertes et de l'initiation au monde étrange des créatures marines. Même en plongeant chaque soir, vous n'aurez jamais l'occasion de vous ennuyer. La plongée de nuit est toujours différente et il est rare de faire deux fois de suite les mêmes observations. Attendez-vous donc chaque fois à de nouvelles rencontres palpitantes !

FEUX FOLLETS SOUS LA MER

L'impression étrange, parfois un peu angoissante qui émane de la plongée de nuit, est renforcée par un phénomène assez étonnant. Beaucoup d'animalcules constituant le plancton émettent une lumière dorée ou bleutée que l'on nomme bioluminescence. Ce scintillement est visible en surface quand le bateau avance tous feux éteints. Il peut aussi être observé en immersion, les palmes des plongeurs qui fendent le plancton laissant une traînée lumineuse, semblable à une gerbe d'étincelles.

1

2

3

4

5

6

7

8

9

10

– 5 –

Les risques de la plongée

Évoluant dans un monde régi par des lois physiques différentes de celles auxquelles son corps est habitué, le plongeur doit absolument respecter toutes les règles et consignes de sécurité liées à la pratique des activités subaquatiques. Toute transgression peut avoir des conséquences graves. S'il est donc normal que la plongée soit considérée comme une activité à risques, cela ne veut toutefois pas dire qu'elle soit dangereuse. Seule sa pratique dans des conditions extrêmes et hors des normes est périlleuse. Les pages suivantes sont consacrées à la description et au traitement des accidents de plongée non pas pour vous alarmer outre mesure, mais simplement vous mettre en garde et vous informer en partant du principe qu'un homme averti en vaut deux. Si vous savez adopter en permanence une attitude prudente et attentive avant, pendant et après la plongée, soyez certain que vous réaliserez sans problème des centaines d'immersions passionnantes. Mais attention, la pratique et l'expérience ne vous mettront jamais à l'abri de mésaventures !

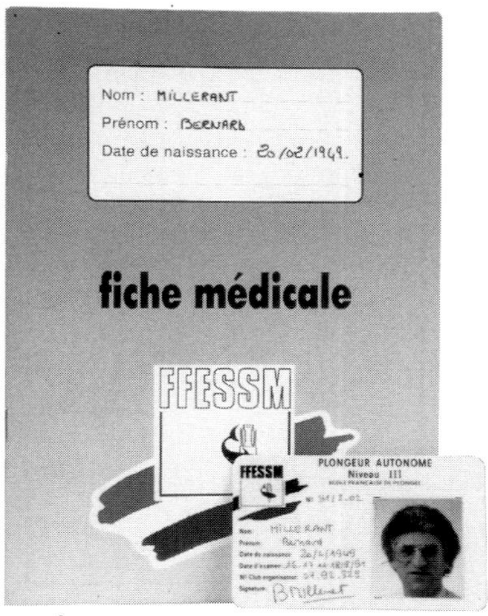

1

2

1 - Une fiche médicale a été éditée par la FFESSM. Elle permet à chaque plongeur d'avoir un bon suivi dans ses diverses visites.
2 - Les médecins agréés par la FFESSM possèdent une carte individuelle qui permet de les distinguer dans leur spécialité.

LE CHECK-UP DU PLONGEUR

Si le sport contribue au bon entretien de la forme physique, il faut néanmoins s'assurer avant toute pratique d'une absence de contre-indication. Consultez un médecin, spécialiste de votre activité, au minimum une fois par an.

La délivrance d'une licence par la Fédération de plongée est liée à la présentation d'un certificat médical de non-contre-indication à la pratique de la plongée sous-marine. La FFESSM, par l'intermédiaire de sa Commission médicale nationale, a établi un livret médical qu'il est possible de se procurer auprès des clubs. Individuel et confidentiel, il renferme tous les antécédents médicaux et les résultats des tests effectués.

Les assurances considèrent les activités subaquatiques comme des pratiques de haute technicité, au même titre que le parachutisme, les sports motorisés, aériens, etc. Elles n'établissent leurs contrats de protection que sur présentation d'un certificat médical.

• **Pour la plongée de loisir (niveaux I, II, III) :** un examen annuel suffit. Mais attention, sa validité expire en fin d'année civile avec celle de la licence. Même s'il peut être fait par le médecin de famille, il est préférable de confier cet examen à un médecin fédéral de plongée ou titulaire d'un diplôme de médecine du sport ou de médecine de plongée professionnelle.

En France, le décret du 27 mai 1977 par arrêté du 11 juin 1979 prévoit la délivrance d'un "certificat de non-contre-indication" de la pratique sportive de compétition.

Notez qu'aucun certificat médical n'est exigé pour le baptême ou la pratique de la plongée libre (sans scaphandre).

• **Pour les brevets de capacité, d'encadrement ou d'enseignement :** le certificat médical de non-contre-indication doit être impérativement délivré par un médecin fédéral de plongée ou titulaire du CES (Certificat d'études spécialisées) de médecine du sport.

• **Le déroulement de l'examen médical :** il commence par un dialogue avec le médecin pour définir d'éventuels antécédents personnels ou familiaux (accidents antérieurs de plongée, maladies congénitales, comportement, allergies, etc.).

Une appréciation morphologique est effectuée (mensurations, poids, musculature). Elle est suivie par un examen oto-rhino-laryngologique indispensable (état de la gorge, absence de douleurs au niveau des sinus, contrôle des tympans, vérification de la cloison nasale et de la bonne audition, etc.). Vient ensuite un examen de l'appareil respiratoire avec vérification de la capacité pulmonaire. Si besoin est, le praticien réalise un examen cardio-vasculaire (électrocardiogramme au repos, tests d'aptitude à l'effort selon les cas, etc.). D'autres examens peuvent être réalisés (digestif, ophtalmologique, neuromusculaire...).

S'il existe de nombreuses contre-indications théoriques à la pratique de la plongée, sachez que seuls les médecins sont habilités à décider la délivrance ou non d'un certificat. Chaque personne est un cas particulier.

Si vous êtes suivi pour l'un des cas de contre-indication énoncés ici, consultez un médecin spécialiste à la fois de votre problème et de la plongée avant de décider dans quelles conditions vous pouvez ou non plonger. Nombreuses sont les personnes qui ont effectué cette démarche et continuent à pratiquer leur sport favori sans problème, avec un suivi médical et des limites d'activité adaptées en fonction de leur niveau de pratique et de leur âge.

Notre conseil : *le certificat délivré par un médecin fédéral de plongée est toujours préférable, car ce dernier tiendra compte dans son examen des particularités spécifiques que requiert l'activité subaquatique, trop souvent méconnues des médecins généralistes non plongeurs. Les certificats qu'ils établissent se réfèrent simplement aux activités normales terrestres.*

Les contre-indications

La liste des contre-indications qui suit n'est ni définitive ni exhaustive. Elle vous est donnée à titre d'information. Seul votre médecin est habilité à prendre une décision.

CONTRE-INDICATIONS DÉFINITIVES : elles sont liées à des maladies graves ou des affections entravant franchement la pratique de la plongée.

• **Appareil cardio-vasculaire (cœur et vaisseaux sanguins) :**
Cardiomyopathies, phlébites profondes, ulcères variqueux, anévrismes, artérite, valvulopathie, sujets porteurs de pacemaker, infarctus du myocarde, sujets opérés avec pontage, insuffisance coronarienne, embolie pulmonaire, etc.

• **Appareil respiratoire :**
Asthme évolutif, sténoses bronchiques, emphysème, dilatation des bronches, tuberculose, tumeurs pulmonaires, lobectomie, pneumothorax, séquelles de thoracotomie, tumeurs pleurales.

• **Affections ORL :**
Surdité totale unilatérale, déficit de plus de 30 db sur une oreille ; perte supérieure à 50 db dans la zone de 6 000 Hz à l'audiogramme ; otospongiose ; syndrome vertigineux d'origine vestibulaire ; cholesteatome, suppuration chronique de l'oreille, sinusite chronique.

• **Problèmes neuropsychiatriques :**
Épilepsie, maladies neuromusculaires dégénératives, pathologie de la moelle épinière, troubles neurovégétatifs importants, psychoses évoluées, névroses structurées.

• **Problèmes ophtalmologiques (vue) :**
Glaucome, décollement rétinien.

• **Maladies endocriniennes :**
Diabète insulino-dépendant.

• **Problèmes locomoteurs :**
Ostéonécrose articulaire.

• **Attention :** toute la grossesse est une contre-indication absolue.

CONTRE-INDICATIONS TEMPORAIRES : elles sont liées à des affections passagères qui peuvent être guéries.

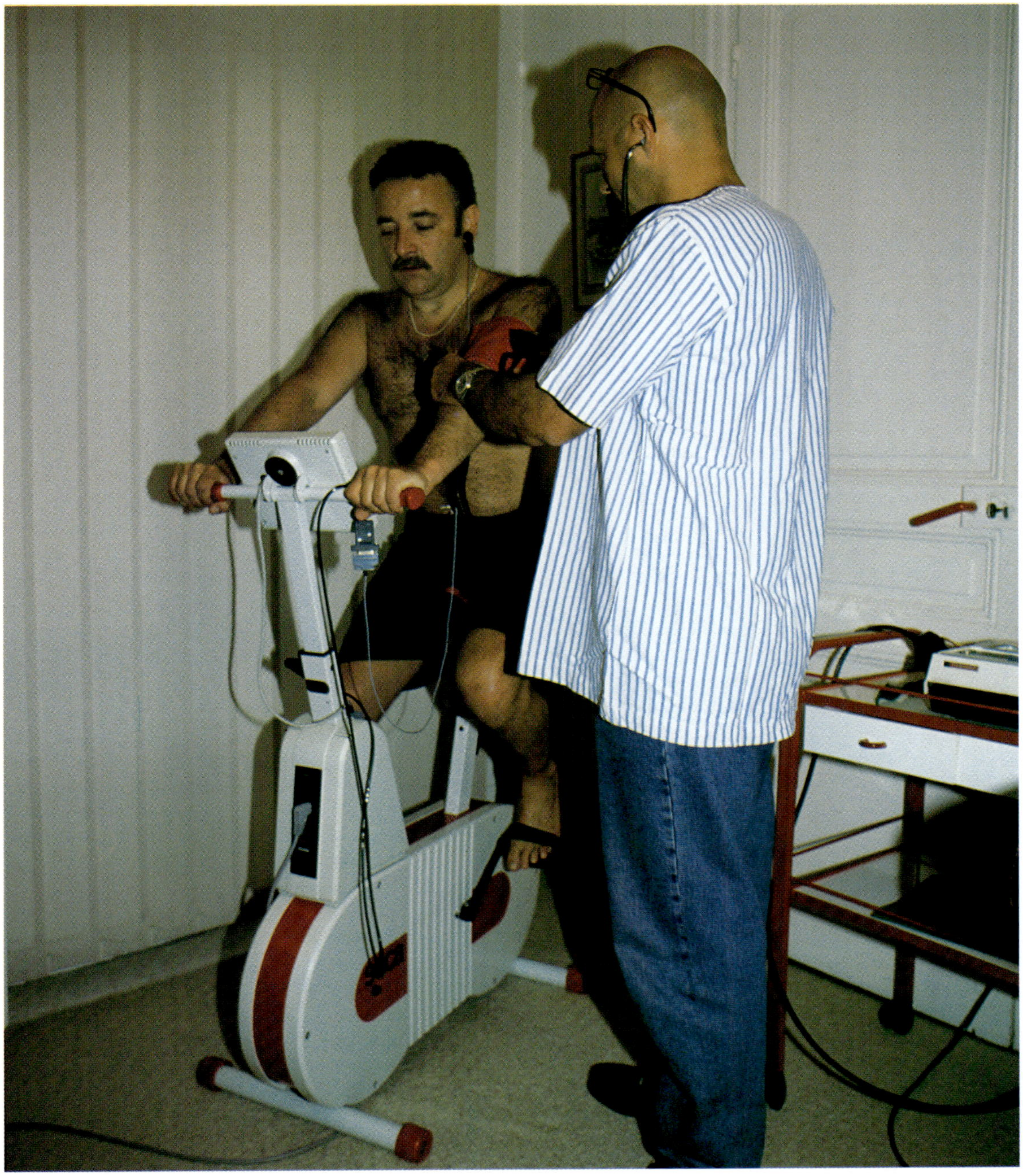

Une visite médicale annuelle s'impose pour tout plongeur, de préférence chez un médecin fédéral qui effectuera un contrôle complet et des tests appropriés à la pratique de la plongée.

- **Appareil cardio-vasculaire :**
  Troubles du rythme cardiaque non permanents, poussée de rhumatismes articulaires aigus, péricardite, endocardite, thrombophlébite.
  La prise d'anticoagulants n'est pas une contre-indication absolue à la plongée, mais la maladie ayant nécessité leur prescription en est souvent une.
- **Appareil respiratoire :**
  Bronchite, pneumonie, pleurésie, etc.
- **Affections ORL :**
  Toute pathologie aiguë infectieuse, inflammatoire ou allergique ; perforation du tympan, surdité brusque, vertiges ou sensations vertigineuses, troubles de la perméabilité tubaire (oreilles qui ne passent pas).
- **Problèmes neuropsychiatriques :**
  États dépressifs avec prise d'anxiolytiques et d'antidépresseurs, petit traumatisme crânien, état spasmophile.
- **Problèmes ophtalmologiques :**
  Tous phénomènes infectieux, inflammatoires ou allergiques de l'œil.
- **Problèmes locomoteurs :**
  Lombo-sciatique, hernie discale, poussée de rhumatismes inflammatoires.

Notre conseil : *ne cachez jamais au médecin qui vous examinera la vérité sur vos antécédents médicaux. Il ne peut engager sa responsabilité qu'à partir des renseignements dont il dispose. Il y va de votre santé et de votre intérêt.*

Les facteurs aggravants

Dans l'exercice de la plongée, l'âge, le froid, la mauvaise alimentation, la prise de certains médicaments, l'abus d'alcool et de tabac, le manque d'entraînement physique, les plongées répétées sans période de repos, l'obésité, les antécédents d'accidents de plongée, les antécédents médicaux, la mauvaise condition physique, la fatigue, la déshydratation, etc., sont des facteurs potentiels de risques dont il faut tenir compte.

Les facteurs de risques

Certaines conditions dues à l'état physique du plongeur ou à des facteurs extérieurs peuvent être propices à un accident. Ne vous forcez donc jamais à plonger !

Une plongée réussie doit se dérouler dans un environnement favorable, un climat de confiance et de sérénité et une sensation de bien-être physique. Si pour une raison quelconque vous ne vous sentez pas bien, n'hésitez jamais à faire le signe correspondant et à alerter le guide de palanquée.

• **La fatigue, dormez bien :** évitez de plonger tout de suite après un long voyage ou si vous subissez l'influence d'un décalage horaire. La fatigue due à un manque de sommeil, à des efforts intenses (physiques ou intellectuels), rend la plongée pénible et peut conduire à un accident. Commencez par vous reposer un jour ou deux au début de vos vacances pour décompresser. La plongée vous paraîtra beaucoup plus agréable ensuite.

• **Les problèmes digestifs, régime sportif :** évitez les repas lourds et gras avant la plongée : féculents, sauces, gâteaux et tout ce qui est difficile à digérer engendrent un état de semi-somnolence et d'inconfort, incompatible avec le bon déroulement de ce sport. Cette remarque vaut également dans le cas d'une absorption importante d'alcool.

• **L'insolation, un peu d'ombre :** l'exposition prolongée au soleil avant la plongée est tout à fait déconseillée en raison des risques d'hydrocution (choc thermique brutal) et de l'augmentation du phénomène de déshydratation. Un coup de chaleur peut entraîner des maux de tête et une sensation de malaise qui font absolument déconseiller la plongée.

• **Le mal de mer, les oreilles déboussolées :** selon les individus, le corps demande plus ou moins de temps pour s'habituer aux déséquilibres provoqués par les mouvements de la mer. C'est l'oreille interne qui régit ces problèmes. Les personnes les plus longues à s'amariner sont atteintes du mal de mer dont les manifestations bien connues sont les contractions abdominales et les vomissements. Physiquement, ceux qui en souffrent sont affaiblis. Contrairement à certaines idées reçues, la sensation de malaise ne s'améliore pas une fois immergé et parfois même augmente (palier à - 3 m en fin de plongée). Mieux vaut donc se résoudre à ne pas plonger. La prise de médicaments spécifiques (antinaupatiques) pour remédier à cette douleur a tendance à provoquer une somnolence assez néfaste pour les plongeurs. De plus, elle accroît la sensibilité au gaz carbonique (risque d'essoufflement) et prédispose à la narcose.

• **Le stress, bonjour l'angoisse :** grand mal de ce siècle, le stress - ou angoisse - a des origines multiples et variées. Toutes les personnes ne sont pas touchées de la même manière ni avec la même intensité. Sournois, difficile à percevoir pour un non-spécialiste, le stress entraîne une tension mentale et physique. Il est donc possible de le déceler dans certaines attitudes (notamment la contraction fréquente des muscles). Toutes manifestations inhabituelles de la part d'un individu (rires nerveux, paroles incessantes, mutisme, nervosité, irritabilité, etc.) sont signes de stress. Il est important que le comportement du guide de palanquée incite l'ensemble du groupe à avoir confiance. Des hésitations permanentes, une succession d'ordres et de contre-ordres, des explications incohérentes peuvent être source d'angoisse chez les plus inexpérimentés.

• **La peur, face à l'inconnu :** le milieu marin a toujours stimulé l'imagination des humains. Il est normal qu'un plongeur débutant se sente mal à l'aise à la perspective de visiter une épave, d'effectuer une plongée profonde ou de nuit, d'explorer une grotte, de plonger dans du courant, de rencontrer des requins, etc. L'important est de dédramatiser à tout moment les conditions de plongée, de valoriser l'endroit qui va être visité, de décrire et de commenter les rencontres possibles, d'indiquer un comportement à adopter, etc. Un guide de palanquée ne doit en aucun cas forcer un plongeur à participer à l'exploration.

• **La nervosité, ça m'excite :** un état d'excitation peut se traduire par un comportement trop vif et une débauche d'énergie risquant de conduire à l'essoufflement. De plus, une personne trop nerveuse peut déclencher chez les autres plongeurs de la palanquée une sensation de malaise. Il est important de savoir décontracter chacun avant la mise à l'eau et d'assurer en permanence une surveillance et un contrôle des autres au fond.

Notre conseil : *toute indisposition organique (mal de tête, règles douloureuses par exemple) modifie les conditions physiologiques de base et, de ce fait, augmente les risques en plongée. Chaque facteur pris séparément ne suffit généralement pas à provoquer un accident. En revanche, l'association de deux ou trois peut être déterminante.*

Les accidents dus au froid

Le corps humain se refroidit beaucoup plus vite dans l'eau que dans l'air. La perte de calories importante accroît la sensation de fatigue. Il est nécessaire de prendre certaines précautions si vous plongez en eaux froides afin de maintenir la température centrale.

Comme tous les êtres à sang chaud, l'homme régule lui-même la température de son corps en équilibrant les pertes caloriques et la production de chaleur. C'est la thermorégulation. Dans le corps, le transfert de chaleur s'effectue par conduction (chaque tissu réchauffant celui qui se trouve à côté de lui) et par convection (le sang jouant le rôle de transporteur de chaleur).

L'eau froide peut déclencher un phénomène de choc thermodifférentiel (hydrocution) qui peut conduire à la noyade. En plongée, la sensation de froid accroît les difficultés et diminue l'attrait de l'exploration. Les possibilités physiques se trouvent réduites du fait de l'impression de fatigue. L'organisme compense ses pertes caloriques par une forte combustion d'oxygène, ce qui dans le même temps accroît la production de gaz carbonique. La consommation d'air des bouteilles est plus forte et les risques d'essoufflement augmentent.

Si la sensation de froid se prolonge, la température du corps s'abaisse, provoquant une sorte de tor-

Page ci-contre
La plongée sous la glace est une féerie avec l'impression de découvrir un monde rare, presque irréel. Un équipement bien adapté est indispensable pour se protéger du froid.

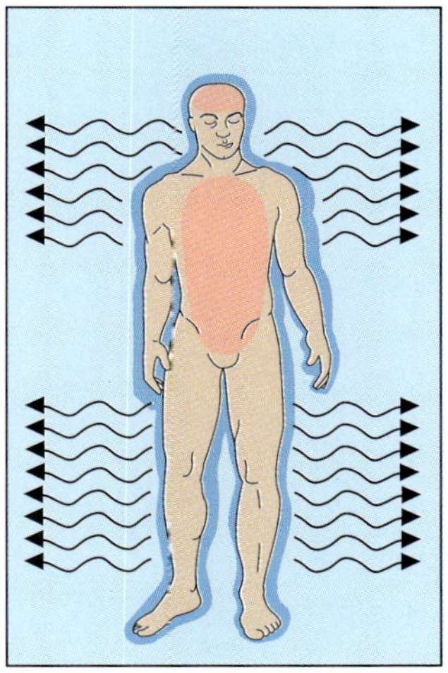

Température centrale et températures périphériques

Pour lutter contre le froid, l'organisme va, dans un premier temps, procéder à une redistribution du volume sanguin en favorisant les parties centrales et le cerveau (zone rose du dessin). Les extrémités (doigts de pieds et mains) ainsi que la peau deviennent pâles. Dans un second temps, le corps, dans un sursaut, produit de la chaleur (zone bleu foncé du dessin). Il va puiser dans ses réserves (alimentaires et oxygène) en les transformant en énergie, donc en chaleur.
C'est à cet instant que chair de poule, frissons, tremblements, claquements des dents surgissent. Si la déperdition se poursuit, la température centrale va s'abaisser et le corps sera en état d'hypothermie.

peur, proche de la narcose, tout à fait grave et dangereuse en profondeur.

Pour l'éviter, le plongeur doit s'équiper d'une combinaison isothermique, adaptée à la température de l'eau. Portez obligatoirement une cagoule quand l'eau est en dessous de 20 °C, cela protège le bulbe rachidien.

• Les manifestations du froid : frissons

C'est la peau qui transmet les premières sensations de fraîcheur avec la chair de poule suivie de frissons. Puis la température centrale s'abaisse. Il y a hypothermie quand on descend sous les 35 °C. On ressent un engourdissement des membres, une oppression respiratoire et un fort mal de tête. Les muscles se contractent et l'on risque des crampes. Si la déperdition calorifique se poursuit, l'organisme va cesser de lutter. Il peut s'ensuivre une syncope, puis la noyade.

Il est important de sortir rapidement de l'eau et de se réchauffer dans les meilleurs délais. N'oubliez pas que la sensibilité au froid varie beaucoup d'une personne à l'autre. Adaptez votre combinaison à votre gré, afin de bénéficier d'un maximum de confort. Un petit gilet en néoprène de 3 mm, porté comme sous-vêtement sous la combinaison, assure une protection supplémentaire. Pour les mains et les pieds, les gants et les chaussons s'imposent. Dans cet esprit, en eau très froide, pensez à utiliser plus souvent les vêtements secs qui sont vraiment très agréables.

Notre conseil : *un repas léger, mais calorifique, est conseillé avant la plongée en eau froide. Il doit notamment être riche en sucres. Prévoyez obligatoirement des boissons chaudes pour le réconfort après la plongée. Mais, dans tous les cas, évitez l'alcool qui ne procure qu'une sensation de chaleur artificielle.*

EFFETS SUR L'ORGANISME DE LA VARIATION DE LA TEMPÉRATURE CENTRALE
37° température du corps : température centrale du corps.
34° : tremblements et réflexes désordonnés.
32° : impotence et gêne des mouvements. Faibles réactions aux stimuli extérieurs.
27° : centres cardio-respiratoires perturbés et absence de réactions aux stimuli extérieurs.
25° : arrêt des réflexes autonomes. Arrêt cardio-respiratoire. Mort clinique.

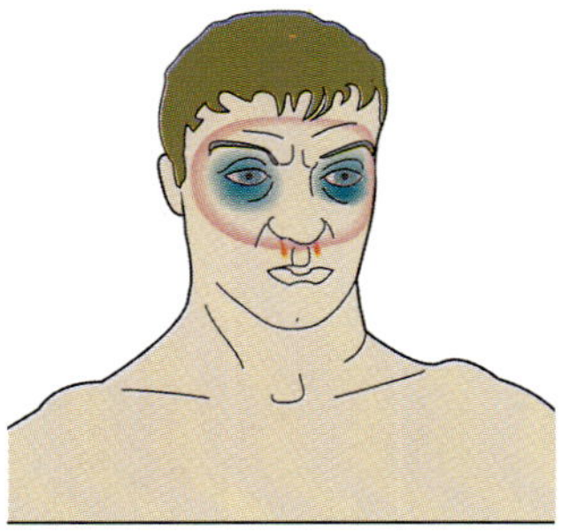

Placage du masque

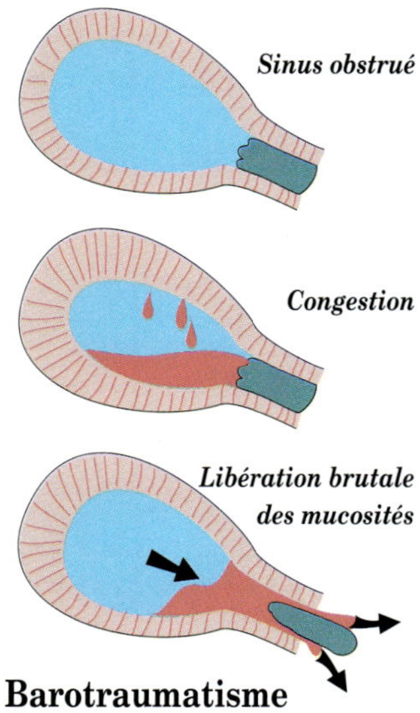

Barotraumatisme du sinus

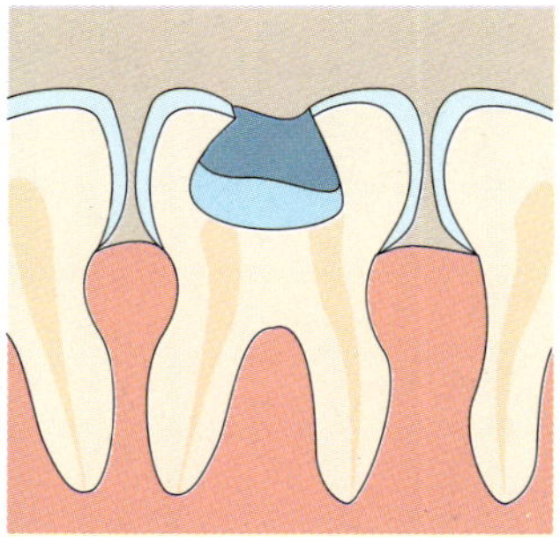

Barotraumatisme dentaire

Les problèmes résultant d'un placage du masque sont souvent spectaculaires mais sans gravité.

L'obstruction des sinus entraîne une douleur vive lors de la descente. Les muqueuses se congestionnent. Les mucosités se libèrent, entraînant une douleur vive, accompagnée de saignements de nez.

Une dent creuse peut laisser passer de l'air lors de la descente. À la remontée, l'air emprisonné se dilate. Il en découle une vive douleur.

LES BAROTRAUMATISMES

Quand une différence de pression se produit entre le milieu ambiant et les diverses cavités du corps, des lésions organiques peuvent apparaître. Ce sont les barotraumatismes.

Le terme barotraumatisme vient du grec (*baros* = pression, *trauma* = lésion). Un barotraumatisme se produit indifféremment à la descente ou à la remontée, si l'équilibrage des pressions n'est pas obtenu. C'est une conséquence de la loi de Mariotte.

Le placage du masque : soufflez

Cet accident bénin survient à la descente, aussi bien en apnée qu'en scaphandre. L'air à la pression atmosphérique emprisonné à l'intérieur du masque à la surface subit au cours de la descente une augmentation de la pression extérieure. Il se comprime, provoquant l'écrasement de la vitre du masque sur le visage du plongeur et un effet de ventouse. Il en résulte des hémorragies nasales (épistaxis) et l'éclatement des petits vaisseaux sanguins des yeux. Dans certains cas, des "hématomes en lunettes" peuvent apparaître.

• **La prévention :** pendant toute la descente, soufflez par le nez pour équilibrer naturellement la pression à l'intérieur du masque.

• **Le traitement :** en cas d'hémorragies conjonctivales importantes, consultez rapidement un ophtalmologiste. Pour les saignements de nez, penchez la tête vers l'avant en comprimant fortement la narine qui saigne.

Notre conseil : *adaptez bien le masque à la morphologie de votre visage. Évitez les modèles à trop faible volume si vous êtes sujet à des saignements de nez fréquents.*

Les sinus : mouchez

Si les orifices de communication avec le pharynx sont obstrués (rhume, polypes par exemple), la circulation de l'air à l'intérieur des sinus va être gênée. Des problèmes peuvent apparaître, à la descente ou à la remontée, aussi bien en apnée qu'en plongée avec scaphandre. Ils sont provoqués par la différence de pression qui existe entre le milieu ambiant et l'intérieur des sinus. L'équilibre ne peut se faire. Une douleur assez vive se manifeste au niveau du front ou des mâchoires supérieures.

• **La prévention :** si le mal apparaît au cours de la descente, stoppez immédiatement et remontez. Si le problème a lieu pendant la remontée, ralentissez afin de permettre une lente évacuation de l'air en excès. Ne plongez jamais en cas de fort rhume ou de sinusite.

• **Le traitement :** calmez la douleur par la prise d'un produit anti-inflammatoire. Une consultation chez un oto-rhino-laryngologiste est conseillée. Dans certains cas, une intervention chirurgicale pourra même s'imposer.

Notre conseil : *ne vous alarmez pas si vous constatez la présence d'un peu de sang ou de mucosités dans le masque. L'expansion de l'air provoque un "ramonage" naturel des sinus. La présence de sang est due à la rupture de petits capillaires fragiles, très sensibles aux variations de pression.*

Les dents : plombez

Ce type d'incident s'apparente à celui des sinus. Il se produit uniquement sur des dents présentant des cavités (carie dentaire, faiblesse d'un plombage...).

Lors de la descente, la pression augmente et de l'air pénètre dans la cavité. À la remontée, l'air prisonnier se détend et cherche à s'échapper tout en comprimant le nerf. La douleur est souvent très violente. Il y a risque de fissure, d'éclatement de la dent et expulsion de l'obturation (plombage).

• **La prévention :** ralentissez la remontée de manière à permettre l'échappement de l'air en douceur.

• **Le traitement :** consultez un dentiste.

Notre conseil : *procédez à une vérification annuelle des dents avant la saison de plongée. Observez une hygiène dentaire suivie.*

Les oreilles : poussez

L'eau qui envahit l'oreille externe lors de l'immersion voit sa pression augmenter avec la profondeur. La force s'exerce sur le tympan avec une intensité de plus en plus forte. Cette membrane souple s'incurve vers l'intérieur, la pression ambiante étant plus forte que celle résidant dans l'oreille moyenne. Ce phénomène est ressenti par le plongeur en apnée ou en scaphandre lors de la descente.

Si l'équilibrage des oreilles ne se réalise pas par l'ouverture de la trompe d'Eustache (communication entre l'oreille moyenne et l'oropharynx), il y a risque de rupture des tympans. La fissure provoque l'entrée de l'eau dans l'oreille moyenne et interne. Une douleur suraiguë se fait sentir qui peut entraîner une syncope. Il y a perte d'équilibre et du sens de l'orientation par atteinte du système vestibulaire. Le plongeur peut tourner sur lui-même de manière désordonnée et ne plus parvenir à se diriger. La pathologie de l'oreille (audition ou équilibre) représente statistiquement 75 % des accidents de plongée répertoriés.

À la remontée, la pression extérieure baisse et l'air résidant à l'intérieur de l'oreille moyenne s'échappe de manière naturelle par la trompe d'Eustache. Celle-ci peut toutefois être obstruée. Dans ce cas, le phénomène est inverse du précédent. Le tympan est repoussé vers l'extérieur. Les conséquences sont similaires, pouvant aller jusqu'à une atteinte définitive des centres de l'équilibre.

• **La prévention :** il faut équilibrer régulièrement (on dit souvent "faire passer les oreilles") pendant la descente uniquement. Pour cela, plusieurs manœuvres sont possibles :

• **Valsalva :** pincez le nez, fermez la bouche et soufflez par le nez. Vous provoquez ainsi une hyperpression dans les voies respiratoires, qui entraîne l'ouverture de la trompe d'Eustache.

• **Frenzel :** déglutissez, tout en plaquant la langue contre le palais et en émettant le son "ke" !

• **BTV :** c'est la "béance tubaire volontaire" du docteur Delonca. Cette méthode est considérée comme la meilleure, car il n'y a pas d'hyperpression. Elle nécessite une bonne pratique préalable puisqu'elle repose sur des mouvements du pharynx provoqués par un bâillement, bouche presque fermée.

• **Toynbee : un cas à part :** cette manœuvre, qui

1

1 - La manœuvre de Valsalva permet d'équilibrer les pressions de part et d'autre du tympan.

2 - Ce signe, non conventionnel, signifie : "Je n'arrive pas à faire passer mes oreilles".

s'effectue uniquement à la remontée, est à l'inverse de la méthode de Valsalva. Bouche fermée, nez pincé, déglutissez. L'air de l'oreille moyenne est aspiré, ce qui permet l'ouverture de la trompe d'Eustache.

• **Le traitement :** si vous ressentez une douleur dans l'oreille lors de la descente, n'insistez pas. Remontez légèrement et recommencez les différentes manœuvres de compensation. Si les oreilles ne passent pas, arrêtez la plongée.

En cas de déchirure du tympan, consultez obligatoirement un oto-rhino-laryngologiste.

Notre conseil : *n'effectuez jamais une manœuvre de Valsalva durant un palier. Il y a risque de faire passer des bulles d'azote dans la circulation pouvant provoquer un accident de décompression.*

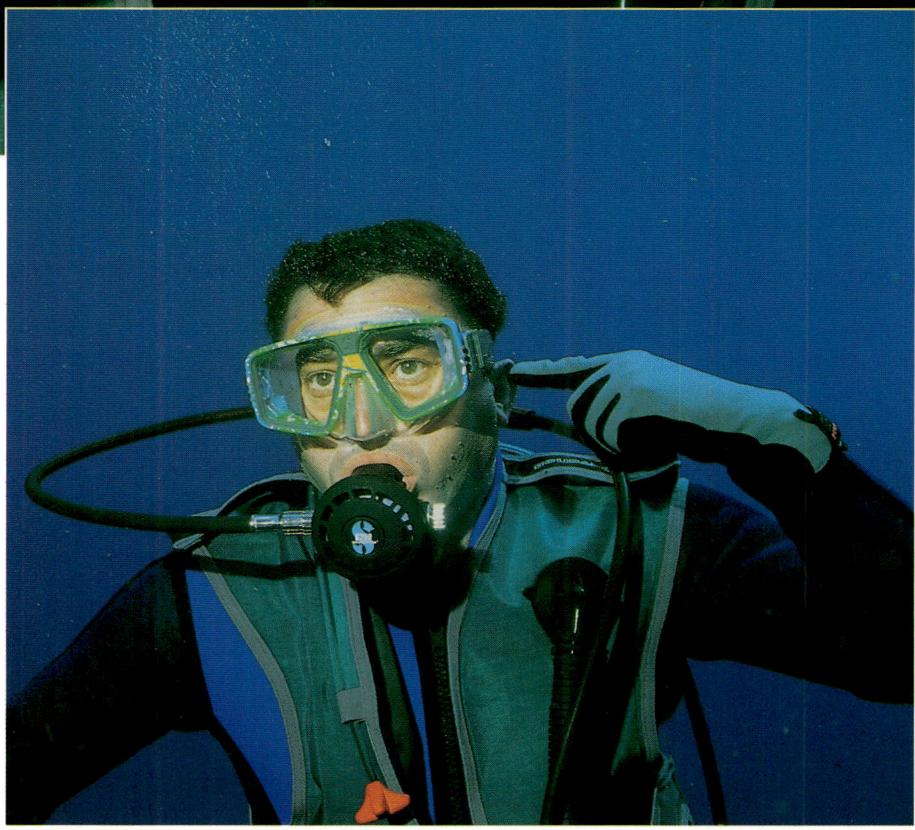

2

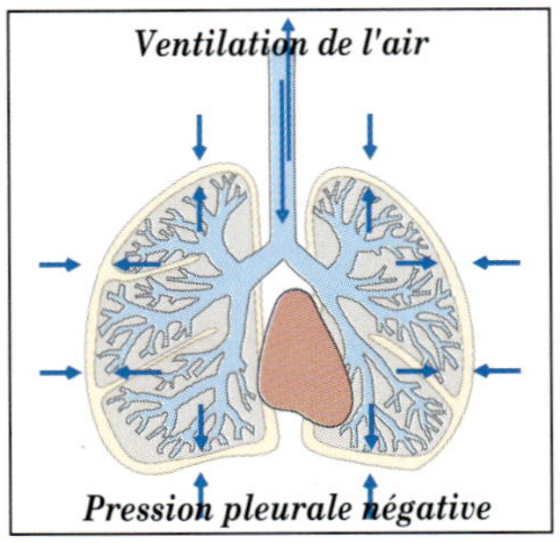

1

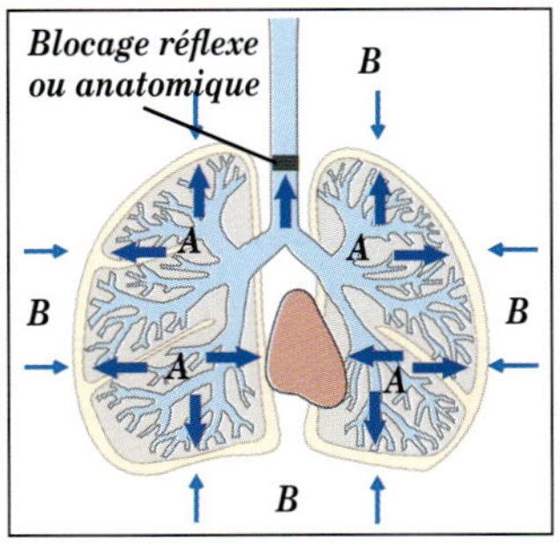

2

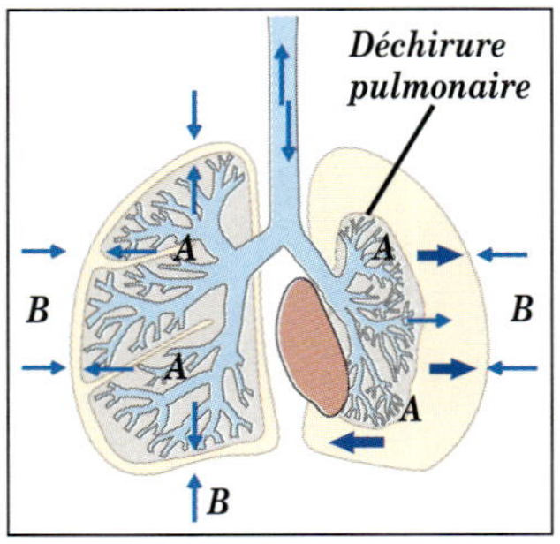

3

1 - Les poumons en état de fonctionnement normal : ventilation de l'air.

2 - Mécanisme de la surpression pulmonaire : l'air contenu dans les poumons ne pouvant s'échapper librement (blocage) va distendre les alvéoles pulmonaires jusqu'à leur limite de rupture.

3 - Conséquenses de la surpression pulmonaire : Déchirure pulmonaire : pneumothorax. Entrée d'air dans la circulation sanguine : embolie gazeuse.

A. Air en surpression
B. Air à la pression ambiante

La surpression pulmonaire : expirez

C'est le plus grave des accidents de plongée et l'issue en est souvent mortelle. La surpression pulmonaire survient toujours à la remontée et uniquement en plongée avec scaphandre.

Grâce à son détendeur, le plongeur respire de l'air à la pression ambiante. À la remontée, l'air contenu dans ses poumons se détend (conséquence de la loi de Mariotte) et augmente de volume. Si cet air ne peut s'échapper naturellement par les voies respiratoires, il va distendre les alvéoles pulmonaires. Ces dernières risquent de se déchirer. Il y a passage de l'air dans les vaisseaux pulmonaires. Les lésions sont souvent irréversibles : œdème pulmonaire, pneumothorax (air infiltré entre les deux feuillets de la plèvre), emphysème sous-cutané (air sous la peau, le plus souvent autour du cou), compression du cœur par diffusion d'air (emphysème médiastinal), embolie gazeuse cérébrale.

La surpression pulmonaire peut survenir à la suite d'un blocage réflexe de la respiration (spasme glottique) consécutif à un stress induit par un incident de plongée. C'est souvent le cas chez les anxieux qui, par crainte de manque d'air, se bloquent, ne pensant qu'à regagner la surface. Elle peut également se produire lorsqu'un plongeur en apnée se fait ravitailler en air par un scaphandrier. Lors de la remontée, il se trouve dans les conditions d'un plongeur en bouteille. S'il ne pense pas à expirer, il risque la surpression pulmonaire.

D'autres causes anatomiques ou pathologiques, comme les bronches à clapet ou les bouchons muqueux à l'occasion d'une bronchite, peuvent entraîner une surpression pulmonaire.

Les symptômes sont les suivants : difficulté à respirer, sensation d'oppression, suffocation, douleur thoracique... Une toux apparaît, souvent accompagnée de spume sanglante (mélange de salive et de sang). Le sujet peut être en état de détresse circulatoire aiguë à cause des hémorragies alvéolaires. L'embolie gazeuse peut provoquer une atteinte neurologique, le plus souvent hémiplégie (paralysie de la moitié du corps). Puis survient le coma.

• **La prévention :** ne bloquez jamais votre respiration pendant la remontée, obligez-vous à expirer. Maîtrisez parfaitement les exercices de remontée en expiration, remontée à deux sur un embout et remontée rapide avec le gilet de stabilisation.

• **Le traitement :** trois cas sont à considérer ; dans chacun d'eux, alertez systématiquement les services de secours et le caisson hyperbare le plus proche.

- **Si le sujet respire,** faites-lui inhaler de l'oxygène pur à une pression normobare avec un débit de 10 litres/mn.
- **Si le sujet ne respire pas,** insufflez de l'oxygène pur à une pression normobare avec un débit de 15 litres/mn.
- **Si le sujet ne respire pas et se trouve en arrêt cardiaque,** effectuez une ventilation artificielle (bouche-à-bouche ou insufflation d'oxygène) associée à un massage cardiaque externe.

Un accident de décompression peut accompagné d'une surpression pulmonaire (remontée rapide et absence de paliers). Il faut le traiter le cas échéant (voir pages 168 à 171). Notez alors tous les paramètres de la plongée. Évacuez l'accidenté le plus rapidement possible vers un centre hyperbare. Pendant tout le temps du transport, traitez la détresse circulatoire aiguë. Allongez la victime dans la position qui lui est la plus confortable possible, tout en facilitant la circulation du sang (de préférence sur le dos, tête basse, jambes surélevées). Réchauffez le malade en le recouvrant d'une couverture. Ne lui donnez pas à boire. Surveillez constamment son pouls, sa tension artérielle et son état de conscience.

Notre conseil : *lors d'une remontée à deux sur un embout, pensez à expirer pendant le temps où vous vous trouvez en apnée. En cas de sauvetage, vérifiez si l'accidenté expire. Dans le cas contraire, exercez une pression des doigts sous les côtes. Lors d'une remontée au gilet, expirez normalement, surtout dans les derniers mètres (plus particulièrement entre -10 m et la surface, le volume d'air passant du simple au double). Évitez de pratiquer l'exercice de remontée sans embout. Un manque d'air en fin d'ascension peut provoquer un blocage de l'expiration.*

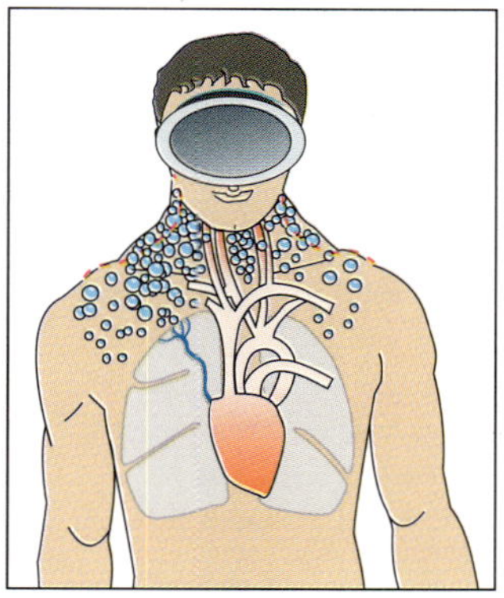

Une autre conséquence de la surpression pulmonaire : l'emphysème sous-cutané avec perturbation de la circulation sanguine.

Il est indispensable de bien expirer pendant la remontée afin d'éviter tout risque de surpression pulmonaire. Dans tous les cas, la maîtrise de soi est un élément de sécurité primordial.

La surpression digestive : évacuez !

Appelé également "colique des scaphandriers", ce problème survient surtout à la remontée. Une fermentation dans le tube digestif ou de l'aérophagie sont à l'origine de cet accident. Les gaz contenus subissent une variation de volume à la remontée et doivent être évacués par des voies naturelles. Ceux en excès, qui restent dans le corps, peuvent engendrer une distension du tube digestif et des intestins qui peut aller parfois jusqu'à la déchirure.

• **La prévention :** respectez une bonne hygiène alimentaire en évitant de consommer des farineux (haricots, pain, etc.) ou certains légumes (choux divers, salsifis, artichauts, etc.) avant la plongée.

Aux premiers symptômes (ballonnements, éructations, douleurs abdominales fortes), ralentissez fortement la vitesse de remontée.

• **Le traitement :** vous pouvez prendre des antispasmodiques à effet rapide. Le cas échéant, l'accidenté doit être dirigé vers un centre hospitalier.

Notre conseil : *pas de boisson gazeuse avant la plongée. Si vous avez fait un bon repas, attendez la complète digestion avant de plonger (environ 3 heures). Évitez les féculents.*

La remontée en ballon : purgez

Ce problème touche surtout les plongeurs qui utilisent des vêtements étanches. Ces derniers sont gonflés au fond pour éviter le placage sur le corps et assurer une bonne isothermie. Ils sont munis de soupapes qui permettent l'évacuation de l'air lors de la remontée. Lorsqu'elles fonctionnent mal, le vêtement se gonfle et se rigidifie, et le plongeur ne peut plus y accéder manuellement. Sous l'effet de la poussée d'Archimède, il se met à remonter rapidement. Il y a dépassement de la vitesse normale et risque d'accident de décompression, voire de surpression pulmonaire. De plus, la remontée étant incontrôlable, le plongeur peut heurter un obstacle en surface.

• **La prévention :** vérifiez le bon fonctionnement du matériel avant de plonger et assurez son bon entretien. Avec ce type de vêtement, remontez toujours le long du mouillage.

• **Le traitement :** respectez la procédure en cas de surpression pulmonaire ou d'accident de décompression.

Notre conseil : *l'utilisation des vêtements étanches demande un apprentissage préalable. Pour arriver à purger sans utiliser la soupape, tendez un bras vers le haut, tout en ouvrant le manchon d'étanchéité en glissant un doigt à l'intérieur...*

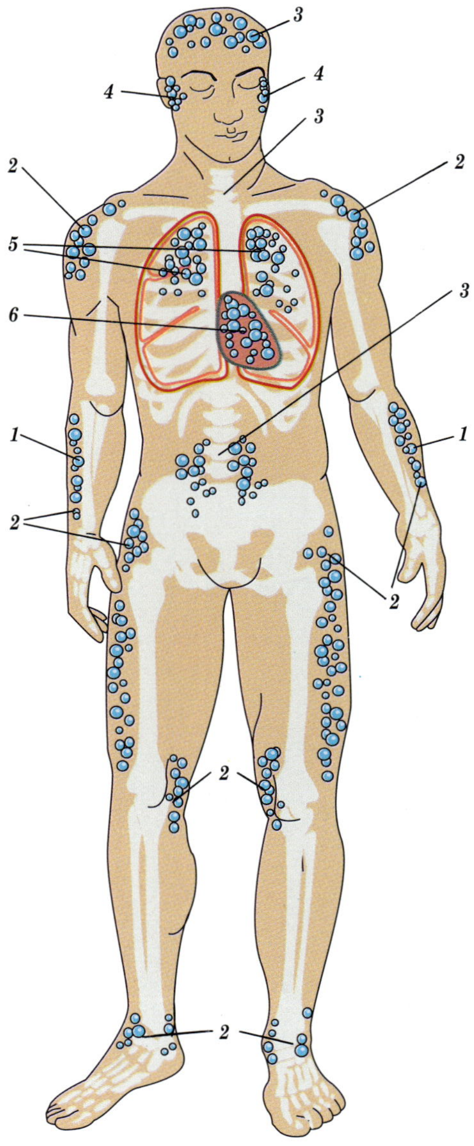

Localisation des accidents de décompression

1 - Réactions cutanées : puces et moutons.
2 - Douleurs ostéo-articulaires et musculaires : bends.
3 - Accidents neurologiques.
4 - Troubles de l'oreille interne.
5 - Troubles respiratoires.
6 - Troubles cardiaques.

LES ACCIDENTS DE DÉCOMPRESSION

Le non-respect des tables de plongée ou de la vitesse de remontée prédispose à la formation anarchique de bulles d'azote dans le corps. C'est ce que l'on appelle l'accident de décompression.

Les accidents de décompression surviennent toujours pendant ou après la remontée, lors d'une plongée en scaphandre autonome. Le mécanisme de l'accident de décompression découle directement de la loi de Henry.

Pendant la plongée, les gaz comprimés que l'on respire vont se dissoudre progressivement dans les tissus. Lors du retour vers la surface, ceux-ci vont se trouver en sursaturation par rapport au milieu ambiant et il y a donc formation de microbulles qui sont naturellement éliminées par le filtre pulmonaire si la remontée est normale. En revanche, si l'on dépasse les possibilités d'épuration pulmonaire, les bulles peuvent s'accumuler dans certaines régions du corps et entraîner de ce fait des troubles très importants. C'est le cas lors de remontées trop rapides.

La non-observation des paliers entraîne également des accidents de décompression. En effet, leur but consiste à maintenir le coefficient de sursaturation au-dessous de sa valeur critique, par une élimination progressive de l'azote dissous durant la descente et le séjour au fond.

Les symptômes : des fourmis partout

Les accidents de décompression se produisent généralement après le retour en surface avec cependant un certain temps de latence.

99 % surviennent dans les 6 heures suivant la remontée. La moitié d'entre eux a lieu dans la première demi-heure. 85 % des accidents arrivent en moins d'une heure. Il existe des cas plus tardifs allant jusqu'à 12 heures après la plongée.

Les accidents de décompression prennent des aspects extrêmement variés. Toutefois, on peut les diviser en deux grands groupes pour les identifier rapidement :

• Les bulles d'azote naissent sur place dans les tissus. On constate alors :

- LES ACCIDENTS CUTANÉS que l'on pourrait plutôt nommer des incidents. Il s'agit de démangeaisons localisées ou généralisées, liées à la formation de bulles sous la peau (puces) ou des éruptions papulo-maculeuses en forme de boursouflures (moutons).

- LES DOULEURS ARTICULAIRES sont appelées "bends". Violentes et intenses, elles représentent 30 % des cas et apparaissent peu de temps après le retour en surface. Les bends touchent en ordre de fréquence décroissant : l'épaule, le genou, la hanche, le poignet et la cheville. Cette douleur résiste aux antalgiques mais disparaît assez rapidement lors de la recompression. La guérison est sans séquelles. Si ces douleurs ne sont pas traités, elles s'estompent spontanément au bout de 24 à 48 heures. Cependant, la récidive est presque inévitable et peut entraîner de très graves nécroses osseuses.

• Les bulles d'azote sont entraînées par le sang. Elles bloquent alors la circulation à distance, provoquant :

- LES ACCIDENTS NEUROLOGIQUES qui concernent statistiquement 65 % des accidents de décompression. Ils sont toujours très graves en raison de leur localisation et des désordres qui les accompagnent. Ces symptômes doivent vous alerter :

• Une sensation de fatigue intense, disproportionnée aux efforts effectués.

• Une douleur vive au niveau du rachis ou à la ceinture.

• Des fourmillements ou picotements sur les membres inférieurs (paresthésie) et parfois paraplégie (paralysie de la moitié inférieure du corps), voire monoplégie (paralysie isolée d'un membre) ou encore tétraplégie (paralysie des quatre membres).

Devant l'apparition d'un ou plusieurs de ces signes, un traitement spécifique doit être mis en route en attendant d'évacuer l'accidenté vers un caisson de décompression.

On constate aussi :

• Des troubles de l'oreille interne qui se traduisent par des vertiges plus ou moins intenses, associés parfois à des vomissements ou à une surdité brutale. Ces problèmes surviennent après la remontée et ne doivent pas être mis au compte du mal de mer. Ils sont assimilables aux accidents neurologiques et doivent être traités de la même manière.

• Des troubles respiratoires sont dus à la formation importante de bulles au niveau de la circulation pulmonaire. Ils entraînent une difficulté à respirer avec sensation d'oppression (dyspnée) pouvant aller jusqu'à la grande détresse respiratoire. L'apparition de ces problèmes doit faire éliminer le diagnostic de surpression pulmonaire et son éventuel pneumothorax.

Plus rarement, en cas d'accident de décompression, des douleurs thoraciques d'origine cardiaque sont constatées.

Notre conseil : *si vous avez le moindre doute quant aux symptômes concernant un accident de plongée, ne le prenez surtout pas à la légère et administrez les premiers soins préconisés pour l'accident de décompression (voir page suivante). Mieux vaut toujours être prudent et prévenant en la matière.*

MIEUX VAUT PRÉVENIR QUE GUÉRIR

Pour éviter les risques d'un accident de décompression, respectez les points suivants : conformez-vous scrupuleusement aux indications des tables et à la vitesse de remontée. N'effectuez jamais de manœuvre de Valsalva pendant un palier de décompression. Ne pratiquez aucun exercice d'apnée après une plongée en scaphandre. Évitez de plonger si vous vous sentez fatigué. N'effectuez pas d'effort trop violent après une plongée. Les abus d'alcool et de tabac sont aussi des facteurs nocifs car ils fatiguent l'organisme. Buvez beaucoup d'eau après la plongée et ne restez pas en plein soleil.

L'exploration des sites les plus passionnants, comme certaines épaves par exemple, ne doit jamais vous faire oublier le contrôle régulier des paramètres de la plongée. Un moment d'inattention, le non-respect du temps passé et vous risquez l'accident de décompression.

MESSAGE D'URGENCE

En cas d'accident de plongée, c'est le signal d'urgence (PAN - PAN) qui doit être utilisé et non pas le signal de détresse (MAY-DAY).

Communiquez de la façon suivante sur le canal 16 :

Avant de passer votre message, assurez-vous que la voie est libre et qu'aucune communication n'est en cours. Les appels au CROSS peuvent également se faire directement sur les canaux 11 ou 13.

. Répétez trois fois PAN-PAN (prononcez panne-panne) ;

. Ici "nom de votre bateau" (à répéter 3 fois) ;

.Répétez le nom de votre bateau et donnez sa position ;

. Décrivez la nature de l'accident (en précisant accident de plongée) ;

. Faites état des secours demandés (caisson, SAMU, pompiers...) ;

. Précisez l'endroit où vous vous rendez (port, plage, ponton) et du temps de navigation estimé. Le cas échéant, demandez des renseignements ou des conseils d'ordre médical.

Dans le cas présumé d'un accident de décompression, faites respirer de l'oxygène au plongeur après l'avoir allongé. Dans le même temps, passez un message d'urgence (PAN - PAN) sur le canal 16.

LE TRAITEMENT DE L'ACCIDENT DE DÉCOMPRESSION

Dès les premières manifestations d'un ou plusieurs signes annonçant un accident de décompression, il est important d'agir vite et avec méthode. De votre efficacité dépend le sort du malade.

Surtout ne vous affolez pas, même si la situation vous paraît grave. Gardez calme et sang-froid, soyez rassurant pour le malade. Procédez de la manière suivante en n'omettant aucune des étapes :

• **Allongez la victime :** dans une position légèrement déclive (tête en bas) et confortable.

• **Faites respirer de l'oxygène :** procédez à l'inhalation ou à l'insufflation (en cas de troubles respiratoires) d'oxygène pur à un débit de 15 litres/mn (normobare). La réserve d'oxygène doit être suffisante pour assurer tout le traitement pendant la durée totale du transport.

• **Faites boire l'accidenté :** à la dose de 1 litre d'eau plate à l'heure, mais uniquement s'il est conscient.

• **Donnez de l'aspirine :** si l'accidenté n'y est pas allergique, faites-lui absorber un sachet d'Aspegic 500 ou de Catalgine 500 ou 0,5 g d'aspirine (pH 8) par 24 heures, dilué dans de l'eau plate.

Dans le cas d'une détresse respiratoire ou circulatoire, agissez en conséquence.

• **Prévenez les secours :** si vous êtes en mer, appelez le CROSS (Centre régional opérationnel de secours et de sauvetage) par VHF ou radiotéléphone, sur le canal 16, en appliquant la procédure d'urgence (voir encadré). Si un téléphone est accessible, appelez le 15 (SAMU - Service d'aide médicale d'urgence). Il contactera le caisson de décompression le plus proche. Il y a interconnection entre les différents services - SAMU, sapeurs-pompiers, police et CROSS. Si vous ne disposez pas d'un matériel de communication, ralliez dans les meilleurs délais le port le plus proche.

Si lors du trajet de retour, vous croisez un bateau mieux équipé, demandez-lui de prévenir les secours. À défaut de tout, utilisez les signaux optiques et sonores, miroirs, fusées rouges, etc.

• **L'évacuation de l'accidenté :** est effectuée par le SAMU en priorité vers un centre médical équipé d'un caisson hyperbare. Dans tous les cas, notez tous les renseignements propres à la plongée : profondeur, temps, heure de remontée, etc. ; ces éléments seront précieux pour les médecins.

Si l'accident a lieu en piscine, procédez ainsi : alertez les pompiers (en composant le 18) ou le SAMU (15), donnez la raison de l'appel (accident de plongée à la piscine de...), précisez le nom et l'adresse de la piscine, donnez le numéro de téléphone d'où vous appelez, déclinez votre identité, détachez une personne à l'entrée de la piscine pour l'accueil des secours.

1

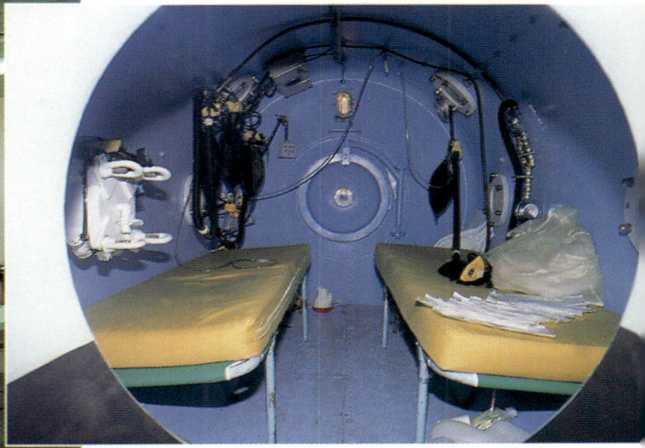

2

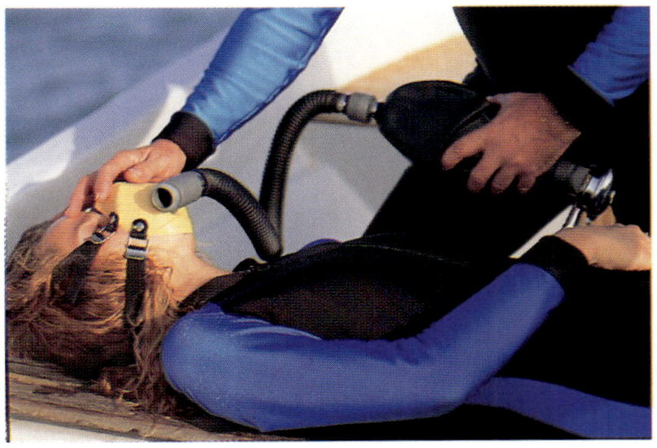

3

4

Savoir communiquer

Le code maritime impose des règles précises dans la procédure des messages. En cas de problème, on utilise toujours le canal 16 (156,8 MHz).

• *Message de détresse (MAYDAY)*

On le transmet lorsqu'un bateau demande une aide immédiate car il est en très grave danger. Procédez comme suit :

- signal MAYDAY (3 fois) ;
- nom du bateau ;
- position du bateau ;
- origine et nature de la détresse ;
- aide et secours demandés ;
- intentions.

• *Message d'urgence (PAN-PAN)*

On le transmet pour la sécurité d'un bateau, d'un avion ou d'une personne. Procédez comme suit :

- Signal PAN-PAN (3 fois), puis les mêmes phases que celles décrites précédemment.

• *Message de sécurité (SÉCURITÉ)*

Il précède toujours un message destiné à la sécurité de la navigation, notamment d'ordre météorologique.

- signal SÉCURITÉ (3 fois) ;
- nom du bateau ou de la station émettrice ;
- position du navire ou localisation de la station ;
- renseignements spécifiques.

• *Message normal*

Bien qu'en principe cela soit interdit, on utilise le canal 16 pour joindre un correspondant. Dès que ce dernier a répondu, on évacue sur une autre voie. Procédez ainsi :

- nom de la station appelée (3 fois) ;
- ici "nom du bateau qui appelle" (3 fois) ;
- après réponse, évacuez sur une voie libre d'un commun accord.

1 - Les accidents de décompression sont traités en recomprimant le plongeur accidenté dans un caisson hyperbare.

2 - Vue intérieure d'un caisson à deux places.

3 - L'insufflation de l'oxygène pur (normobare) s'efffectue à un débit de 15 litres par minute. Cela permet de combattre le dégazage d'azote.

4 - Faites boire l'accidenté à la dose de 1 litre à l'heure et donnez-lui de l'aspirine. Cela lui permet de faire face à la déshydratation. L'effet anti agrégant de l'aspirine au niveau sanguin évite la formation de caillots.

LE DANGER DU CO

Le monoxyde de carbone (CO) est un gaz incolore, inodore et insipide dégagé notamment par les moteurs thermiques des compresseurs et des bateaux. En plongée, sa présence est dangereuse car il se fixe 300 fois plus vite que l'oxygène à l'hémoglobine du sang. Il gêne le transport de celui-ci vers les cellules. Privé de son gaz vital, l'organisme réagit par des vertiges, maux de tête et un état de faiblesse général qui peut conduire à l'évanouissement. Le traitement consiste à insuffler de l'oxygène pur. De plus, l'air contenant peu de CO en surface et n'entraînant que peu de risque sera mortel en immersion car l'effet toxique dépend de la pression partielle de ce gaz et augmente donc avec la profondeur.

À BOUT DE SOUFFLE

À n'importe quel moment de la plongée, vous pouvez être sujet à un essoufflement. Il se produit surtout après un effort physique ou est dû à un stress (différence thermique, poussée d'anxiété, etc.). Cet accident est fréquent et beaucoup moins bénin qu'il n'y paraît, et ses conséquences peuvent être graves si l'on n'y fait pas face immédiatement.

L'essoufflement est un incident sournois dû à l'augmentation de la pression partielle de gaz carbonique (CO_2) dans le sang, qui provoque une stimulation de la fonction respiratoire.

Dans des conditions normales, la quantité de gaz carbonique contenue dans le sang est stable. Il y a équilibre entre le CO_2 produit par les muscles et celui rejeté par les poumons.

Lors de l'effort musculaire, la quantité de gaz carbonique produite augmente. L'organisme s'y adapte en augmentant la ventilation (rapidité, amplitude). Toutefois, si la production de gaz carbonique est très importante, l'augmentation du rythme respiratoire est telle que les volumes expirés sont de plus en plus faibles. On entre alors dans le cercle vicieux de l'essoufflement : plus on respire vite, moins on expire et moins le gaz carbonique est éliminé.

Le gaz carbonique est un déchet du métabolisme. Il doit être chassé du corps dès qu'il a été produit par les cellules. Le corps humain ne peut fonctionner correctement qu'avec une faible quantité de CO_2 (à la surface entre 0,03 % et 2 %). L'hypercapnie est un taux excédentaire de CO_2 dans le corps : il est toxique à partir de 3 à 4 % (Pp CO_2 0,03 bar à 0,04 bar). Il y a essoufflement lorsque le CO_2 est respiré à partir de 6 % (Pp CO_2 0,06 bar). Ce gaz est mortel au-delà de 9 % (Pp CO_2 0,09%).

Les facteurs d'essoufflement

Des causes multiples pouvant intervenir séparément ou simultanément sont à l'origine d'un essoufflement :

- **Le froid :** il ralentit le rythme respiratoire, ce qui provoque une expiration moindre et, par conséquent, une mauvaise élimination du CO_2.
- **L'émotion :** la peur, l'angoisse provoquent un dérèglement du rythme respiratoire du à l'émission importante d'adrénaline.
- **La faible condition physique :** elle entraîne une dépense d'énergie disproportionnée qui engendre une augmentation de la production de CO_2 dans la masse musculaire.
- **Les conditions de plongée :** un parcours trop long, la présence de courant, le travail au fond, un palmage trop rapide sont autant d'éléments qui prédisposent à l'essoufflement.

On distingue quatre degrés dans le déplacement en plongée : promenade (900 m/h) [la table de plongée MN 90 a été conçue sur cette base], moyen (1 500 m/h), important (1 800 m/h) et très intense (2 000 à 2 200 m/h).

- **Le matériel :** aussi perfectionné qu'il soit, le détendeur entraîne toujours une résistance propre à l'inertie de son mécanisme. Un détendeur mal réglé va nécessiter un effort excessif à l'inspiration.
- **L'air vicié :** si la prise d'air du compresseur est mal orientée (vers une zone d'air polluée), il y a risque d'intoxication par inhalation du gaz contenu dans la bouteille (à partir de 2 % de CO_2). Si le compresseur est mal entretenu et fonctionne mal, des vapeurs d'huile peuvent s'introduire dans la bouteille. L'air prend un goût caractéristique et désagréable. Les voies respiratoires peuvent être irritées, d'où un essoufflement.
- **Le mal de mer :** cette sensation de malaise a tendance à dérégler le rythme respiratoire et contribue à déclencher un début d'essoufflement.
- **La profondeur :** la pression partielle du CO_2 augmente au fur et à mesure de la descente, d'où une prédisposition à l'essoufflement. De plus, la masse volumique de l'air s'accroît avec la profondeur, les gaz respirés sont plus denses. En surface, 1 litre d'air pèse 1,293 g. À 40 m, il pèsera 6,46 g ! Cela explique la présence d'une molette de réglage du débit sur certains détendeurs.
- **L'effort avant la plongée :** un long déplacement au tuba en surface augmente la valeur résiduelle de CO_2 dans l'organisme. Au cours de la descente, la pression partielle s'accroît risquant de déclencher rapidement un essoufflement. Il en est de même après la plongée lors d'un retour en surface vers le bateau.

La respiration en plongée

Un plongeur peut être en situation d'essoufflement sans le manifester à son entourage. Une respiration haletante, mise en évidence par un dégagement de bulles excessif, le révèle cependant.

Maîtrisez avant tout votre respiration et veillez à la régularité de son rythme. C'est la meilleure façon d'éviter un essoufflement.

Dans le cadre d'une plongée d'exploration, les efforts sont limités. Le temps inspiratoire est légèrement supérieur au temps expiratoire. Le plongeur a simplement besoin de son volume courant (voir page 29). Cet équilibre est faible et il suffit de peu de chose pour le contrarier. Lors d'un effort, la quantité d'air ventilé doit être accrue. L'accélération du rythme et l'augmentation de l'amplitude des cycles respiratoires sont efficaces pour y parvenir.

Notre conseil : *lors de gros efforts ou d'une sensation de respiration pénible, provoquez des expirations forcées afin d'assurer une bonne élimination du CO_2. Cette procédure très valable est appelée couramment "l'expiration active".*

Les symptômes de l'essoufflement

Outre l'accélération du rythme respiratoire, l'essoufflement se traduit très vite par une sensation désagréable d'étouffement et de fatigue. Le cœur bat plus vite, nausées et mal de tête se font ressentir. Les risques d'accidents de décompression sont alors augmentés car le halètement accroît la quantité globale de gaz respiré et, par conséquent, dissous dans l'organisme (azote). Elle diminue l'élimination du CO_2, provoquant une augmentation partielle de ce gaz dans le sang, ce qui peut conduire à une syncope (0,7 bar de pression partielle).

La conduite à tenir

Dans tous les cas, mieux vaut prévenir que guérir. Vérifiez les points suivants :

- Lestez-vous correctement afin ne pas avoir à faire d'efforts inconsidérés pour équilibrer votre pesée.
- Économisez vos gestes, déplacez-vous lentement, évitez les mouvements brusques.
- N'effectuez des plongées profondes que si vous êtes bien entraîné.
- Méfiez-vous de la houle en surface et des vagues qui peuvent vous fatiguer. Descendez rapidement de quelques mètres le long du mouillage afin de récupérer dans une ambiance plus tranquille.
- En cas de courant, agrippez-vous au mouillage pour la descente.
- Pendant la plongée, surveillez votre rythme respiratoire. Toute accélération doit constituer une alerte. Dans ce cas, arrêtez de palmer et tenez-vous à un point fixe, reprenez le contrôle de votre respiration. Remontez sans tarder, la baisse de la pression partielle de CO_2 aura pour effet de diminuer le stimulus inspiratoire.

Notre conseil : *la vigilance s'impose face aux risques d'essoufflement, et l'expérience compte beaucoup. Le plongeur chevronné aura plus de facilité qu'un débutant à reprendre le bon rythme de sa respiration. Effectuez une apnée de contrôle entre deux inspirations pour vérifier que tout va bien. Quand l'arrêt respiratoire devient difficile, il y a tout lieu de craindre un début d'essoufflement. Dans tous les cas, pensez à allonger votre expiration... c'est votre meilleure garantie.*

Le signe : "je suis essoufflé" doit être interprété comme une alerte. L'essoufflement peut entraîner un problème plus grave. Dans un premier temps, calmez le plongeur essoufflé. Si le problème persiste, effectuez un signe : "on remonte".

Repousser l'ivresse

La narcose à l'azote présente l'inconvénient d'apparaître à des profondeurs assez faibles. Pour en repousser les limites, les plongeurs professionnels utilisent des mélanges gazeux artificiels où l'azote est, par exemple, remplacé par l'hélium, et la concentration d'oxygène diminuée. Dans ce cas, il est possible d'atteindre sans problème des profondeurs de l'ordre de 200 ou 300 m. Bien entendu, les contrôles des paramètres de plongée deviennent alors très complexes et nécessitent une assistance technique particulière. Des expériences réalisées par la Marine nationale et la Comex repoussent régulièrement les limites de l'incursion de l'homme vers les grandes profondeurs.

L'ivresse des profondeurs

Lors d'une plongée profonde, il arrive qu'une impression d'euphorie assez proche de l'ivresse se manifeste. Cette sensation étonnante peut s'avérer dangereuse si elle est incontrôlée.

Connu sous l'expression "ivresse des profondeurs", ce phénomène découle de l'effet narcotique des gaz inertes, mais son origine est encore incertaine. On admet qu'il s'agit d'une action sur le système nerveux du fait de l'augmentation de la pression partielle avec la profondeur.

La narcose à l'azote peut apparaître à partir de 30 m de profondeur, mais varie selon les individus, en fonction de la forme du moment, des conditions de plongée (visibilité, température, etc.) et du degré de maturité du plongeur. À partir de 60 m de profondeur (Pp N_2 = 5,6 bar), le seuil de début de narcose est atteint pour tous les plongeurs.

L'ivresse des profondeurs, légère euphorie assez comparable à la gaieté éthylique, croît avec la profondeur. Elle se dissipe instantanément après une remontée de quelques mètres, et ce sans aucun effet secondaire.

À des profondeurs plus importantes (50-60 m), la sensation de bien-être évolue vers un sentiment d'angoisse et de malaise. C'est un signal d'alarme important qui impose une remontée immédiate.

La narcose à l'azote se manifeste par des actes incontrôlés (embout enlevé, perte de l'orientation, comportement incohérent, arrachage du masque, indifférence vis-à-vis des autres plongeurs, etc.) qui peuvent souvent engendrer un accident de plongée (noyade, surpression pulmonaire, accident de décompression...).

Quelques conseils de prévention

Pour éviter de déclencher une narcose, limitez à 40 m la profondeur maximale de vos plongées. Toute incursion plus profonde nécessite une préparation méticuleuse et un bon niveau de compétences. C'est ce qui explique la limite de 40 m que s'imposent les clubs et les structures organisées dans la pratique de la plongée sportive et touristique.

Dans le cas d'un état de fatigue, d'un repos trop court, d'un long voyage, d'une forme physique moyenne, ne dépassez pas 30 m de profondeur.

Ne buvez pas d'alcool et ne prenez pas de médicaments avant la plongée. Si vous ne vous sentez pas bien, renoncez à plonger.

Bien entendu, chaque membre d'une palanquée doit être vigilant vis-à-vis de ses partenaires et exercer en permanence une surveillance.

Notre conseil : *l'entraînement recule le seuil de la narcose. Ne réalisez jamais une plongée profonde sans avoir plusieurs plongées d'accoutumance à votre actif. Il faut habituer le corps progressivement. Dès que des difficultés d'attention et de concentration (lectures répétées anormalement des paramètres de plongée : temps, profondeur, etc.) apparaissent, remontez. C'est plus sûr !*

Anoxie, hyperoxie

Gaz vital, l'oxygène doit être consommé par l'organisme selon certaines règles. S'il se raréfie et manque à l'organisme, c'est l'anoxie ; trop abondant, il devient toxique, c'est l'hyperoxie.

L'air atmosphérique contient 20,946 % d'oxygène (O_2), soit une pression partielle de 0,209 bar. Entre 0,17 et 0,21 bar, nous sommes en normoxie. Entre 0,12 et 0,17 bar, c'est l'hypoxie (manque d'oxygène). En dessous de 0,12 bar, c'est l'anoxie (raréfaction d'oxygène) qui peut se traduire par une syncope. À partir d'une pression partielle supérieure à 1,7 bar, c'est l'hyperoxie (présence excessive d'oxygène).

L'anoxie est une situation qui ne se rencontre en plongée que dans le cas d'un manque total d'air (apnée, défaillance du matériel, plongée professionnelle à l'oxygène pur par exemple). En revanche, l'hyperoxie n'est pas impossible en raison de l'augmentation de la pression partielle des gaz liée à la profondeur.

Un peu d'histoire

Paul Bert (1833-1886), physiologiste et homme politique français qui a réalisé de nombreux travaux sur les greffes et les transplantations, s'est aussi intéressé à l'action des différents gaz atmosphériques sur le comportement des êtres vivants. En 1873, il découvre les effets toxiques de l'oxygène sous pression sur l'organisme. Cette crise neurotoxique porte depuis son nom : effet Paul Bert. En 1772, Lavoisier avait déjà découvert l'atteinte pulmonaire chez l'animal, mais c'est J. Lorrain Smith qui l'étudia chez l'homme et mit en évidence, en 1897, le phénomène de l'intoxication pulmonaire à l'oxygène.

L'ivresse des profondeurs ou narcose à l'azote peut apparaître à partir d'une profondeur de - 30 m.

L'oxygène toxique

Quand sa pression partielle atteint ou dépasse 1,7 bar, l'oxygène pur présente un effet neurotoxique aigu (soit à partir de - 7 m de profondeur). Dans un mélange gazeux, on considère que l'hyperoxie apparaît à partir d'une pression partielle d'oxygène de 2 bar (soit une profondeur de 85 m environ). En plongée sportive, il est impensable d'atteindre une telle profondeur. Mais il suffirait qu'initialement on dispose d'un mélange suroxygéné pour risquer un accident grave à une profondeur nettement moindre (plongeurs professionnels, militaires et spéléologues par exemple).

L'intoxication aiguë à l'oxygène est appelée "effet Paul Bert". Crise neurotoxique, elle apparaît après une période plus ou moins longue selon les individus. Elle peut se manifester, sans préavis, sous forme de convulsions généralisées avec perte de connaissance brutale. Parfois, elle est précédée de signes annonciateurs : augmentation du rythme cardiaque, troubles visuels ou auditifs, contractures musculaires.

L'intoxication chronique ou "effet Lorrain-Smith" se caractérise par des inflammations pulmonaires et rénales après inhalation, pendant une longue période, d'oxygène à une pression partielle supérieure à 0,5 bar. On l'appelait jadis la pneumonie à l'oxygène. Elle concerne essentiellement les plongeurs professionnels qui travaillent régulièrement en hyperbarie.

Notre conseil : *restez toujours dans les limites des profondeurs normales de la plongée à l'air et vous n'aurez pas de problème. Il en va différemment des plongeurs professionnels constamment confrontés aux risques d'hyperoxie. Voilà pourquoi, en plongée profonde, ils utilisent des mélanges appauvris en oxygène.*

Depuis 1974, la législation française leur interdit l'exécution de paliers à l'oxygène pur au-dessous de 6 m de profondeur.

PLONGÉE PROFONDE : ATTENTION DANGER !

Les performances extraordinaires des champions de la plongée en apnée ont été exacerbées par le succès du film *Le Grand Bleu* de Luc Besson. Jacques Mayol, le héros, a été le premier à atteindre et dépasser les 100 m. En 1993, le record est détenu par le Cubain Pipin, avec 120 m. Ces exploits sont le fait de personnages d'exception, athlètes de haut niveau, parfaitement entraînés tant au plan mental que physique. La conquête des grandes profondeurs, avec son côté magique et mystérieux, tend à susciter des vocations irraisonnées. Mais attention - on ne le répétera jamais assez -, la plongée en apnée recèle de nombreux dangers qui vont croissant avec la profondeur et le temps passé. Si vous vous sentez une âme "d'homme-dauphin", veillez à pratiquer votre activité avec un encadrement compétent et dans les meilleures conditions de sécurité.

LES ACCIDENTS DE L'APNÉE

La pratique de l'apnée intensive ou profonde peut conduire à des accidents souvent très graves. Un bon conseil, n'effectuez jamais de plongée libre seul.

Qu'il s'agisse de pêche sous-marine ou d'une simple pratique d'agrément, l'évolution en apnée a un côté émotionnel indéniable. L'impression de liberté croît avec l'aisance et la performance. Mais la physiologie humaine est adaptée à la vie terrestre, et la prudence est de rigueur lors de toute incursion en arrêt respiratoire contrôlé. Dans tous les cas, n'essayez pas d'aller trop profond.

La physiologie de l'apnée

La quantité d'air inspiré en surface constitue la réserve vitale du plongeur en apnée. Elle est contenue dans les poumons qui subissent une diminution de volume sous l'effet de la pression. La cage thoracique représente un élément de résistance à la pression. Ses limites d'élasticité se réduisent aux faibles articulations des côtes, du sternum et de la colonne vertébrale. Par conséquent, la compression des poumons est loin d'être aussi importante qu'elle devrait l'être en théorie. Le volume thoracique minimal correspond au volume résiduel des poumons, une quantité d'air qu'il n'est pas possible d'expirer. C'est grâce au diaphragme, muscle très souple, que le volume d'air contenu dans les poumons peut diminuer plus qu'il ne le devrait en théorie. En effet, les viscères ont tendance à pousser le diaphragme dans la cavité thoracique sous l'effet de la pression.

Il y a bien sûr une limite. Si l'on poursuit la descente en profondeur, la pression pulmonaire devient inférieure à la pression ambiante. Le sang est retenu dans les poumons. Le cœur gauche se remplissant mal, une chute de la tension artérielle en résulte. Cela peut conduire à une anoxie avec syncope brutale. Au niveau des poumons, l'accumulation du sang provoque une congestion vasculaire qui peut entraîner un œdème aigu.

On estime que la pression interne des poumons est inférieure à la pression ambiante à partir de 20 m environ. Cette limite ne peut être dépassée que par des personnes bien entraînées, conscientes qu'une bonne pratique permet l'augmentation de la capacité vitale et la diminution du volume résiduel des poumons.

La durée de l'apnée est avant tout liée au psychisme de l'individu. L'arrêt de la respiration est un acte volontaire qui bloque les automatismes habituels. Toutefois, la volonté de l'être humain ne peut excéder un certain seuil. Quand l'excitation des réflexes respiratoires est trop grande (besoin d'air impératif), l'automatisme d'inspiration peut se déclencher de manière impromptue et involontaire. C'est le point de rupture de l'apnée. De l'eau pénètre dans l'appareil respiratoire, entraînant systématiquement la noyade.

Notre conseil : *entre deux plongées en apnée, il est important de rester en surface suffisamment longtemps afin d'éliminer le gaz carbonique en excès et d'assurer une bonne oxygénation du sang.*

Gare à l'imprudence

Les accidents de l'apnée ont des origines multiples et variées, mais dont le dénominateur commun demeure l'imprudence ou la méconnaissance de soi. La pratique régulière de l'apnée s'effectue selon une progression logique et il ne faut jamais chercher à dépasser ses limites. Un entraînement régulier et une bonne forme physique sont indispensables. N'effectuez jamais d'apnée si vous ne vous sentez pas en forme. Le côté psychique doit aussi être pris en compte, et le stress, l'énervement, la contrariété sont des contre-indications formelles.

N'oubliez pas que, dans l'eau, les pertes caloriques sont importantes. Pensez à consommer suffisamment de sucres. Ils seront rapidement brûlés par l'organisme. Ne négligez pas non plus l'absorption d'une grande quantité d'eau, un bon moyen pour éviter les crampes.

La syncope par hyperventilation

L'hyperventilation qui consiste à augmenter la cadence ou l'amplitude respiratoire pour faire baisser le taux de CO_2 dans le sang ne suroxygène pas l'organisme comme on le croit trop souvent. Effectuée de manière excessive, l'hyperventilation est source de fourmillements et même d'étourdis-

sements. En aucun cas, elle ne doit dépasser les 30 secondes.

Elle est souvent responsable d'une syncope anoxique provoquée par la diminution normale de l'oxygène sanguin par prolongation du temps d'apnée. En effet, le centre nerveux déclenchant la respiration n'est que peu sensible au manque d'oxygène mais l'est beaucoup au CO_2.

Il est ainsi possible d'atteindre le seuil d'anoxie sans ressentir le besoin de respirer. C'est la syncope brutale qui se produit aussi bien au fond que pendant la remontée. Dans le même temps, la pression partielle de CO_2 augmente, jusqu'à atteindre le niveau de déclenchement du réflexe inspiratoire. Il y a absorption d'eau, et c'est la noyade.

Le rendez-vous syncopal des 7 mètres

La descente en apnée s'effectue le plus souvent tête en bas. Lorsqu'il amorce sa remontée, le plongeur effectue un demi-tour qui a pour effet de diminuer le débit sanguin dans le cerveau, un facteur de prédisposition à la syncope. De plus, pendant la remontée, comme il est normal de diriger le regard vers la surface, l'apnéiste a tendance à tendre le cou. Le renflement de la carotide (sinus carotidien) est alors stimulé, ce qui favorise les risques de syncope instantanée.

Ces phénomènes, liés aux variations de pression partielle d'oxygène et de gaz carbonique, peuvent provoquer une syncope anoxique brutale dans la zone des 7 m pendant la remontée. C'est ce que le docteur Sciarli (médecin fédéral et conseiller scientifique de la FFESSM) a nommé "le rendez-vous syncopal des 7 mètres". Cet accident, toujours imprévisible, touche tous les individus, même au mieux de leur forme.

L'accident de décompression ou taravana

Même s'il est exceptionnel, l'accident de décompression peut arriver aux plongeurs en apnée. Il touche uniquement ceux qui descendent à des profondeurs importantes, à des fréquences régulières et sur une longue durée (pêcheurs sous-marins, pêcheurs de perles, etc.) Les intervalles respectés entre chaque immersion profonde (40-50 m) sont trop faibles pour permettre une désaturation complète. L'accumulation d'azote se fait progressivement jusqu'à atteindre la sursaturation critique. Cet accident a été observé dans les Tuamotu, en Polynésie, où il est désigné par le terme "taravana".

La pratique de l'apnée peut s'avérer dangereuse si elle n'est pas surveillée. Dans tous les cas, limitez-vous à des profondeurs raisonnables et ne préjugez pas de vos forces.

1

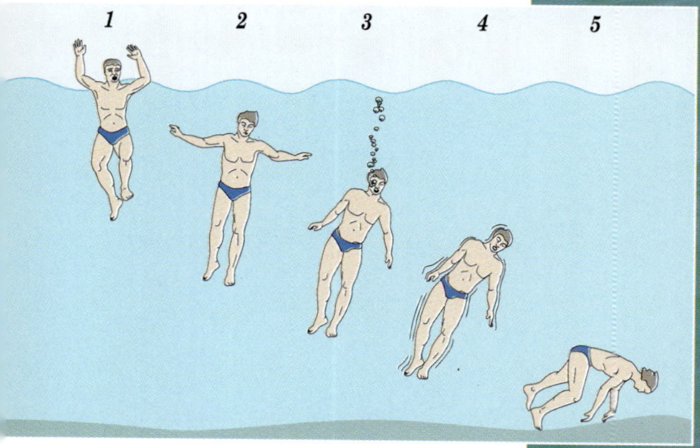

2

Les cinq phases de la noyade en surface :

1 - Agitations et appels au secours.
2 - Apnée réflexe.
3 - Reprise respiratoire.
4 - Convulsions asphyxiques.
5 - Arrêt respiratoire et circulatoire.

Photos 1 et 2
Lors du remorquage en surface d'un plongeur "noyé", la pratique du "bouche - tuba" peut s'avérer un moyen de secours fort efficace.

LA NOYADE

La noyade est une asphyxie aiguë par submersion, qu'il y ait ou non inondation broncho-alvéolaire (en effet, 10 % des noyés n'ont jamais d'eau dans les poumons). On compte environ 140 000 noyades dans le monde chaque année, dont 3 000 en France qui sont suivies d'un décés dans plus de la moitié des cas.

La plongée occupe une part minime dans le nombre des noyades répertoriées, et celles-ci arrivent toujours au terme d'un accident ou d'un incident. Elles constituent à elles seules une pathologie bien particulière. Il faut, en effet, distinguer la plongée en scaphandre de celle en apnée. Dans tous les cas, des troubles majeurs s'ensuivent.

Les causes de la noyade

Selon qu'elle se produit directement ou après un accident, la noyade relève de l'une ou l'autre des trois catégories suivantes.

• **La noyade primaire :** appelée aussi noyade primitive. C'est le fait d'avaler de l'eau en étant conscient. Elle touche le nageur non expérimenté ou épuisé, la personne qui ne sait pas nager et qui tombe à l'eau accidentellement.

• **La noyade secondaire :** elle est toujours consécutive à une perte de connaissance ou à une syncope un infarctus du myocarde, une crise de spasmophilie ou d'épilepsie, un état d'hypoglycémie... Elle peut aussi être d'origine traumatique (choc) ou liée à un choc thermodifférentiel (anciennement appelé hydrocution). La noyade "panique" entre également dans cette catégorie.

• **La noyade en plongée :** dans le cadre de l'apnée, on risque la noyade lors du rendez-vous syncopal des 7 m ou d'une syncope anoxique.

La noyade d'un plongeur en scaphandre est toujours grave car elle est souvent associée à un accident de décompression ou à une surpression pulmonaire. Une narcose à l'azote, un matériel défectueux, une intoxication par les gaz respirés peuvent également la provoquer.

Une réaction en chaîne

La noyade en surface se décompose en plusieurs étapes qui constituent une évolution croissante dans la gravité. Il est important de les connaître afin de pouvoir porter secours avec le maximum de rapidité.

• **L'agitation en surface :** c'est la première phase.

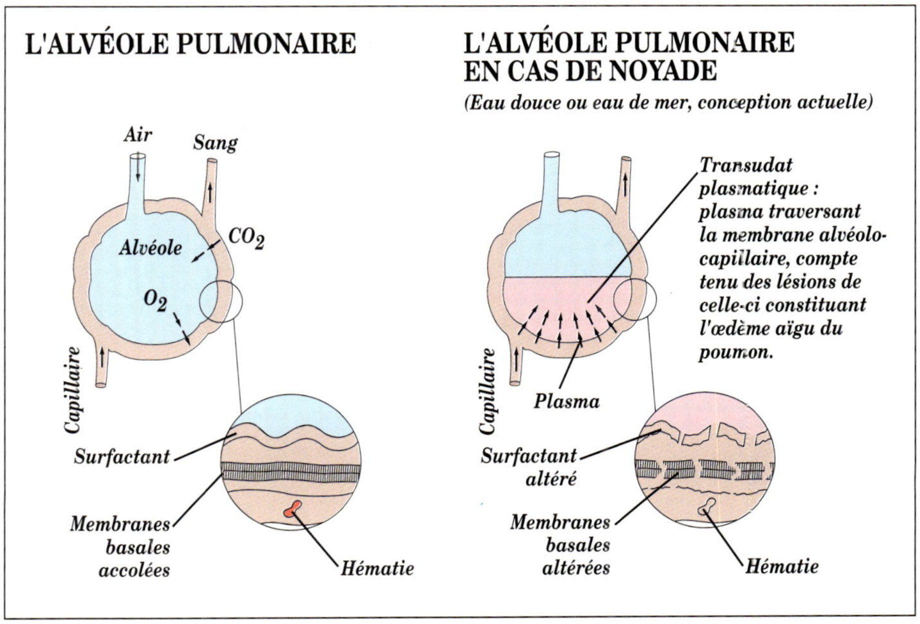

La personne se débat afin de maintenir la tête hors de l'eau. Petit à petit, elle s'épuise.

• **L'apnée réflexe :** la tête vient de s'immerger. La première réaction consiste à fermer la bouche et la glotte pour retenir sa respiration. Cette apnée dure de quelques secondes à quelques minutes suivant le degré d'épuisement et d'essoufflement.

• **La grande inspiration :** la pression partielle de CO_2 augmente dans de fortes proportions consécutivement à la dépense physique des phases précédentes. Il se produit une excitation du bulbe rachidien qui commande le réflexe inspiratoire. C'est à cet instant que l'eau pénètre dans le système respiratoire.

• **Les convulsions asphyxiques :** l'eau inonde l'appareil respiratoire, elle provoque des dégâts importants. La masse sanguine se concentre dans les alvéoles (œdème pulmonaire aigu). Le sang manque d'oxygène et sa composition se modifie. L'organisme réagit sous forme de tremblements des membres.

• **L'arrêt de la respiration :** la destruction des organes de la respiration entraîne une anoxie cérébrale. Le cerveau n'est plus irrigué normalement. Les troubles neurologiques qui en découlent aboutissent au coma.

Deux noyades différentes

On a longtemps séparé la noyade en eau douce de la noyade en eau de mer. Toutefois, des recherches récentes tendent à révéler que le processus est pratiquement le même, quelle que soit la nature du liquide inondant. L'œdème pulmonaire n'est pas dû à une augmentation du volume sanguin, mais à l'altération grave de la membrane alvéolaire et du surfactant. Toutefois, en eau chlorée (piscine par exemple) ou polluée, les chances de survie sont plus faibles car les lésions pulmonaires sont plus graves.

On distingue aujourd'hui deux types de noyades :

• **La noyade sans aspiration de liquide :** elle représente 10 % des décès par noyade et est consécutive à un spasme des voies respiratoires supérieures. L'air ne pénètre plus. Le manque d'oxygène entraîne une mort rapide.

• **La noyade avec aspiration de liquide :** le phénomène précédent se complique d'une absorption d'eau, qui envahit les bronches et les alvéoles pulmonaires, entraînant des lésions, voire la destruction de certains alvéoles.

Les chances de survie

Dans les deux cas de noyade, les chances de réanimation dépendent de la rapidité des secours. Le manque d'oxygène doit être aussi court que possible. Si les gestes de premiers secours sont rapides et bien faits, les chances de récupération sont certaines. Sinon, c'est la mort ou des séquelles assurées ! Toutefois, on a constaté que le froid protégeait efficacement le cerveau de l'anoxie. On estime entre 7 et 10 minutes le temps de submersion maximal permettant une espérance de réanimation dans le cas des noyades primaires. L'arrêt cardiaque intervient après 3 à 4 minutes. À température normale, en temps similaire, les lésions cérébrales sont irréversibles. En eau froide, certains noyés ont pu être réanimés après 45 minutes passées sous l'eau.

L'ALVÉOLE PULMONAIRE EN CAS DE NOYADE

(Conception ancienne)

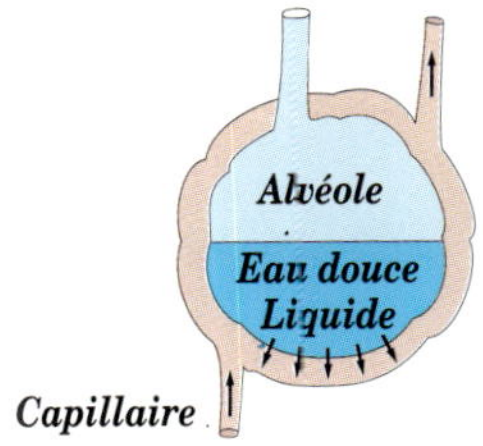

Résultat :

- Dilution et augmentation du volume sanguin (hémodilution, hypervolémie)
- Destruction des globules rouges (hémolyse)
- Diminution de la concentration en sel dans le sang (hyponatrémie)

Mg : magnésium
Na : sodium
Cl : chlore

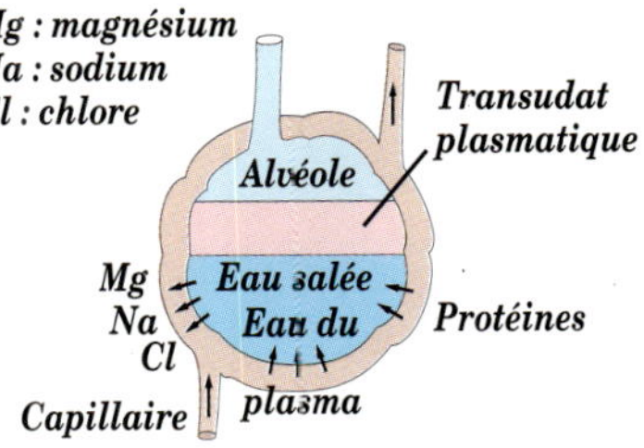

Résultat :

- Concentration du sang (hémoconcentration)
- Diminution du volume sanguin (hypovolémie)
- Chute de tension (collapsus)
- Diminution de la concentration des protéines sanguines (hypoprotéinémie)
- Augmentation de la concentration en sel du sang (hypernatrémie)

Les gestes qui sauvent

1 - Prise du pouls carotidien avec le bout des doigts.
2 - Bouche à bouche classique. La tête de la victime est maintenue en arrière afin de dégager les voies aériennes supérieures.
3 - Mise en place d'un masque d'insufflation pour une plus grande efficacité.
4 - Insufflation buccale avec le masque. Les doigts ceinturent le masque pour garantir son étanchéité sur le visage.
5 - Le point d'application de la pression sternale se situe au milieu du sternum.

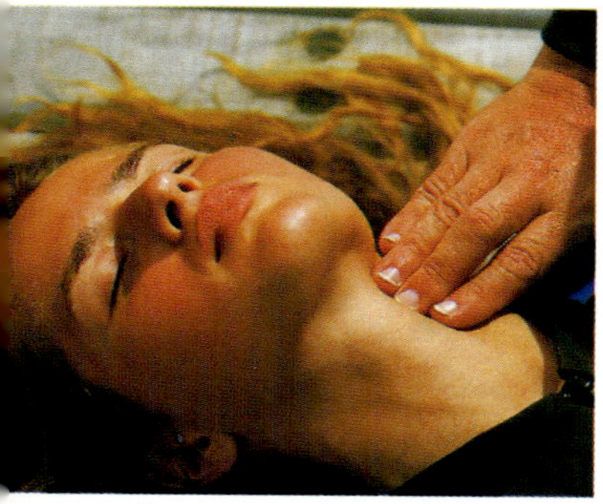
1

LES TECHNIQUES DE RÉANIMATION

Dans le cas d'un accident entraînant la perte de connaissance, l'arrêt respiratoire et circulatoire d'une personne, il importe d'intervenir dans les plus brefs délais avec un traitement d'urgence.

Dès l'instant où l'accidenté parvient en surface, une chaîne de réanimation ininterrompue doit se former, du lieu de l'accident jusqu'aux services hospitaliers La survie de la victime dépend de l'efficacité et de la rapidité de l'intervention. Le manque d'oxygène au niveau des cellules du cerveau entraîne rapidement des lésions graves, voire définitives. À ce stade d'urgence, il n'y a pas de distinction à faire entre eau douce, eau de mer ou piscine. La conduite à tenir lors des premiers soins est toujours la même. En priorité, insuffler de l'air par la technique du bouche-à-bouche (bouche-à-nez en cas d'impossibilité). Cette mesure est à débuter dès que possible, même dans l'eau (bouche-tuba par exemple).

• **Le bilan vital :** on vérifie en premier lieu l'état de conscience, la respiration et la circulation.

Après avoir allongé l'accidenté en position dorsale sur une surface dure (décubitus dorsal), posez une question simple : "Ça va ?", "Vous m'entendez ?", "Comment vous appelez-vous ?".

Donnez un ordre sur un ton agréable : donnez-moi la main ; ouvrez les yeux ; bougez un bras...

Si l'accidenté répond et réagit, il est conscient. C'est un point positif, mais vous devez poursuivre vos investigations.

La seconde étape consiste à dégager les voies aériennes de toute compression due aux vêtements ou à l'équipement. Retirez ou découpez la cagoule, ouvrez la combinaison, retirez la ceinture, etc.

Maintenez la tête de la victime et penchez-la vers l'arrière.

La vérification du contrôle de la respiration s'effectue en deux phases : regardez s'il y a des mouvements du ventre et de la cage thoracique, écoutez si des bruits de sifflements et de ronflements s'échappent de la bouche de l'accidenté. Pour cela, appliquez-y directement votre oreille.

Si le constat est négatif, faites immédiatement deux insufflations de bouche-à-bouche. Elles peuvent suffire à réenclencher le processus respiratoire (grâce au gaz carbonique présent dans l'air expiré qui agit sur le possible déclenchement du réflexe inspiratoire).

Appréciez l'état de la fonction circulatoire en prenant le pouls au niveau des carotides pendant 5 à 6 secondes au minimum. S'il n'y a pas de pouls, la victime se trouve en arrêt cardiaque.

Notre conseil : *agissez de manière précise et systématique en conservant calme et sang-froid. C'est important pour rassurer la victime et son entourage.*

• **Le bouche-à-bouche :** cette technique simple de réanimation peut permettre de sauver une vie humaine à l'occasion de n'importe quel accident. Procédez de la façon suivante :

Agenouillez-vous près du visage de la victime. Posez la main sur son front, tout en tenant sa tête doucement en arrière. De l'autre main, tenez le menton en le tirant en avant et vers le haut (surtout pas l'inverse). Pincez le nez avec le pouce et l'index de la

2

3

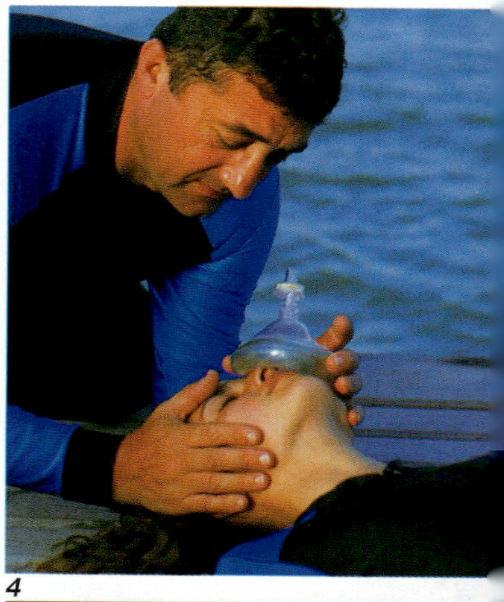

4

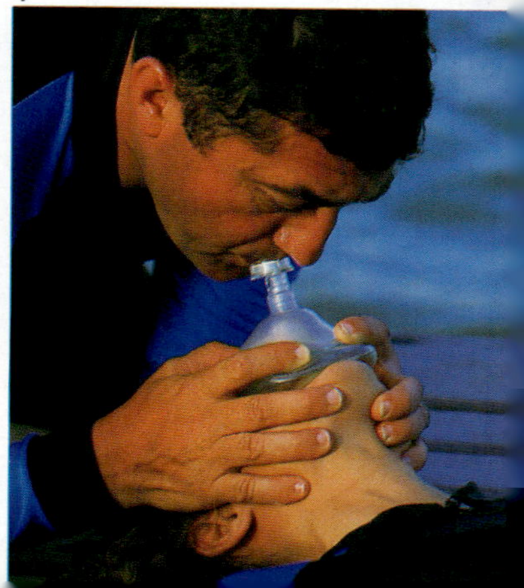

main posée sur le front. Après avoir inspiré normalement, appliquez votre bouche sur celle de l'accidenté en appuyant fortement pour éviter toute fuite. Insufflez l'air progressivement. Il faut que la poitrine de la victime se soulève. Profitez du temps d'expiration passive de la personne secourue pour reprendre votre souffle.

Pour des raisons d'hygiène, il existe des masques (appareils d'insufflation) qui englobent la bouche et le nez. Ils sont munis d'un clapet anti-retour qui protège le sauveteur des rejets que peut faire la victime. L'emploi de ces masques est vivement recommandé, car ils permettent une bonne économie d'efforts.

La fréquence des insufflations est de 12 à 15 par minute pour une personne adulte. Le volume d'air insufflé doit être de 0,6 à 1,2 litre à chaque fois. Le bouche-à-bouche cesse uniquement après la reprise normale de la respiration.

• **L'oxygénothérapie :** si vous disposez d'un matériel adéquat (bouteille d'oxygène sous pression, manomètre de détente, insufflateur et masque), utilisez-le pour remplacer le bouche-à-bouche. Le débit d'oxygène doit être réglé sur 15 litres par minute. C'est une méthode optimale car on fournit à l'accidenté uniquement du gaz vital (au lieu des 17 % donnés par le bouche-à-bouche et des 21 % des insufflateurs manuels).

• **Le massage cardiaque :** si vous constatez un arrêt du cœur, il faut pratiquer immédiatement le massage cardiaque externe, toujours en association avec un bouche-à-bouche.

Placez-vous à côté de la victime, les genoux contre son thorax. Déterminez le point de compression qui est situé au milieu du sternum. Posez la paume de la main précisément là. Placez la seconde main sur la première en entrecroisant les doigts. Conservez impérativement les bras bien tendus, c'est la seule manière d'obtenir une pression bien verticale. De 60 à 65 compressions réelles par minute, associées à 6 à 8 insufflations d'air, doivent être effectuées. En pratique, cela représente deux insufflations toutes les 15 compressions pour un sauveteur seul ou une insufflation et 5 pressions sternales quand il y a deux sauveteurs. Pour une bonne efficacité, les deux actions doivent s'effectuer aussi rapidement que possible en alternance.

• **Attention :** le thorax doit reprendre sa position initiale après chaque compression, sinon des risques de fractures des côtes sont à craindre. Reprenez le pouls de temps en temps (toutes les 2 minutes environ) pour constater l'éventuelle reprise de la circulation. Cessez l'intervention dès que le cœur bat normalement.

Dans tous les cas, il faut appeler les secours d'urgence (SAMU, sapeurs-pompiers) en les informant qu'un bouche-à-bouche et un massage cardiaque externe sont effectués.

Notre conseil : *il est important d'acquérir une parfaite maîtrise du bouche-à-bouche. Pour cela, suivez des cours de secourisme. Les commissions médicale et technique de la FFESSM ont créé deux brevets de secourisme, valables pour toutes les disciplines pratiquées : le certificat fédéral de premier secours (CFPS), destiné à tous les pratiquants, et le brevet fédéral de premier secours (BFPS), qui s'adresse plus particulièrement à l'encadrement.*

Pense-bête

Chaque fois qu'une réanimation est nécessaire, procédez ainsi :

. 1 Libération des voies aériennes supérieures avec bascule prudente de la tête vers l'arrière.

. 2 Effectuez le bilan : conscience, respiration, circulation.

. 3 Prévenez les secours au plus tôt (SAMU 15, pompiers 18, en mer VHF canal 16 PAN-PAN).

. 4 Faites deux insufflations de bouche-à-bouche.

. 5 Vérifiez le pouls carotidien.

. 6 Pratiquez le massage cardiaque externe, si nécessaire en l'associant au bouche-à-bouche. Il doit être poursuivi pendant tout le transfert ou jusqu'à l'arrivée d'une équipe de secours compétente (SAMU, sapeurs-pompiers).

La rapidité de l'intervention est la première condition du succès.

6

7

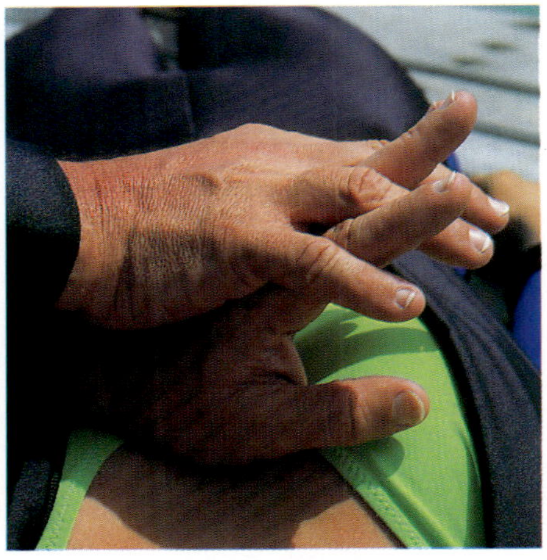

8

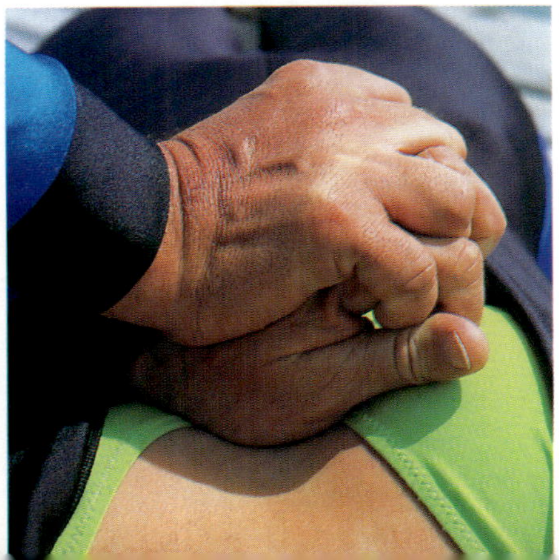

5

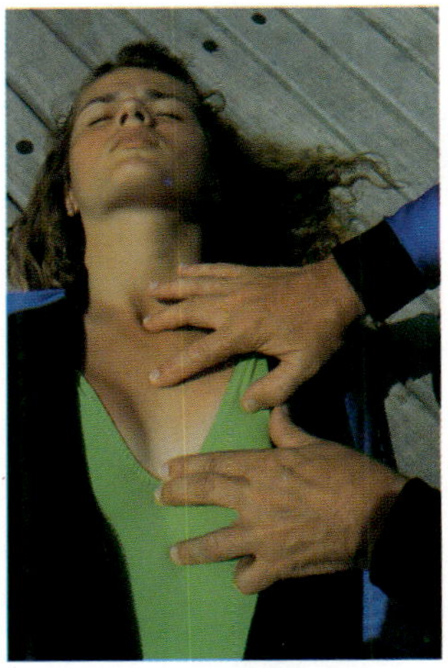

6 - Massage cardiaque externe. Le sauveteur est agenouillé, les épaules se trouvent à la perpendiculaire du point de compression, les bras sont bien tendus.

7 et 8

Détails de la position des mains : la pression sternale doit-être exercée avec le talon d'une des deux main seulement, celles-ci étant placées l'une sur l'autre.

1

2

1 - Les immenses forêts de Kelp en Californie ou les longues laminaires de Bretagne peuvent gêner le plongeur dans ses évolutions.

2 - La plongée souterraine ne doit être pratiquée qu'après un entraînement spécifique.

3 - L'exploration de l'intérieur des épaves doit être effectuée avec prudence, gare aux tôles coupantes !

4 - Attention aux filets dont les mailles peuvent emprisonner une main ou un pied.

Les pièges de la mer

De nombreux facteurs naturels ou liés à l'exploitation des océans par l'homme peuvent présenter des dangers pour le plongeur. Une bonne connaissance du milieu marin et une conduite prudente pendant l'immersion permettent de s'en préserver.

La mer est capricieuse et parfois violente. Les mouvements du milieu marin (voir pages 130-132) jouent un rôle essentiel sur les conditions de plongée. Mais les dangers peuvent aussi être d'ordre géographique, selon les lieux choisis et leur configuration. Sans oublier, non plus, certains objets abandonnés en mer, volontairement ou non par l'homme. Avec certains, un plongeur peut se fourrer dans un redoutable guêpier...

• **Les vagues :** une mer agitée pose des problèmes pour l'immersion et la sortie de l'eau. De plus, elle prédispose au mal de mer. Quand les vagues sont déferlantes avec formation de rouleaux, il est fortement déconseillé de plonger. Méfiez-vous également des mouvements d'eau irréguliers, ils peuvent conduire les plongeurs à se heurter entre eux.

Côté sécurité en surface, n'oubliez pas que le repérage des plongeurs est toujours plus difficile par gros temps.

Notre conseil : *en cas de mauvaise mer, tous les plongeurs doivent se diviser en petites palanquées. Il leur est ainsi plus facile de rester groupés. Ils doivent aussi impérativement conserver leurs palmes et continuer de respirer sur leur détendeur tant qu'ils ne sont pas remontés à bord du bateau.*

• **Le courant :** les conditions particulières de plongée dans le courant ont été développées au chapitre 4 (voir page 139). N'oubliez pas que la présence de courant rend systématiquement la plongée plus fatigante et plus dangereuse. Le guide de palanquée doit faire preuve d'une grande prudence, le comportement de chacun étant calqué sur le plongeur qui présente les capacités physiques les plus faibles.

Notre conseil : *si vous êtes photographe, ne vous encombrez pas d'un matériel lourd et volumineux en cas de courant. Immergez votre appareil au bout d'un pendeur et récupérez-le dans l'eau si les conditions le permettent.*

• **La turbidité de l'eau :** la plongée par faible visibilité prédispose à l'angoisse chez les débutants et rend beaucoup plus difficile la communication entre les membres de la palanquée. Ceux-ci doivent toujours rester bien groupés et surtout ne jamais perdre de vue leurs compagnons de plongée.

Notre conseil : *la pratique de la plongée en eau trouble n'ayant rien de bien enthousiasmant, il faut réserver cette activité aux seules fins d'exercices quand les conditions climatiques ou géographiques n'offrent pas d'autres solutions. N'hésitez pas à annuler une plongée d'exploration si l'eau est trop trouble.*

• **Les rochers :** la forme particulière et la texture de certaines roches les rendent coupantes. La peau, ramollie par l'eau, est naturellement fragilisée. N'oubliez pas non plus que beaucoup de formes d'apparences rocheuses sont en réalité des animaux encroûtants (spongiaires, coraux notamment) dont certains urticants.

Notre conseil : *portez systématiquement des gants lors des plongées d'exploration. Une bonne précaution également contre les risques de piqûres du plancton en suspension ou de certains animaux en apparence inoffensifs.*

3

4

• **Les grottes :** toute aventure spéléologique présente des risques importants. Même l'exploration d'une anfractuosité en apparence anodine peut s'avérer dangereuse. Se coincer dans un passage étroit ou perdre son chemin en cas de bifurcation d'un boyau ou d'un passage sont des risques à ne pas exclure. Si l'exploration des grottes sous-marines vous passionne, pensez à vous inscrire dans un club spécialisé.
Notre conseil : *si vous vous aventurez dans une grotte inconnue, faites-le dans une zone où il n'y a pas à craindre de perdre la sortie de vue.*

• **Les algues :** les grandes algues que l'on trouve en Bretagne ou sur la côte Pacifique des États-Unis, par exemple, peuvent en gênant l'évolution des plongeurs présenter un certain danger. De plus, la visibilité étant très réduite, il est difficile de bien se repérer et fréquent de perdre les notions élémentaires d'orientation.
Notre conseil : *ne luttez pas contre les grandes laminaires, épousez leur mouvement, glissez dans le sens du courant et vous vous dégagerez toujours très facilement de leur emprise.*

• **Les filets :** des lignes de pêche, des filets oubliés ou perdus par les pêcheurs constituent des pièges réels car les plongeurs ont beaucoup de mal à s'en dépêtrer. Pour être efficaces, ces traquenards à poissons sont peu visibles dans le milieu, d'où les possibilités supplémentaires de se laisser prendre.
Notre conseil : *si vous vous trouvez coincé dans un filet, surtout ne vous débattez pas, vous risqueriez d'en aggraver les méfaits. N'oubliez jamais de plonger avec un couteau, c'est votre seule arme pour vous dégager.*

• **Les épaves :** l'exploration des vaisseaux engloutis est l'un des grands plaisirs de la plongée. Sachez toutefois que les tôles, abîmées par le naufrage et les longs séjours en mer, sont parfois très coupantes. De même, évitez de pénétrer dans les épaves trop exiguës (sous-marins, avions par exemple) sans avoir vérifié au préalable qu'il est facile d'en sortir. Enfin, lors de l'exploration intérieure des très grands bateaux, repérez bien les possibilités de sortie ; le dédale des coursives n'est jamais à sous-estimer.
Notre conseil : *attention aux risques d'effondrements des structures fragilisées par la corrosion de la mer. Ce danger réel guette les explorateurs d'épaves. Survolez plutôt la partie extérieure de l'épave, toujours la plus spectaculaire.*

• **Les hélices de bateau :** si la propagation du son est bien meilleure dans l'eau que sur terre (voir page 19), en revanche sa localisation est imprécise. Le danger de collision au moment de la remontée des plongeurs en est augmenté. Prenez garde aux planches à voile dont la dérive très fine se transforme, avec la vitesse, en couperet.
Notre conseil : *effectuez systématiquement un tour d'horizon avant d'arriver en surface afin de vous assurer qu'il n'y a pas de bateau ou d'objet flottant qui font obstacle. Une coque est tout aussi dangereuse quand elle est immobile.*

• **Les engins explosifs :** dans les endroits qui ont connu des batailles navales ou à proximité des côtes de débarquement, il est encore possible de trouver par hasard des obus, des bombes, des munitions engloutis. Signalez immédiatement leur existence et leur emplacement à la gendarmerie de la localité.
Notre conseil : *n'essayez en aucun cas de manipuler des objets suspects. Même s'ils sont abîmés par la corrosion de la mer, les risques de déflagration intempestive existent toujours.*

*1 - Tous les poulpes ont une morsure venimeuse, mais celle de l'espèce australienne à ocelles bleues (*Hapalochlaena lunulata*) est mortelle.*
*2 - La mâchoire bien armée de la murène (*Gymnothorax javanicus*) lui a valu sa mauvaise réputation. Si elle n'attaque jamais, elle sait cependant se défendre...*
*3 - Terreur des océans, le grand requin blanc (*Carcharodon carcharias*) est un animal de plus en plus rare.*
4 - Aipysurus laevis *est un serpent marin d'Australie dont le venin, comme celui de tous ses congénères, est fulgurant.*
*5 - Les dents acérées du grand barracuda (*Sphyraena barracuda*) coupent comme des lames de rasoir. Prudence et méfiance...*
*6 - La raie torpille ocellée (*Torpedo marmorata*) déclenche, au moindre contact, de fortes décharges électriques.*
*7 - La synancée ou poisson-pierre (*Synancea verrucosa*) est redoutable en raison de son mimétisme parfait.*
8 - Comme la plupart des cœlentérés, les anémones de mer (ici Stoichactis sp.*) possèdent des tentacules urticants. La force de la piqûre varie en fonction des espèces.*
9 - Le corail de feu (toutes les espèces de Millepora*) provoque une sensation de brûlure violente dès qu'on le touche.*

LES ANIMAUX DANGEREUX

Dès qu'on parle d'animaux dangereux, l'image du requin, terreur des mers à l'appétit insatiable, présente dans tous les esprits refait surface... Et pourtant le danger risque bien plutôt de venir d'êtres beaucoup moins spectaculaires. Les craintes de l'homme naissent toujours de son ignorance. Face à l'inconnu, il invente des légendes et des mythes, transformant la réalité pour que ses expériences paraissent encore plus exceptionnelles. Dans le quotidien de la plongée, la rencontre avec des monstres des profondeurs est aussi peu probable qu'une aventure extraterrestre. Toutefois, connaître les espèces potentiellement dangereuses permet de mieux les éviter.

Requins, murènes et poissons-pierres

Le monde des poissons est peuplé en grande majorité d'êtres inoffensifs et peureux. Toutefois, certains grands prédateurs et quelques espèces plus sournoises s'en démarquent.

• **Les requins :** trop souvent présentés comme des monstres assoiffés de sang qui foncent la gueule ouverte sur tout ce qui bouge, les requins ont vu leur population chuter dans des proportions alarmantes ces dernières années. Sur les quelque 350 espèces de requins et anges de mer, moins de 10 représentent un danger potentiel pour l'homme. Quant à définir les vrais “mangeurs d'homme”, il convient d'être très prudent. Deux espèces peuvent à coup sûr être classées dans cette catégorie : le grand requin blanc (*Carcharodon carcharias*) et le requin-tigre (*Galeocerdo cuvieri*). Il reste que des attaques mortelles sont certainement dues à d'autres requins, notamment le requin du Zambèse (*Carcharhinus leucas*), très agressif en Afrique du Sud. Les attaques de requins bleus, de grands requins-marteaux et de requins mako peuvent également être fatales.

En présence de requins, conservez votre calme, rapprochez-vous le plus possible de la paroi rocheuse ou placez-vous dos à dos avec votre coéquipier. Si les squales nagent de plus en plus vite et d'une manière anarchique, remontez.

Mais, généralement, tous ces grands requins dangereux vivent au large, dans des zones que fréquentent peu les plongeurs. Notez également que la quasi-totalité des attaques concerne des pêcheurs sous-marins ou des surfeurs.

• **Les barracudas :** ces poissons se rencontrent dans presque toutes les eaux tropicales et ont assez mauvaise réputation. Il est vrai que leur dentition est impressionnante. Quand ils sont en bancs, ils ne représentent pas un danger pour les plongeurs. À l'inverse, les gros individus solitaires sont à craindre, notamment le grand barracuda (*Sphyraena barracuda*). Les barracudas ont la fâcheuse habitude d'arriver toujours par derrière en vous fonçant dessus et en claquant des mâchoires. Mais il s'agit plus d'intimidation que d'attaque véritable.

• **Les murènes :** on a dit pis que pendre de ce poisson, sans doute en raison de son corps serpentiforme et de sa gueule presque toujours béante, bien armée de dents acérées. Sachez, une fois pour toutes, que la murène n'est pas venimeuse. Cette légende qui remonte à l'Antiquité ne repose sur aucun fondement, car la murène est un poisson calme et craintif. Si vous ne la provoquez pas, vous ne risquez rien. Les cas de morsure recensés concernent des chasseurs qui avaient blessé un animal ou des plongeurs qui s'étaient amusés à donner de la nourriture. Dans ce dernier cas, un geste maladroit a suffi pour que la murène confonde doigt et morceau de poisson.

• **Les raies :** oubliez très vite l'effroyable légende de la manta qui étouffe un plongeur en se posant sur lui. Rien n'est plus calme et débonnaire que cette raie géante. En revanche, les pastenagues, espèces plus petites et très diversifiées dans leur répartition, possèdent à la base de la queue un dard venimeux qui peut s'avérer redoutable. Les rares cas de piqûre connus sont dus à une maladresse, par exemple la main ou le pied posés sur l'animal en partie dissimulé dans le sable.

Attention aussi aux torpilles, raies électriques, qui vous envoient une forte décharge si vous les touchez.

• **Les scorpaénidés :** cette famille particulière renferme des poissons qui portent tous des épines venimeuses sur le dos. Rascasse, chapon, pterois, poisson-scorpion, poisson-pierre sont les plus connus. Ce dernier est considéré comme potentiellement mortel, mais tout dépend de la nature de la piqûre et de l'état physique de la victime. La douleur, elle, est foudroyante. Sachez cependant que le venin des scorpaénidés est thermolabile, c'est-à-dire qu'il s'élimine avec la chaleur : des compresses brûlantes appliquées sur la partie blessée sont un bon remède. Une cigarette allumée approchée du point de piqûre (sans brûler) calme la douleur. Mais n'oubliez surtout pas de consulter un médecin.

Provoquant des blessures similaires, les vives appartiennent à une autre famille (les trachinidés). Enfoncées dans le sable, elles piquent toute personne qui les piétine, volontairement ou non.

L'histoire vraie du serpent de mer

Si l'existence du monstre du Loch Ness et autres oubliés de la Préhistoire reste encore à prouver, en revanche, le serpent de mer existe bel et bien. On en recense même une cinquantaine d'espèces dans l'océan Indien et le Pacifique. Toutes sont venimeuses, leur venin s'apparentant à celui du cobra. Fort heureusement, les serpents marins sont fort peu agressifs, et la plupart ont une toute petite bouche, ce qui rend leur morsure potentiellement inoffensive pour le plongeur. Évitez toutefois de tenter le diable et contentez-vous de les observer dans leur biotope, sans chercher à les déranger.

Côté reptiles, le crocodile d'estuaire (*Crocodylus porosus*), le plus dangereux et le plus agressif de tous ses congénères, est fréquent en Australie et peut se rencontrer à plusieurs kilomètres en pleine mer.

Méfiez-vous des petites choses

C'est parmi les invertébrés que se rencontrent les animaux les plus redoutables des fonds marins.

1

2

3

4

5

6

7

8

9

Tout simplement parce qu'on ne s'en méfie pas. Le corail de feu (Millepora), par exemple, provoque de véritables brûlures quand on le touche. Certaines méduses sont très dangereuses, comme des espèces tropicales à ombrelle cubique dont le seul contact provoque des brûlures au troisième degré. Quant à la galère portugaise ou physalie (*Physalia physalis*), ses filaments peuvent tuer une personne cardiaque. D'une manière générale, méfiez-vous toujours des cnidaires (anémones de mer, plumes de mer, etc.) En cas de brûlure, ne rincez pas à l'eau douce, mais à l'eau de mer ou au sérum physiologique.

Les éponges comptent même dans leurs rangs des espèces redoutables comme, par exemple, *Fibula nolitangere* dans l'océan Indien ou l'éponge de feu des Caraïbes (*Tedania ignis*) qui provoquent des inflammations très fortes dès qu'on les touche.

Il faut, bien entendu, se méfier des oursins dont les piquants peuvent provoquer des blessures profondes, notamment certaines espèces tropicales à longues épines (Diadema notamment). D'ordinaire, les holothuries ou concombres de mer sont inoffensifs, à l'exception de *Actynopiga agassizi* dont les sécrétions visqueuses peuvent, si elles pénètrent dans le sang d'un homme, le tuer.

Attention aussi aux coquillages. De très nombreux cônes très communs, tels que *Conus geographus* ou *Conus spurius*, etc., chassent en projetant des dards empoisonnés qui peuvent être mortels.

Il faut également savoir que toutes les pieuvres, même inoffensives en apparence, sécrètent un poison au niveau de leur bouche. Une morsure de la pieuvre à ocelles bleues que l'on rencontre en Australie (*Hapanochlaena lunulata*) peut être mortelle. Sans être aussi redoutables, les crabes et les homards avec leurs fortes pinces ne sont pas à ignorer. Évitez donc de chercher à manipuler les trop gros spécimens.

Que ce passage en revue d'êtres redoutables et redoutés ne vous fasse surtout pas croire que le plongeur brave mille dangers chaque fois qu'il s'immerge. Le plus terrible prédateur de l'océan est l'homme lui-même, et les dégâts qu'il fait dans le milieu marin sont plus ravageurs que ceux de nulle autre espèce. La connaissance des dangers potentiels permet de se méfier et d'améliorer la prise de conscience de chaque plongeur afin qu'il respecte et protège ce monde extraordinaire qui l'accueille.

POISSON TOXIQUE

Morsures, piqûres, pincements sont mieux connus que les effets toxiques de la chair de certains poissons. Dans les contrées tropicales, de très nombreuses espèces peuvent être poisons. Le cas le plus connu est la "gratte" ou ciguatera, une maladie neurodigestive due à l'absorption par le poisson de toxines contenues dans le corail. Il est important de respecter les traditions locales en matière de consommation. Ainsi, on ne mange pas de barracudas en Polynésie, alors que leur chair est très prisée dans tout l'océan Indien.

-6-

Des merveilles sous la mer

Toute vie sur notre planète trouve son origine dans les mers et les océans. C'est l'insatiable volonté de conquête des êtres vivants qui a permis l'occupation des terres émergées. Bouillon de culture originel, l'eau de mer est encore le théâtre d'une activité fantastique. Les espèces animales et végétales qui peuplent les océans représentent seulement le cinquième de l'ensemble des êtres vivants, notamment à cause de l'absence d'insectes. Mais il est sûr qu'à peine plus de la moitié seulement sont connues. Le mythe du serpent de mer n'a rien d'aberrant. Les eaux couvrent près de 71% de la surface du globe, soit 361 740 000 km^2. Mers et océans renferment plus de 1 300 millions de km^3 d'eau. Il est donc normal que dans cette immensité se cachent encore des êtres mystérieux. La conquête sous-marine n'en est encore qu'à ses balbutiements. Pensez que les découvertes extraordinaires du sous-marin océanographique Cyana *datent seulement de 1982 ! À 3 000 m de profondeur, on trouve un monde grouillant de vie : vers géants, crabes, poissons, etc.*

Et si l'on songe que la profondeur moyenne des océans est de 3 554 m, tout reste encore à découvrir.

La plongée sous-marine est l'occasion pour l'homme de pénétrer quelques instants dans ce monde fabuleux et de s'initier à certains de ses secrets. En dépit de ses richesses, cet univers est fragile. Alors, ne le touchez que des yeux...

1

2

3

6

4

5

7

8

188

30 MILLIONS DE TONNES DE HARENGS

Ce chiffre impressionnant représente le poids moyen de la pêche annuelle de harengs dans le monde, soit environ 150 milliards de poissons ! Le hareng de l'Atlantique est l'espèce la plus pêchée, mais à ce rythme, reste à savoir encore pour combien de temps...

Comme un poisson dans l'eau

Quand les gros poissons se battent, les crevettes doivent se tenir tranquilles (proverbe créole).

Envol majestueux de la raie, mâchoire impressionnante du requin, mimétisme parfait de la rascasse, souplesse menaçante de la murène, couleurs flamboyantes des myriades d'anthias de la mer Rouge... Le monde des poissons est aussi varié que fascinant !

Vertébrés aquatiques qui se déplacent à l'aide de nageoires et respirent avec des branchies, les poissons sont caractéristiques de la faune des océans. Avec plus de 20 000 espèces répertoriées, ils sont plus nombreux que tous les autres vertébrés réunis. Ce sont également les plus anciens. Ils ont fait leur apparition il y a environ 500 millions d'années. Il s'agissait alors d'espèces cuirassées portant une carapace osseuse.

Il n'y a pas d'animaux aussi disparates et différents que les poissons. Ils ont non seulement colonisé toutes les mers du globe, mais aussi les lacs et les rivières. On les trouve à toutes les profondeurs, depuis la surface jusqu'au plus profond des fosses abyssales. Les navires océanographiques capturent régulièrement des poissons à plus de 8 000 m de profondeur. Le professeur Picard a même pu observer avec son bathyscaphe *Trieste* un poisson à près de 11 000 m de profondeur.

Dans la très complexe classification zoologique, les poissons se trouvent au bas de l'échelle des vertébrés. Ils sont divisés en deux groupes importants : les poissons cartilagineux ou chondrichtyens (raies, requins...) et les poissons osseux ou ostéichtyens (barracuda, mérou, maquereau, espadon, sole, daurade...).

Les poissons et la plongée

L'observation des poissons fait partie d'un des plus grands plaisirs de la plongée. Leur infinie variété, leurs couleurs, leur comportement souvent étrange sont l'occasion de découvertes formidables. Vous vous apercevrez très vite que beaucoup de poissons montrent une grande curiosité à l'encontre du plongeur. Si vous savez bien vous stabiliser et retenir vos bulles quelques instants, vous pourrez, pour la plupart, les approcher sans problème.

9

10

11

1 - Caractéristique des eaux fraîches de la Californie, le garibaldi (Hypsypops rubicundus) *porte une livrée magnifique. Ce poisson est protégé, ce qui permet de le rencontrer en grand nombre.*

2 - Vivant en bancs, les bécunes à chevron (Sphyraena bleekeri) *sont aussi appelées abusivement barracudas. Mais ceux-ci ont plus un comportement de solitaire. Ce sont des prédateurs aux dents acérées. (Pacifique).*

3 - La nuit, le poisson-perroquet (Scarus sp.) *se pare de couleurs encore plus vives. Il doit son nom au bec très tranchant avec lequelil casse le corail contenant les polypes dont il se nourrit.*

4 - Le napoléon (Cheilinus undulatus) *peut mesurer 2 m et peser 80 kg. Amical, il vient manger dans la main des plongeurs. Un œuf dur est son mets favori. Il doit son nom commun à sa bosse frontale.*

5 - Majestueuse et spectaculaire, la raie manta (Manta birostris) *atteint 5 m d'envergure et pèse plus de 1 tonne. Ce poisson inoffensif mais impressionnant est parfois appelé diable de mer.*

6 - Ce couple de poissons-clowns (Amphiprion perideraion) *s'abrite dans les tentacules venimeux d'une anémone. Ils sont immunisés grâce à un mucus que sécrète leur corps. (Nouvelle-Guinée).*

7 - Le requin-baleine (Rhincodon typus) *est le plus grand des poissons. Sa bouche monstrueuse filtre des dizaines de m³ d'eau afin qu'il puisse avaler sa nourriture de crevettes et de plancton.*

8 - Rare et mimétique, le Rhinopias fondosa *se camoufle au creux des pierres. Les filaments qu'il porte servent à le faire disparaître parmi les algues. Il est muni d'épines venimeuses sur le dos. (Ile Maurice).*

9 - Très commun en mer Rouge, le mérou à points bleus (Cephalopholis miniatus) *est un redoutable prédateur. Il gobe en plein vol des proies qui peuvent atteindre la moitié de sa propre taille.*

10 - Très commun dans les passes de Polynésie, le requin raira (Carcharhinus amblyrhynchos) *croise en bandes nombreuses, mangeant tout ce qu'il trouve. Il atteint 2,50 m de long.*

11 - La murène dragon (Muraena pardalis) *vit dans les eaux d'Hawaii. Elle semble très menaçante avec ses dents fines et transparentes. Un chasseur à l'affût, très mimétique malgré ses couleurs vives.*

Nombre de plongeurs ont réussi à plus ou moins apprivoiser certains poissons. On ne compte plus le nombre de murènes qui sortent complètement de leur trou à l'arrivée des plongeurs. Les raies pastenagues de Grand Cayman sont également un exemple étonnant d'affinité entre les hommes et les poissons. Il en est de même des mérous de Cod Hole en Australie, de certains barracudas de Floride ou des Bahamas, des napoléons à Hurghada ou en Polynésie, etc. Toutefois, ne vous méprenez pas. Ces exemples sont exceptionnels. Les relations entre l'homme et le poisson restent le plus souvent d'ordre alimentaire, et la caresse furtive que vous pourrez donner n'est pas perçue par l'animal comme une marque de domination. Respectez toujours l'environnement naturel et n'oubliez pas que vous êtes un intrus dans le monde des poissons. Faites-vous accepter sans vous imposer et respectez leur liberté. Vous pourrez alors partager certains moments extraordinaires d'émotion et de contact avec ces êtres étranges venus d'ailleurs.

Poissons records

Le plus grand des poissons est le requin-baleine (*Rhincodon typus*) qui peut atteindre 18 m de longueur et peser 14 tonnes. Il est inoffensif car il se nourrit exclusivement de plancton. On le rencontre surtout dans l'océan Indien et le Pacifique. Les plus petits poissons du monde sont des gobies (*Mystichthys luzonensis* et *Pandaka pygmaea*) des Philippines et *Trimmaton nanus* de l'archipel des Chagos. Ils atteignent à peine 1 cm de long à l'âge adulte. Ce sont aussi les plus petits vertébrés connus.

Le plus vieux poisson connu est le cœlacanthe (*Latimeria chalumnea*) qui vivait il y a 400 millions d'années. On l'a cru éteint jusqu'au 22 décembre 1938, date à laquelle un spécimen fut pêché dans le canal du Mozambique au large de l'Afrique du Sud. On en découvrit depuis dans les eaux des Comores.

Le poisson le plus rapide est le voilier du Pacifique dont la vitesse de pointe peut dépasser les 100 km/h pendant quelques secondes. Le champion incontesté du saut en hauteur est le requin mako, certaines observations faisant état de bonds à plus de 7 m hors de l'eau.

L'esturgeon est le poisson qui vit le plus longtemps, son record de longévité étant de 82 ans. Vient ensuite l'anguille avec plus de 70 ans. À l'opposé, l'hippocampe vit rarement plus de 1 an.

1

2

3

4

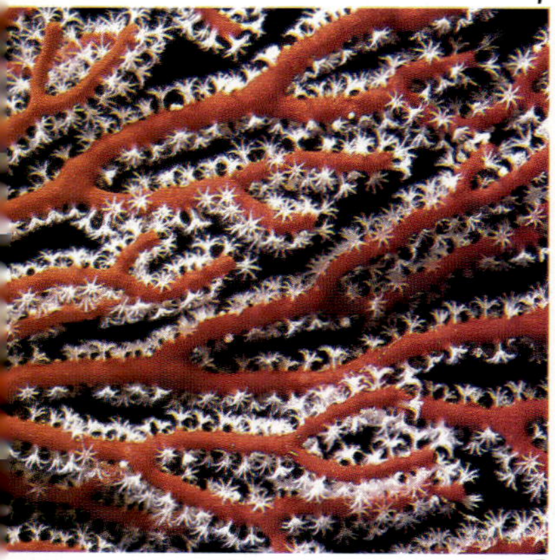
5

6

7

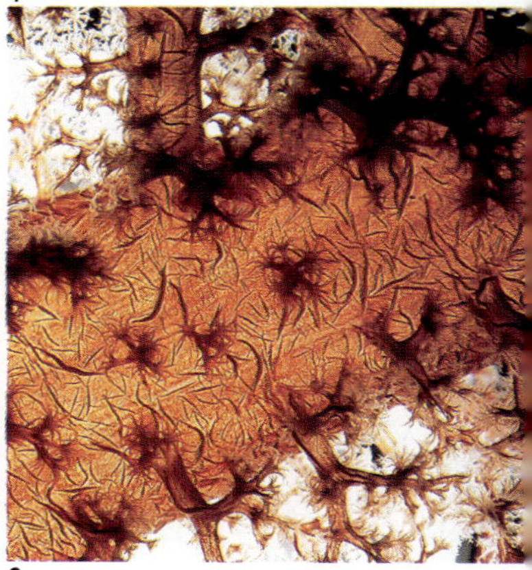
8

9

10

11

12

*1 - Proche parent des oursins, cette holothurie (*Euapta godeffroyi*) déploie ses tentacules pour capter les minuscules proies dont elle se nourrit. (Ile Maurice).*

*2 - Un nudibranche (*Chromodoris odhneri*) expose sa livrée spectaculaire dans les eaux polynésiennes. On le rencontre souvent en couple dans les eaux qui ne dépassent pas 15 m de profondeur.*

*3 - La cigale de mer (*Scyllarides nodifer*) est une espèce très proche des langoustes. On l'observe surtout de nuit. (Ile Maurice).*

*4 - Le bénitier (*Tridacna sp.*) est le plus grand des coquillages. Son manteau prend des couleurs admirables dans tous les dégradés de bleu et de vert. (Mer Rouge).*

*5 - En forme d'éventail de plus de 50 cm de diamètre, cette gorgone tropicale (*Melithaea squamata*) ressemble plus à une plante qu'à un animal. C'est pourtant un cœlentéré fort commun (Océan Indien).*

Plongée chez Lilliput

Curieuses créatures dépourvues de squelette, les invertébrés nous étonnent par leur diversité et leurs mœurs souvent bizarres. Des animaux qu'il faut regarder "à la loupe", car ils sont souvent très petits.

La définition simple d'un invertébré est un animal dépourvu de vertèbres. Ainsi, tous les insectes font partie de ce grand groupe qui ne relève pas de la classification zoologique, mais permet de séparer d'une manière pratique les grandes catégories d'animaux. Sur l'ensemble des animaux connus dont le nombre dépasse le million d'espèces, 97% font partie des invertébrés. C'est dire leur complexité et leur diversité.

Les invertébrés marins sont d'une variété incroyable. Ils peuvent prendre des formes complètement excentriques et ressembler par exemple à des plantes (gorgones, bryozoaires) ou à des pierres (coraux, spongiaires). Certains nous sont beaucoup plus familiers comme les crustacés (crabes, langoustes, crevettes), les échinodermes (oursins, étoiles de mer, holothuries) ou certains cœlentérés (anémones de mer, méduses...). Le monde sous-marin recèle aussi de véritables petits bijoux, notamment parmi les gastéropodes. Quand elles vivent dans la mer, les limaces se parent de merveilleuses couleurs. On les appelle nudibranches quand leurs branchies sont portées en panache sur le corps. Ces curieux animaux sont capables d'intégrer dans leur corps des cellules urticantes d'anémones afin de devenir inconsommables pour leurs prédateurs. Leurs couleurs très vives sont un signal d'alarme à l'encontre des gourmands. Elles signifient : attention danger !

La concentration des mers en invertébrés est parfois très impressionnante. Le fameux krill dont se nourrissent les baleines n'est rien d'autre que des petites crevettes d'environ 6 cm de long. Elles se rassemblent en bancs qui comptent jusqu'à 500 millions d'individus ! Sur les côtes, les cirripèdes, petits crustacés immobiles d'environ 1 cm de diamètre, vivent en colonies. Celles-ci peuvent regrouper 1 milliard d'animaux sur 1 km de long... Parmi les coquillages, on rencontre aussi d'importantes concentrations, notamment chez les moules. Mais ce sont les coques les plus impressionnantes avec des bancs de plus de 1 million d'individus couvrant de 100 à 200 hectares. Les étoiles de mer peuvent être aussi grégaires.

C'est surtout le cas des couronnes d'épines (*Acanthaster planci*) dont on a pu dénombrer jusqu'à 100 000 individus, rassemblés sur 1 000 m² de récif corallien pour le dévorer.

De l'éponge au ver

Chaque groupe d'invertébrés marins (ou phylum dans la classification zoologique) est suffisamment caractéristique pour mériter une attention particulière.

• **Les spongiaires** ou éponges comptent environ 10 000 espèces. Leur classement reste assez approximatif tant ces animaux primitifs sont complexes. Les spongiaires sont très généreusement représentés dans les Caraïbes où l'on rencontre les formes les plus spectaculaires comme *Xestospongia muta* qui peut vivre plus de 100 ans et dépasser 2 m de diamètre. Beaucoup d'éponges sont encroûtantes. Elles ressemblent à des pierres colorées, d'autres ont des tissus souples à base de fibres de spongine et sont utilisées pour la toilette. C'est le cas de certaines *Euspongia* et *Hippospongia.*

• **Les cœlentérés** comportent environ 10 000 espèces. On trouve dans ce groupe méduses, anémones de mer, coraux. Ce sont des animaux très simples dont le corps en forme de sac est de consistance souvent gélatineuse. La cavité centrale sert à la fois de bouche et d'anus. Elle est entourée de tentacules qui contiennent des cellules venimeuses (nématocystes). Parmi les cœlentérés, on dénombre :

- 3 500 espèces de médusozoaires au nombre desquels se trouvent les coraux de feu (*Millepora*), les leptoméduses, les désagréables sapins de mer (*Sertularia*) et les méduses telles que les siphonophores, les physalies, les pélagies, les cassiopées, etc.

- 6 500 espèces d'anthozoaires, un groupe d'animaux uniquement marins, comprenant les cérianthes, les alcyonaires, les plumes de mer, les coraux, les gorgones, les anémones de mer.

• **Les vers** avoisinent les 50 000 espèces, ce groupe complexe étant très subdivisé dans la classification zoologique. Il comprend certains vers plats, souvent confondus avec des nudibranches (notamment les *Pseudoceros*), les très spectaculaires spirographes (*Bispira, Spirographis* et *Sabellastarte* notamment). On y trouve aussi les serpules et les spirobranches, petits vers à panache, très communs dans les zones coralliennes.

• **Les crustacés** regroupent environ 30 500 espèces, ce phylum comprenant certains animaux d'eau douce (écrevisses notamment). Les crustacés forment la majorité des animaux planctoniques, mais on les trouve à tous les étages des océans. Leur caractéristique est un squelette externe articulé avec formation fréquente d'une carapace. Parmi les plus connus, citons les anatifes et les balanes qui se fixent sur les rochers ou la coque des bateaux, les crevettes, les crabes, les araignées de mer, les homards, les langoustes, les bernard-l'ermite, les cigales de mer, les galathées.

• **Les mollusques** comprennent 75 000 espèces environ. C'est un groupe d'une grande complexité. Les mollusques se caractérisent par un corps mou, protégé ou non par une coquille. Parmi eux, on peut distinguer les chitons qui s'accrochent aux rochers, les escargots de mer dont les bigorneaux et les bulots, les porcelaines, les cônes, les strombes, les casques, les murex, les harpes et autres coquillages ; les nudibranches, les moules, les huîtres, les coquilles Saint-Jacques, les spondyles, les bénitiers, les seiches, les nautiles, les calmars, les poulpes, etc.

• **Les bryozoaires** représentent environ 5 000 espèces, ce groupe ne comprenant pratiquement que des animaux vivant en colonies et fixés, dont certains peuvent être confondus avec des coraux.

• **Les échinodermes,** avec près de 6 000 espèces uniquement marines, constituent un groupe important que l'on rencontre dans toutes les régions du globe et à toutes les profondeurs. On y trouve les crinoïdes (ou comatules), les ophiures, les étoiles de mer, les gorgonocéphales, les oursins, les holothuries (concombres de mer), etc. Ces animaux se caractérisent en général par leur symétrie rayonnée.

• **Les urochordés,** appelés aussi tuniciers, sont des animaux exclusivement marins dont 1 375 espèces sont répertoriées. Les ascidies en forme d'urne sont les plus connus. On y classe aussi les salpes, sortes de chaînes transparentes très étonnantes à consistance gélatineuse.

Le ver le plus long

Parmi les quelque 600 espèces de vers aquatiques connues, *Lineus longissimus* est le champion en longueur puisqu'il peut dépasser 50 m ! Cela en fait l'animal le plus grand ayant jamais existé.

Monstres des profondeurs

Le plus impressionnant de tous les invertébrés est le calmar géant (*Architeuthis longimanus*) dont le corps peut mesurer 6 m et les tentacules dépasser 15 m. Un animal de cette taille pèse environ 2 tonnes. Plusieurs spécimens aussi énormes ont été découverts au XIXe siècle, échoués sur des plages.

Côté pieuvres, les "monstres" de la région de Seattle aux États-Unis (*Octopus apollyon*) peuvent atteindre 7 m d'envergure et dépasser les 50 kg. Dans le monde des invertébrés, les méduses font également office de géants, puisque la cyanée arctique géante (*Cyanea capillata arctica*) peut présenter une coupe de plus de 2 m de diamètre et ses tentacules dépasser 35 m de long.

Coquillages de rêve

Les coquillages, mollusques dont il existe environ 60 000 espèces, sont l'objet de collections passionnées aux cotes très officielles. Certaines espèces rares peuvent valoir plusieurs dizaines de milliers de francs. Parmi celles-ci, *Conus servus, Conus granulatus, Conus gloriamaris, Pterynotus phyllopterus, Cypraea surinamensis* sont très recherchées.

Le plus grand coquillage du monde est le bénitier géant (*Tridacna gigas*). On le rencontre fréquemment dans l'océan Indien, mais c'est dans le Pacifique qu'il est le plus grand. Le record absolu de longueur est un spécimen de 132 cm exposé au musée d'Histoire naturelle de New York. Le plus lourd bénitier a été pêché au Japon en 1956. Il pesait 333 kg. À l'opposé, le plus petit coquillage mesure 0,5 cm de diamètre.

RECORDS EN ÉTOILES

Sachez qu'il en existe 1 600 espèces d'étoiles de mer. Leurs formes sont très variables : les étoiles peuvent être très fines avec des bras immenses comme *Midgardia xandaros* des Caraïbes qui peut dépasser 1,30 m de diamètre ou bien très compactes comme les *Culcita*. La plus lourde des étoiles de mer est *Thromidia catalai* de Nouvelle-Calédonie qui peut excéder les 6 kg. À l'opposé, la plus petite étoile de mer connue mesure à peine 1 cm de diamètre. Elle se nomme *Patiriella parvivipara* et vit en Australie.

*6 - Cette étoile de mer (*Fromia monilis*) mesure seulement 5 cm de diamètre. Elle se rencontre par 3 à 40 m de profondeur dans les eaux calmes. Une espèce courante dans les eaux du Pacifique.*

*7 - Ce crabe polynésien (*Carpilius sp.*) est un cousin du tourteau. Comme tous ses congénères, il aime les endroits peu éclairés. Il passe la journée dissimulé, attendant la nuit pour chasser.*

*8 - Les coraux mous (*Dendronephthya sp.*), appelés aussi alcyonaires, contiennent une grande quantité de spicules calcaires qui leur permettent de se dresser comme des petits buissons. (Mer Rouge).*

*9 - Le corail corne-de-cerf (*Acropora pulchra*) compte parmi les espèces qui se développent le plus rapidement. Sa croissance peut atteindre 1 cm par an. (Madagascar).*

*10 - Redoutable avec ses piquants acérés, cet oursin (*Echinothrix calamaris*) est une espèce courante dans la région Indo-Pacifique. Il peut mesurer 20 cm de diamètre.*

*11 - Une méduse (*Rhizostoma sp.*) se laisse dériver au gré du courant. Ces cœlentérés capturent au hasard des proies qui peuvent atteindre la taille d'une sardine. Gare aux piqûres !*

*12 - Petits vers marins, les spirobranches (*Spirobranchus giganteus*), exposent leurs panaches multicolores. Ils se rétractent à grande vitesse en cas de danger. (Nouvelle-Calédonie).*

*1 - Une tortue caret (*Caretta caretta*) en plein vol subaquatique aux Bahamas.*

*2 - Le lamantin (*Trichechus manatus*) peut peser jusqu'à 600 kg. Appelé aussi vache de mer, il se rencontre de novembre à mars dans les eaux de Floride où il se gave d'herbes aquatiques.*

*3 - L'otarie de Californie (*Zalophus californicus*) peut plonger jusqu'à 100 m et rester en apnée pendant 15 minutes. C'est un animal intelligent, très joueur et d'une grâce incomparable dans l'eau.*

*4 - Le dauphin souffleur (*Tursiops truncatus*) est couramment présent dans les marinelands. Il vit habituellement en troupes d'une dizaine d'individus qui aiment nager à l'étrave des bateaux.*

*5 - Le dauphin tacheté (*Stenella plagiodon*) se rencontre fréquemment dans les eaux des Bahamas. Il recherche la compagnie des plongeurs en apnée, mais déteste le bruit de l'air qui s'échappe du détendeur.*

*6 - L'orque (*Orcinus orca*) est un impressionnant prédateur qui dépasse 9 m de long et peut peser 4 tonnes. Elle est capable de nager à plus de 50 km/h. C'est le dauphin le plus intelligent.*

*7 - L'éléphant de mer du Sud (*Mirounga leonina*) chasse les calmars en plongée. Un gros mâle peut peser 4 tonnes. L'éléphant de mer doit son nom à l'espèce de trompe qui lui permet de rugir très fort.*

*8 - Le morse (*Odobenus rosmarus*) est facilement reconnaissable à ses longues défenses qui peuvent peser jusqu'à 5 kg. Cet animal est aujourd'hui en danger car il est de nouveau chassé pour son ivoire.*

*9 - L'ours polaire (*Thalarctos maritimus*) chasse en partie dans l'eau, cherchant les phoques, sa nourriture favorite.*

*10 - La baleine à bosse ou mégaptère (*Megaptera novaeangliae*) est régulièrement observée au large des côtes californiennes et de Hawaii où elle est entièrement protégée depuis 1966.*

LES SEIGNEURS DES OCÉANS

Vivant dans l'eau, mais obligés de respirer l'air atmosphérique, les mammifères marins ont toujours fasciné le plongeur. En dépit de leur formidable puissance, ils se sont toujours montrés les amis des hommes...

Situés en haut de l'échelle de la classification zoologique, les mammifères sont apparus les derniers. De ce fait, ils ont bénéficié de tous les "perfectionnements" de l'évolution. Les mammifères marins sont des espèces terrestres qui, il y a environ 50 millions d'années, sont retournées à la mer et s'y sont adaptées. Ce sont les êtres les plus évolués qui habitent les océans et, bien qu'ils soient obligés de venir toujours respirer à la surface, ils dominent toutes les autres créatures marines en raison de leur faculté d'adaptation et de leur intelligence très développée.

Les grands mammifères marins n'avaient pratiquement pas d'ennemis jusqu'à ce que l'industrie baleinière se développe de façon florissante au siècle dernier. Au milieu du XXe siècle, les plus grands animaux que la Terre ait portés ont failli disparaître totalement par la faute des hommes. Aujourd'hui, soumis à une protection draconienne, leurs effectifs se regonflent un peu. Mais l'équilibre reste fragile et certaines espèces sont encore menacées.

• **Les cétacés :** ce sont les seuls mammifères entièrement aquatiques. Cet ordre, qui comprend 76 espèces dont les baleines et les dauphins, est divisé en deux : les mysticètes qui ont des fanons et les odontocètes munis de dents.

On trouve chez les mysticètes le fameux rorqual bleu, le plus grand animal ayant jamais vécu sur Terre, dont la longueur peut atteindre 33 m et le poids 120 tonnes. Dans ce groupe, il faut aussi noter le mégaptère ou baleine à bosse, l'espèce la plus facile à observer en raison de ses migrations proches des côtes.

Dans le sous-ordre des odontocètes, on trouve le cachalot, animal impressionnant, capable d'apnées à plus de 1 000 m de profondeur ; le narval ou licorne de mer avec sa longue défense spiralée ; le bélouga ou dauphin blanc. On compte aussi 31 espèces de dauphins dont la redoutable orque (connue aussi sous le nom d'épaulard), sans doute le plus impressionnant prédateur existant aujourd'hui, et le tursiops, grand dauphin très commun dans les marinelands ; sans oublier les marsouins, de ligne plus compacte que les dauphins, qui regroupent 6 espèces.

• **Les pinnipèdes :** ce sont des mammifères carnivores qui chassent et vivent une partie de la journée dans l'eau, mais se reproduisent à terre. On regroupe dans cet ordre les otaries, phoques, morses, éléphants de mer, veaux marins, léopards des mers... Entre autres, le phoque de Weddel est l'un des champions incontestés de l'apnée avec une profondeur de 550 m et un temps d'immersion pouvant atteindre 1 heure ! Les pinnipèdes sont en général des animaux assez gras car ils vivent dans les eaux froides. Si la plupart sont protégés, certaines espèces sont cependant menacées actuellement de disparition comme le phoque moine, l'otarie des Kerguelen, l'otarie des Galapagos et l'otarie de Townsend.

• **Les siréniens :** ces mammifères exclusivement aquatiques vivent surtout dans les estuaires. L'hiver, ils remontent parfois le cours des rivières à la recherche d'eaux plus chaudes. Les représentants de l'ordre des siréniens sont les dugongs et les lamantins. On les appelle aussi vaches de mer. Il en existe 4 espèces. Ces animaux herbivores et paisibles sont absolument inoffensifs. Ils ont failli disparaître, victimes d'une chasse stupide. Aujourd'hui, ils sont totalement protégés dans de nombreux pays. Le mot sirénien vient de la légende des sirènes. Il semble que les voyageurs au long cours des XVe et XVIe siècles aient confondu ces gros animaux avec de nobles sirènes. Mirage dû à un trop long séjour en mer !

• **La loutre de mer :** cet animal essentiellement aquatique se rencontre dans le Pacifique Nord et au large des côtes californiennes. Animal peu ordinaire, la loutre de mer se nourrit surtout de coquillages (abalones). Elle choisit un caillou plat qu'elle pose sur son ventre, nage alors sur le dos, puis frappe la coquille de l'abalone sur la pierre jusqu'à ce qu'elle casse. Elle est l'un des rares animaux à utiliser un outil de manière systématique. La loutre de mer est capable de plonger en apnée à plus de 50 m de profondeur. Elle vit le plus souvent près du rivage, mais a parfois été observée à plusieurs dizaines de kilomètres au large.

• **L'ours polaire :** vivant le plus souvent à terre, l'ours blanc peut être considéré comme un mammifère marin car il passe de nombreuses heures en mer, s'éloignant parfois des côtes de plusieurs kilomètres.

Serpents de mer

Le serpent de mer n'est pas seulement une légende. De nombreux reptiles se sont bien adaptés à l'océan, ce qui est le cas de plusieurs espèces de serpents qui se rencontrent surtout dans le Pacifique. Avec leur queue plate, ils nagent à la perfection et sont capables de rester en apnée pendant une quinzaine de minutes. Tous les serpents marins sont venimeux, leur venin étant même plus violent que celui du cobra. Les reptiles marins les plus fréquents sont les tortues dont il existe 5 espèces. Il faut les protéger, car toutes sont menacées de disparition. Ces animaux paisibles sont d'une rare beauté sous la mer : une fois en apesanteur, elles semblent voler et leur lourdeur terrestre se transforme en grâce comme par magie. À noter aussi au chapitre des reptiles, les crocodiles d'estuaires (*Crocodylus porosus*), très communs en Australie, dont certains spécimens ont été vus nageant à près de 300 km des côtes.

Arrêtez le massacre !

Dans les années 1919 et 1920, 4 millions d'otaries à fourrure ont été exterminées aux seules îles Pribilof. La loutre de mer très prisée pour sa fourrure a failli disparaître après l'anéantissement de 800 000 individus en quelques années. Certains pays de tradition baleinière comme la Russie, la Norvège, l'Islande et surtout le Japon continuent le massacre sous le prétexte fallacieux de recherches scientifiques. On estime qu'environ 1 500 baleines sont encore tuées chaque année...

1

2

3

4

5

6

7

8

9

10

JARDIN SOUS LA MER

Sources de toute vie évoluée sur Terre, les algues créent des paysages féeriques et inquiétants quand elles sont nombreuses. Les jardins sous-marins sont souvent bien mystérieux...

L'essentiel de la flore marine est constitué par des algues, végétaux assez primitifs qui ne produisent pas de fleurs. Rares dans certains endroits, les plantes subaquatiques peuvent former de véritables forêts en Bretagne, dans la mer des Sargasses ou au large des côtes californiennes. Ces plantes ont une morphologie très simple, ne possédant ni racines ni feuilles. Elles s'accrochent au fond ou aux rochers par des crampons qui ne jouent pas le rôle nourricier des végétaux terrestres. Quant à leurs "feuilles", il s'agit en fait de thalles (tissus non différenciés), ramifiés et effilés qui ressemblent à un feuillage. Ces thalles ne possèdent pas de vaisseaux avec circulation de sève.

On a souvent tendance à confondre la flore marine avec certains invertébrés à l'apparence végétale. C'est le cas notamment dans les Caraïbes où les fonds peuplés de gorgones aux formes multiples ressemblent à un véritable jardin, bien qu'il s'agisse d'animaux.

Les algues sont des végétaux chlorophylliens. Elles peuvent prendre une incroyable variété de formes et de dimensions. Les plus petites sont les algues bleues (cyanophycées), des êtres unicellulaires qui vivent dans le plancton à la surface de l'eau et jouent un rôle très important dans le renouvellement de l'air atmosphérique. Les diatomées, tout aussi minuscules, ont la particularité d'être entourées d'une coque siliceuse. Les plus grandes algues sont des varechs du Pacifique (*Macrocystis pyrifera*), appelés aussi kelp, qui mesurent jusqu'à 60 m et peuvent pousser à la vitesse de 45 cm par jour.

La colonisation du milieu marin par les algues est limitée par l'absorption de la lumière avec la profondeur. Il est rare de rencontrer de la végétation aquatique à plus de 30 ou 40 m de profondeur. Toutefois, en 1984, une algue brune a été découverte aux Bahamas par près de 270 m de profondeur !

L'utilité des algues

Outre le fait de produire de l'oxygène par photosynthèse sous l'action du soleil, les algues sont très utiles dans l'écosystème marin. Elles servent d'abri et de nourriture aux poissons et aux invertébrés. L'homme utilise beaucoup les algues, aussi bien dans l'alimentation, l'industrie chimique, que dans la fabrication des engrais. Les alginates (sels de l'acide alginique) sont extraits des algues, en particulier des laminaires, et utilisés dans de nombreuses industries, notamment le traitement des eaux, ou comme épaississant et stabilisant dans les aliments. On utilise aussi une préparation à base d'alginate en chirurgie dentaire pour prendre les empreintes des mâchoires et des dents. Toujours dans le domaine médical, certaines algues sont utilisées pour la production d'antibiotiques. Sans oublier non plus les bienfaits de la thalassothérapie.

Certaines vivent en symbiose avec des invertébrés, notamment des coraux et des mollusques, les aidant à assimiler leurs éléments nutritifs.

Les algues représentent un grand espoir pour les générations à venir en raison de leur rapidité de croissance et de leur abondance. Actuellement les recherches portent sur les moyens de les intégrer plus dans l'alimentation de l'homme comme source importante de protéines.

La classification des algues

Le monde de la botanique est presque aussi complexe que celui de la zoologie. Cela est particulièrement vrai dès que l'on aborde le monde des végétaux primitifs auquel appartiennent les algues. Pour simplifier, on peut toutefois définir quatre catégories :

• **Les algues bleues (cyanophycées) :** elles forment l'embranchement des cyanoschizophytes qui comprend 5 ordres. Ce sont toutes des algues unicellulaires de couleurs bleues ou rouges. On compte 140 genres et 2 000 espèces. Ces plantes, qui n'ont guère varié depuis 3 milliards d'années, sont des êtres très primitifs, mais aux facultés d'adaptation surprenantes. Il existe des formes libres, symbiotiques ou parasites.

• **Les algues vertes (chlorophycées) :** elles représentent environ 350 genres et plus de 8 000 espèces. Ces algues se caractérisent par leur couleur et leur ressemblance fréquente avec des végétaux supérieurs. C'est le cas notamment de la caulerpe (*Caulerpa taxifolia*) qui envahit progressivement certains biotopes de la Méditerranée. Originaire des mers chaudes, elle a fait son apparition il y a quelques années, provoquant de graves déséquilibres dans l'écosystème sous-marin. Dans cette catégorie se trouvent également les laitues de mer (*Ulva lactuca*), très communes sur nos côtes, ainsi que le champignon de mer (*Acetabularia mediterranea*) au disque clair comme une ombrelle que soutient une tige grêle.

• **Les algues rouges (rhodophycées) :** elles comprennent environ 560 genres. Beaucoup sont utilisées par les Japonais dans leur alimentation, notamment les *Porphyra*. De certaines espèces (*Gelidium* par exemple), on extrait l'agar-agar qui fournit de la gélose. Dans ce groupe se trouvent aussi des formes encroûtantes (*Lithophyllum* par exemple) dont les thalles sont calcifiés.

• **Les algues brunes (phénophycées) :** avec 950 genres et environ 16 000 espèces, elles sont les plus nombreuses. On compte dans ce groupe les algues géantes telles que les laminaires, les sargasses et le kelp. Elles sont très convoitées par les industries et l'on pense les utiliser sur le plan énergétique pour la fabrication de méthane. La "voleuse d'huîtres" ou Colpomeina en fait partie. Elle se fixe sur la coquille d'une huître et provoque le détachement de son support. Le bivalve est ensuite entraîné par le courant hors des parcs à huîtres. Très courante, l'algue cornet (*Padina pavonica*) se développe en grand nombre sur les rochers jusqu'à 15 m de profondeur. Sans oublier non plus le foisonnant varech (*Fucus vesiculosus*), typique avec ses flotteurs vert clair, et le très abondant goémon noir (*Ascophyllum nodosum*).

L'ALGUE QUI GRATTE

Si de nombreuses algues sont très utiles, d'autres peuvent être vénéneuses. Certaines formes unicellulaires de la classe des péridiniens peuvent, quand elles pullulent, intoxiquer des bancs entiers de poissons. Ainsi, la maladie de la "gratte" ou ciguatera, commune dans certains pays tropicaux, est due à une algue toxique présente dans les polypes ou le plancton dont se nourrissent les poissons.

1 - Le kelp (Macrocystis integrifolia) *est une formation d'algues géantes qui constituent de véritables forêts au large de la Californie. Une plongée étrange et inquiétante, mais riche en découvertes.*

2 - La redoutable caulerpe (Caulerpa taxifolia) *est une algue tropicale qui est en passe d'envahir complètement certains secteurs de la Méditerranée, détruisant les biotopes existant.*

3 - Fucus spiralis *est une algue brune très commune dans l'Atlantique, dans la Manche et en mer du Nord. Elle se fixe aux rochers et apparaît à marée basse. Ses frondes ont la consistance du cuir.*

4 - Les algues brunes (ici Durvillaea potatorum *de Tasmanie), riches en iode et en oligo-éléments, sont une manne pour l'agriculture. Après avoir été ramassées sur les rivages, elles sont dessalées puis transformées en compost.*

5 - Le kelp est une algue brune. Ses "feuilles" sont en réalité des thalles, organes sans vaisseaux, accompagnés d'un flotteur qui permet à la plante de conserver un port dressé dans l'eau.

6 - Cette algue rouge encroûtante (Pseudolithophyllum expansum) *ressemble à un morceau de roche. Sa texture particulière tient à la présence de calcaire dans ses tissus. (Méditerranée).*

7 - L'algue cornet (Padina pavonica) *fait partie des algues brunes. Elle est courante en Méditerranée et dans les eaux tropicales. Ses éventails circulaires beiges sont incrustés de calcaire.*

1

2

3

4

5

6

7

1

2

Un peu d'histoire

Au Moyen Âge, les seigneurs s'étaient réservé le "droit d'épave" quand ils étaient riverains d'une côte ou d'un fleuve. Dans le cas d'échouage d'un bateau, toute la cargaison leur appartenait. Elle était partagée avec la Cour. Cela valut bien des abus, notamment l'allumage de feux trompeurs qui guidèrent nombre de bateaux vers des écueils. Les rois réglementèrent ces pratiques en attribuant le tiers des épaves maritimes à l'amiral de France (1373). En 1681, une ordonnance stipula que les épaves côtières seraient désormais attribuées par moitié au roi et à l'amiral.

Les trésors des abysses

Les navires engloutis naufrageurs sont innombrables. Certains recèlent encore de véritables trésors ou des merveilles archéologiques. La visite d'une épave est toujours un grand moment d'émotion.

La définition d'une épave est "objet abandonné à la mer ou carcasse de navire échoué sur une côte". Par extension, on donne souvent un sens péjoratif au terme épave. C'est un objet perdu, une personne désemparée. Pour le plongeur, en découvrir une est toujours excitant et plein de mystère. Qui n'a jamais rêvé de mettre au jour quelque trésor englouti ? Cette fascination pour les épaves a entraîné, depuis l'existence du scaphandre autonome, un véritable pillage des sites historiques et archéologiques.

L'archéologie sous-marine

Deux grandes découvertes d'épaves antiques en 1900 et en 1907, en Grèce et en Tunisie, ont lancé l'archéologie sous-marine. Dans un premier temps, il s'agissait surtout de récupérer les chefs-d'œuvre engloutis : statues, vaisselle, œuvres d'art diverses. Il fallut toutefois attendre l'avènement du scaphandre autonome pour que de véritables études archéologiques soient entreprises sous la mer. Relevé précis des épaves, identification du navire, datation, inventaire du contenu et enfin remontée des objets intéressants sont caractéristiques de cette activité.

Depuis 1961, la France s'est dotée d'une législation sur les épaves à intérêt archéologique et protège sévèrement son patrimoine. Il est, par exemple, totalement interdit de remonter les amphores que l'on découvre.

L'archéologie sous-marine est aujourd'hui une activité spécifique qui s'exerce avec un encadrement scientifique. C'est une discipline passionnante où restent encore des foules de choses à découvrir et à réaliser. Parmi les épaves à trésors qui sont portées disparues, on peut citer entre autres : le *San José,* galion espagnol coulé en 1708 au large de la Colombie ; la *Madalena,* perdu près de Miami en 1589 ; la *Santa Rosa* et ses 26 tonnes d'or qui fit naufrage au cap St-Augustin, au large du Brésil, en 1726 ; l'*Orient,* navire français contenant 25 tonnes d'or, coulé dans la baie d'Aboukir, en Égypte, en 1798 ; etc. Sans oublier, pour les amateurs de mythes et de mystères, le fameux trésor de Rommel qui dormirait quelque part au large de la Corse...

Partages d'épaves

Le rêve secret de nombreux plongeurs est sûrement de découvrir une épave inconnue, chargée de préférence d'un trésor fabuleux. Même si c'est de plus en plus difficile, cela n'a rien d'utopique. Voilà pourquoi le législateur s'est intéressé aux épaves.

Depuis le XIXe siècle, il est fait obligation à l'inventeur d'une épave (celui qui la découvre le premier) de la déclarer à la mairie ou au commissariat de police de sa localité. Son propriétaire peut la revendiquer pendant les deux ans qui suivent cette déclaration.

La découverte et le sauvetage des épaves maritimes sont soumis aux règles du décret du 26 décembre 1961. Les épaves sauvées sont partagées entre l'inventeur ou le sauveteur et le propriétaire ou, à défaut, entre l'État pour 1/3 et l'inventeur pour 2/3. Il est très important de déclarer "l'invention" d'une épave aux Affaires maritimes afin de sauvegarder ses droits éventuels. L'absence de dé-

3

4

5

6

7

claration est justiciable d'une contrainte pénale.

La loi fait une réserve pour les épaves qui présentent un intérêt archéologique, historique ou artistique. La loi du 1er décembre 1989 et le décret du 5 décembre 1991 régissent aujourd'hui les biens culturels maritimes. Spécifiquement liée à l'archéologie, cette loi ne dépend plus du régime général des épaves. Elle a élargi la protection à tous les vestiges et biens situés dans le domaine public maritime et le fond de mer de la zone continentale. Tout bien culturel maritime doit désormais être laissé en place, et toute intervention est soumise à une autorisation préalable. Si vous découvrez une amphore, même isolée, ne la touchez donc que des yeux !

1 - Un vieux camion militaire finit ses jours dans les eaux poissonneuses de la mer Rouge. S'il ne contient pas d'hydrocarbures, un véhicule immergé n'est pas polluant.

*2 - Au Soudan, l'épave de l'*Umbria *fait partie des hauts lieux de la plongée mondiale. Incrustée d'innombrables animalcules, elle s'est transformée en récif artificiel.*

*3 - Un alcyonaire rose (*Dendronephthya *sp.) a élu domicile sur un mât métallique. Il suffit d'une année d'immersion à une épave pour qu'elle commence à être colonisée par les animaux marins.*

4 - Des plongeurs viennent de découvrir une petite épave qui repose sur un banc de sable. Ils vont pénétrer au cœur du bâtiment après s'être assurés que l'exploration est sans risques.

5 - Après plusieurs années d'immersion, le métal s'habille de concrétions multiples, signe que la vie est toujours la plus forte. D'où la difficulté à localiser les épaves antiques.

6 - Une épave a toujours quelque chose de majestueux et d'impressionnant. Ici le Coral Star, *un grand cargo coulé par 40 m de profondeur à l'île Maurice.*

7 - Couvert de spongiaires aux couleurs chaudes, le métal de cette petite épave prend des teintes étonnantes. Ne le touchez que des yeux, sinon gare aux coupures !

Quelques grandes découvertes

-1900 : épave antique (80 avant J.-C.) à Anticythère en Grèce (statues de bronze).

- 1907 : épave antique (Ier siècle avant J.-C.) de Mahdia en Tunisie (colonnes de marbre, bronzes).

- 1948 : épave de Mahdia, le commandant Cousteau et Philippe Taillez récupèrent ancres, chapiteaux et amphores.

-1949-1950 : épaves d'Anthéor et de Port-Cros, première utilisation d'une suceuse à air.

- 1950 : épave d'Albenga en Italie (amphores).

- 1952 : épaves du Grand Congloué (IIe siècle avant J.-C.) près de Marseille (amphores, céramiques).

- 1957 : épave du *Titan* à Port-Cros, première mosaïque de photos pour identifier une épave réalisée par le commandant Taillez.

- 1958 : découverte de l'épave de la *Sémillante* en Corse, navire décrit par A. Daudet dans *Les Lettres de mon moulin*.

- 1959 : épave de Spargi en Sardaigne, premier relevé planimétrique d'une épave par le professeur Lamboglia.

- 1961 : épave de la *Chrétienne* à Anthéor, relevé complet de la coque par F. Dumas.

- 1961 à 1964 : épave de Yassi Ada en Turquie (VIIe siècle), première fouille exhaustive et méthodique d'une épave par l'américain G.F. Bass.

- 1966 : création de la DRASM, Direction des recherches archéologiques sous-marines, liée au ministère de la Culture.

- 1968 : épave du Planier à Marseille, première réalisation française de stéréophotographie sous-marine.

- 1973-1974 : épave de l'anse Gerbal à Port-Vendres, première sortie de l'eau d'une coque antique après démontage sous la mer et reconstitution.

- 1972-1982 : épave de la madrague de Giens à Hyères, la plus grande fouille jamais réalisée sur une épave antique (6 000 amphores).

- 1976 : épave de la *Secca di Capistello* aux îles Lipari, première expérience de fouille profonde (- 65 m) par une équipe italo-américaine.

- 1978 : Jacques Dumas et Patrick Lizé découvrent l'épave du *Banda* (XVIIe siècle) à l'île Maurice et un fabuleux trésor de porcelaines chinoises de l'époque Ming.

- 1985 : épave du *Titanic* retrouvée par 3 780 m de fond par Jean-Louis Michel de l'Ifremer.

- 1986-1987 : exploration de l'épave du *Titanic* par les sous-marins *Alvin* (USA) et *Nautile* (France).

Par 40 m de fond, les rambardes de l'Umbria sont complètement recouvertes d'alcyonaires. L'épave est en permanence environnée de myriades de petits poissons virevoltants.

Plongée dans l'histoire

Si les épaves antiques et les sites archéologiques sont à réserver surtout aux spécialistes, d'innombrables épaves, souvent mieux conservées, méritent d'être visitées.

Les "épaves à trésors" n'ont rien à voir avec l'image d'Épinal du vaisseau fantôme posé intact sur un fond rocheux et protégé par une garde prétorienne de requins affamés. Plus une épave est ancienne et moins elle est spectaculaire. Le plus souvent recouverte de sédiments, elle est à peine visible. De plus, il est fréquent que les colères de la mer l'aient brisée en plusieurs morceaux. Résultat : l'impression est décevante et il faut beaucoup d'imagination ou de connaissances pour en reconstituer mentalement le puzzle.

En dépit de la qualité des navires modernes, les naufrages sont encore monnaie courante. Très rares sont les zones réputées pour la plongée qui ne recèlent pas quelque jolie coque à visiter.

Des récifs artificiels

Il est de plus en plus fréquent que des associations de plongeurs ou des autorités maritimes décident de couler un bateau en fin de carrière, dans des fonds accessibles en scaphandre autonome. Nos rivages risquent-ils de devenir les "casses" de chantiers navals ? Certainement pas, si les sabordages sont réalisés avec soin et bien contrôlés. De plus, on s'est rendu compte que les épaves devenaient rapidement des récifs artificiels, supports parfaits pour la vie marine sédentaire et abris efficaces pour les poissons.

Ces bateaux engloutis connaissent une nouvelle carrière, devenant des lieux de plongée très prisés et des centres d'observation remarquables de la vie marine. Le seul problème réside dans le fait de les couler suffisamment profond, car la mer est destructrice et une forte tempête peut déplacer une épave de cargo sur plusieurs dizaines de mètres.

QUELQUES ÉPAVES CÉLÈBRES

Il est très difficile de dresser l'inventaire exhaustif de toutes les belles épaves qui existent de par le monde. Certaines toutefois sont très célèbres. Ne manquez pas de les visiter si l'occasion vous est offerte.

AUX CARAÏBES :

- Le *Comberbach* à Stella Maris, aux Bahamas : le bateau a été coulé en 1894 sur un fond de sable de 30 m de profondeur, pour servir de récif artificiel.
- *Theo's Wreck* à Grand Bahama, aux Bahamas : un cimentier posé sur 30 m de fond dans une eau d'une clarté exceptionnelle.
- Le *Rhône* aux îles Vierges Britanniques : considérée souvent comme la plus belle épave des Caraïbes, elle est extraordinairement poissonneuse. Un bateau du XIXe siècle posé sur 24 m.
- L'*Oro Verde* à Grand Cayman : un grand bateau de 50 m de long qui a participé à la Seconde Guerre mondiale. Il a été coulé volontairement en 1980 pour servir de récif artificiel. Très jolies concrétions, nombreux poissons.
- Le *Prince-Albert* à Roatan, Honduras : ce bateau de 40 m de long est coulé juste en face du complexe hôtelier de Coco View. il repose depuis 1985 par 10 m de fond, ce qui en fait un haut lieu d'intérêt pour les photographes grâce, de surcroît, à l'abondance de poissons.
- Le *Duane* en Floride : cet immense bateau de près de 100 m de long a été coulé volontairement par 40 m de fond en 1987. Il est l'antre de très nombreux barracudas.
- Le *Roraima* à St-Pierre, en Martinique : par 50 m de fond, l'un des bateaux coulés lors de l'explosion de la montagne Pelée, en 1903, les mieux conservés. Très belles concrétions.

EN MÉDITERRANÉE :

- Le *Liban* au large de Marseille, le site d'une des plus grandes catastrophes navales du début du siècle. Plongée par 30 à 35 m. L'avant intact est couvert de magnifiques concrétions.
- Le *Chaouen* au phare du Planier, près de Marseille : un bateau magnifiquement conservé depuis son naufrage, en 1971. Plongée entre 30 et 45 m de fond.
- La *"barge aux congres"* : au large de Port-Cros, par 48 m de profondeur, un chaland en bois héberge de nombreux congres pratiquement apprivoisés. L'épave en elle-même n'a rien d'extraordinaire, mais la rencontre avec les congres est inoubliable.
- La *Chrétienne* au large d'Anthéor. Ce haut lieu de l'archéologie sous-marine regroupe 3 épaves antiques. C'est surtout un lieu de pèlerinage car il ne reste pas grand-chose.
- Le *Rubis*, un sous-marin coulé par 40 m de profondeur, en 1957, au large de Cavalaire et parfaitement conservé. C'est l'une des rares épaves de ce type. Il est possible de pénétrer à l'intérieur.

- La *Pecorella* au milieu du golfe de Porto Vecchio en Corse : par 10 m de profondeur, un bateau parfaitement conservé avec de très belles concrétions. Idéal pour la photographie.

EN MER ROUGE :

- L'*Umbria* au Soudan, une épave mythique qui repose par 50 m de profondeur, mais dont on peut visiter les superstructures à partir de 30 m. Magnifiques concrétions, incroyable ballet de poissons.
- Les épaves du récif d'Abu Nahas dans l'île de Shadwan en Égypte : de magnifiques cargos couverts de concrétions par 30 m de fond. Beaucoup de poissons.

DANS L'OCÉAN INDIEN :

- Le *Coral Star* au nord de l'île Maurice : une magnifique infrastructure par 40 m de fond. Des alcyonaires commencent à s'y développer. Murènes dans les cales et nombreux poissons tout autour.
- Le *Victory* aux Maldives, une épave remarquablement conservée, juste à la sortie de Malé. Jolies concrétions de couleurs.

DANS LE PACIFIQUE :

- L'*Atlantis* à Hawaii, au large de Honolulu, est entouré de nombreux poissons. L'épave est explorée régulièrement par un sous-marin "touristique", qui confère à cette plongée un charme supplémentaire.
- Le *Mahi* à Hawaii, sur la côte Ouest de Oahu : un bateau d'une cinquantaine de mètres de long, coulé volontairement en 1983 par 28 m de profondeur. Il est environné de myriades de poissons multicolores.
- La *Dieppoise*, à la sortie de Nouméa, en Nouvelle-Calédonie : une épave coulée volontairement en 1988 et entourée de myriades de poissons. 26 m de profondeur, une infrastructure spectaculaire.

- Le *Yongala* en Australie : l'une des plus belles plongées du monde, à 50 miles au sud de Townsville. Ce bateau d'une centaine de mètres de long a coulé en 1911 à la suite d'un cyclone. Il est immergé, incliné à 45° dans 24 m d'eau d'une clarté extrême. La faune qui l'entoure est exceptionnellement abondante.
- À Rabaul, en Nouvelle-Guinée, une cinquantaine d'épaves datant de la Seconde Guerre mondiale : avions et cargos entre 30 et 60 m de profondeur. Très nombreux poissons.

DANS L'INDO-PACIFIQUE :

- À Palau et dans le lagon de Truk, en Micronésie, des dizaines d'épaves japonaises datant de la Seconde Guerre mondiale : bateaux et avions parfaitement conservés dans des petits fonds. La plus grande concentration au monde d'épaves visitables. Parmi les plus célèbres, l'*Amatsu Maru*, un énorme bateau de plus de 150 m de long, plein de concrétions.
- À Apo Reef, aux Philippines, une magnifique épave entièrement couverte de concrétions attend les plongeurs depuis 25 ans. Immergée par 12 m de profondeur, elle est complètement intégrée au récif et se pare de très jolis alcyonaires.

– 7 –

Plonger pour quoi faire ?

Une fois maîtrisées les données techniques spécifiques de la plongée, le nouvel homme-poisson a le choix entre la contemplation béate du monde sous-marin et une activité culturelle ou sportive. Il est rare que le plongeur se satisfasse complètement de la seule sensation d'apesanteur et de l'impression grisante de pouvoir respirer sous l'eau. Très vite, des centres d'intérêts se manifestent : une nouvelle passion naît. Plongée dans l'histoire à la recherche des épaves et des trésors archéologiques, observation et connaissance des êtres vivants aussi complexes que mystérieux, découverte de l'univers inquiétant des grottes et des résurgences. De nombreuses occupations s'offrent à l'explorateur. Pour le sportif, l'amateur de sensations fortes, des activités physiques liées le plus souvent à l'apnée sont proposées dans de nombreux clubs. Les esthètes à l'œil observateur, les artistes, les amateurs de beau matériel et de techniques, quant à eux, préfèrent laisser leurs talents s'épanouir dans l'image sous-marine. Photo ou vidéo, peu importe ! Voici l'occasion d'immortaliser des souvenirs uniques et, pourquoi pas, de participer à des concours et des championnats.

LES TRÉSORS NE PAIENT PAS

Parmi les plus extraordinaires trésors sous-marins mis à jour, il faut signaler celui de l'*Atocha*, découvert par Mel Fisher et dont la vente par la célèbre firme Christie's en 1988 a rapporté 2,9 millions de dollars. Cette épave, trouvée au large de la Floride, a demandé 17 ans d'efforts à son "inventeur" et l'intervention de 600 investisseurs - pas moins - pour mettre à jour tout le butin. Résultat, chacun est à peine rentré dans ses frais !

TRÉSORS ENGLOUTIS

La recherche des épaves, et surtout des cargaisons qu'elles contenaient, a depuis la nuit des temps excité la convoitise des hommes. Aujourd'hui, elle est devenue une science et une technique.

L'archéologie sous-marine fait partie des disciplines que gère la FFESSM. Par l'intermédiaire des commissions régionales, la Fédération permet l'établissement de relations entre les archéologues sous-marins amateurs et les instances officielles. Le but de l'archéologie est de rechercher, découvrir, enregistrer toutes les données qu'apportent les fouilles, d'étudier, de sauvegarder et de restaurer les trouvailles.

Les autorisations de fouille sont délivrées, chaque année, par le Département des recherches archéologiques sous-marines (DRASM), un service du ministère de la Culture dépendant de la sous-direction de l'archéologie. Entrent également en jeu les Directions régionales des antiquités et le Centre national des recherches archéologiques subaquatiques. Chaque fouille doit faire l'objet, en fin de saison, d'un rapport scientifique destiné à chacun de ces organismes. De même, toute découverte doit leur être signalée.

Chasseurs de trésors : à vos marques...

Si vous vous sentez une âme d'explorateur et que la recherche d'épaves vous tente, sachez qu'il ne sert à rien de partir à l'aventure avec bateau, sonar et bouteilles de plongée. La plupart des nouvelles découvertes ne sont plus le fruit du hasard. Désormais, les recherches préparatoires constituent l'essentiel du travail. Il faut passer des mois dans les bibliothèques à consulter des archives pour parvenir à situer l'emplacement d'une épave. Ce travail ardu demande de bonnes connaissances littéraires et scientifiques pour faire le tri parmi les témoignages d'époque et lire entre les lignes.

Ensuite, il faudra vous équiper d'un sondeur latéral, d'un sondeur de sous-sol, d'un magnétomètre, d'une suceuse, de matériels onéreux et compliqués... Aujourd'hui, la chasse aux trésors engloutis est un travail d'équipe. Il vaut mieux, sans doute, l'envisager comme une action de bénévolat au sein d'un groupe scientifique, car l'opération est rarement rentable.

450 millions de dollars...

C'est la valeur minimale du trésor découvert le 13 septembre 1989 dans l'épave du *Central America*, échouée par 2 400 m de profondeur. Les recherches réalisées par le Columbus America Discovery Group ont déjà coûté 7 millions de dollars en raison notamment de l'utilisation de Nemo, un robot téléguidé. Plus de 3 tonnes d'or ont pu être remontées, dont des pièces et des lingots très rares.

160 000 porcelaines Ming

C'est le butin fabuleux qu'a récupéré, entre 1985 et 1986, Michael Hatcher dans l'épave du *Geldermalsen*, ce navire hollandais naufragé en mer de Chine en 1752. L'épave renfermait également 125 lingots d'or massif, gravés d'idéogrammes chinois, parfaitement conservés.

La découverte d'une amphore est toujours un grand moment. Le plongeur a l'impression de remonter le temps. Et si ce vestige cachait un fabuleux trésor?

Page de droite : le plongeur biologiste a un rôle considérable à jouer dans la protection des espèces. Ses observations et ses annotations permettent de comprendre l'évolution de l'écosystème.

Plongée côté nature

Apprendre le milieu marin et mieux connaître ses habitants, tel est le rôle dévolu à la biologie subaquatique. Une discipline à vocation scientifique où se mêlent le sens de l'observation et celui de l'image.

Tout plongeur confirmé devrait se sentir un petit peu biologiste. Ne serait-ce que pour reconnaître les animaux et les plantes les plus fréquemment rencontrés lors de ses descentes. Confondre une éponge encroûtante avec une simple pierre n'est pas bien grave, mais ignorer l'aspect urticant de certains cœlentérés (anémone, plume de mer, etc.) ne devrait pas être permis à un guide de palanquée.

On ne fait pas encore assez cas du milieu marin dans l'apprentissage de la plongée. En conséquence de quoi, de nombreux plongeurs agissent comme de simples touristes qui ignorent la fragilité de l'environnement aquatique. Cela devrait changer car les mentalités évoluent. Dans beaucoup de régions du globe, le respect de l'environnement conduit peu à peu à l'instauration de règles strictes. À Cozumel au Mexique, par exemple, il est absolument interdit de toucher à quoi que ce soit. Ce qui est frustrant, mais se justifie aisément : la plongée étant devenue une activité de plus en plus populaire, les dégâts individuels de chaque plongeur sont multipliés par milliers. Au bout du compte, les récifs s'abîment et la faune périclite. Les trésors naturels sont tout aussi uniques et précieux que des œuvres d'arts. Ils constituent la richesse fondamentale de notre planète et, par conséquent, méritent protection et respect.

Connaître pour protéger

Fort de sa vanité naturelle, l'être humain a tendance à considérer toutes les autres formes de vie comme mineures. Dans tous les cas, il privilégie sa propre espèce et cherche à la rendre dominante vis-à-vis des autres. Il oublie un peu vite que toute vie sur Terre est régie par un équilibre précaire, et que l'ensemble des êtres vivants, même les plus primitifs, constitue une pyramide qui se fragilise chaque fois que l'une de ses composantes disparaît.

La Commission nationale de biologie subaquatique régie par la FFESSM regroupe 13 comités régionaux qui organisent régulièrement des stages, initiant chaque année plus de 500 plongeurs. Ces stages de biologie, proposés par la FFESSM ou certaines structures organisées, ont pour but de sensibiliser les plongeurs au respect de la nature en insistant sur le côté extraordinaire et merveilleux de la vie sous-marine. En progressant dans leurs connaissances, ces biologistes amateurs se verront souvent offrir la possibilité de collaborer avec le milieu scientifique.

La meilleure école du photographe

Bien maîtriser les techniques du cadrage, de l'éclairage et de l'exposition ne suffit pas pour réaliser de bonnes photos sous-marines. La recherche des sujets y occupe une part essentielle. Or, comment savoir sans connaissances en biologie que tel nudibranche consomme un type précis d'anémone, que tel coquillage étonnant passe le plus clair de son temps sur une espèce de gorgone, que tel poisson en apparence craintif va se retourner par curiosité dès qu'il aura pris quelque distance...

La photo sous-marine qui cherche à capturer l'image des êtres vivants s'apparente beaucoup à la photo animalière. Or, dans ce registre, qu'il s'agisse de prises de vues terrestres ou subaquatiques, c'est bien la connaissance des sujets qui fait la différence !

Une stimulation permanente

En se perfectionnant et en améliorant ses connaissances, le plongeur biologiste amateur profite, à chaque fois, encore plus de ses séjours dans le bleu. Il perçoit des détails qui échappent au plus grand nombre, et chaque nouvelle exploration lui apporte des sensations supplémentaires. Aux premières découvertes, sorte de préambule pour apprendre à distinguer les êtres, succède l'observation des comportements. Ainsi, le ballet amoureux de certains poissons peut être une source infinie d'émerveillement.

Très vite, il apprend à comprendre les hiérarchies, la répartition des territoires et assiste en spectateur à ce grand opéra de la vie et de la mort que se jouent en permanence tous les habitants du récif.

La volonté de rencontrer certaines espèces mystérieuses ou rares suivra. La découverte des animaux mimétiques fait partie de ce jeu extraordinaire dont il est impossible de se lasser.

La survie par les réserves

Il est certain que l'avenir des fonds marins passe désormais, comme pour les espaces naturels terrestres, par une protection draconienne des milieux. Il existe déjà de très nombreux parcs et réserves sous-marins dans le monde. La France n'en possède qu'un seul, le parc national de Port Cros, créé en 1963. Tout près, se trouve la réserve de Monaco, née en 1976. En Méditerranée, il faut mentionner la réserve des îles Medas (Espagne), celle de Zembra près du cap Bon (Tunisie) et l'île d'Ustica (Sicile). Dans tous ces endroits, la faune est beaucoup plus abondante qu'ailleurs, signe de l'efficacité et de l'utilité des mesures de protection.

Deux fédérations jumelées

La plongée souterraine est liée à deux fédérations : la FFS (Fédération française de spéléologie) et la FFESSM (Fédération française d'études et de sports sous-marins). Chacune possède une commission spéciale, aux secteurs d'activités similaires. Elles travaillent souvent en commun, et leurs membres possèdent généralement la double affiliation. Leur but est d'étudier et de promouvoir tous les aspects matériels, techniques et scientifiques de la plongée souterraine.

La plongée souterraine

Seuls les plongeurs ayant acquis un bon niveau technique peuvent raisonnablement envisager de pénétrer les entrailles de la Terre. Un univers extraordinaire, même s'il se montre parfois assez hostile.

Beaucoup de spéléologues deviennent plongeurs par nécessité. En raison tout simplement de l'immersion permanente ou partielle de certains gouffres. Seul un entraînement spécifique, et surtout un respect méticuleux des règles de sécurité, peut permettre de profiter pleinement des plongées en grottes. Cette discipline très délicate demande une grande maîtrise de soi et beaucoup d'abnégation. Pour être pratiquée dans les meilleures conditions de sécurité, il faut une parfaite connaissance théorique et pratique de la plongée ainsi qu'une bonne initiation aux spécificités du milieu souterrain.

La plongée souterraine a commencé à se développer en 1960 grâce à l'initiative de deux pionniers, Guy de Lavaur et Michel Letrone. Depuis, cette activité a pris son essor, permettant notamment des explorations extraordinaires telles que les siphons du gouffre Berger, le gouffre Jean Bernard, la fontaine de Vaucluse, le goul de la Tannerie, la fontaine des Chartreux, les sources sous-marines de Port-Miou...

Un équipement spécifique

Souvent, la plongée souterraine s'effectue dans de l'eau froide (entre 4 et 12 °C) et dure longtemps en raison de la longueur des boyaux à explorer. Une combinaison étanche est donc recommandée. Le scaphandre classique se compose de deux bloc simples accouplés et munis chacun d'un détendeur avec manomètre submersible. Parfois, les spéléologues se munissent de quantités considérables d'air dans des quadri-bouteilles, par exemple. Il est vrai que certaines explorations sont impressionnantes. La plus longue plongée souterraine au monde a été réalisée à la Doux-de-Coly, près de Brive, avec 3 100 m de parcours à - 50 m. L'immersion a duré 11 heures. La plus profonde a eu lieu à la fontaine de Vaucluse à - 205 m (avec un mélange spécial).

Pour des raisons de sécurité, la règle des tiers est appliquée : le parcours aller s'effectue jusqu'à consommation du tiers de l'air total disponible, le retour s'effectue sur le deuxième tiers, le reste étant prévu comme réserve de secours.

Un éclairage est bien sûr indispensable car la plongée s'effectue le plus souvent dans le noir total. Plusieurs torches sont à prévoir. Le spéléologue se munit en plus d'un fil d'Ariane en Nylon, de 2 à 3 mm de diamètre. Ce fil est marqué tous les mètres avec des indications de la direction de sortie.

L'APNÉE PROFONDE

Immortalisés par le succès du film *Le Grand Bleu* de Luc Besson, les exploits de Jacques Mayol et de Enzo Maiorca, pionniers de l'apnée profonde, ont suscité de nombreuses vocations. La réalité dépasse aujourd'hui la fiction...

La quête de la performance en apnée est une nouvelle fois la preuve que l'homme est un être éternellement insatisfait. Quel besoin le pousse donc à jouer les dauphins en pénétrant les profondeurs marines, tout en retenant son souffle ? Pour tous les grands champions actuels, ce sont avant tout la lutte contre soi-même, le dépassement de ses possibilités, mais aussi la curiosité scientifique. En théorie, l'homme ne devrait pas pouvoir s'immerger en apnée à plus d'une vingtaine de mètres. Mais le métabolisme humain est si complexe que deux phénomènes importants ont été constatés pendant l'immersion en apnée profonde : la bradycardie et le bloodshift.

• **Ralentissement du rythme cardiaque :** c'est la bradycardie. Lorsque l'homme s'immerge, le corps s'adapte tout naturellement et, comme chez les mammifères marins, les battements du cœur ralentissent. Ainsi, lorsqu'en 1983 Jacques Mayol est parvenu à - 105 m en apnée, son rythme cardiaque était descendu à 20 battements par minute au lieu de 70 en surface. Par la suite, des expériences ont montré que ce phénomène se déclenchait même (de façon très ténue, bien sûr) dès que l'on plongeait les lèvres dans un verre d'eau.

• **Un second souffle :** connu par les apnéistes profonds sous le terme de bloodshift ou érection pulmonaire, ce phénomène se caractérise par un afflux naturel du sang au niveau du cœur et du cerveau pendant l'apnée. Il s'agit d'une sorte de congestion passagère et contrôlée par le métabolisme, qui permet d'éviter les désagréments de la pression. Le plongeur ressent alors une sensation de bien-être, parfois même euphorisante.

• **L'apnée en poids constant : la performance**

Cette discipline très sportive consiste à descendre le long d'un câble, qui comporte des graduations de profondeur, par la seule force du palmage et à remonter en conservant le lest initial. Le plongeur n'est pas autorisé à se haler sur le câble pendant la remontée. La technique, qu'emploient de grands champions actuels comme Umberto Pelizzari ou *Pipin*, consiste à palmer rapidement jusqu'à acquérir une vitesse cinétique suffisante pour continuer la descente sans effort.

• **L'apnée en poids variable : vers les abysses**

C'est cette technique qui a permis à Jacques Mayol d'être le premier homme à atteindre - 100 m en apnée. Aujourd'hui, la limite a été repoussée à - 120 m et elle progressera sans doute encore. L'apnée en poids variable doit surtout être considérée comme une méthode d'expérimentation du comportement humain en immersion et non comme un moyen de compétition pour s'enfoncer plus loin encore dans les profondeurs.

La technique consiste à utiliser une gueuse qui entraîne le plongeur rapidement vers le fond sans qu'il lui soit nécessaire de palmer. Ces lests, jadis remplis de sable, sont aujourd'hui munis de freins oléopneumatiques qui permettent de contrôler la vitesse de la descente. Celle-ci ne s'effectue plus la tête en bas, mais en position verticale. De ce fait, le plongeur peut plus facilement "passer ses oreilles", et se trouve moins exposé aux problèmes qui surgissent avec le changement de position du corps.

Le règlement actuel concernant ce type de plongée limite le poids du lest au tiers de celui du plongeur et bannit l'utilisation de moyens mécaniques de remontée (parachute, par exemple).

Cette forme d'apnée demande d'énormes moyens logistiques et, par conséquent, un investissement important.

• **Le psychique avant le physique**

En apnée, c'est ce qui se passe "dans la tête" qui importe. Et le champion a plus besoin de relaxation, de décontraction et de concentration que de force et de puissance. D'où les performances exceptionnelles de certaines femmes, comme celles de la fille de Enzo Maiorca ou d'Angela Bandini, qui avoisinent les exploits des hommes.

Il est très important "d'oublier" l'apnée en essayant de mieux résister aux contractions du diaphragme qui déclenchent le réflexe respiratoire. Pour y parvenir, il faut être pleinement décontracté, ce qui découle d'une bonne relaxation psychologique. La meilleure méthode consiste à éveiller dans son esprit des images agréables.

ATHLÈTES CONTRE DOPAGE

Les apnéistes profonds sont des champions de haut niveau, athlètes d'exception, qui satisfont, comme dans les autres disciplines, aux contrôles antidopage. Aucun test positif n'a jamais été enregistré. Il est vrai que l'effet des anabolisants est plutôt néfaste pour l'apnéiste dans la mesure où, la masse musculaire ayant été augmentée, le métabolisme consomme plus d'oxygène.

APNÉE STATIQUE : PLUS DE 6 MN SANS RESPIRER

Cette discipline particulière consiste à tenir le plus longtemps possible en apnée sans avoir à faire de mouvement. Plusieurs spécialistes dans le monde ont dépassé les 6 mn, notamment Umberto Pelizzari et Michel Bader, ce dernier ayant même réalisé 6 mn 40. De telles performances sont possibles grâce à une concentration extrême obtenue après une longue pratique du yoga.

Dans le même esprit, mais encore plus fort peut-être, il faut souligner l'extraordinaire record de Francis Bruschini qui a réalisé, en piscine, 17 h d'apnée sur 24 h de nage !

Page de gauche : Assez stressante pour le débutant, la plongée souterraine permet dans certains cas de découvrir des grottes magnifiques dans une eau d'une limpidité incomparable.

La descente en apnée vers les grandes profondeurs est réservée à des athlètes d'exception parfaitement entraînés tant sur le plan physique que psychique.

LA LICENCE FÉDÉRALE : PÊCHE PERMISE

Un permis de pêche, délivré par la capitainerie du port de l'endroit où vous pratiquez votre activité, est nécessaire. Toutefois, la licence de la FFESSM en tient lieu. Elle vous dispense, par conséquent, de satisfaire à cette formalité. Attention, la pêche sous-marine n'est autorisée qu'à partir de 16 ans.

SAFARI SOUS LA MER

Anciennement appelée "chasse", la pêche sous-marine est une activité fort décriée aujourd'hui. C'est pourtant une discipline très sportive, exigeante et très technique car elle se pratique exclusivement en apnée.

Si l'homme savait être raisonnable, nul doute que la pêche sous-marine ne subirait pas régulièrement les procès d'intention que lui font les protecteurs de la nature. En effet, qu'est-ce qu'un ou deux poissons fléchés comparativement aux tonnes emprisonnées dans les filets des chalutiers ?

Le plongeur qui descend en apnée à 20, 30 et même 40 m pour capturer son poisson a quand même plus de mérites que le simple pêcheur à la ligne qui attend que "cela morde" en croquant un sandwich sur un bateau de luxe. Mais il y a le côté odieux de cette flèche transperçant un corps qui se débat, cet assassinat délibéré à bout portant, et surtout les excès de certains qui, comme bien des chasseurs, ne peuvent s'empêcher de tirer sur tout ce qui bouge.

La pêche sous-marine est une activité d'une certaine noblesse quand elle est pratiquée avec modération. Mais le problème se pose différemment lorsqu'il s'agit des compétitions. Peut-on raisonnablement se targuer d'un titre de champion en tuant des poissons ? Ce débat philosophique n'est pas prêt d'être clos...

• **Une activité très physique :** dans les mers européennes, la pêche sous-marine est une activité vraiment sportive. La raréfaction du poisson oblige de plus en plus le pêcheur apnéiste à plonger profond. Sa condition physique doit donc être parfaite. Un entraînement en piscine, au moins deux fois par semaine (une séance de palmage et une d'apnée), est vivement recommandé.

• **Des techniques spécifiques :** selon le type de poissons qu'il tente de capturer, le pêcheur sous-marin dispose de plusieurs méthodes.

La pêche en pleine eau consiste à descendre dans le bleu lentement et à profondeurs importantes pour tirer les gros poissons pélagiques : liches, dentis, carangues, barracudas, etc.

La pêche à la coulée, très subtile, exige de pour suivre le poisson tout en étant au fond. Elle requiert une bonne connaissance de la biologie.

La chasse au trou se pratique en visitant systématiquement des anfractuosités de rochers pour y tirer congres, murènes, mérous et autres poissons sédentaires.

L'agachon est une pêche à l'affût, où la curiosité du poisson est excitée pour l'inciter à venir. Pour être efficace, il faut rester longtemps en apnée.

• **Le matériel nécessaire :** un bon équipement est indispensable non seulement pour garantir un minimum de résultats, mais également pour la sécurité. La pratique de la pêche sous-marine oblige à rester de longues heures dans l'eau. Choisissez une combinaison sur mesure, bien chaude et avec cagoule. Des palmes longues et souples sont conseillées ainsi que des gants. Côté sécurité, une bouée de surface portant un pavillon de plongée est indispensable. Quant au profondimètre, il vous est utile à ne pas dépasser vos limites. Et surtout, n'oubliez pas votre couteau.

Ayez toujours deux arbalètes de la même marque, mais de longueur différente. N'oubliez surtout pas des sandows, des ardillons de rechange ainsi qu'une bobine de fil.

• **Quelques accessoires utiles :** un chasseur a toujours quelque chose à bricoler ou à réparer. Pour cela, n'oubliez pas de vous munir des ustensiles suivants : lime plate, tournevis (plat et cruciforme), colle néoprène, briquet et quelques Rustines pour éventuellement réparer votre bouée. Vous pouvez aussi compléter votre panoplie avec une pierre à affûter, un rouleau de chatterton et une bombe de produit dégrippant.

• **Quelques restrictions :** de plus en plus d'endroits sont interdits à la pêche sous-marine. C'est le cas bien sûr des réserves et des parcs naturels (Port-Cros), mais il peut y avoir aussi des zones protégées particulières. Ne manquez pas de vous renseigner sur les arrêtés spécifiques de chaque région. Sachez que la pêche sous-marine du mérou est désormais interdite en Méditerranée et qu'il n'est pas permis au pêcheur sous-marin de prendre des liches en Corse.

En France, la pêche sous-marine n'est pas autorisée dans les ports ni entre le coucher et le lever du soleil. Il est interdit d'utiliser une lampe, de tirer les crustacés (crabes, langoustes, homards), ces derniers devant être capturés à la main. Il est aussi illégal de capturer le poisson avec des filets.

UN PEU D'HISTOIRE

La pêche sous-marine fut introduite en Europe en 1930 par des pêcheurs sous-marins en provenance du Pacifique. Pratiquée comme un loisir, elle resta localisée dans les eaux méditerranéennes. Lors de la Seconde Guerre mondiale, elle devint un mode de ravitaillement important pour les populations côtières. Les premières arbalètes apparurent dès l'après guerre permirent à cette activité de se développer, grâce notamment à des prises spectaculaires qui firent les gros titres des journaux.

1

***Notre conseil :** comme toute activité subaquatique, la pêche sous-marine ne se pratique jamais seul. Opérez en équipe de deux, celui qui est en surface surveillant son équipier en immersion.*

Si vous chassez dans les eaux tropicales, n'accrochez jamais vos prises à la ceinture, c'est le meilleur moyen de provoquer l'attaque d'un requin. Renseignez-vous aussi sur les espèces non comestibles du lieu. Inutile de tirer des poissons qui ne finiront pas dans votre assiette.

Nage avec palmes

La nage avec palmes est une activité logique du plongeur et surtout un bon entraînement. Mais elle est aussi un sport de compétition aux techniques spécifiques.

La nage avec palmes a débuté dans les années 60 et a connu tout de suite un formidable essor grâce à des compétitions prestigieuses comme les 100 km de l'Adriatique ou la descente du Saint-Laurent. Toutefois, le développement que l'on pouvait en attendre ne s'est pas poursuivi. Sans doute est-ce dû au fait que cette activité est considérée en France comme une forme un peu bâtarde de la natation classique. Au plan européen, en revanche, la nage avec palmes est très prisée, surtout en Italie et en Europe centrale.

Sa promotion et sa reconnaissance en Europe doivent beaucoup à René Bailleul, président du Centre subaquatique français, père de deux épreuves spectaculaires : les "boucles de la Marne" et la "traversée de Paris". Ce type de compétition s'est ensuite propagé en Allemagne, Belgique, Italie, Suisse et Espagne. C'est ainsi qu'est née la Coupe de Corlieu, l'officieuse Coupe du monde de nage de grand fond.

En 1968, lors des championnats d'Alouchta, dans l'ex-URSS, les conditions météorologiques étaient si mauvaises que les épreuves ont, pour la première fois, été disputées en piscine. La nage avec palmes éclata alors en deux catégories : piscine et plan d'eau. Les premiers championnats d'Europe en piscine se déroulèrent en 1969, à Locarno, en Suisse.

L'évolution du matériel

De 1965 à 1968, les nageurs avec palmes utilisaient les modèles standards du commerce. C'est lors de la compétition du 1 500 m à Alouchta qu'apparaissent les premières palmes "longues" aux pieds du Russe Boris Popov. En 1970, à Barcelone, on découvre pour la première fois la monopalme, utilisée par la Soviétique Nadejda Touroukalo. Dès lors, commence l'irrésistible ascension de cette monopalme pour toutes les épreuves disputées en piscine.

Les palmes classiques résistent chez les nageurs de longues distances jusqu'en 1975. Cette année-là, tous les records seront battus en monopalme, dans des proportions telles qu'il n'est désormais plus envisageable d'imaginer le retour aux bipalmes.

Une discipline à part entière

Les règlements sportifs de la nage avec palme moderne sont nés en 1977, lors des championnats d'Europe de Dunaujvaros (Hongrie). Les premiers jeux mondiaux sont disputés en 1981, à Santa Clara aux États-Unis, à titre de démonstration, puis en 1985, de plein droit. En 1986, le Comité Olympique International reconnaît officiellement la nage avec palme comme discipline sportive olympique à part entière. Cela devrait contribuer nettement à l'essor de ce sport.

2

Les compétitions en piscine

Nage de surface	
Hommes	Dames
100 m nage libre	100 m nage libre
200 m nage libre	200 m nage libre
400 m nage libre	400 m nage libre
800 m nage libre	800 m nage libre
1 500 m nage libre	1 500 m nage libre
Relais	Relais
4 x 100 m nage libre	4 x 100 m nage libre
4 x 200 m nage libre	4 x 200 m nage libre
Immersion	
Hommes	Dames
50 m apnée	50 m apnée
100 m scaphandre	100 m scaphandre
400 m scaphandre	400 m scaphandre
800 m scaphandre	800 m scaphandre

Il existe aussi des épreuves de nage de grand fond disputées en mer, lac ou rivière, qui couvrent généralement des distances de 3 à 20 km. Les championnats internationaux sont organisés sous l'égide de la CMAS.

3

1 - En tenue camouflée, le chasseur s'approche de sa proie arbalète au poing. Une pratique sportive qui nécessite d'excellentes qualités d'apnéiste.

2 - La nage avec palmes se pratique aujourd'hui avec de grandes monopalmes. Le nageur joue les dauphins.

3 - Des épreuves en immersion avec ou sans scaphandre sont au programme des compétitions de nage avec palmes.

DES BREVETS SPÉCIFIQUES

Au sein de la FFESSM, les différents niveaux de pratique de la nage en eaux vives sont attestés par des brevets : flotteur de bronze, flotteur d'argent et flotteur d'or. Les fonctions techniques sont sanctionnées par des titres : initiateur, moniteur (1er degré), entraîneur (2e degré) et instructeur national.

LA NAGE EN EAUX VIVES

Créée officiellement au sein de la FFESSM en 1986, la nage en eaux vives est une activité qui allie les émotions fortes avec le sport de compétition.

Le but de la nage en eaux vives consiste à descendre un torrent aux eaux tumultueuses et à la dénivellation plus ou moins forte en se jouant des turbulences et des obstacles. Cette activité, qui se pratique dans les régions de montagne, le plus souvent dans de l'eau très froide, exige une bonne condition physique ainsi que l'utilisation d'un vêtement isothermique efficace en raison de l'effort soutenu par le nageur.

Les différents cours d'eau sont classés de I à VI, par niveau de difficulté. Les portions impossibles à franchir sont baptisées “infran”. Il existe des compétitions de slalom et de descente.

Un équipement bien rembourré

Le nageur en eaux vives doit renforcer sa protection en utilisant un matériel bien adapté aux conditions particulières de l'environnement. Il s'équipe d'un flotteur résistant aux chocs, mais dont le profil ne présente pas de danger pour les autres nageurs. Le port d'un casque est obligatoire avec si possible une mentonnière. Les épaules, les coudes et les genoux sont protégés par un rembourrage adéquat.

Ci-dessous : lors d'une descente de torrent, deux nageurs évoluant dans un passage délicat.

Un peu d'histoire

Les pionniers de la nage en eaux vives ont commencé à s'exercer dans les torrents en 1960-70. En 1976, la FFESSM inscrit dans ses statuts cette nouvelle activité la “nage avec accessoires”. C'est en France, en 1979, que se sont déroulées les premières compétitions, avec la descente du Fier, en Haute-Savoie. L'année suivante se constitue l'Association de nage et navigation en eaux vives, qui se transforme en 1985 en fédération non officielle. La Fédération française de canoë-kayak n'ayant pas accepté la nage en eaux vives parmi ses activités, l'association rejoint la FFESSM, en 1986, en tant que commission nationale. Les premiers championnats de France ont lieu en mai 1987, sur le Fier. En février 1990, un arrêté du ministre de la Jeunesse et des Sports délègue la nage en eaux vives à la Fédération de canoë-kayak. Mais aujourd'hui encore, cette activité est toujours prise en compte par la FFESSM. Elle est pratiquée par les deux fédérations qui envisagent des accords pour la formation et les compétitions nationales.

LE BIATHLON EN VITESSE

Variante du tir sur cible, le biathlon associe la précision et la vitesse de natation en apnée. Le but consiste à réaliser 3 tirs sur la même cible en un minimum de temps. Le départ s'effectue à 15 m de la cible, et le concurrent parcourt l'aller et le retour en apnée. Le score est obtenu en soustrayant au total des points obtenus le temps en secondes, multiplié par deux.

LE TIR SUR CIBLE

Issu de la pêche sous-marine, le tir sur cible, actuellement en plein essor, se pratique individuellement en piscine. C'est un sport bien structuré avec des règles, des compétitions et des champions.

Les règles sont simples : réaliser plusieurs tirs sur une cible fixe après un parcours en apnée aller et retour, avec obligation de toucher la cible à la main à chaque parcours. Une ligne, matérialisée sur le fond de la piscine, définit la distance que la pointe de la flèche ne doit jamais dépasser. La cible en est distante de 3 m. Elle est fixée sur un support entre 80 et 90 cm du sol et à 2 m de la surface. Elle comporte un cadre contenant une plaque de polystyrène de 31 cm de côté.

Toutes les armes sont permises : arbalète, fusil à ressort ou à air comprimé, de série ou de fabrication artisanale. Seul le trépied est interdit, car il ne doit à aucun moment y avoir appui sur le sol.

Le tir de précision consiste à effectuer de 5 à 10 tirs dans un délai de 5 à 10 mn au maximum. Le chronomètre est déclenché dès l'immersion, mais le temps n'est pris en compte que pour départager les ex aequo.

Le tireur se maintient en position de visée grâce à un corps lesté qu'il peut modeler à sa convenance. Après le tir, il touche la cible de la main, retire la flèche qui s'y est plantée, puis retourne en apnée à sa position de départ où il fait surface.

La cible est divisée en quatre parties. Le centre blanc de 1,5 cm de diamètre rapporte 550 points. La première zone noire de 1,5 à 5 cm du centre rapporte 500 points. La seconde zone blanche située de 5 à 9 cm du centre rapporte 450 points. La seconde zone noire à plus de 9 cm du centre rapporte 400 points.

Après déduction des éventuelles pénalités, la somme des points détermine le score final.

Le tir sur cible trouve ses origines dans les pays de l'Est, où il est toujours beaucoup pratiqué. Il a été introduit en France au début des années 70 par Daniel Mercier, président du Spondyle Club, qui organisa alors des compétitions en mer sur des fonds de 10 à 15 m. Cette activité tomba presque dans l'oubli avant de connaître une renaissance, en 1980, sous l'impulsion de M. Lecompte, pêcheur sous-marin parisien.

Ci-contre : avant de déclencher son tir, le tireur s'applique dans sa visée.

Le hockey subaquatique

À la fois sport d'équipe et jeu, le hockey sous-marin consiste à faire glisser un palet plombé dans le but adverse placé au fond d'une piscine. En apnée bien sûr !

Le hockey sous-marin a vu le jour en Grande-Bretagne vers 1950. Il est resté assez confidentiel jusqu'au début des premières compétitions internationales dans les années 70.

En France, il a débuté en 1981 et a surtout conquis le Nord et l'Est du pays. La première codification officielle remonte à 1978, mais plusieurs modifications ont été apportées en 1982, 1984 et 1986 lors des championnats du monde.

Sport d'équipe

Sport collectif, le hockey sous-marin se pratique dans une piscine de 25 x 15 m au maximum, soit les dimensions classiques d'un bassin communal. La profondeur doit être comprise entre 2 et 4 m, le fond être plat ou en faible pente. En surface, l'aire de jeu est délimitée au moyen de lignes flottantes, au fond par des lignes plombées.

Une équipe de hockey sous-marin se compose de 10 membres : 6 joueurs et 4 remplaçants. Ces derniers interviennent à tout moment, à la seule condition qu'il n'y ait dans l'eau pas plus de 6 joueurs d'une même équipe en même temps.

Les rencontres se jouent en deux périodes de 15 mn ; une mi-temps de 3 mn permet aux équipes de changer de camp.

L'arbitrage du match est assuré par trois personnes, l'arbitre principal placé sur le bord de l'aire de jeu et deux assesseurs dans l'eau.

Un matériel original

Les accessoires spécifiques des hockeyeurs sont la crosse et le palet. Celui-ci est un disque de plomb, recouvert d'un matériau antichoc, qui pèse 1,5 kg pour un diamètre de 8 cm et une épaisseur de 3 cm. Chaque joueur dispose d'une crosse plate réalisée dans un matériau flottant. Elle peut avoir n'importe quelle forme à condition de respecter les dimensions suivantes : de 25 à 34 cm de long et de 7 à 12 cm de large. La partie de la crosse, avec laquelle est poussé le palet, est noire ou blanche et permet de reconnaître les membres d'une même équipe.

Outre la crosse, chaque joueur est équipé d'un masque, d'un tuba souple et de palmes. Il porte aussi un bonnet avec protège-oreilles et un gant qui habille la main tenant la crosse. C'est également par la couleur du bonnet que se différencient les équipes.

Un sport très physique

Le hockey sous-marin demande de réelles qualités athlétiques car l'engagement physique est total. Il requiert une grande adresse pour manier le palet avec la crosse ainsi qu'un véritable sens tactique. Qui plus est, ce sport de contact se pratique en apnée !

1

L'orientation sous-marine

L'orientation sous-marine est une discipline sportive qui allie vitesse, précision et habileté. Elle se pratique en scaphandre et a pour but de réaliser un parcours défini à l'avance. Cette activité est organisée au sein de la FFESSM, depuis 1966, par la Commission nationale d'orientation subaquatique. Les épreuves internationales sont placées sous l'égide de la CMAS.

Les compétitions d'orientation sous-marine sont composées d'un ensemble d'épreuves de navigation subaquatique, individuelles ou par équipes. Elles se déroulent en mer, en lac ou dans tout plan d'eau d'au moins 3 m de profondeur. La visibilité doit être supérieure à 1 m. Les participants effectuent leur parcours à une profondeur moyenne de 5 m environ.

Les plongeurs en scaphandre sont équipés de compas, calculateurs de distance, ardoises, etc. Ils sont également munis d'une bouée de surface qui permet aux juges et aux spectateurs de suivre leur évolution.

Les parcours sont balisés par des bouées qu'il faut trouver dans les épreuves d'orientation avec repères, ou contourner lors des épreuves d'orientation sans repères. Dans chaque compétition, un temps maximal est imparti.

Le matériel d'orientation

Outre l'équipement classique des plongeurs, les candidats sont de plus en plus souvent munis de monopalme. Le port obligatoire du couteau est également à noter. Côté matériel de navigation, ils utilisent un compas à lecture verticale ; un compteur de distance permettant de calculer la longueur du parcours effectué entre les bouées ; un appareil de visée (alidade) qui permet de matérialiser une direction en la repérant sur un cercle gradué ; une montre de plongée avec chronomètre ; une planchette qui permet d'inscrire le cap, le temps de nage, la distance, etc. De nombreux spécialistes de l'orientation sous-marine utilisent "la trique", une pige de 3 à 5 m de longueur qui leur permet de rechercher la bouée à l'aveuglette lorsqu'ils en sont proches.

Dans ce genre de compétition, le plongeur puise autant de satisfaction dans les améliorations techniques personnelles que dans la réussite purement sportive.

2

1 - Phase de jeu en hockey subaquatique, lors d'un match.

2 - Prise de caps sur une table de visée avant une épreuve d'orientation subaquatique.

Plus de 2 000 pratiquants

En France, le hockey sous-marin est un sport encore neuf. Mais il est déjà pratiqué dans plus de 250 clubs et dépasse les 2 000 pratiquants réguliers. L'organisation des stages et des compétitions est assurée par la Commission National de Hockey Subaquatique de la FFESSM. Un championnat national est organisé annuellement. Le championnat d'Europe a lieu tous les deux ans en alternance avec le championnat du monde (le premier a eu lieu à Chicago, en 1984).

Le matériel aux petits soins

La longévité et les performances de votre matériel photo sous-marin dépendent en grande partie de son bon entretien.

Après la plongée, trempez l'ensemble de votre matériel dans de l'eau douce ou rincez-le abondamment en faisant fonctionner tous les organes mobiles.

Ne rembobinez jamais votre film sous l'eau.

N'exposez pas votre matériel au soleil, cela dessèche les joints toriques qui en assurent l'étanchéité.

Lubrifiez les joints très légèrement, sans qu'aucune trace de graisse silicone ne soit apparente.

Passez toujours votre doigt sur le joint d'étanchéité avant de refermer un boîtier étanche ou un caisson. Il ne faut pas que de la poussière, un cheveu ou un fil se trouvent dessus.

Le contact de deux matériaux différents avec l'eau salée provoque une électrolyse et une soudure naturelle. N'oubliez pas de dévisser chaque soir les bras du flash, les platines, etc.

Les boîtiers et caissons

La photo sous-marine est une activité passionnante mais difficile. Seul un bon matériel peut garantir l'obtention d'images de qualité. Les progrès ont été considérables ces dernières années...

Les jetables : un bon début

La vogue des appareils photos dits "jetables" est de plus en plus forte en raison de leur simplicité d'emploi. Il s'agit en fait d'une pellicule photographique habillée d'une boîte obscure et d'un objectif rudimentaire en plastique. Visez, appuyez, la photo est prise ! L'intérêt du public pour cette photographie ludique a incité les fabricants à proposer des modèles étanches. Ce sont les mêmes produits que les jetables standards, mais ils se trouvent enveloppés dans une coque plastique transparente et soudée. Il est ainsi possible de réaliser des photos jusqu'à 3 m de profondeur. Comble de la sophistication, des modèles apparaissent aujourd'hui avec un flash électronique intégré. Le moyen idéal de s'initier sans dépenser des fortunes !

Notre conseil : *ne vous attendez quand même pas à des miracles avec les appareils jetables. D'abord leur utilisation est limitée par la profondeur. Ensuite, ils ne permettent aucun réglage. Ce sont uniquement des appareils destinés à rapporter quelques souvenirs. Très vite, il vous faudra passer à du matériel plus sophistiqué pour progresser.*

Les appareils étanches : la simplicité

Il semble logique d'utiliser pour la photo sous-marine un appareil que sa construction prédestine à cet usage. A priori, les risques de mauvais fonctionnement sont moindres et l'appareil est plus compact. Il existe aujourd'hui une gamme très complète dans cette catégorie. Certains modèles sont très simples (Formaplex, Aquashot de Ikelite, Mx 10 de Sea and Sea, etc.). D'un emploi fiable jusqu'à 40 m environ, ils permettent une bonne initiation à la tenue en main d'un appareil photo sous l'eau, au cadrage et aux premiers essais d'éclairage.

Plus sophistiqué, le Motor marine II de Sea and Sea permet le réglage de l'ouverture du diaphragme. Il accueille aussi des bonnettes interchangeables sous l'eau qui permettent de passer de l'objectif standard 35 mm à la photo rapprochée ou au grand angulaire. C'est un appareil à conseiller aux débutants et aux premières formations dans les clubs.

Issus du fameux Calypsophot, le premier appareil étanche par construction conçu en 1962, les Nikonos de Nikon représentent d'excellents outils pour les amateurs avertis. Beaucoup de professionnels les utilisent aussi en raison de l'excellente qualité de leurs optiques et de leur simplicité d'emploi. La génération actuelle est représentée par le Nikonos V qui offre la possibilité de la mesure TTL au flash (voir pages 212-213). La gamme des cinq objectifs se décline en 15, 20, 28, 35 et 80 mm. Il existe également un complément optique pour la photographie rapprochée qui permet de véritables macrophotos avec l'objectif de 80 mm. La mise au point s'effectue par estimation de la distance, et le cadrage par l'intermédiaire d'un viseur intégré dans le boîtier ou, pour les grands angulaires, avec un viseur optique fixé sur le sabot de l'appareil.

Les Nikonos ont l'avantage d'être fiables, robustes et d'une utilisation simple et précise. Avec un très grand angulaire, la prise de vue devient un réel plaisir, notamment avec le fabuleux 15 mm que tous les photographes de bon niveau utilisent ou rêvent de posséder.

Une véritable révolution en matière d'appareil photo étanche a vu le jour à la fin de 1992 avec l'apparition du Nikonos RS-AF de Nikon. Il s'agit du premier appareil reflex étanche par construction. De plus, il est autofocus. Cela veut dire que la mise au point s'effectue à travers l'objectif, de manière automatique. Ce gros boîtier en aluminium est étanche jusqu'à 100 m de profondeur. Il dispose de toutes les sophistications des appareils modernes : mesure TTL au flash, réglage de l'exposition par mesure matricielle, commande de compensation d'exposition, possibilité de mise au point programmée avec déclenchement automatique, etc. Trois objectifs sont proposés : 28 mm, 50 mm macro et un zoom 20-

1

1 - Le fabuleux Nikonos RS, reflex étanche. Objectifs interchangeables, mesure matricielle de la lumière, TTL au flash, mise au point autofocus.

2

2 - Le Motor marine II de Sea and Sea avec son flash. Un très bon appareil pour débuter. Possibilité de passer du grand-angle à la macro pendant la plongée.

3

3 - Le très classique Nikonos V avec son exceptionnel objectif de 15 mm.

4

4 - Le caisson Aquatica 80 pour le Nikon F 801 S. Une très grande qualité de fabrication et un poids nul dans l'eau.

5 - Le matériel photo destiné à la prise de vues sous-marine s'est beaucoup perfectionné ces dernières années.

5

35 mm. Ce dernier offre un confort d'utilisation incroyable. Bien entendu, en raison de son prix élevé, le Nikonos RS-AF est réservé aux professionnels ou aux amateurs les plus passionnés. Mais il représente un progrès considérable, à prendre en compte dans le domaine de la prise de vue sous-marine.
Notre conseil : *si vous avez l'intention de bien progresser dans la photo sous-marine, commencez tout de suite avec un Nikonos. Des générations de plongeurs photographes ont fait leurs premières armes avec ce matériel, qui permet de bien comprendre toutes les subtilités de la prise de vue subaquatique. Sachez de plus qu'il est possible de se procurer facilement ce matériel d'occasion.*

Les caissons : du bricolage

Les premières photos sous-marines ont pu être réalisées grâce à un appareil classique enfermé dans une boîte étanche (voir encadré). Depuis, ce principe reste toujours valable, d'autant que les boîtiers reflex ont évolué d'une manière surprenante et offrent aujourd'hui des performances remarquables. L'avantage de ce système réside dans la possibilité théorique d'utiliser un grand nombre d'objectifs. Il suffit simplement de disposer de hublots interchangeables.

De nombreuses possibilités de protection d'un appareil photo pour la prise de vue sous-marine existent. La plus simple et la moins onéreuse est l'enveloppe souple (type Ewa marine). Elle est surtout conseillée pour des appareils compacts et des besoins ponctuels. Sa profondeur d'utilisation est limitée à 10 m environ, et il est difficile d'employer un flash avec.

Les caissons en résine synthétique (type Ikelite ou Nimar) sont d'un prix raisonnable, d'un poids assez léger et d'une étanchéité aisément contrôlable car ils sont transparents. Cependant une construction grossière et la difficulté de mettre en place toutes les commandes les rendent moyennement fiables. Ils conviennent aux photographes méticuleux et bricoleurs qui sauront les personnaliser avec des "bidouillages" améliorant leur confort d'utilisation.

Il existe aussi un caisson "plastique" opaque (Stromm) qui offre l'avantage d'une grande compacité, mais il s'emploie uniquement en autofocus et en système programme, sans possibilité d'effectuer des réglages pendant la plongée.

Les caissons en alliage d'aluminium (type Aquatica, Hugyphot, Seacam, Procase de Subal, etc.) constituent le haut de gamme. Leur prix équivaut le plus souvent au double de la valeur du boîtier muni de son objectif. Ils sont solides, fiables, performants et souvent d'une précision étonnante dans l'usinage avec accès à toutes les commandes par des systèmes de crémaillères efficaces. La plupart des professionnels travaillent avec ce type d'équipement. Des systèmes optiques, fixés au viseur de l'appareil, permettent de contrôler le cadrage à la perfection. De plus, toutes les indications habituellement lisibles y sont portées.
Notre conseil : *si vous avez l'intention de faire de l'image sous-marine avec l'appareil que vous utilisez sur terre, n'oubliez pas de vous renseigner au moment de l'achat pour savoir s'il existe bien des caissons étanches adaptés à ce modèle précis. En choisissant une grande marque de matériel photo, vous augmenterez vos possibilités d'en trouver.*

UN PEU D'HISTOIRE

La pratique de la photographie sous-marine s'est développée à la fin du XIXe siècle, parallèlement à la généralisation du scaphandre à casque. Quelques essais fort médiocres eurent lieu en Crimée, en Italie, en Belgique et aux États-Unis. Mais ce n'est qu'avec Louis Boutan que furent réalisées, en 1893, les premières photos vraiment dignes d'intérêt. Il utilisait à l'époque une chambre photographique de format 9 x 12, enfermée dans une boîte en cuivre comportant des hublots. On lui doit de nombreux clichés d'ambiances et d'épaves en Méditerranée.

Associé au boîtier Nikonos V, le petit flash SB 103 donne d'excellents résultats pour la photo rapprochée. Pour couvrir le très grand angle de l'objectif 15 mm, il doit être muni d'un diffuseur.

Le flash SB 104 a été conçu pour fonctionner avec le Nikonos RS, mais il est aussi excellent avec le Nikonos V ou un boîtier Nikon F4 ou Nikon F 801 S dans un caisson. Sa mesure de la lumière est exceptionnelle avec un équilibrage inégalé à ce jour.

LA PHOTO SOUS-MARINE

L'absorption des rayons lumineux et la décomposition du spectre solaire au fur et à mesure de la descente en profondeur obligent bien souvent le plongeur photographe à utiliser un éclairage d'appoint. Pour l'image fixe, seul le flash permet en une période ultracourte de fournir une puissance suffisante à l'impression des couleurs sur la pellicule.

• **Les qualités d'un bon flash :** pour la photo sous-marine, il faut bien sûr s'assurer de sa bonne étanchéité et de son fonctionnement en toute sécurité dans l'eau. L'intensité lumineuse fournie étant très violente, le moindre court-circuit peut provoquer une décharge électrique redoutable.

Un flash sous-marin doit être puissant (nombre guide nominal supérieur à 30), fournir un éclair avec une température de couleurs assez chaude (de 4 800 à 5 300 °K). Il doit disposer d'une réserve d'éclairs importante (au moins 100) et offrir un recyclage rapide entre deux éclairs (de 3 à 6 secondes). Il serait bon également qu'il puisse couvrir un angle aussi large que possible afin d'être utilisé avec les objectifs grands angulaires (90 à 110° sont parfaits). L'intensité lumineuse doit être réglable (pleine puissance et fractions) de manière à pouvoir jouer volontairement sur l'éclairage et moduler à loisir les zones d'ombre et de lumière.

L'encombrement et le poids interviennent eux aussi. Nombreux sont les flashes, hauts de gamme, encore beaucoup trop volumineux (surtout comparés à des modèles terrestres de puissance similaire). Leur comportement dans l'eau doit être neutre ou très légèrement négatif, ce qui permet une meilleure tenue en mains.

• **Quelques bons points supplémentaires :** ne craignez pas d'être exigeant en matière de matériel photographique. C'est le meilleur moyen de faire progresser la technique.

La présence d'une lampe pilote est très appréciable pour plonger de nuit ou aider à la mise au point dans les endroits sombres. Elle permet aussi de contrôler la bonne orientation du flash vers le sujet (Ikelite 150 par exemple).

Une position "slave", c'est-à-dire déclenchement par l'éclair d'un autre flash, permet de travailler avec plusieurs sources lumineuses simultanément et de créer des effets spéciaux.

Des rallonges de bras articulées sont d'excellents accessoires pour pouvoir orienter le flash à votre guise et sans avoir à le tenir à la main.

Un système rapide de désolidarisation du bras de la platine est aussi très valable quand il est nécessaire de tenir le flash à bout de bras (présence importante de particules, par exemple).

Aujourd'hui, la plupart des appareils de prise de vues permettent la mesure au flash TTL (*Through The Lens*). Il est important que le flash soit pourvu d'un système compatible. C'est le mécanisme de mesure de l'appareil qui interrompt l'éclair quand la quantité de lumière nécessaire a été fournie. Les flashes Nikon SB 103 et SB 104 ainsi que les Oceanic 3003 et Ikelite 150 sont d'excellents modèles qui comportent cette particularité.

La recharge rapide des accus est un point intéressant, de même que la possibilité d'utiliser des piles alcalines classiques, un détail qui peut s'avérer capital dans certaines régions très isolées. Pensez aussi à vérifier que le chargeur est à double voltage. Les nouveaux modèles ne réclament même pas d'agir sur un curseur, ce qui évite tous les risques de surtension.

Notre conseil : *assurez-vous bien que le flash choisi est compatible avec votre appareil. Soyez vigilant en ce qui concerne les prises des câbles de synchronisation. Ce sont elles qui savent s'adapter au boîtier ou au caisson et non le contraire.*

Quelques trucs pour réussir vos photos

Grâce à l'évolution technologique, la photo sous-marine devient de plus en plus accessible aux amateurs, même débutants. Elle reste une activité onéreuse, mais il est souvent possible de limiter les dépenses en louant localement du matériel. Pour vous simplifier la tâche et obtenir à coup sûr des résultats honorables, suivez ces quelques conseils :

- **Utilisez un objectif grand angulaire :** les 24 mm, 20 mm ou le fameux 15 mm du Nikonos sont parfaits. Ils vous assurent une grande profondeur de champ et, par conséquent, minimisent les risques d'une erreur de mise au point. Attention toutefois à vous approcher suffisamment de votre sujet qui, sinon, paraîtra minuscule sur l'image !

- **Soyez fidèle à une seule pellicule :** il est difficile de s'habituer aux spécificités de chaque film, à la façon bien particulière qu'il a de réagir à certaines lumières, de contraster et d'offrir un bon rendu des couleurs. Ne vous compliquez pas la vie, utilisez toujours le même. Une sensibilité de 100 ISO est un bon compromis.

- **Prévoyez à l'avance le thème de vos images :** on ne photographie pas de la même façon une baleine, un poisson ange, un plongeur ou un nudibranche miniature ! Renseignez-vous auprès des moniteurs qui vous accompagnent sur les spécificités de la plongée que vous allez effectuer.

- **Équilibrez-vous à la perfection :** l'utilisation d'un gilet de stabilisation est quasi indispensable pour réussir de bonnes photos. Soyez légèrement lourd au départ, puis compensez avec le direct système jusqu'à un parfait équilibrage.

- **Déclenchez toujours en apnée :** le rejet des bulles par le détendeur est bruyant et effraie les poissons. Approchez votre sujet avec précaution et retenez toujours votre respiration au moment de la prise de vue. Un parfait moyen de concentration qui vous évitera par la même occasion les "flous de bougé" !

- **Approchez le plus possible votre sujet :** la lumière d'un flash ne transmet bien les couleurs que jusqu'à 1 ou 2 m au maximum. Si vous êtes très près du sujet photographié, ses couleurs vives ressortiront bien mieux sur l'image.

- **Optez pour le bracketting :** cette technique consiste à réaliser plusieurs expositions différentes avec le même sujet. Les professionnels l'utilisent de

1

manière systématique en effectuant généralement deux prises de vue supplémentaires, l'une à une fraction d'ouverture plus grande et l'autre à une fraction plus faible : par exemple, si vous devez ouvrir le diaphragme à 8, faites aussi une photo à 5,6 et une à 11.

- Utilisez deux flashes : de puissance différente et fonctionnant simultanément (avec un double cordon ou une position slave). Vous obtiendrez une meilleure répartition de l'éclairage sur une photo d'ambiance tout en évitant les ombres portées, peu esthétiques sur les images en gros plan.

- Cadrez en contre-plongée : la vision de la surface, notamment du soleil qui la traverse, est toujours un élément appréciable. C'est aussi l'occasion de réaliser une vue où l'eau apparaîtra plus claire.

- Étudiez vos modèles : qu'il s'agisse d'autres plongeurs, de poissons ou de mammifères, vous devez veiller à communiquer au mieux avec l'environnement afin de mettre les sujets que vous photographiez en confiance. Gardez votre calme en toutes circonstances. Au besoin, désintéressez-vous un instant de votre sujet afin qu'il puisse reprendre la pose avec plus de naturel ou revienne vous voir par simple curiosité.

- Gardez votre calme : une bonne photo ne se fait pas dans l'excitation et la précipitation. Même si vous venez de rencontrer une superbe baleine avec son petit, prenez votre temps. Contrôlez les réglages de l'appareil et restez tranquille. Si vous vous précipitez sur un sujet, soyez certain qu'il va s'enfuir instantanément. En restant bien immobile, vous avez de grandes chances pour que l'animal intrigué revienne jeter un coup d'œil à cette étrange créature que vous êtes.

Notre conseil : *pensez toujours à vous munir d'un tube de graisse silicone, d'un jeu de joints toriques spécifiques pour votre boîtier et votre flash, ainsi que d'un ensemble simple d'outils (pinces, tournevis). Il y a toujours à bricoler avec le matériel de prise de vues sous-marines.*

1 - Le flash Ikelite 150 TTL fonctionne en mesure automatique avec la plupart des boîtiers modernes. Un de ses atouts vient de sa lampe pilote qui aide le photographe pour la bonne orientation du flash.

2 - Un exemple d'utilisation parfaite du flash en photo d'ambiance. Le dosage de la lumière artificielle a été réalisé de manière à ce que l'éclair s'équilibre avec l'intensité lumineuse ambiante.

1

2

3

4

1 - Le caisson transparent Bentley accueille les camescopes Sony 705 ou 805. Il est muni de deux torches aux bras facilement orientables.

2 - Étanche jusqu'à 100 m, le caisson Capsule SC 10 de Amphibico Sports est prévu pour les camescopes TR 1 ou TR 8. Bonne compacité, excellente prise en mains.

3 - L'Amphibican est un caisson haut de gamme pour les camescopes Sony TR 705, 707 et 805. Il est muni d'un hublot asphérique pour l'utilisation d'un grand angle.

LE CINÉMA ET LA VIDÉO

Avec le développement de la vidéo, le cinéma super 8 qui faisait encore fureur jusque dans les années 85 est révolu. Aujourd'hui, le cinéma d'amateur est magnétique. Seuls les professionnels continuent à utiliser l'image argentique animée dans les formats 16 et 35 mm. Et encore... La télévision ne recourt plus qu'à la vidéo. Il est vrai que l'automatisation quasi totale de la mise au point, du contrôle de la balance des blancs, la prise de son synchrone et aussi et surtout le faible coût de la pellicule représentent des avantages majeurs.

Pour l'image sous-marine, il est préférable d'utiliser des caméras vidéo de petite taille. Cela permet de limiter les dimensions et, par conséquent, le poids du caisson dans lequel vous allez l'enfermer. La miniaturisation actuelle des appareils est extraordinaire, et leur niveau de qualité s'améliore d'année en année. Avec une définition horizontale de 400 lignes (contre 230 lignes pour le format 8 mm), le HI 8 et le S VHS sont proches aujourd'hui du standard professionnel. Contrairement à la photo où l'investissement est très élevé pour parvenir à ce degré de qualité, la vidéo est presque à la portée de tous avec une mise de fonds initiale pratiquement deux fois moindre et des possibilités de prise de vues bien plus grandes. Pour la pratique sous-marine, le HI 8 semble préférable, vu sa compacité et la possibilité qu'il a d'offrir jusqu'à 2 heures de prise de vues sur une même cassette. Attention, il est nécessaire d'utiliser des cassettes spéciales portant la mention HI 8.

Pour le choix de votre caméra, optez de préférence - dans un souci de simplification - pour un modèle qui permet la prise de vue rapprochée, directement sans avoir à actionner un bouton “macro”.

La vidéo sous-marine va tout de suite vous donner des résultats sympathiques. Il suffit de cadrer et de déclencher, l'image est bien exposée. C'est suffisant pour un bon souvenir ! Toutefois, vous deviendrez vite plus exigeant : vous souhaiterez monter vos films, les sonoriser, les composer comme des courts métrages qui racontent une histoire...

Le matériel : un choix limité

S'il existe une foule de modèles de caméras vidéo (des nouveautés apparaissent pratiquement chaque mois), le meilleur matériel, en matière d'images sous-marines, est celui qui s'adapte dans un caisson étanche. Cela restreint considérablement le nombre des modèles.

• Le caisson : simplicité et efficacité

Il n'existe malheureusement pas de caméra vidéo prévue pour l'utilisation subaquatique. Certains modèles acceptent les projections d'eau, mais ils ne doivent jamais être totalement immergés. Il est donc nécessaire de protéger la caméra dans un caisson. Certaines marques, comme Sony, proposent leurs propres fabrications. Elles ont l'avantage d'être parfaitement adaptées à un modèle donné.

Les grandes marques de caissons citées pour la photographie (Aquatica, Hugy, Ikelite, Nimar, etc.) proposent toutes des modèles pour la vidéo. Choisissez-en un qui puisse vous offrir le maximum de possibilités de réglages sous l'eau.

• L'éclairage : voyez double

Pour reproduire d'une manière assez fidèle l'ambiance subaquatique en vidéo, il n'est nul besoin d'un éclairage d'appoint. Toutefois, si vous désirez restituer les couleurs somptueuses de certains poissons et de la microfaune, il est alors utile d'utiliser de la lumière artificielle. Pour une bonne répartition de l'éclairage, prévoyez deux sources lumineuses placées de part et d'autre du caisson. Elles permettront de couvrir une surface plus large dans l'image d'ambiance et, pour la macro, d'éviter les trop forts contrastes avec des ombres portées peu esthétiques.

La sensibilité de la bande vidéo autorise un éclairage d'appoint de puissance moyenne ; deux phares de 50 ou 100 W suffisent. Veillez à ce qu'ils puissent être équipés de diffuseurs pour la bonne couverture de l'image au grand angle ou pour adoucir le contraste dans les plans très rapprochés.

Notre conseil : *pour la plongée de nuit, réglez la balance de couleurs de la caméra sur intérieur et retirez le filtre rouge. Pour des prises de vue en macro, un seul spot frontal de 50 W est suffisant. À partir de 1 m de distance, utilisez plutôt deux sources lumineuses. Ne prenez pas votre éclairage vidéo pour une lampe de plongée. Il est prévu pour un fonctionnement intermittent.*

Quelques trucs pour bien filmer

Réussir des images animées correctes est plus facile que d'immortaliser une belle attitude sur une photo fixe. Voici toutefois quelques conseils qui devraient vous permettre de franchir un pas supplémentaire dans la qualité...

- Contrôlez votre équilibre : avec la plus grande précision possible. Vous devez être capable de vous immobiliser complètement, tout en tenant la caméra, et conserver le même niveau d'immersion dans cette position. La parfaite maîtrise du poumon ballast est très importante en vidéo. En effet, vous pouvez obtenir un suivi du sujet par simple inspiration ou expiration, sans avoir à palmer. Votre séquence sera beaucoup plus stable. Limitez votre palmage le plus possible.

- Suivez le sujet : en accompagnant de la caméra son déplacement. C'est lui qui apporte du mouvement dans le film. Le plus difficile est de réaliser un travelling horizontal en palmant dans la même direction que l'animal en action. Le plus simple consiste à se poster dans un endroit fixe et à attendre que le sujet vienne vers vous. Dans tous les cas, évitez de filmer un poisson de dos qui prend la fuite.

- Limitez les mouvements de caméra : les panoramiques (déplacements latéraux de la caméra) ou les zoomings (mouvement de rapprochement vers le sujet ou d'élargissement de l'image) ne sont pas toujours très heureux sous l'eau. Limitez-les au maximum. Un seul effet par film est suffisant. Le reste doit être une succession de plans fixes où l'action est capturée par la caméra. Observez bien les films que vous regardez à la télévision et inspirez-vous-en pour vos propres images. Dans tous les cas, effectuez des mouvements de caméra aussi lents que possible.

5

ET POURQUOI PAS UN CONCOURS ?

Vous avez filmé quelques scènes qui vous paraissent extraordinaires, vos séquences vidéo regorgent de couleurs étonnantes, vous avez l'idée d'un montage original ou amusant... Alors ne vous privez surtout pas du plaisir de participer à un concours d'images sous-marines. Il en existe à l'échelon régional, national et international. Commencez d'abord à un niveau modeste et, si vous êtes primé, tentez votre chance au degré supérieur. Dans tous les cas, sachez faire court. Un film condensé de 4-5 mn au maximum est l'idéal. Ne vous perdez pas dans des détours compliqués, plongez directement le spectateur "dans le bain". Recherchez une musique originale, dont le rythme s'harmonise bien avec les images. Enfin, si vous optez pour un commentaire, évitez qu'il soit descriptif. Il doit plutôt venir en complément des images, renforcer leur impact et tenir en haleine le spectateur... Bonne chance !

- **Utilisez un léger ralenti :** s'il y a beaucoup de poissons ou si la vitesse de déplacement des sujets est importante. Ce conseil est surtout valable pour filmer les requins et les dauphins, par exemple.
- **Prolongez la séquence au-delà de l'action :** pour faciliter le montage, mieux vaut que le sujet principal ne soit pas tout de suite plein cadre dans chaque séquence. Commencez par filmer l'environnement et après 1 ou 2 secondes, laissez apparaître les acteurs (humains ou animaux) dans le champ. Continuez à filmer un instant en fin de séquence. Si vous suivez un poisson, par exemple, laissez-le se perdre dans le bleu quand il s'éloigne. Vous pourrez ainsi enchaîner plus facilement avec un autre thème.
- **Filmez au 1/60 :** c'est la bonne vitesse pour obtenir un compromis satisfaisant entre la profondeur de champ et la stabilité d'image. Le seul intérêt d'une vitesse plus rapide est la possibilité d'obtenir des images arrêtées d'une plus grande netteté.
- **Utilisez un filtre :** dans les tons rouges pour éviter une trop grande dominante bleue de vos images d'ambiance sans lumière d'appoint. Dans ce cas, faites les réglages de la caméra comme pour une utilisation en intérieur. L'efficacité du filtre est bonne jusqu'à 15-18 m de profondeur, au-delà un éclairage d'appoint est indispensable. Lorsque vous utilisez ce dernier, réglez la balance des blancs sur lumière du jour.
- **Variez les plans :** une des règles d'or de la réussite d'un film vidéo est de fractionner les séquences en changeant systématiquement de distance de mise au point et d'angle pour la caméra, afin d'éviter la monotonie.
- **Composez des séquences courtes :** le faible prix de la bande vidéo et l'autonomie fournie par les cassettes conduisent généralement à réaliser des séquences beaucoup trop longues. Des plans de 5 à 7 secondes sont tout à fait suffisants.

4 - La partie avant du caisson Quest Hi Band, destiné aux camescopes Sony 705 ou 805. L'aileron en plastique sert au bon équilibrage et à la mise en place des bras tenant les éclairages.

5 - La vidéo sous-marine exige un parfait équilibre du plongeur. Utilisez un éclairage d'appoint de manière à obtenir sur l'image les belles couleurs des habitants du fond des mers.

- 8 -

Des plongées de rêve

Une plongée réussie est un mélange de moments d'émotion et de découvertes. L'environnement, l'ambiance spécifique de l'endroit, la flore et la faune rencontrées, la clarté de l'eau, l'absence de vagues et de courant, le relief sous-marin contribuent à son succès. Il y a des milliers de très belles plongées à effectuer dans toutes les mers du globe. Quelques-unes seulement sont exceptionnelles. Elles doivent leur renommée internationale à une qualité constante et souvent à une spécificité extraordinaire : rassemblement de requins, de raies manta, mérous, raies ou murènes familiers, rencontre de dauphins, épave magnifique, parois aux concrétions multicolores, etc. Les pages qui suivent se proposent de vous offrir des plongées d'exception dans les principales grandes régions maritimes. Cette sélection, qui résulte de l'expérience et d'innombrables discussions avec des plongeurs de tous horizons, est tout à fait exceptionnelle. Alors à vos palmes...

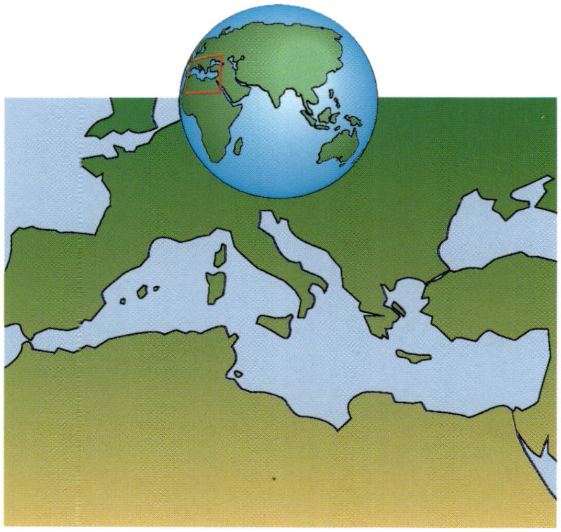

LA MÉDITERRANÉE : UN FRAGILE ÉQUILIBRE

La "Grande bleue" comme disent les gens du Midi est le berceau de notre civilisation, et celui aussi de la plongée. Elle recèle bien des merveilles sous-marines, mais son équilibre reste fragile...

Théâtre des premières explorations sous-marines et des exploits des pionniers du scaphandre autonome, la Méditerranée a bien changé en 50 ans. Exploitée outrageusement par les hommes, souillée par la pollution, elle a été profondément blessée. Fort heureusement, des mesures de protection ont été prises, des réserves créées. Petit à petit, la Méditerranée revit, du moins dans certaines régions. L'incroyable vitalité de la nature reprend ses droits, et des espèces qui se raréfiaient réapparaissent. La récente interdiction de la pêche au mérou devrait permettre une lente remontée des effectifs de ce seigneur. Restent les problèmes préoccupants de pollution, la destruction des herbiers de posidonies et l'invasion de certaines zones par l'inquiétante caulerpe (*Caulerpa taxifolia*). La Méditerranée vivant pratiquement en vase clos, toutes les agressions qu'elle subit prennent en conséquence des proportions beaucoup plus dramatiques. Il demeure toutefois de véritables merveilles à y découvrir en plongée. Raison de plus pour qu'on la respecte et la protège.

Plongées passion

La Méditerranée ne conduit pas à des aventures extraordinaires ou à des rencontres impressionnantes. Toutefois, le relief particulier de certains endroits ainsi que leur richesse en poissons peut confiner au grandiose. Il y a, en Méditerranée, des sites que ne déshonorerait pas un classement quatre étoiles.

• **Les îles Lavezzi en Corse :** situés dans les bouches de Bonifacio, ces îlots parsemés sur la mer constituent une réserve sous-marine de 5 000 hectares depuis 1982. C'est un des endroits les plus riches en mérous de toute la Méditerranée occidentale.

• **Les îles Medas en Espagne :** situées au large de Estartit, à 60 km au sud de Perpignan, dans la Catalogne espagnole, elles sont considérées comme l'un des sites les plus prestigieux de la Méditerranée. Les deux îles, Meda Gran et Meda Petita qui culminent à 75 m au-dessus du niveau de la mer, forment une réserve protégée laissant imaginer ce qu'a pu être cette mer, il y a 40 ou 50 ans. D'immenses gorgones rouges voisinent avec le corail. Les poissons en grand nombre ainsi que la présence de mérous font de cet endroit un moment de plongée inoubliable.

Plongées paysages

Le plongeur peut aborder la Méditerranée sous deux angles : la découverte du relief sous-marin ou l'observation de la microfaune. Dans le premier cas, il faut plonger par beau temps calme quand l'eau est très claire. C'est alors la découverte d'éboulis, d'arches et de grottes, souvent spectaculaires, que l'on ne trouve nulle part ailleurs.

• **Port-Cros dans le Var :** premier parc national marin de France, il couvre 1 800 ha sur une largeur de 600 m autour de l'île de Port-Cros. Toute la faune méditerranéenne s'est donné rendez-vous ici. La plongée au milieu des rochers et dans les herbiers de posidonies est tout à fait agréable, surtout en juin et en septembre. Beaucoup de poulpes et de crustacés.

• **Les grottes de Comino :** une des plus belles plongées de Malte dans un décor somptueux d'arches sous-marines et de grottes impressionnantes, mais faciles à explorer. En période estivale, l'eau est d'une clarté exceptionnelle. On regrettera simplement le manque de vie dû à la pêche intensive pratiquée dans ces eaux.

1 - L'épave du sous-marin le Rubis *est l'une des plus spectaculaires de la Méditerranée.*

*2 - L'eau de la Méditerranée est souvent très claire. Ici, des éponges encroûtantes (*Hamigera*) et un oursin (*Sphaerechinus granularis*).*

*3 - La rascasse (*Scorpaena notata*), appelée aussi chapon, est un poisson sédentaire dont les épines dorsales sont venimeuses.*

*4 - Une girelle (*Coris julis*) rend visite à des tuniciers transparents (*Clavellina*). Ce poisson change de sexe au cours de sa vie, devenant mâle en vieillissant.*

*5 - La gorgone rouge (*Paramuricea clavata*) peut atteindre 1 m de diamètre. On la croise à partir de 20 m de profondeur.*

*6 - L'anémone coloniale (*Parazoanthus axinellae*) est une des rencontres les plus fréquentes le long des tombants.*

*7 - Dans les eaux de St-Tropez, un nudibranche (*Hypselodoris elegans*) surpris sur une gorgone (*Eunicella verrucosa*).*

*8 - Le célèbre corail rouge de la Méditerranée (*Corallium rubrum*) et ses polypes épanouis comme des fleurs.*

*9 - Une ambiance caractéristique de la Corse : des barbiers (*Anthias anthias*) voisinent avec des castagnoles (*Chromis chromis*).*

1

• **Paleokastritza à Corfou :** l'un des plus jolis coins de la Grèce a l'avantage de permettre une plongée facile dans des eaux d'une bonne clarté. Découvrir les grandes falaises immergées quand l'eau est claire est un spectacle féérique. En s'approchant bien de la roche, on voit d'innombrables incrustations et toute une microfaune étrange.

• **Kusadasi en Turquie :** une plongée dépaysante dans une ambiance typiquement méditerranéenne d'éboulis rocheux, de grottes et de paysages étranges noyés dans une mer d'un bleu intense assez mystérieux. La Turquie recèle aussi des sites archéologiques sous-marins exceptionnels, mais leur accès est interdit.

Plongées épaves

La Méditerranée est célèbre pour ses épaves antiques. Mais ces sites archéologiques sont le plus souvent inaccessibles au commun des plongeurs. De plus, ces épaves ne sont pas les plus spectaculaires en raison de leur ancienneté et donc de leur mauvaise conservation. En revanche, il en existe de vraiment superbes, notamment la "barge aux congres" et le sous-marin le *Rubis* à ne vraiment pas manquer.

5

6

7

8

9

2

3
4

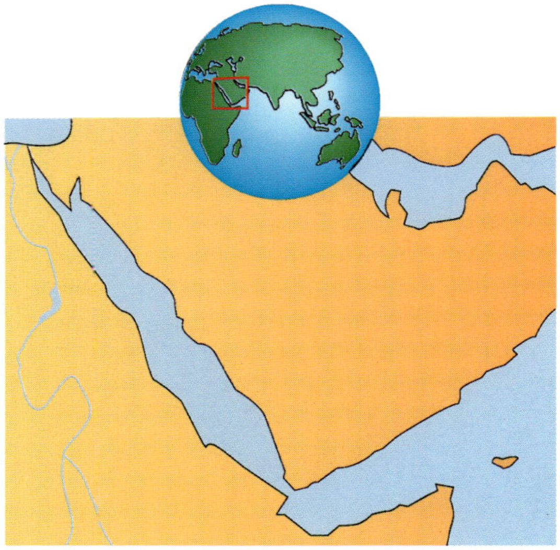

1 - *Espèce typique de la mer Rouge, la raie à points bleus (*Dasyatis limna*) est un poisson peu farouche qui vit sur les fonds sableux.*
2 - *À Sharm-el-Sheikh, les coraux mous appelés aussi alcyonaires (*Dendronephthya sp*) se parent de couleurs chatoyantes.*
3 - *À Safaga, un récif descend en pente douce vers les abîmes, égayé par le festival des barbiers (*Anthias squamipinnis*).*
4 - *Une murène géante (*Gymnothorax nudivomer*) pointe sa tête impressionnante dans une anfractuosité rocheuse de Carless Reef.*
5 - *Dans un récif de Hurghada, un mérou (*Cephalopholis miniatus*) chasse à l'affût parmi les coraux et les gorgones.*
6 - *La loche saumonée (*Variola louti*) se rencontre fréquentemment dans toute la mer Rouge. Cette espèce se reconnaît à sa queue en forme de croissant.*
7 - *La mer Rouge est une féerie de couleurs qui laisse pantois même les plongeurs les plus blasés. Ici, une plongeuse admire un gros bouquet d'alcyonaires.*

LA MER ROUGE : UN FESTIVAL DE COULEURS

Lieu de prédilection des plongeurs européens pour leurs premiers coups de palmes dans les eaux tropicales, la mer Rouge est un endroit béni des dieux, à la vie trépidante et aux couleurs d'une densité incomparable.

Les plus célèbres sites de la mer Rouge reçoivent des milliers de plongeurs chaque année. Les bourgades de Sharm-el-Sheikh et de Hurghada se sont transformées en cités balnéaires florissantes, et de nouveaux complexes hôteliers voient le jour chaque année. Les plongeurs qui affluent de tous les continents mettent aujourd'hui en péril les récifs dont l'écologie est fragile et complexe. Secteur encore privilégié et épargné par les grandes pollutions, la mer Rouge est presque aussi fermée que la Méditerranée. Il importe donc que les plongeurs soient ses premiers protecteurs. La généralisation des gilets de stabilisation devrait éviter la destruction systématique du corail et le soulèvement des sédiments qui, en se redéposant, asphyxient souvent les polypes. Un comportement nouveau à adopter, mais indispensable pour préserver ces trésors naturels inestimables.

Plongées passion

La mer Rouge, en dépit de ses dimensions réduites, recèle sans nul doute quelques-uns des lieux de plongée les plus "chauds" de la planète. Richesse de la faune, couleur incomparable de l'eau et des récifs, la plongée y est toujours un enchantement.

• **Le récif de Sanganeb au Soudan :** au pied du phare qui porte le même nom, ce grand tombant de corail descend à plus de 50 m. L'eau cristalline assure des conditions de plongée idéales. L'abondance de la faune est remarquable, sans oublier la richesse même du récif. Selon les saisons et le courant, il est possible de rencontrer une profusion de requins ou pas le moindre squale. Mais l'impression reste toujours la même : celle de se trouver dans un aquarium géant où se déroule une ronde incessante de petits poissons. Une plongée tourbillonnante !

• **Le récif de Shaab Rumi au Soudan :** ce récif circulaire est connu pour ses poissons abondants. Les bancs de carangues sont impressionnants et attirent souvent des requins. On peut rencontrer des concentrations importantes de requins-marteaux et de nombreux barracudas. C'est un peu comme un défilé de grands poissons, une parade éblouissante.

• **Carless Reef à Hurghada :** ce sec, situé en pleine mer, à une heure de navigation du port de pêche égyptien d'Hurghada, est une succession de patates de coraux et de petites formations madréporaires. Ce dédale sert de repaire à d'énormes murènes que certains plongeurs n'hésitent pas à nourrir à la main. Spectacle garanti !

Plongées paysage

En mer Rouge, avec l'abondance de poissons qui règne, l'œil est en permanence attiré par une espèce colorée ou aux formes originales. C'est oublier un peu vite l'ambiance féerique des innombrables tombants. D'un lieu à l'autre, les similitudes sont grandes et les configurations souvent voisines. Mais on ne peut se lasser de ces murs de coraux qui plongent dans le bleu des profondeurs.

• **L'archipel des Dahlaks en Éthiopie :** cet endroit retiré du monde se visite avec un bateau de croisière au départ de Massawa. Les îlots, innombrables, sont autant de sites de plongée intéressants d'une trentaine de mètres de profondeur en moyenne. La faune est riche et variée, mais ce sont surtout les paysages aux nombreuses patates de corail et les récifs morcelés qui séduisent.

• **Ras Um Sid à Sharm-el-Sheikh :** une plongée très célèbre qui peut s'effectuer depuis le bord. Le tombant vertical descend à 40 m de profondeur. Il est habillé d'innombrables coraux et de magnifiques bouquets d'alcyonaires de toutes les couleurs. Souvent, des bancs de carangues ainsi que des tortues passent. Très belles branches de corail noir à 30 m et plus.

• **Shark Reef à Ras Muhammad :** ce tombant vertigineux, qui descend presque tout droit jusqu'à 70 m de profondeur, comprend une infinité de coraux et de formations madréporiques. Il est difficile de résister à l'envie de se laisser planer dans cette eau cristalline. Les poissons sont très nombreux, mais contrairement à la signification du lieu, les requins sont rarement observés à cet endroit. En revanche, les bancs de barracudas sont communs et les gorgones immenses à plus de 20 m de profondeur.

• **Le récif d'Umm Kamar à Hurghada :** haut lieu de la plongée en Égypte, Hurghada recèle plusieurs dizaines de sites intéressants. Umm Kamar est assez éloigné (une heure de bateau), mais offre l'avantage d'une grande richesse par 20 à 25 m de profondeur. Un tombant en escalier avec un intermédiaire sableux se laisse découvrir facilement. Il abrite une incroyable quantité de poissons, notamment des poissons-papillons de toutes sortes (*Chaetodon*) et de nombreux petits mérous colorés.

• **Panorama Reef à Safaga :** ce petit port égyptien, à 80 km au sud de Hurghada, est riche en très belles plongées. Panorama est le récif le plus éloigné. Il s'enfonce doucement à plus de 60 m, permettant au plongeur une dégringolade aérienne le long de beaux jardins coralliens. La faune y est riche et il est fréquent de croiser de gros napoléons (*Cheilinus undulatus*), parfois aussi quelques requins ou des dauphins.

• **Les Sept Frères à Bab-el-Mandeb :** point de jonction entre la mer Rouge et l'océan Indien, le détroit de Bab-el-Mandeb appartient à la république de Djibouti. Ces immenses récifs permettent des dizaines de plongées, toujours différentes. En restant à de faibles profondeurs, vous apprécierez un paysage varié et coloré où tourbillonnent les barbiers orange (*Anthias squamipinnis*). À l'approche des 40 m, vous pouvez rencontrer quelques requins. Ne les provoquez pas, ils ont assez mauvaise réputation !

Plongées épaves

La mer Rouge est moins réputée pour ses épaves, sans doute parce que la navigation est facile avec des récifs proches surtout des côtes. Il existe toutefois des épaves artificiellement coulées, non loin des hauts lieux de plongée. Mais c'est surtout l'*Umbria* au Soudan qui possède une renommée internationale.

Plongées requins

Il y a des requins en mer Rouge, et on en pêche des quantités un peu partout. Il faut toutefois se diriger vers le sud (le Soudan est très réputé) pour être certain d'en rencontrer à coup sûr. Dans les zones les plus fréquentées par les plongeurs (Hurghada, Sharm-el-Sheikh, Aqaba, Eilat), la présence d'un requin est plutôt anecdotique.

• **Daedalus Reef en Égypte :** accessible uniquement avec des gros bateaux permettant la vie à bord, ce magnifique tombant se trouve à plus de 300 km au sud de Sharm-el-Sheikh. On y rencontre souvent des groupes d'une trentaine de petits requins-marteaux dans des eaux d'une clarté fabuleuse.

3

5

4

6

1

2

7

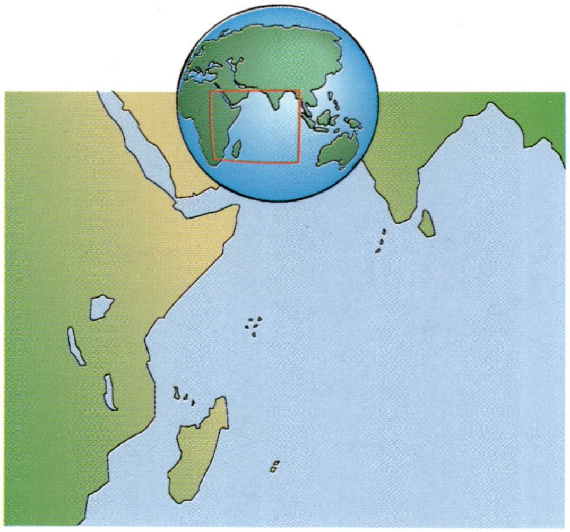

L'océan Indien : une richesse incroyable

Immense et varié, l'océan Indien se visite au travers des innombrables îles qui le parsèment. Elles ont toutes des noms qui prêtent au rêve et à la détente.

Il est certain qu'un séjour plongée dans l'océan Indien prédispose plus au *farniente* que le rude paysage désertique de la mer Rouge. En raison de sa situation complètement ouverte, l'océan Indien est encore indemne de pollution et ses récifs comptent parmi les plus beaux du monde. La faune de l'océan Indien s'apparente beaucoup à celle de la mer Rouge mais les poissons paraissent souvent plus grands. La raison provient certainement des grands courants océaniques qui apportent une nourriture plus riche et plus abondante. Ceux-ci posent d'ailleurs des problèmes de clarté dans de nombreuses régions. Mais dès que l'eau se trouble, commence le grand festin sous-marin et toute la chaîne alimentaire qu'achève une sarabande de requins. Des plongées pas toujours faciles, mais souvent spectaculaires et pleines de découvertes.

Plongées passion

• **Rempart serpent à Flic-en-Flac :** ce récif de l'île Maurice serpente sur un banc de sable par 26 m de profondeur. C'est la plus incroyable concentration de poissons-pierres (*Synancea verrucosa*), de poissons-scorpions (*Scorpaenopsis*) et de rascasses volantes (*Pterois*) qu'il soit possible de rencontrer. On y trouve aussi, quand la chance est au rendez-vous, des espèces plus rares de la même famille : Rhinopias et Inimicus. Il y a aussi de très nombreuses murènes de plusieurs espèces. Un endroit à explorer avec beaucoup de précaution !

• **Le banc Vailheu à Moroni :** loin au large de la Grande Comore, ce grand récif de 14 km de long s'étend au centre du canal du Mozambique. L'endroit est quasi mythique, et seuls des bateaux de croisière bien équipés le visitent régulièrement. Sa profondeur excédant 500 m, il est normal d'y rencontrer de nombreux grands poissons du large. Les requins assez farouches ne sont pas les plus nombreux. En revanche, les bancs de carangues, thons, barracudas, bonites, etc. sont impressionnants. On peut, avec de la chance, voir des concentrations de requins-marteaux et des requins-baleines.

• **Nosy Range à Madagascar :** cette petite île, dominée par un phare, se trouve au sud de Nosy-Bé. Une langue de sable blanc relie deux îlots à la végétation abondante. Là viennent pondre régulièrement les tortues marines. Elles se laissent surprendre la nuit dans leur activité de reproduction, tandis que le jour, elles croisent autour des récifs peu profonds. La plongée nocturne est l'occasion de découvrir d'innombrables coquillages vivants. Un endroit dépaysant et riche de rencontres inhabituelles.

• **Furana aux Maldives :** cette île, assez proche de l'aéroport de Malé, est surtout réputée pour ses raies manta. Sa situation à l'extérieur de l'atoll est tout à fait propice à la rencontre de grands poissons pélagiques. En raison des forts courants, les plongées sont réservées aux personnes expérimentées.

Plongées paysages

Les récifs de l'océan Indien ressemblent par bien des côtés à ceux de la mer Rouge. Mais ici, le relief est plus varié. Dans certains pays comme l'île Maurice ou la Réunion par exemple, les éboulis rocheux rappellent parfois la Méditerranée avec une faune très différente.

• **La Cathédrale à Flic-en-Flac :** plongée facile et très réputée de l'île Maurice. Un ensemble de deux grandes voûtes rocheuses qui se laissent admirer en contre-jour en plein milieu de journée. Le clair-obscur que procure le relief est propice à la prolifération des langoustes. Mais c'est surtout de nuit que cette

1

1 - Regroupés par centaines dans les anfractuosités rocheuses, les "Apogon" sont de minuscules poissons à la livrée brillante comme de l'or.

*2 - À Madagascar, un grand requin pointe blanche de récif (*Carcharhinus albimarginatus*) est accompagné de poissons pilotes.*

2

1

2

3

plongée est exaltante, car il y a un fourmillement incroyable de crustacés de toutes sortes (crevettes, cigales, langoustines, langoustes, etc.).

• **Le récif de Watamu au Kenya :** un dédale corallien très riche en faune variée. La visibilité est bonne, mais l'eau d'un bleu souvent très intense donne un côté assez dramatique à cette plongée. Les tortues sont fréquentes de même que les gaterins (*Plectorhynchus pictus*). Les grandes "vedettes" de l'endroit demeurent cependant les requins-baleines, certains vraiment très gros qui viennent se gaver de plancton en hiver.

• **Ankarea aux îles Mitsio :** loin au large de Nosy-Bé, Ankarea est une île déserte qui dépend de Madagascar. On y accède par bateau et rien n'empêche de faire un bivouac sur place. Il est possible de plonger depuis la plage dans des grandes landes de sable, très fréquentées par de grandes raies pastenagues. Plus loin, le banc d'Ankarea devient un grand récif plongeant jusqu'à 50 m de profondeur. Il est peuplé de nombreux poissons dont des bancs de platax paisibles. Beaucoup de tortues également.

Plongées requins

Il se raconte, ici et là, d'innombrables histoires sur les requins, et c'est sans doute dans les îles de l'océan Indien qu'elles sont les plus tenaces. Il est vrai que la concentration de ces prédateurs est importante. On ne s'aventurera pas, par exemple, à plonger de nuit sur les grands tombants de Madagascar, royaume incontesté des requins-tigres !

• **Wadoo Channel aux Maldives :** c'est sans doute le premier endroit au monde où l'on ait osé donner à manger à la main à des requins. Par 30 m de fond, on peut assister au ballet incessant des requins gris de récif (*Carcharhinus amblyrhynchos*) parmi une myriade de poissons.

• **Shark Point à Bandos :** popularisée par Herwath Woigtman dont les évèles ont réussi l'exploit d'alimenter des requins au bouche-à-bouche, cette île des Maldives offre toujours un spectacle de requins intéressants. L'habitude que les poissons ont des plongeurs les conduit à s'aventurer souvent très près. Profondeur 20 m, présence alentour de nombreux platax.

1 - Le poisson-radio ou poisson-cocher **(Heniochus acuminatus)** ***se rencontre généralement en couple. Aux Maldives, c'est plus souvent en bancs importants qu'on le trouve.***

2 - Certains grands tombants de l'océan Indien, notamment aux Seychelles ou aux Maldives, s'habillent de grandes gorgones à partir de 20 m de profondeur.

3 - Très communs aux Maldives, les gaterins **(Plectorhynchus pictus)** ***vivent paisiblement en bancs d'une dizaine d'individus.***

1 - *Une grande raie manta (*Manta birostris*) plane majestueusement au-dessus d'un récif de Yap, petite île perdue de la Micronésie.*
2 - *Un véritable mur de bécunes (*Sphyraena sp.*) bouge à peine devant le plongeur. Une vision exceptionnelle à Sipadan, au nord de Bornéo.*
3 - *Le lac des méduses à Palau, en Micronésie, est une curiosité naturelle qui procure une sensation étrange et inhabituelle.*
4 - *Un platax (*Platax pinnatus*) joue les grandes coquettes autour d'une plongeuse sur un récif des Similan, au large de la Thaïlande.*
5 - *La tortue à écailles (*Eretmochelys imbricata*) est l'un des habitants les plus courants à Sipadan, la meilleure plongée tortues au monde.*

L'Indo-Pacifique : tout reste à découvrir

L'extrême richesse des îles de la région indo-pacifique renferme d'innombrables sites de plongée dont beaucoup sont encore complètement vierges. Mais attention, ces destinations deviennent de plus en plus à la mode.

Dans l'Indo-Pacifique, les amateurs de biologie marine trouveront leur bonheur. La microfaune y est exceptionnelle et il est certain qu'un grand nombre d'espèces de nudibranches et petits invertébrés ne portent pas encore de nom.

Entre l'Indonésie, la Thaïlande, la Malaisie, les Philippines, la Nouvelle-Guinée, des endroits fabuleux restent à découvrir et même à explorer pour la première fois. Mieux vaut utiliser dans la mesure du possible des bateaux importants qui effectuent des croisières de plusieurs jours. Cela permet d'atteindre des récifs éloignés, toujours plus variés que ceux situés près de la côte.

Plongées passion

Il y a mille endroits dans ces îles magiques où l'on aimerait avoir des branchies pour plonger et replonger sans cesse. Beauté, grandeur, formidable sensation de liberté...

• **Manta Ridge à Yap :** cette petite île, située à l'ouest de la Micronésie, est en passe de devenir un des hauts lieux de la plongée mondiale, simplement parce que durant toute l'année il est possible d'y observer des raies manta (*Manta birostris*). Les professionnels locaux sont tellement sûrs de la présence des "diables de mer" que l'hôtel s'avance à vous rembourser si vous n'avez pas pu voir de raie.

• **Sipadan à Bornéo :** situé au nord-est de la partie malaise de Bornéo, Sipadan connaît aujourd'hui un renom international. C'est sans doute une des meilleures plongées que l'on puisse faire en partant de son bungalow. Un tombant de 600 m de profondeur d'une richesse incroyable, et surtout une abondance tout à fait inhabituelle de tortues marines.

• **Jellyfish Lake à Palau :** situé à l'intérieur de Eil Malk Island, une petite île inhabitée de Palau en Micronésie, le "lac des méduses" est une des grandes curiosités mondiales de la plongée. Ce lac d'eau salée abrite une concentration incroyable de méduses non urticantes (Mastigias et Aurelia). La plongée se pratique uniquement en apnée car il y a une importante couche toxique d'hydrogène sulfuré à partir de 15 m de profondeur.

Plongées paysages

Quand l'eau se fait cristal et que la visibilité dépasse 30, voire 40 m, les détails n'ont plus d'importance. On se laisse envoûter par les couleurs somptueuses des jardins sous-marins et la richesse des coraux.

• **Madang en Papouasie :** sur la côte orientale de la Nouvelle-Guinée, face à la Nouvelle-Bretagne, un magnifique récif quasiment inexploré attend les plongeurs avec ses magnifiques plantations de coraux mous multicolores (alcyonaires). Inutile d'aller profond, l'eau est claire. Un véritable paradis pour les photographes.

• **Apo Reef à Mindoro :** ce récif est le plus réputé des Philippines. Les coins de plongée sont si nombreux qu'ils permettent une exploration de 10 jours sans aucune lassitude. La plongée est excellente au printemps, période où l'eau est la plus calme. Les récifs permettent des plongées entre 10 et 45 m de profondeur avec la rencontre assurée d'une foule de poissons, y compris des requins et des raies manta. Nombreuses tortues.

• **les Similan :** ces îles situées au large de Phuket, dans la mer Andaman, offrent des récifs très variés où la faune est très riche. La profondeur moyenne de la plongée est de 25 m, la visibilité de 20 à 30 m. Il faut savoir s'insinuer entre les blocs de corail pour découvrir les secrets de la microfaune. Les Similan sont un réel paradis pour tous les passionnés de macrophotographie. Lorsque les courants ramènent du plancton depuis le large, il est possible de rencontrer d'immenses bancs de poissons et des requins.

1

2

Plongées requins

La zone indo-pacifique n'est pas franchement renommée pour ses requins, même si de nombreuses espèces sont présentes en permanence dans ses eaux. Les "dents de la mer" se montrent assez timides ici et se laissent difficilement approcher par les plongeurs. Quelques endroits intéressants sont toutefois à signaler.

• **Burma Banks en Thaïlande :** très au large de Phuket, cet immense récif n'est accessible que par les gros bateaux permettant la vie à bord. Encore peu fréquenté, il est l'occasion de rencontrer de nombreux requins, notamment des ailerons blancs de récif (*Carcharhinus albimarginatus*). On le surnomme aussi "Silvertip Bank", du nom anglais de ce requin.

• **Blue Corner à Palau :** dans l'île la plus à l'ouest de la Micronésie, un grand tombant accueille des concentrations importantes de requins gris (50 et même plus). En raison du fort courant, il faut effectuer une plongée suivie par le bateau.

• **Layang Layang Reef à Bornéo :** une plongée encore peu connue car elle nécessite l'utilisation d'un bateau permettant la vie à bord. Mais il est fréquent de rencontrer des bancs de 100 à 200 requins-marteaux dans des eaux d'une grande limpidité.

3

4

5

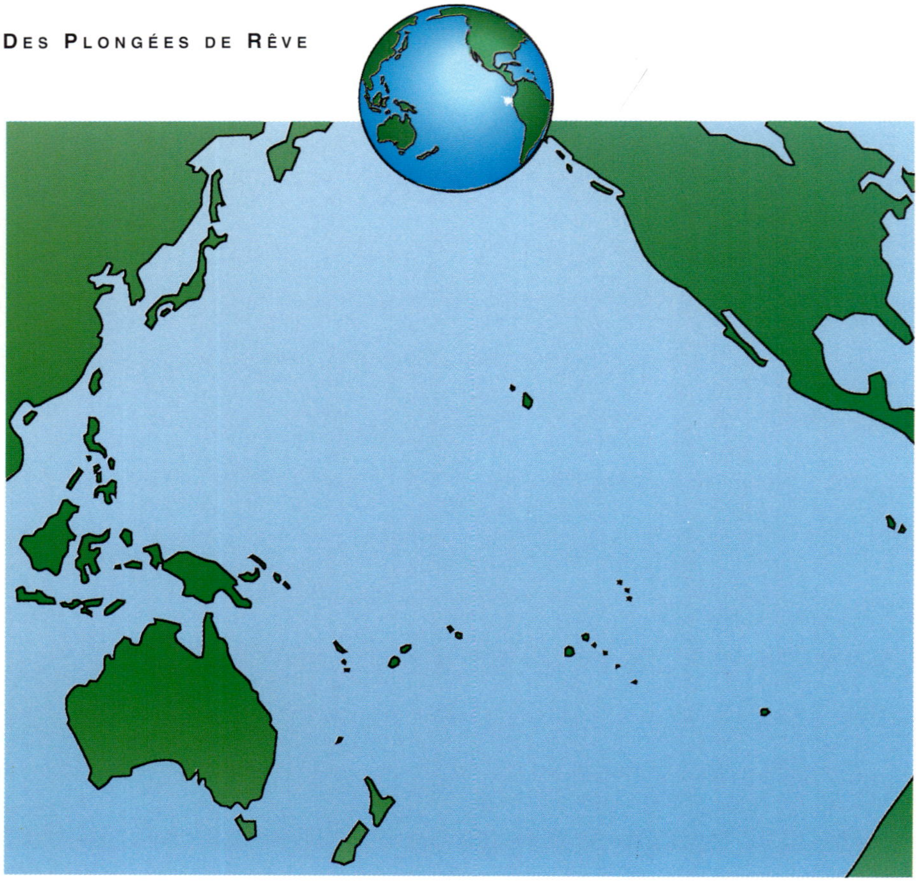

1 - *En Californie, au large de Monterey, une plongeuse s'enfonce parmi les algues. La lampe n'est pas superflue.*
2 - *À Raiatea, en Polynésie, le bal des requins raira* (Carcharhinus amblyrhynchos) *se déroule au milieu des poissons-cochers* (Heniochus acuminatus).
3 - *À Cod Hole, sur la Grande Barrière de Corail, en Australie, une plongeuse joue avec un énorme mérou* (Epinephelus tukula).
4 - *Typiques des eaux californiennes, les garibaldis* (Hypsypops rubicundus) *sont reconnaissables à leur couleur orange vif.*
5 - *C'est dans les eaux froides et sombres de la Colombie-Britannique, non loin de Vancouver, que l'on peut observer les poulpes géants du Pacifique* (Octopus dofleini).

LE PACIFIQUE : LA PLONGÉE AVENTURE

Destinations de rêve, les îles du Pacifique déçoivent rarement le voyageur et encore moins le plongeur. On y rencontre des paysages fabuleux aussi bien sur terre que sous la mer...

Le bleu du Pacifique n'est pas un mythe. Il est intense, profond, admirable et inquiétant. Les fonds vertigineux de cet immense océan sont propices aux rencontres les plus palpitantes. On va plonger dans le Pacifique pour le "gros" et l'on est rarement déçu. Dans certaines régions, les concentrations de poissons ressemblent à des murs mouvants ou à des tourbillons ahurissants. Ces plongées sont à réserver aux personnes expérimentées car elles les entraînent souvent vers des profondeurs assez importantes et s'effectuent dans un courant puissant.

En raison de son étendue, le Pacifique présente des caractéristiques multiples. La plongée à Vancouver est aussi différente de celle de Tahiti que Paris l'est de Bangkok ! Et si le Pacifique Nord semble moins accueillant que les mers du Sud, il recèle pourtant des espèces exceptionnelles permettant la découverte d'un monde sous-marin complètement différent.

Plongées passion

Le Pacifique est si vaste, si riche, si varié, si imprévisible qu'une plongée y est chaque fois aventure palpitante et intense moment d'émotion. Rares sont alors les endroits que l'on ne puisse qualifier de "grandes plongées".

• **Los Islotes à La Paz :** dans la mer de Cortez, partie semi-fermée du Pacifique, au niveau de la Basse-Californie, ce petit coin du Mexique est réputé pour être un haut lieu de passage des mantas et des requins-baleines. Il est surtout exceptionnel pour ses otaries qu'attire la présence importante de sardines. Un grand nombre de ces mammifères marins jouent à cache-cache avec les plongeurs en apnée dans 3 à 5 m d'eau.

• **Cod Hole en Australie :** au nord de Cairns sur le récif Ribbon, cet endroit a été découvert par Ron et Valerie Taylor en 1973. Il est mondialement connu pour ses énormes mérous *(Epinephelus tukula)*, très familiers, dont certains dépassent les 50 kg. Ils nagent à proximité des plongeurs, cherchant de leur énorme gueule à gober une friandise.

• **Race Rocks à Victoria :** c'est la meilleure plongée de l'île de Vancouver, à 18 km au sud-ouest de Victoria, la capitale de la Colombie-Britannique (Canada). Une belle occasion de rencontrer des phoques et des otaries, mais aussi et surtout l'incroyable poulpe géant *(Octopus dofleini)* qui peut excéder les 4 m d'envergure. Le tombant tout entier est couvert d'invertébrés extraordinaires dont de nombreux abalones, coquillages très prisés des gourmets. Dans les failles, se faufile l'anguille-loup *(Anarrhichthys ocellatus)* dont le mâles gris argenté a une tête assez effrayante. Il est également possible de découvrir des poulpes géants à Puget Sound, dans l'état de Washington (USA).

Plongées paysages

Le grand bleu du Pacifique est incomparable et procure des sensations uniques. Ces tombants qui plongent à 1 000 ou 2 000 m de profondeur donnent une sensation de vertige. Dans un autre registre, les forêts de kelp en Californie apportent aussi une dimension étonnante au paysage sous-marin.

• **Santa Cruz en Californie :** au large de la ville de Santa Barbara, ce petit groupe des "Channel Island" attire de nombreux oiseaux de mer. La plongée s'effectue dans les forêts de kelp *(Macrocystis pyrifera)*. Ombres et lumière, rencontres étonnantes d'anémones multicolores et de splendides nudibranches y créent une ambiance étrange.

• **Quamea aux îles Fidji :** les récifs affleurent presque la surface avec une infinité de coraux et notamment des buissons multicolores d'alcyonaires. Le bras de mer qui sépare cet endroit de Taveuni comprend une foule de petits poissons et d'innombrables invertébrés.

• **Heron Island en Australie :** un des hauts lieux de la plongée mondiale, réputé pour son confort et ses récifs de toute beauté. Il est vrai que toute la zone marine environnante est une réserve protégée depuis plus de 20 ans. C'est l'occasion de rencontrer des bénitiers géants *(Tridacna sp.)*, de magnifiques étoiles de mer bleues et des milliers de poissons guère effarouchés par les plongeurs.

• **L'île de Molokini à Maui :** cet ancien volcan en fer-à-cheval émerge au large de l'île de Maui, à Hawaii. Le paysage sous-marin y est tout à fait étrange : des roches volcaniques sombres qui laissent apprécier leur relief tourmenté dans une eau de cristal. De nombreux coraux ont peuplé l'endroit, servant de nourriture et d'abri à une faune très variée. Murènes, carangues et tortues sont les plus gros sujets aperçus en cours de plongée.

• **Les récifs de Mengalia à Poindimié :** sur la côte Est de la Nouvelle-Calédonie, s'étendent des dizaines de kilomètres de massifs coralliens et de tombants entièrement vierges. Microfaune exceptionnelle, magnifique paysage dans de l'eau limpide très riche en requins à partir de 30 m de profondeur.

• **La plage du Tiki à Moorea :** cette île de rêve, située à une heure de bateau de Tahiti, permet aux débutants de s'initier à la plongée dans un véritable aquarium naturel qu'est l'intérieur du lagon. Entre Tehau et Hauru à la pointe nord-ouest de l'île, des centaines de poissons virevoltent autour des plongeurs dès qu'ils leur offrent un peu de nourriture. Un ballet incroyable dans une eau d'une rare pureté, et un rêve pour les amateurs de belles photos.

• **Le Great White Wall à Matangi :** petite île privée, située au nord des Fidji, Matangi est idéal pour la détente et le dépaysement. Le "grand mur blanc" constitue la plus célèbre des plongées autour de l'île parmi les 30 proposées. Le tombant débute à 15 m de profondeur et s'enfonce verticalement jusqu'à 80 m, donnant l'impression d'un précipice entièrement tapissé de coraux mous de couleur bleu iceberg.

Plongées épaves

Impossible d'évoquer le Pacifique sans penser aux innombrables épaves de la Seconde Guerre mondiale qui jonchent le lagon de Truk, dans la partie orientale de la Micronésie. Malgré tout, en raison de son immensité et de ses grandes profondeurs, l'océan Pacifique n'est guère réputé pour ses épaves. Toutefois le *Yongala* est à ne pas manquer lors d'une visite en Australie.

Plongées requins

C'est la grande "spécialité" des eaux du Pacifique, sachant qu'il est pratiquement inévitable d'apercevoir au moins un petit requin dès la mise à l'eau. Selon les régions, les espèces varient. Dans les zones à fortes profondeurs, les rencontres avec des grands sujets du large sont fréquentes. Frissons assurés.

• **Dirty Rock à Cocos Island :** ces petites îles, perdues à près de 500 km au large des côtes pacifiques du Costa Rica, sont réputées pour leurs bancs de grands requins-marteaux *(Sphyrna mokarran)*. À cet endroit précis, les rencontres de plus de 100 de ces requins en groupes compacts sont fréquentes. La plongée se déroule par 30 à 40 m. Visibilité correcte. Les raies manta sont très fréquentes.

• **Manuelita Rock à Cocos Island :** une des plongées les plus spectaculaires au monde. Le courant est souvent très fort et le bateau suit les plongeurs. Par 30 à 40 m de profondeur, des groupes importants de pointes blanches *(Triaenodon obesus)* côtoient des requins-marteaux et d'incroyables bancs de thons et de carangues. On peut aussi apercevoir des longimanus et autres grands requins du large.

• **La passe de Tiputa à Rangiroa :** en Polynésie française, Y. Lefebvre vous fera découvrir "la passe aux 300 requins", l'une des plus grandes concentrations mondiales de "raira" *(Carcharhinus amblyrhynchos)*. Profondeur de 30 à 35 m. Visibilité exceptionnelle.

• **Osprey Reef en Australie :** à 160 km environ au large de la côte du Queensland, un magnifique récif fréquenté uniquement par les bateaux de croisière plongée. De très nombreux requins accompagnent d'impressionnantes concentrations de poissons. Le tombant s'enfonce à plus de 1 000 m de profondeur. Les requins-tigres y sont assez fréquents.

• **Ningaloo Reef en Australie :** c'est le seul endroit au monde où l'on soit certain de rencontrer des requins-baleines *(Rhincodon typus)*. La meilleure saison est en mars-avril. Les bateaux de croisière communiquent par radio, ce qui favorise encore plus les rencontres. En 10 jours de plongée, il n'est pas rare de voir jusqu'à 50 requins-baleines !

• **North Neptune Island, Australie :** c'est, avec Dangerous Reef, le haut lieu mondial pour croiser le grand requin blanc (*Carcharodon carcharias*). Les bateaux partent d'Adelaide ou de Port Lincoln pour des croisières de 10 jours. La patience est de rigueur car ces animaux sont maintenant en voie de disparition. La plongée s'effectue dans des cages flottantes.

3

4

5

1

2

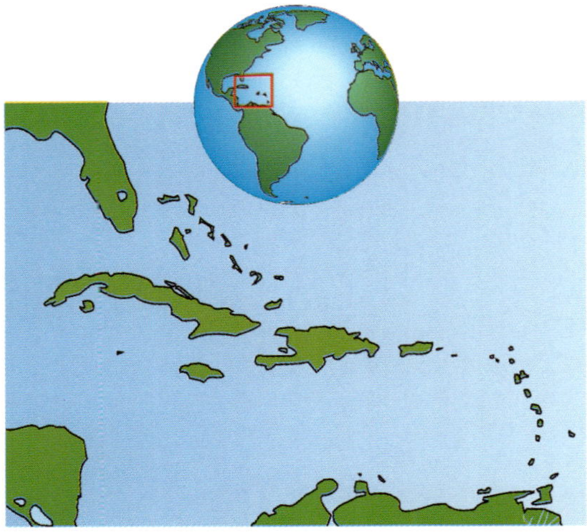

1

2

1 - Un banc de demoiselles brunes (Chromis multilineata) et de girelles (Thalassoma bifasciatum) sur un récif de Curaçao.

2 - Stingray City, à Grand Cayman, demeure sans doute la plus sensationnelle plongée au monde dans 3 m de fond.

LES CARAÏBES : UN JARDIN DE CORAIL

Célèbres jadis pour leurs pirates, les Caraïbes le sont aujourd'hui pour leurs fonds sous-marins. L'incroyable variété d'îles et la diversité des fonds garantissent d'excellentes plongées.

Les Caraïbes diffèrent de tous les autres lieux de plongée du globe. La faune y est différente de même que le paysage. Les récifs sont tapissés d'énormes éponges aux couleurs parfois éclatantes et de véritables jardins de gorgones donnant l'impression de se promener au milieu d'une végétation luxuriante. Il s'agit pourtant d'animaux, quasi immobiles certes, mais qui témoignent de l'incroyable diversité et de la complexité des habitants du fond des mers.

La plongée aux Caraïbes est de qualité très inégale d'une île à l'autre, d'un site à l'autre. Les amateurs de poissons gagneront à se diriger vers les Bahamas ou à se rapprocher du continent sud-américain, tandis que les explorateurs d'épaves satisferont leur passion dans toute la zone des Antilles.

L'avantage majeur aux Caraïbes réside dans la bonne organisation des plongées : presque partout un grand nombre de centres sont gérés de manière très professionnelle. En revanche, à l'exception des Antilles françaises, la plongée à l'américaine domine avec ses techniques et ses règles particulières.

Plongées passion

Les coups de cœur sont fréquents lors d'une plongée aux Caraïbes en raison notamment des magnifiques paysages sous-marins que l'on peut admirer. Toutefois, les souvenirs les plus intenses tiennent plus à la rencontre avec certains êtres d'exception.

• **Bahama Banks à Grand Bahama :** sur les hauts fonds de sable, au nord des Bahamas, le bateau *Coral Star* propose de juin à octobre des croisières d'une semaine à la rencontre des dauphins tachetés (*Stenella attenuata*). Le contact s'effectue en pleine mer, au gré de ces mammifères marins hors du commun qui vous jouent parfois une danse extraordinaire. Un intense moment d'émotion.

• **Stingray City à Grand Cayman :** sans doute la plus extraordinaire plongée à 3 m de profondeur. Une vingtaine de raies pastenagues (*Dasyatis americana*) mènent une ronde endiablée autour des plongeurs, allant même jusqu'à se poser sur leur crâne. À ne plus savoir où donner de la tête...

• **Crystal River en Floride :** la rencontre avec les lamantins (*Trichechus manatus*) chaque année entre novembre et mars est un très grand moment de plongée. Inutile de porter un scaphandre, l'eau est peu profonde et ces gentils mammifères apprécient peu le bruit des bulles expirées par le détendeur. Au contact de ces animaux paisibles, comment ne pas se sentir naître une vocation de protecteur de la nature ?

• **Les Cenotes à Tulum :** dans la péninsule du Yucatán au Mexique, des grottes immergées attendent le plongeur. La plus célèbre est Car Wash. On y accède par un petit lac transparent à la végétation généreuse. Par 15 m de fond, une caverne habillée de nombreuses stalactites et stalagmites laisse le plongeur pantois. Une descente exceptionnelle qui nécessite la présence d'un guide compétent.

Plongées paysages

Pour certains, les Caraïbes peuvent paraître pauvres en poissons, du moins dans certains endroits. Mais à chaque fois, l'ambiance qui règne dans les fonds et l'incroyable peuplement de gorgones, éponges et madrépores, remplacent avantageusement l'apparent manque de vie animale.

• **Plage nord à Providenciales :** aux îles Turk and Caicos, un véritable jardin de bonsaï sous-marin, avec une foule de petites gorgones, de formations coralliennes variées et d'éponges multicolores. La plongée peut s'effectuer de 3 à 15 m avec le même plaisir. Eau transparente et chaude.

• **San Francisco Reef à Cozumel :** cette petite île, au large de la péninsule du Yucatán au Mexique, est devenue un centre de plongée très populaire. Son succès tient à sa richesse en poissons, à ses eaux claires et à ses magnifiques tombants. La plongée n'est jamais décevante, mais attention, c'est vraiment très fréquenté !

• **North Wall à Grand Cayman :** ce tombant qui plonge à près de 300 m à la verticale se pare à tous les étages d'une faune incrustée de toute beauté. Les poissons ne manquent pas. La profondeur idéale de la plongée se situe aux environs de 30 m.

• **West End Wall à Roatan :** petite île des Bay Island au large du Honduras, Roatan livre l'une des meilleures plongées des Caraïbes. Le mur ouest, d'une grande richesse, offre la possibilité de rencontrer des raies aigles, des tortues et de gros mérous. Spongiaires et gorgones magnifiques, eau très claire.

• **Lighthouse Reef à Belize :** le deuxième plus grand récif du monde permet d'innombrables plongées dans de l'eau claire et chaude, d'une richesse exceptionnelle. Sans oublier le majestueux "trou bleu" qui permet une descente vertigineuse jusqu'à des profondeurs parfois indécentes.

• **Tarpon Reef à Cayman Brac :** au sud-ouest de la petite île de Cayman Brac, ce récif s'explore par 6 à 15 m de profondeur. Il est surtout célèbre pour ses nombreux tarpons (*Megalops atlanticus*), grands poissons à la robe argentée. De nombreuses crevasses et tunnels courent dans le récif rendant la plongée très amusante. Se faufiler entre les coraux est souvent l'occasion de faire des rencontres intéressantes.

Plongées épaves

Les Caraïbes foisonnent d'épaves anciennes et abritent sans aucun doute d'innombrables trésors engloutis. Des épaves plus récentes ont été coulées volontairement par les groupes de plongeurs pour servir de récifs artificiels. C'est le cas notamment en Floride.

Plongées requins

C'est surtout aux Bahamas que vous pourrez assister à de très belles rencontres de squales. Le shark feeding (nourrissage) y est très prisé. On rencontre surtout des requins des Caraïbes (*Carcharhinus perezi*) à la silhouette en torpille, de toute beauté. Peu farouches, ils peuvent même montrer une certaine agressivité. Respectez impérativement les consignes que donnent les moniteurs.

- **Shark Junction à Grand Bahama :** développée par le centre UNEXSO de Port Lucaya, cette plongée vous garantit le grand frisson. Par 15 m de fond, dans une eau cristalline, une douzaine de requins de 2 m de long sont nourris à la main par une équipe de plongeurs professionnels.
- **Shark Reef à Stella Maris :** près de Long Island aux Bahamas, cette plongée dans 10 m de profondeur est réalisée sans le moindre incident depuis près de 20 ans. Des plongeurs y nourrissent les requins de récifs. Occasionnellement, un requin citron (*Negaprion brevirostris*) peut entrer dans la danse.
- **Shark Buoy à New Providence :** toujours aux Bahamas, non loin de Nassau, cette plongée s'effectue sur une bouée ancrée dans le grand bleu. De nombreux requins pélagiques, notamment des requins soyeux (*Carcharhinus falciformis*) hantent l'endroit par 30 m de profondeur.
- **Spiral Caves à Walker's Cay :** cette petite île-hôtel des Bahamas propose un spectacle de requins, le plus étonnant des Caraïbes : une cinquantaine de ces prédateurs peuvent parfois être réunis. Leur nourrissage s'effectue par 12 m de fond.

2

3

1

*1- À Cuba, un groupe de girelles jaunes (*Thalassoma bifasciatum*) parade devant une gorgone bleue (*Gorgonia flabellum*).*

2- L'immense barrière de corail du Bélize est d'une richesse incroyable, notamment en ce qui concerne les invertébrés, gorgones et coraux.

*3- La partie peu profonde du tombant West de Roatan, au Honduras, ressemble à un jardin habité de demoiselles bleues (*Chromis cyanea*).*

INDEX

Jean-Michel Oyhenart a découvert la plongée en 1961. Sportif de haut niveau, il a été plusieurs fois champion de France de nage avec palmes, 2 fois vainqueur de la Coupe du monde de nage de grand fond (Coupe de Corlieu). Il a ensuite entraîné les équipes de France de sa spécialité. Plus jeune Moniteur national de France en 1966, il est Instructeur national de plongée depuis 1973. Aujourd'hui, il dirige un complexe sportif et a été élu Vice-Président de la Fédération française d'études et de sports sous-marins (FFESSM). Passionné de photographie sous-marine, il parcourt le monde à la recherche de bons clichés. Avec ses amis d'Aquavision, il réalise des montages audio-visuels à grand spectacle (diaporama) dont plusieurs ont été primés dans des concours internationaux.

Patrick Mioulane est journaliste et photographe. Depuis plus de 20 ans, il rédige des rubriques régulières dans de nombreux magazines dont *Mon jardin, ma maison, Le Chasseur français, Prima,* etc. Spécialiste de la nature et du monde vivant, il est l'auteur de plus de 70 ouvrages sur les plantes, les animaux et le jardin. Il est aussi le co-auteur avec Raymond Sahuquet du *"Tour du monde en 80 plongées"* et des *"Caraïbes en 80 plongées"*. Moniteur de plongée premier degré, il a découvert le monde sous-marin en 1976 et totalise depuis plusieurs miliers de plongées passées à photographier la faune et la flore dans toutes les mers du globe. Sa collection de plus de 130 000 photos est diffusée en exclusivité par l'Agence MAP / Mise au Point.

Secrétariat d'édition : Sylvie GAUTHIER
Conception, réalisation : GRAPH'M
Illustration : François CHARLES

N° d'éditeur : 21-145
Dépôt légal : 7356 - Septembre 1999
ISBN : 2-01020130-2
Imprimé en France par I.M.E.
23.30.4879.5/04

CRÉDITS PHOTOS

La plupart des photos illustrant ce livre sont l'œuvre des auteurs et des photographes suivants, distribués par l'Agence MAP / Mise au Point (10, bd Louise-Michel 91000 Évry. Tél. : (1) 60 77 12 75. Télécopie : (1) 60 77 85 12).

Franco Banfi : 65 (1). 66-67. 142-143. 163.164. 186-187. 188 bg. 188 ch. 190 cdb. 190 dm. 196 g. 199 cd. 204. 211. 213 b. 220 bd. 222. 223. 224 g. 225 h. 225 b.
Mauro Bernasconi : 101. 152-153. 182 g. 188 hg. 189 h. 195 hg. 195 cd. 196 d. 198. 200-201. 225 d. 227 g. 227 dm.
Arnaud Descat : 195 cg.
Jacques Desprez : 219 (3)
Global Pictures / J. Gritz : 193 b.
Global Pictures / F. Stuart : 158-159.
Alain Guerrier : 131 (2).
Philippe Joly : 193 gb.
Yves Lefebvre : 157 (6). 227 dh.
Dominique Mandolin : 47. 188 cb.
Frédéric Marre : 42 (6). 57 b.
Nicole et Patrick Mioulane : 6. 12-13. 15. 20. 21. 22. 24-25. 27 b. 31. 32-33. 34-35. 36-37. 38-39. 39. 40-41. 42-43 44. 45. 46-47. 50-51. 42-53. 55. 56-57. 58-59. 60-61. 62-63. 64-65. 68-69. 70. 71. 72. 73. 74. 75. 76. 77. 78. 79. 80. 81. 82. 83. 84. 85. 86. 87. 88. 89. 90. 91. 92. 93. 94. 95. 96. 97. 98. 99. 100. 102. 103. 104. 105. 106. 107. 108. 109. 110. 111. 112 b (3). 113. 114. 115. 116. 117. 118. 119. 120-121. 122-123. 125. 126. 127. 131 (2). 132-133. 134. 135. 136. 137. 139. 140. 141. 144-145. 150. 157 gb. 157 b. 170. 171. 173. 178. 180. 181. 182 d. 183. 188 dh. 188 bd. 189 d. 190 (5). 193 (8). 195 hd. 197 (3). 199 h.203. 205. 216-217. 220 (5). 229.
Jean-Michel Oyhenart : 14. 27 h. 28. 122 b. 138. 152. 166. 167. 169. 188 cm. 188 dm. 189 g. 190 (4). 197 bg. 199 cd. 199 b. 204. 205.206-207. 208 h. 209 b.216-217. 218. 219 (5). 220 gh. 227 b.
Nathalie Pasquel : 35 (12). 38 (8). 39 (9). 40 (6). 41 (11). 42 (2). 44 (4). 45 (8). 46 (5). 47 (5). 50 (4). 51 (6). 53 (6). 56 (6). 57 (4) 58. 59. 60 (2). 62 (4). 63 (2). 64. 65 (5) 66 (3). 67 (3). 112 h (3). 210 (4). 212 (2).
Jean Raux : 120. 190 cgm. 195 bd.
Jean-François Rochard : 157 gm. 195 bg.
Raymond Sahuquet : 26. 149. 174-175. 197 d. 228.
Documents d'origines diverses :
D.R. : 8. 9. 10. 11
Henri Eskenazi : 202.
Ariel Fuchs : 227 db. 213. 224 d.
FFESSM : D. Blin : 208 b. D. Bourgine : 209 h. H. Eskenazi : 202.

Légende : b : bas. c : centre. d : droite. g : gauche. h : haut. m : milieu.